Klaus Fischer

Dächer, Decken und Gewölbe indischer Kultstätten und Nutzbauten

Klaus Fischer

Dächer, Decken und Gewölbe indischer Kultstätten und Nutzbauten

Franz Steiner Verlag GmbH
Wiesbaden / W.-Germany
1974

ISBN 3-515-01788-7

 Gedruckt mit Unterstützung der Deutschen Forschungsgemeinschaft. Gesamtherstellung: Satz und Druck B.V. Drukkerij D. Reidel, Dordrecht.

Printed in the Netherlands

Zur Erinnerung an Oscar Reuther

1880–1954

INHALTSVERZEICHNIS

I Einleitung: Baukörper und Räume im alten und im islamischen Indien 1

II Allgemeines zum indischen und islamischen Bauwesen 6
- a Vom Sinn einiger Decken-, Dach- und Gewölbeformen 6
- b Über Baumeister und Handwerker in alter und neuer Zeit 10
- c Grundlagen: Erfahrung und Gefühl 14
- d Grundlagen: Naturwissenschaftliche Erkenntnisse 15
- e Tief- und Hochbau 16
- f Nachahmung von Schreinerwerk und Felsbildnerei im Steinbau 16
- g Stoffgerechte Behandlung des Steins 17
- h Trocken versetzter und in Mörtel verlegter Stein 17
- i Verschiedene Sicherungen des Bauwerks 17
- k Bau-, Schmuck- und Sinnformen 18

III Hauptsächliche Bauweisen, dargestellt jeweils nach
- A Allgemeine Beschreibung der Baugestalt
- B Benennung im historischen und modernen Schrifttum
- C Nachprüfbares und vermutliches statisches Verhalten
- D Einheimische oder fremde Herkunft und typische Beispiele
- E Form und Bedeutung

- a Eindeckung eines Raumes durch einen einzigen Stein 23
  - 1 Flacher Deckstein 23
  - 2 Ausgehöhlter Steinblock 23
- b Eindeckung eines Raumes durch eben verlegte steinerne Balken oder Platten über Stützen oder an Trägern 25
  - 3 Waagerechter Sturz 25
  - 4 Kassettendecke 30
  - 5 Steinbalken an steinernen T-Trägern 32
  - 6 Marmorplatten an metallenen T-Trägern 32
- c Kragebauweisen 35
  - 7 Kragschichten über Rechteck oder Vieleck 35
  - 8 „Laternendecke" 40
  - 9 Ringschichtendecke 45
  - 10 Kuppelform über dem Kreis 52
  - 11 Kuppelform über dem Quadrat 52
- d Dachformen 56
  - 12 Pult- und Satteldach 56
  - 13 Turm- und Kegeldach 56
  - 14 Walm- und Krüppelwalmdach 57

e Decken und Dächer aus kurvig zugehauenen Steinen 61
15 Gebogene Steinbohlen 61
f Decken aus verschiedenen Bauweisen in trockenem Verband 64
16 Zusammengesetzte Decken 64
g Decken und Gewölbe in Mörtelguß 69
17 Gußdecke, Gußschale 69
h Gewölbe 71
18 Waagerechte Tonne 71
19 Aufgewölbte Kielbogentonne 76
20 Klostergewölbe, Klosterkuppel 80
21 Muldengewölbe 80
22 Spiegeldecke, Spiegelgewölbe 80
23 Kreuzgrat- und Kreuzrippengewölbe 80
i Kuppeln 84
A Allgemeine Beschreibung der Baugestalt 89
B Benennung im historischen und modernen Schrifttum 90
C Nachprüfbares und vermutliches statisches Verhalten 96
D Einheimische oder fremde Herkunft und typische Beispiele 103
E Form und Bedeutung 120
24 Kuppel über dem Kreis oder Kreiszylinder 84
25 Kuppel über dem Polygon 84
26 Kuppel über dem Quadrat und Eckplatten, Ecksteinen oder Kragsteinschichten 84
27 Kuppel über dem Quadrat und dem „Türkischen Dreieck" 84
28 Kuppel über dem Quadrat und Pendentifs 85
29 Kuppel über dem Quadrat und „Sasanidischen Trompen" 86
30 Kuppel über dem Quadrat und Trompen in rechteckigen Nischen 86
31 Kuppel über dem Quadrat und verschiedenartigen Verbindungen von Trompen und Pendentifs 87
32 Kuppel über dem Quadrat und Rippenzwickeln oder Rippenzwickelnetzen 87
33 Kuppel über schachtförmig überhöhten Tambour 88
34 Mehrschalig abgeschlossene Gewölbe 89
k Mehrgeschossige Nutz- und Kultanlagen 123
35 Stockwerk- und Turmbauten 123

IV Historisch-topographische Notizen zur Übersichtsliste S. 182: Bevorzugte handwerkliche Mittel und besondere künstlerische Möglichkeiten in hervorragenden Kunstlandschaften und unter führenden Dynastien 133
a Festungen und Kultbauten in den nordwestindischen und zentralasiatischen Grenzgebieten von den Kuṣāṇas bis zu den Hindu Šāhis 133
1 Gandhara, Baktrien, Turfan, 1.–8. Jh. 133
2 Kashmir und Nordwest-Pakistan, 7.–10. Jh. 134
b Tempel der Hindus, Buddhisten und Jainas von der Gupta-Zeit bis zur islamischen Eroberung 134
3 Gupta-Zeit und frühe Cāḷukya-Zeit, etwa 350–750 134
4 Pallava- und Coḷa-Zeit, etwa 650–1050 134
5 Spätere Cāḷukyas im Dekkhan und in Mysore, etwa 1000–1300 134
6 Orissa, etwa 800–1300 135

7 Mittelindien, Gujarat und Nordindien, etwa 900–1200 135
c Profane und sakrale Bauten des frühen Islam in der Hauptstadt und in den zuerst besetzten Provinzen mit zahlreichen Spolien altindischer Tempel 135
8 Ġoriden, Ḫilğis und Tuġluqs, etwa 1200–1400. 136
9 Gujarat und Sindh, etwa 1200–1500 137
10 Šārqī-Dynastie, etwa 1350–1450. 137
11 Malwa, etwa 1400–1550 137
12 Dekkhan, etwa 1300–1450 137
13 Bengalen, um 1250–1400. 138
d Die Zeit der frühen Mogul-Herrscher und des afghanischen Interregnums in Nordindien 138
14 Bābur und Humāyūn, 1526–1556 138
15 Lodis und Sūris, 1451–1545 138
e Nordindische Paläste, Gräber und Moscheen unter den drei großen Mogul-Herrschern 138
16 Akbar, 1556–1605. 138
17 Ǧahāngīr, 1605–1627 139
18 Šāh Ǧahān, 1627–1658. 139
f Jinistische und hinduistische Kult- und Residenzbauten vom 15.–18. Jh. 139
19 Nordindien, 15.–17. Jh. 140
20 Bengalen, 16.–18. Jh. 140
21 Dravida-Land, 16.–18. Jh. 140
g Islamische Residenz- und Sakralbauten des 16. und 17. Jh. im südlichen und östlichen Indien 141
22 Bijapur, 1558–1672 141
23 Der weitere Dekkhan und Bengalen bis zum Tode Aurangzebs 1707 142
h Profan- und Sakralbauten sämtlicher Religionsgemeinschaften und Herrscherhäuser neuerer Zeit 142
24 Von 1707 bis zur Gründung des Archaeological Survey of India 1861 . . . 143
25 Seit 1861 143
V Zusammenfassung: Einheit der indo-islamischen Baukunst. Durchdringung mittelmeerländischer Kunstformen, altindischer Massenbauten und islamischer Kuppelräume . 144
a Maṇḍala und Kuppel 147
b Neun-Felder-Decke, Neun-Felder-Grundriß und Kuppel 150
c Stūpa und Kuppel. 153
d Śikhara und Kuppel. 153
Schlußwort 154

Anhang Schrifttumsnachweis. 157
Register Kunstlandschaften und -orte. 166
Bauherren, Baumeister, Bauschulen. 171
Handwerk und Kunst. 173
Bildnachweis 181
Übersichtsliste 182
Tafelübersicht 188
Karte der Kunststätten 191
Axonometrien . . . . Faltblatt
Photographien . . . . Tafel 1–64

a) Abruzzen, ... 135
b) Protokünstler ... 135
Bentinck-Bovinen ... 136
8. ... 136
9. ... 137
10. ... 137
11. ... 138
12. ... 138
13. Bergamo ... 138
d) Die ... 138
14. ... 138
15. ... 138
c) ... 138
... 139
16. ... 139
17. ... 139
18. ... 139
f) ... 139
19. ... 140
20. Bergamo ... 140
21. ... 140
g) ... 140
... 141
22. ... 141
23. ... 142
h) ... 142
... 143
24. ... 143
25. ... 143
V. Zusammenfassung ... 144
a) ... 144
b) ... 148
... 152
... 153
Schlußwort ... 154

Anhang: Schriftenverzeichnis
Register: Kunstlandschaften ... 156
... 157
... 158
Handschriften ... 161
Ortsverzeichnis ... 162
Personenverzeichnis ... 168
Karte der Kunststätten ... 171
Abbildungsnachweis ... Faltblatt
Photographien ... Band II

I

EINLEITUNG: BAUKÖRPER UND RÄUME IM ALTEN UND ISLAMISCHEN INDIEN

Auf Studienreisen von 1952 bis 1955 verhalfen mir indische, pakistanische und afghanische Mitarbeiter dazu, an Baudenkmälern noch nicht aufgenommene Innenräume wie im Tempel von Humcha (Bild 141), in einem gopura von Vijayanagar (Bild 271, 272), in einem maṇḍapa von Chidambaram (Bild 293) oder in den Gräbern von Golkonda (Bild 317, 319) zu sehen und unerforschte gegenwärtige Kultstätten wie Bansberia (Bild 260–263) oder Jammu (Bild 336, 337) oder in Vergessenheit geratene Ruinen wie Naganatha (Bild 134) oder Shahpur (Bild 212) zu besuchen. Beim Vergleich dieses neuen Fundstoffes mit den bekannten buddhistischen (Bild 35, 36), jinistischen (Bild 23), hinduistischen (Bild 1–3) und indo-islamischen (Bild 29) Bauten beobachtete ich, daß in den zwei Jahrtausenden von der Kuṣāṇa-Zeit bis zu unseren Tagen, aus denen in Afghanistan, Pakistan und Indien Architektur mit aufgehendem Mauerwerk und erkennbarem oberem Abschluß erhalten ist, sämtliche überhaupt möglichen handwerklichen Mittel, um einen Bau durch Decken (Bild 107), Dächer (Bild 112) oder Gewölbe (Bild 113, 118, 121) zu schützen und künstlerisch auszuzeichnen, nacheinander und nebeneinander Verwendung fanden.

Schon öfters wurden für bestimmte Zeiten, Länder und Bauschulen die typischen Decken- oder Kuppelkonstruktionen zusammengestellt. Auf diesem Teilgebiet der Kunstgeschichte darf man gewisse Entwicklungen in Europa und Asien unter gemeinsamen Gesichtspunkten studieren, so grundlegende Unterschiede bei einer solchen Betrachtung auch zu berücksichtigen sind (247:26). Innerhalb der Grenzen Indiens beherrschte man gleichzeitig alle Bauweisen, die im Altertum an verschiedenen Stellen und zu verschiedenen Zeiten ausgewählt wurden (174:14). – Schon im 4. Jahrtausend v.Chr. beobachtete man erstmals das Nebeneinander von einfacher Steinschichtung und komplizierter Gewölbekonstruktion in Sumer (304:232). Im gesamten Alten Orient wurden im 3. Jahrtausend v.Chr. wechselweise Kragebauten und Radialgewölbe konstruiert (270:35). – Aus dem Bereich der Antike findet man eine Zusammenstellung von Kragekonstruktionen bei Mansel (189:49), von Wölbformen bei Delbrueck (60:129) und von verschiedenen Möglichkeiten der Eindeckung bei Cüppers (58:71). – Für Ostasien hat Seckel eine Liste der gebräuchlichen Dachformen und ihrer Rangfolge im buddhistischen Kult zusammengestellt (173:62). Han-zeitliche Kragebauten und Radialgewölbe hat Terechova an unter- und oberirdischen Gräbern beschrieben (281:32 fig. 1). – Trompen- und Pendentifkuppeln baute man gleichzeitig in frühen Kirchen Armeniens (237:6) und Ägyptens (294:17; 295:56). – Die Gewölbe der mittelalterlichen Baukunst hat Sedlmayr systematisch unterteilt (252:520). Struktive Versuche des Ostens und Westens werden von Glück (111:32) und Durm (173:194) miteinander verglichen. – Marçais schildert obere Abschlüsse von islamischen Kult- und Wohnräumen (190:1228); O. Reuther beschreibt verschiedenartige Gewölbe (236:54), Hautecoeur besonders Kuppeln der islamischen Zeit (139: I 325). Handwerkliches Brauchtum und raumkünstlerische Ziele führten zum Nebeneinander von Flachdecken und Wölbkonstruktionen in Konstantinopel (111:22). Im islamischen Kleinasien wählte man zwischen Trompe, Pendentif und „Türkischem Dreieck“ (4: fig. 9). Diese

Form nützte man zu verschiedenen dekorativen Baugestalten auch in der islamischen Baukunst von Turan im 13. Jahrhundert (41: Taf. 21 oben und unten). Kürzlich nahmen wir in den Lehmziegel-Ruinen von Sistan eine Vielzahl von Gewölben und Kuppeln islamischer Zeit auf (92: Bild 35, 43, 112, 207, 225, 237). – Zahlreiche Raumlösungen kannte man schon um die Mitte des 1. Jahrtausends n.Chr. im mittelmeerländisch-asiatischen Grenzgebiet: Kragebauten über dem Rechteck (Bild 122) und dem Rund (Bild 31, 32), Laternendecken (Bild 20), radial konstruierte Tonnen (Bild 125, 128), das „Türkische Dreieck" (Bild 126, 130), mehrschalige Gewölbe (Bild 87, 93, 125). Der Reichtum der indischen Baukunst wurde noch größer, als die einheimischen Zünfte eigene Überlieferungen und Anregungen aus fremden Kunstschulen wahlweise für Aufträge der alten indischen Religionsgemeinschaften und der islamischen Eroberer nützten (s.u.S. 12). Auch diese Vielfalt der handwerklichen Mittel im indischen Bauwesen ist schon in Auszügen beschrieben worden:

In der frühen und mittelalterlichen indischen Architektur hat z.B. Benoit einige Kragekonstruktionen und ihre Varianten dargestellt (11: Fig. 213). Speziell die Decken- und Gewölbeformen von Gandhara werden bei Foucher (99: I 100) und in einem neueren japanischen Sammelwerk behandelt (122:33 und fig. 20). Die Fortsetzung dieser altindischen Richtung und ihre Bereicherung durch antike Bauweisen gaben Sahni (245:53) und Kak (152:59) Anlaß, einen großen Reichtum von Flachdecken, Kragekonstruktionen und Wölbformen in Kashmir zu beschreiben. Kramrisch hat die nord- und südindischen Varianten des Tempelturms nach den vorherrschenden Arten von Stockwerkkombinationen zusammengefaßt (160:189). Grundformen südindischer Kultstätten und ihrer Decken erwähnte zuletzt Srinivasan (272:254). Im späteren Mittel- und Süd-Indien beobachtete Mate eine Menge einheimischer und fremder Decken- und Gewölbeformen (192: 74, 86, 92, 96).

Indien besitzt erstens einheimische Überlieferungen des Holz-, Höhlen- und Freibaus, stand zweitens stets mit den Nachbarkulturen in geistigem Austausch und hat drittens besonders im islamischen Zeitalter vorderorientalische und iranische Anregungen aufgenommen. Wenn wir indische Kunst geschichtlicher Zeit als eine Einheit aus der eigenen Tradition und ihrer sinnvollen Verschmelzung mit fremden Ausdrucksformen verstehen, so bemerken wir die einzigartige Tatsache, daß im indischen Kunstkreis zwei Jahrtausende lang alle Bauweisen bekannt waren, die in der Antike, im islamischen Orient oder in Zentralasien zeitweise und in Auswahl gebraucht wurden. Kultbauten der altindischen Religionsgemeinschaften, aus Haustein in trockenem Verband (Bild 8, 135), beruhen auf Grundsätzen des waagerechten Sturzes und der Überkragung wie die Massenbauten der Ägypter und Griechen. Lehmziegelbauten Zentralasiens sind in buddhistischer Zeit durch Lehmmörtel (Bild 67, 118, 123), Wölbungen indo-islamischer Kultstätten aus Bruch-, Hau- oder Backstein durch Kalkmörtel (Bild 116, 179) zu einheitlichen Bauteilen zusammengefaßt wie die Großgewölbebauten der römischen Kaiserzeit. Bei bestimmten Rippenkonstruktionen Ostirans und Nordindiens (Bild 95, 329) ist wie an armenischen und gotischen Raumschöpfungen die Frage zu stellen, wo diese Bauglieder strukturelle Funktion hatten und wo sie mehr ästhetisch und symbolisch zu verstehen sind. Schließlich beobachten wir in Bauten des 17. und 18. Jahrhunderts eine geradezu „barocke" Konstruktions- und Schmuckweise in der Durchdringung von Räumen und ihrer komplizierten Überdeckung durch Restflächen von Gewölben (Bild 121, 338). Seit Beginn des 19. Jahrhunderts führten europäischen und indische Ingenieure für Nutzbauten die jeweils modernen technischen Methoden nach Asien ein. Unabhängig davon errichteten Hindus, Jainas und Mohammedaner auch im 20. Jahrhundert neue Kultstätten weiterhin auf gewohnte Weise, indem sie wie früher Massen (Bild 346) und Hohlräume (Bild 355) formten. Indische Handwerker nützten also verschiedenartige und einander entgegengesetzte technische Mittel, um gleichbleibende religiöse Sinnbilder in den Bau- und Schmuckformen der Decken und Gewölbe zu gestalten. In der Hindu-Residenz von Vijayanagar wußte man im traditionellen Kragebau Räume abzuschließen (Bild 272) und auch nach „modernen" Methoden Kammern mit Gußschalen zu schützen (Bild 279). Gleichzeitig entstanden in der islamischen Hauptstadt Bijapur weitgespannte Flachdecken altindischer Überlieferung (Bild 84 unten, 117, 298) und kühne, übereinandergetürmte Kuppelschalen vorderorientalischer Erfindung (Bild 84 oben, 299). Bei solcher Verbindung verschiedener baugeschichtlicher Überlieferungen gelangen den Indern hervorragende künstlerische Lösungen. Speiser hat die Besonderheit indischer Baukunst des 1. Jahrtausends n.Chr. als multiplizierende, gehäufte Massen von Baukörpern und das Wesen der islamischen Moscheen und Gräber im Vorderen Orient als subsummierende Kuppelkonstruktionen begriffen (269:7). Wenn man die indischen Denkmäler des Freibaus aus zwei Jahrtausenden betrachtet, bemerkt man von der Zeit der islamischen Eroberung an eine immer stärkere Durchdringung von altindischen Massenbauten und islamischen Raumschöpfungen.

Hier beschreibe ich 35 vorherrschende Bauweisen aus dauerhaftem Baustoff am oberen Abschluß von indischen stūpas und Klöstern, Tempeln, Festungen, Palästen, Vorratsbauten, Moscheen, Gräbern und Kirchen, beginnend mit den sogenannten „einfachen" Mitteln des Aufeinanderschichtens und Überkragens, und fortschreitend zu den Dachformen und komplizierteren Wölbungen und Verbindungen mehrerer Bauweisen miteinander. Damit betrachten wir zwei Teilgebiete der indischen Kunst: Ausschnitte aus der Bauformenlehre und der Architektursymbolik. In zusammenfassenden Kapiteln werden wir untersuchen, was das Studium eines handwerklichen Sonderproblems zum Verständnis der gesamten Kunst Indiens und seiner Nachbarländer beiträgt.

Im vorbereitenden Teil II sammeln wir Nachrichten aus dem altindischen und indo-islamischen Bauwesen über den kultischen Sinn der Decken- und Gewölbeformen und über die handwerklichen Überlieferungen der Steinmetzen. – *Den Stoff des Hauptteils III*, die Beschreibung von 35 vorherrschenden Bauweisen, gliedere ich nach fünf Gesichtspunkten. A: Allgemeine Beschreibung der Baugestalt und Raumform. Funktion der Bauteile und Räume, die in der betreffenden Bauweise abgeschlossen werden. B: Benennung im historischen und modernen Schrifttum. Sammlung von Ausdrücken in Sanskrit, Arabisch, Persisch, Hindūstānī oder Urdu, die sich auf bestimmte Bauweisen und Kunstformen beziehen. Nachweis der gelegentlich voneinander abweichenden Bezeichnungen im kunstwissenschaftlichen deutschen, englischen, französischen und italienischen Schrifttum. Vorschlag zur Benennung in der vorliegenden Untersuchung. C: Nachprüfbares und vermutliches statisches Verhalten. Angabe der bisher veröffentlichten technischen Untersuchungen. Mitteilungen über das mutmaßliche tatsächliche Kräftespiel im Bauwerk und über die Vorstellungen, welche die Baumeister möglicherweise vom Tragverhalten der betreffenden Konstruktionsform hatten. D: Beschreibung einheimischer, konventioneller indischer Baugewohnheiten und ihrer Übertragung in die Verbreitungsgebiete der indischen Kultur. Schilderung spätantiker, vorderorientalischer, besonders iranischer Konstruktionen und ihrer Übernahme in das vorislamische und islamisierte Indien. Hinweis auf Sonderfälle der Verpflanzung altindischer Bauformen nach Turan und Iran und ihrer Rückwanderung nach Indien. Illustration typischer Beispiele von der Kuṣāṇa-Zeit bis zur Gegenwart. E: Form und Bedeutung. Zusammenschau von Teil II und III A–D. Stellungnahme zu der Frage, aus welchen kultischen oder politischen Gründen eine bestimmte Bauform ausgebildet wurde und welcher besondere künstlerische Ausdruck mit ihr gelang. Hinweis auf das Fortleben von ehemals bedeutungsvollen Formen aus „rein" struktiven oder dekorativen Absichten. – *Ins historisch-topographischen Teil IV* soll auf besondere Raumlösungen bei bestimmten Forderungen weltlicher und geistlicher Auftraggeber und unter bestimmten Bedingungen des Baustoffs aufmerksam gemacht werden. Eine Übersichtsliste enthält in der Ordinatenachse die 35 beschriebenen Bauweisen und in der Abszissenachse 25 führende indische Kunstlandschaften und Dynastien, für die einheimische Bauschulen und Wanderkünstler aus den Nachbarkulturen diese Konstruktionsformen anfangs zu anspruchslosen Nutzbauten, später zu immer kunstvolleren Raumgestaltungen verwendeten. – Unter dem Gesichtspunkt der Decken- und Gewölbekonstruktionen versuche ich im *zusammenfassenden Teil V* die Einheit der indischen Kunst bei der Gestaltung von Baumassen und Räumen darzustellen. Dabei fasse ich den Begriff der „indischen Kunst" in einem weiten Sinne wie Oscar Reuther, dem ich die erste Einführung in das Studium von Form und Bedeutung indischer Bauwerke verdanke. „Indisch" nennen wir einmal Wohn-, Wirtschafts- und Kultbauten der einheimischen Religionsgemeinschaften, also der Hindus (Bild 133), Jainas (Bild 111) und Buddhisten (Bild 123) in den Entstehungsländern dieser Kulte auf dem Boden des heutigen Indien (Bild 336, 337) und in den angrenzenden Kunstlandschaften seiner Nachbarländer wie Pakistan (Bild 128–130), Bangla Desh (24: pl. CLIII, Paharpur), Afghanistan (Bild 124) und China (Bild 51), und zum andern Gebäude islamischer Auftraggeber aus Spolien altindischer Tempel (Bild 167, 172, 174) oder aus neugewonnenen Baustoffen in denselben Teilen Asiens: Indien (Bild 233), Pakistan (Bild 234), Bangla Desh (Bild 18, 19), Afghanistan (Bild 173) und China (128:323).

Für die Schreibung der Landschaften und Orte ohne diakritische Zeichen ist der Namensindex „Gazetteer of India and Pakistan", New Delhi 1950–1953, zugrunde gelegt. Neu entdeckte Ruinenstätten sind gemäß Angaben auf älteren englischen Karten im Sinne von O. Spies und E. Bannerth, „Lehrbuch der Hindūstānī-Sprache", Leipzig 1945, S. 3 Anm. 1 und nach Mitteilungen Einheimischer wiedergegeben. Schrifttum wird nach laufenden Nummern in Klammern nachgewiesen.

Bei diesen Studien unterstützten mich zahlreiche Kollegen und Institutionen. Der Deutsche Akademische Austauschdienst vermittelte 1953–1954 ein Stipendium an die Universität Calcutta und gab damit die Möglichkeit zu Reisen durch alle Teile Indiens. Dieselbe Dienststelle, die Deutsche Forschungsgemeinschaft, das Deutsche Archäologische Institut, der Stifterverband für die Deutsche Wissenschaft und die Deutsche Dampfschiffahrtsgesellschaft Hansa Bremen boten mir die Gelegenheit, 1959–1962 Pakistan von Karachi bis zum Khyberpaß kennen zu lernen, als Stipendiat der Universität Kabul Ruinen in den vor-islamischen und islamischen Kunstlandschaften Afghanistans und Nordwestindiens zu besichtigen und mich an einer Campagne der Ausgrabung von Surkh Kotal im Hindukush unter Daniel Schlumberger zu beteiligen. Letzterer und der Grabungsarchitekt Marc Le Berre erläuterten mir Fragen des kushanosasanidischen und des frühislamischen Gewölbebaues an den Denkmälern Nordafghanistans. Bei der Auswertung dieser Geländestudien erhielt ich 1963–1964 wertvolle Anregungen am Lehrstuhl für Baugeschichte der Technischen Universität Berlin: Ernst Heinrich und Hans Reuther leiteten ihre Schüler Manfred Klinkott, Hans Kohte und Friedemann Snigula an, nach meinen Photographien und Skizzen Axonometrien indischer Decken und Gewölbe zu zeichnen (Bild 106–121). Die Ergebnisse der Forschungsreisen legte ich 1966 der Philosophischen Fakultät der Universität Bonn in einer Habilitationsschrift vor. Zur Drucklegung verwertete ich Empfehlungen der Gutachter Klaus Bruhn, Frank-Richard Hamm, Ernst Kirsten, Erich Kukahn, Heinrich Lützeler und Annemarie Schimmel. Beziehungen zwischen altindischen Architektur-Lehrbüchern und Bauwerken lernte ich im Unterricht bei Hans Losch kennen. Die Universität Bonn, die Deutsche Forschungsgemeinschaft und The American Committee for South Asian Art ermöglichten 1967 eine Reise zum Seminar der Akademie in Benares über die Architektur des indischen Tempels und eine anschließende Studienfahrt durch Teile Nordindiens; dabei machten mich vor allem Alice Boner, Stella Kramrisch und Andreas Volwahsen auf die Überlieferung handwerklicher Mittel und schriftlicher Zeugnisse im indischen Bauwesen aufmerksam. Das Ministerium für Wissenschaft und Forschung des Landes Nordrhein-Westfalen und die Geisteswissenschaftliche Sektion der Rheinisch-Westfälischen Akademie der Wissenschaften förderten 1968–1972 eine archäologische Landesaufnahme in Afghanisch-Sistan durch die Forschungsstelle für Orientalische Kunstgeschichte der Universität Bonn, an der auch Angehörige des Lehrstuhls für Baugeschichte der Technischen Universität Berlin und anderer Institute teilnahmen; Beobachtungen zum ostiranischen Lehmziegel-Gewölbebau, die Helmut Behrens und Manfred Klinkott unter dem Titel *Das Ivan-Hofhaus in Afghanisch-Sistan, dargestellt und beschrieben an ausgewählten Bauaufnahmen* und Hans Reuther unter dem Titel *Die Lehmziegelwölbungen von Gol-i Safed* in den „Archäologischen Mitteilungen aus Iran" 6, 1973 veröffentlichen, konnte ich beim Vergleich altiranischer, islamischer und indischer Bauformen mit verwerten (s.u.S. 111 und 136). Auch Dieter Morgenstern, Landolf Mauelshagen und Karl Tönnessen, die während dieser Campagnen Siedlungen und Gewölbebauten aufnahmen, stellten ihre Ergebnisse vor dem Erscheinen ihrer Beiträge *Geodätische Arbeiten bei archäologischen Untersuchungen der Ruinenfelder von Afghanisch-Sistan* in „Vermessungswesen und Raumordnung" 35, 1973 und *Terrestrisch-photogrammetrische Archäometrie in Afghanisch-Sistan* in „Allgemeine Vermessungsnachrichten" 1973 zur Verfügung. Den neuen Fundstoff studierten mit mir zahlreiche Angehörige der School of Oriental and African Studies der Universität London; dabei wurden mir die Manuskripte von Daria Jones, Garry Martin und George Michell, *Squinches and pendentives, problems and definitions*, von Antony Hutt, *An unusual domed octagonal building in Southern Iran* und von George Michell, *The Saṅgameśvara temple of Patadkal* zugänglich gemacht, die für „aarp – art and archaeology research papers" 1, 1972 vorbereitet wurden. Herr Gregor Hoppen, Franz Steiner Verlag, beriet mich bei der graphischen Gestaltung des Buches. Meine Frau unterstützte mich bei der Aufnahme zahlreicher Bauten in den Jahren 1959–1969, stellte die Register zusammen und fertigte das Maschinenmanuskript an.

II

ALLGEMEINES ZUM INDISCHEN UND ISLAMISCHEN BAUWESEN

a) VOM SINN EINIGER DECKEN-, DACH- UND GEWÖLBEFORMEN

Bei dem Auftrag, einen Nutz- oder Kultraum gegen Sonne und Regen durch eine flache Decke, ein Dach oder eine gewölbte Schale abzuschirmen, waren indische Steinmetzen durch die Forderungen weltlicher und geistlicher Bauherren und durch die Bedingungen des Baustoffs gebunden. Sie übertrugen geheiligte Bau- und Schmuckformen der Fels-, Höhlen- und Holzarchitektur in Konstruktionen aus luftgetrockneten Lehmziegeln, Backstein, Bruch- und Haustein, um alten, zunächst mündlich überlieferten und dann in Dichtungen und Lehrschriften niedergelegten Sinnbildern Dauer zu verleihen. Im Wohnhausbau wechselten die Gewohnheiten, Räume mit einer ebenen Decke abzuschließen und durch ein selbständiges Dach zu schützen (Bild 348, 349) oder durch einen offenen Dachstuhl zu bekrönen (Bild 320). Steinerne Flachdecken von Kulträumen dienen meist als Abschluß gegen außen (Bild 132, 149), und werden nur in landschaftlichen Sonderformen durch ein Dach überragt (Bild 287, 290). Auch die Gewölbe liegen in der Mehrzahl der Fälle frei (Bild 49, 63, 65, 67, 75, 111, 280) und sind nur selten durch Dachkonstruktionen verborgen (Bild 33, 336 rechts und 337). Bei der Errichtung des Hauses und des Tempels sind notwendige und bedeutungsvolle Formen miteinander verbunden. Wir kennen diese Erscheinung aus vielen Bereichen der Baugeschichte. Andrae gab seinem Buch über die ionische Säule (3:1) den Untertitel „Bauform oder Symbol?“ Für die indische Kunst wollen wir unten (s.u.S. 21) eine Antwort versuchen. Grundsätzlich dürfen wir schon eingangs darauf hinweisen, daß viele Bau- und Sinnformen buddhistischer, hinduistischer und jinistischer Kultstätten an islamischen Sakral- und Profanbauten Indiens als Schmuckform Verwendung fanden.

Die Weltschöpfung wurde wohl schon in frühen, nicht mehr erhaltenen Holzhäusern nachgeahmt; der Bau des Tempels gilt als Nachahmung des Wohnhauses; die Errichtung von Wohnhaus oder Tempel bedeutet eine Wiederholung der Weltschöpfung (18:29; 71:65; 230:121; 276:186). Das Haus liefert auch das Vorbild für Palast (13:270) und Moschee oder Grab (109:108). Mit Satteldach (Bild 37, 195), Walmdach (Bild 348), Tonne (Bild 51) und vor allem der bengalischen Sonderform einer Kielbogentonne mit aufgebogenen Firstlinien (Bild 113, 265) bildete man verschiedene Gestalten des festen Wohnhauses, dagegen mit Zeltdach (Bild 33, 320) und Kuppel (Bild 118, 302) Formen der beweglichen Unterkunft ab.

Die Entstehung der Welt aus einem Ei (200:116), in Sanskrit aṇḍa, wurde im halbkugeligen, massiven buddhistischen stūpa symbolisiert. Ausnahmsweise gestaltete man diese Massenbauten (s.u.S. 153) in einer Sonderentwicklung der indischen Kunst auch einmal räumlich: in den Kuppeln der stūpas von Gandhara und Turfan (Bild 87, 93).

Auch sakrale altindische Architektur wurde als „abbildende Kunst“ verstanden (251:211). Eine „Welthöhle“ wird im Kernstück des indischen Tempels, dem garbhagṛha, symbolisiert (16:245; 160:163): in einer dunklen, nur durch eine schmale Tür erleuchteten Zelle (Bild 8: Mitte, rechteckiger Raum mit dem Götterbild unter dem massiven Turmaufbau), auf einheimische

Weise durch einen flachen Deckstein (Bild 344), durch Steinplatten in waagerechtem Sturz (Bild 8) oder durch eine Kragekonstruktion (Bild 106, 152) abgeschlossen. Die Inder paßten auch „moderne“ Konstruktionsformen ihren uralten kultischen Bedürfnissen an. Als sie durch die Berührung mit dem Islam die radiale Kuppel (wieder) kennengelernt hatten, nutzten sie diese nicht nur zum Abschluß weiter, hoher und heller Versammlungshallen, sondern auch als schwer lastende Schale für enge, niedrige, dunkle Kultkammern (Bild 260, 261). Möglicherweise dürfen wir mit v. Kaschnitz-Weinberg schließen, daß in Europa und Asien die Architektonisierung der künstlichen Höhle zunächst durch den Kragebau und später durch das echte Gewölbe erfolgte (153: II 14). Im Bereich der altindischen Religionen wurden zweimal typische Bauweisen aus der Höhle heraus entwickelt: in Udayagiri deckte man als Fortsetzung einer würfelartigen Höhle (87:6 u. pl. 13) eine Vorhalle über Pfeilern mit Steinbalken in waagerechtem Sturz (Bild 4), und in Bäzäklik wurde eine tonnenförmige Höhle mit übereinandergesetzten Tonnengewölben aus Lehmziegeln weitergeführt (Bild 125).

Über den Eingangshallen und Versammlungsräumen indischer Tempel, den maṇḍapas, entwarf man Decken voller kosmogonischer, kosmologischer Symbolik. Besonders häufig sind in einer Neun-Felder-Decke um eine zentrale hinduistische Hauptgottheit herum die aṣṭadikpālas, die Regenten über die vier Haupt- und vier Nebenhimmelsrichtungen, verteilt: in Flachrelief auf einer monolithen Platte (Bild 143), tief unterschnitten an Kassettendecken (Bild 141, 142), in mehreren Schichten an kuppelartig sich erhebenden Laternendecken (Bild 291); ähnlich entsteht eine Illusion des Himmelsgewölbes (Bild 248) an Ringschichtendecken (26:16; 88: fig. 2).

Eine Flachdecke über einem maṇḍapa kann auch ein magisches Diagramm aus rechteckigen Mustern, ein Kreismuster maṇḍala als Kosmogramm oder eine Kombination geometrischer Zeichen, besonders von Quadrat und Kreis enthalten. Die āyāgapaṭas, quadratische Steinplatten mit einem einbeschriebenen Kreis voller symbolischer Zeichen, hatten wohl schon in der Kuṣāṇazeit kosmologische Bedeutung (93: Taf. 87; 267:226). Ein flacher Deckstein ist in einem spätmittelalterlichen Tempel ganz ähnlich verziert (Bild 249), während über anderen hinduistischen und jinistischen Kulträumen Quadrat und Kreis räumlich erfaßt werden (s.u.S. 149).

Flache und gestufte Decken über Eingangshallen, Korridoren, Versammlungshallen (Bild 275) oder Bildnischen (Bild 247) konnten rein durch ihre Bauform oder den zusätzlichen Bildschmuck kosmologischen Sinn erhalten. Die einfache Teilung einer quadratischen Decke in neun Felder (Bild 148, 279) kann bedeutungsvoll sein: für die 9 Himmelsrichtungen – Mitte, 4 Hauptgegenden, 4 Nebengegenden – von Bhārata, also Indien (155:81), für die neun quadratischen Abteilungen des Universums nach der viṣṇuitischen Geographie (156:66), oder für ein maṇḍala von neun Quadraten mit einer menschlichen Figur im Mittelfeld (305:21, 37).

Auf eine indische Kosmogonie, nach der die Welt aus einem Lotus entstanden sein soll (17:81; 73: IV 158 Nr. 5; 285:28), weisen wahrscheinlich die immer wiederkehrenden Bilder des Lotus hin. Diese Pflanze füllt neun Felder einer monolithen Flachdecke (Bild 144) und einer kombinierten Kragekonstruktion (Bild 145), wechselt in neun Feldern mit – wiederum magisch bedeutsamen – Stufenmustern in einer Decke aus waagerechten Steinbalken ab (Bild 276), wird dem Tempelbesucher auf der Unterseite mächtiger Steinbalken am Beginn verschiedenartiger Deckenlösungen sichtbar (Bild 146, 147, 161, 247, 275), ist an die Unterseite von Ecksteinen und in kuppelförmig ausgehöhlte Steinblöcke einer Laternendecke gemeißelt (Bild 288), und hängt als Schlußstück von einer Ringschichtendecke herab (Bild 248).

Es ist auch daran zu erinnern, daß der künstlerische Gesamteindruck vieler islamische Anlagen in ihrer harmonischen Verbindung von Baugestalt, Innenraum und maßvoll verteiltem Schmuck einigen ehemals bedeutungsvollen buddhistischen oder hinduistischen Symbolformen verdankt wird. Anfangs übernahmen zum Islam übergetretene indische Steinmetzen Spolien ihrer einheimischen Tempel, auf denen der Lotus die Unterseite von Steinbalken im waagerechten Sturz

(Bild 184–186) oder die 9 Quadrate einer Steinplatte mit Neun-Felder-Teilung (Bild 190 links) verzierte. Die altindische Kultform des Lotusschmucks wurde später durch einheimische Bau- und Bildhauerschulen zur reinen Schmuckform an islamischen Profan- und Sakralbauten mit waagerechten oder gewölbten Abschlüssen genutzt. Wahrscheinlich übertrugen Bauleute von Vijayanagar die Technik der Kassettendecke und der Gußdecke mit Neun-Felder-Teilung (s.o.S. 7) nach Bijapur, wo diese Konstruktionen zu einfachen Nutzbauten im Untergeschoß eines Grabes (Bild 298) und zu reich geschmückten Abschlüssen eines städtischen Wohnhauses (Bild 11) Verwendung fanden. Der Lotus hängt schwer in der Mitte einer Ringschichtendecke, die von altindischen Tempeln in eine Moschee übernommen wurde (Bild 188), lastet mit altindischen āmalaka-Baugliedern im Scheitel einer Ringschichtendecke und einer Rippenkuppel aus krummen Steinbohlen (Bild 42, 192) und bekrönt entgegen allen Gesetzen der Stabilität (s.u.S. 21) die Kalotte zahlreicher Gräber und Moscheen aller islamischen Epochen (Bild 65, 75, 77). In der späteren Mogulzeit wird der Lotus auch als einziger, feinziselierter Schmuck für die Kalotte einer wohlproportionierten Pendentif-Kuppel ausgewählt (Bild 238).

Alt- und neuindische Stufen- und Stockwerkbauten symbolisierten die vimānas, also die Geschosse der Himmelsbewohner in den verschiedenen Stockwerken des Weltbaus, in den Regionen des Weltbergs Meru (155: Einl. S. 1, 7; 269:32). Tempel mit vertikal aufstrebendem Turm über dem garbhagṛha (Bild 16, 106, 245) sind nach mythischen Bergen wie Kailāsa, Mandara oder Meru (66:139, 197, 208) benannt. Südindische Tortürme, gopuras (Bild 17, 292) werden durch Inschriften als Meru bezeichnet (136:165). Gedanken des altindischen hölzernen Stufenhauses, von dem naturgemäß kein Beispiel erhalten ist, haben indische Steinmetzschulen in der Mogulzeit z.B. im Pañc Maḥall von Fatehpur Sikri lebendig erhalten (Bild 99, Nr 5). Waagerechter Sturz und Kragekonstruktionen dienten zur Nachahmung der altertümlichen Holzbauformen.

Weiterhin mögen zahlreiche andere bevorzugte Baugestalten, die seit der Begegnung mit der Antike und dem frühen Iran auf indischem Boden nachlebten oder durch die Mohammedaner nach Indien eingeführt worden waren, neben der praktischen eine symbolische Bedeutung gehabt haben. So war die halbkugelige Raumschale in der mittelmeerländischen Kultur (172:9) und von parthischer bis sasanidischer Zeit (302:21) ein Abbild der Himmelskuppel. Im Querschnitt antiker Bauten bedeutete eine Kombination aus Halbkreisbogen und darübergesetztem Dreiecksgiebel gelegentlich den Himmel (22:399; 147:15). Im nordwestindischen Grenzland können Bauten, in denen diese geometrische Figur in das Räumliche übertragen ist, also Konstruktionen aus Würfel, Kuppel und Pyramidendach (Bild 33) die Bedeutung des Himmels gehabt haben, zumal wenn nach einer weitverbreiteten antiken Schmuckweise (267:225) die Übergangszone zwischen Würfel und Kuppel mit Bewohnern der Himmelswelt verziert waren (Bild 1, 3, 127). Der Querschnitt solcher Bauten bestimmte später das Bild eines islamischen Grabturms, der Türbe (206: Plan XXXVI); ein Miniatur-Turm dieser Baugestalt krönt auch einen bestimmten Typus des neueren bengalischen Backstein-Tempels (Bild 260).

Die radial konstruierte Kuppel als Bild des Himmels wurde von der Mittelmeerwelt auf die frühe und spätere islamische Kunst vererbt (206:41; 217:385; 248:100; 257:188; 303:64). Im Zeitalter der indo-islamischen Architektur galt die Kuppel auch an weltlichen Bauten als Symbol des Islam (140:261; 145:VI 663; 220:163). Indische Künstler nahmen an der allgemeinen Entwicklung teil, die Kuppel immer deutlicher als Hoheitsform zu verstehen und in kontrastreichen Baugestalten mit anderen überlieferten bedeutungsvollen Formen zu verbinden. So dürfte z.B. das Baldachin-Kuppel-Motiv (291:21) auf dem Buland Darwaza von Fatehpur Sikri oder als Bekrönung anderer indo-islamischer Wohnstätten (Bild 43) und Kultbauten (Bild 79, 80) nach der traditionellen Auffassung vom antiken Stadttor die weltliche und geistliche Hoheit des Stadtherrn bezeichnen (257:186). Kuppel, Baldachin, Pavillon, Klostergewölbe und aufgewölbte Tonne wechseln in vielen Bauten des hinduistischen Bengalen miteinander ab; eine Komposition aus den zeitgenössischen Wölbeformen auf einem Stadttor (Bild 268) mag ebenfalls den Sinn gehabt haben, auf den Stadtherrn als Repräsentanten göttlicher Macht hinzuweisen. Auch in der islamischen Residenz von Bijapur war die Kuppel als Kunst- und Kultform mit anderen Baugestalten austauschbar: eine Komposition aus 9 Raumeinheiten mit einer Hauptkuppel und 4 Nebenkuppeln in den Diagonalen und 4 Pyramidendächern im Achsenkreuz (Bild 302) heißt „Nau Gumbaz", also die „Neun Kuppeln". Weiterhin nennt man eine Moschee von Bijapur mit einer besonders schönen Lotus-Kuppel im Volksmund „Aṇḍa-Masǧid", also die „Ei-Moschee" (Bild 88), deren Form also nach dem oben (S. 6) geschilderten Weltbild verstanden wurde. Ettinghausen hat überraschende Möglichkeiten gezeigt, islamische Bauformen symbolisch zu verstehen, hat aber zugleich vor der Gefahr gewarnt, allzuviel symbolische Beziehungen in die Baukunst hineinzudeuten (77:8).

Der Scheitelpunkt des Kuppelgewölbes (Bild 77, 238) und kuppelförmiger Kragekonstruktionen (Bild 65, 147, 188, 248, 288) war in der Baugeschichte Eurasiens häufig ein bevorzugter Gegenstand bildhauerischer und malerischer Ausgestaltung, konstruktiver Probleme (s.u.S. 21) und nicht zuletzt der Ikonologie. Der buddhistische Mönch kann dank wunderbarer Fähigkeiten durch die Luft fliegen. Dies ist z.B. in den Höhlen von Turfan durch Deckenmalerei dargestellt (293:5). In Kultstätten dieser Landschaft bezeichnen auch Tierkreisbilder, Gestirne und Gestirngötter die Laternendecke, Tonnen und Kuppeln als Himmelsregion (128:3, 66; 169: fig. 220). Der Mönch verläßt das Haus, welches nach unseren einleitenden Überlegungen auch die Welt bedeuten kann (s.o.S. 6), durch eine Art Dachplatte „kaṇṇikā-maṇḍala" (46:239). Dies ist offenbar ein kreisrunder Anker in der Sprengwerkkonstruktion eines kuppelförmig abgeschlossenen Holzhauses. Eine kuppelartige Konstruktion aus krummen Steinbohlen mit einem kreisrunden Schlußstein in Champanir (Bild 42, 192) und in Fatehpur Sikri (Bild 65, 226) entspricht in weit späterer Zeit in Monumental-Architektur aus Stein dieser schriftlich überlieferten Holzbauform. An Ringschichtendecken wird der Scheitel im Inneren durch einen wuchtig niederhängenden Lotus-Schlußstein (Bild 248) und außen durch einen schweren Aufbau aus āmalaka-Ringsteinen und von einem vasenförmigen Aufsatz kalaśa betont (Bild 245, 246 jeweils A, B, C). Diese letztgenannten Schmuckglieder stammen von der oberen Bekrönung des śikhara, des nordindischen Tempelturmes (Bild 245, 246 jeweils D) und symbolisierten dort wahrscheinlich wie die Dachplatte kaṇṇikā maṇḍala einen Durchgangspunkt zwischen irdischer und himmlischer Welt (160:351). In Konstruktionen aus überkragenden Baugliedern wie den Ringschichtendecken (Bild 188, 248) oder aus krummen Steinbohlen (Bild 192, 226) üben diese Steinlasten von Hängezapfen + āmalaka wahrscheinlich vorwiegend vertikalen Druck aus. Die Erbauer von Kuppeln aus radialen Lagerfugen sollen aber die Kalotte nach Möglichkeit entlasten (s.u.S. 20). In Sonderfällen spart man den kreisrunden Scheitel, wie am römischen Pantheon (Bild 99, Nr. 1), völlig aus. Für den praktischen Zweck der Lichtzufuhr nimmt man den Nachteil des Regeneinfalls in Kauf. Dagegen eröffnet sich manche künstlerische Möglichkeit für die Beleuchtung halbkugeliger Räume. Nicht zuletzt bietet sich dieser offene Kreis im Zenith einer Kuppel zu symbolischen Spekulationen an. In Schieferbauten von Gandhara (99: fig. 38/39), deren unterer Raum durch kreisförmig ausgehauene Schieferplatten mit einem kuppelartigen oberen Raum in Verbindung steht (Bild 122), vermutet Soper die Abbildung des Himmels über der Erde (267:228). Möglicherweise führten solche Vorstellungen (198:391) zu der außergewöhnlichen Raumfolge in einem Lehmziegel-stūpa von Turfan (Bild 87), wo sich zwei, jeweils in der Kalotte geschnittene, radiale Kuppeln übereinander erheben. Sicherlich unabhängig davon schufen indo-islamische Baumeister übereinandergesetzte Kuppeln mit einer Öffnung der unteren Kalotte (Bild 121).

Decken, Dächer und Gewölbe über frühen und mittelalterlichen buddhistischen, hinduistischen und jinistischen Wohn- und Kultstätten symbolisierten also häufig Vorstellungen vom kosmischen Haus, von der Welthöhle oder vom Götterhimmel. Dabei ausgebildete Bau- und Schmuckformen wurden anschließend auch für islamische Paläste, Gräber und Moscheen Indiens weiterverwendet. Vorderorientalische, durch die islamischen Eroberer nach Indien eingeführte Gewölbeformen dienten später einheimischen indischen Bauherren zur neuartigen Gestaltung alter Symbole.

b) ÜBER BAUMEISTER UND HANDWERKER IN ALTER UND NEUER ZEIT

Von den Schöpfern der frühen und mittelalterlichen indischen Bauten erhalten wir aus Überlieferungen und Inschriften gewöhnlich nur solche Nachrichten, die sich auf die religiöse Bedeutung des Werkes beziehen. Wer Bauten von kosmologischer Bedeutung (s.o.S. 6) ausführte, mußte Baumeister und Priester sein. Noch heute fallen dem Architekten gelegentlich priesterliche Aufgaben zu: auf das Baugerüst zu steigen und die Gottheiten der 8 Himmelsrichtungen, die aṣṭadikpālas, anzurufen, die später ihren Platz im Innern von Flachdecken (Bild 141, 143), Laternendecken (Bild 291) und Ringschichtendecken (Bild 248) finden werden (26:15). Dagegen wissen wir fast nichts über die Person und die Ausbildung einzelner großen Baumeister: wer z.B. die bedeutenden technischen Leistungen vollbrachte, die südindischen vimānas aufeinanderzutürmen (Bild 8) oder nordindische śikharas sicher hochzuführen (Bild 16). Am Beispiel des Palastes von Gwalior bemerkte Reuther (235:32), daß wir auch dann, wenn die Baumeister uns namentlich unbekannt bleiben, für Teile einzelner Anlagen selbständige, große Künstler annehmen müssen. Hindu-Steinmetzen ritzten gelegenlich ihre Handwerkermarke auch an den Moscheen von Jaunpur ein (105:30), z.B. Kamau, der Sohn des Visadru an der Lal-Darwāza-Moschee (Bild 198).

Inschriften an Tempeln nennen nicht nur die fürstlichen Stifter, sondern auch Baumeister (45: 274), z.B. Śrī Gunda vom Virūpakṣa in Pattadakal (1: VII 664). Doch werden damit keine fest umrissenen Künstlerpersönlichkeiten greifbar. Erst in neuerer Zeit sind hinduistische Baumeisternamen mit bestimmten Formen verbunden, z.B. Nachahmungen des Akbar-Stils (82: II 160; 101:337) in den Tempeln von Brindaban, wie der Baumeister Govind Das am Govind Deo (Bild 250–252). Indische Holzschneider, Ziegelbrenner und Steinmetzen lebten innerhalb von Geburts- und Berufskasten (148:147). Speiser bemerkte, daß die Individualität des Künstlers in der Geschichte der indischen Architektur u.a. deswegen keine besondere Rolle spielte, da von ihm kein Werk persönlichen Ausdrucks, sondern die Ausführung allgemein bekannter Formen erwartet wurde (269:31). Nach altertümlicher Auffassung von der Kunst verpflichtete die Gesellschaft den Künstler zur Herstellung überlieferter Bau- und Bildweisen (179:130).

Wie die Bauherren werden auch Baumeister gelegentlich am Tempel porträtiert (136:139, 144) und bei der Namengebung der Kultstätte berücksichtigt (65:39). Indische Steinmetzen sind manchmal beim Tempelbau auf Reliefs (18: gegenüb. S. 8) und bei der Errichtung von islamischen Kuppelbauten auf Miniaturen dargestellt (118: Abb. 91). Englische Baumeister errichteten für islamische Würdenträger einen Palast mit der Hilfe von indischen Handwerkergilden und berichteten, wie rasch die altertümlichen handwerklichen Erfahrungen mit der vorderorientalischen islamischen Überlieferung und neuesten westlichen technischen Errungenschaften verbunden wurden (98:557). Heute haben wir die Gelegenheit, mit Baumeistern und Handwerkern zu sprechen und aus gegenwärtigen Beobachtungen Rückschlüsse auf das Bauwesen im indischen Altertum zu ziehen. In der Gegenwart arbeiten noch die Nachfahren der salāts (52:5), welche die mittelalterlichen Tempel des nordwestlichen Indien erbauten, nach ihren alten Überlieferungen (117:54). Die Photographie (44: Abb. 241) hält fest, wie traditionelle Aufgaben des Tempelbaus – Neuplanungen oder Reparaturen – oft auf altertümliche Weise gelöst werden (315: Taf. 270). Prabhashankar O. Sompurā ist der Verfasser eines Buches über den Tempelbau (266:1) und der Baumeister des neuen Tempels von Somnath (Bild 346). Bei neueren text- und kunstgeschichtlichen Untersuchungen mittelalterlicher Tempel wurden seine Erfahrungen berücksichtigt (202: 35). Auf einem Kunsthistorikertreffen erläuterte er seine Arbeitsweise nach den Traditionen mittelalterlicher indischer Tempelbaumeister (Bild 345). Dabei geht es ihm vor allem um die genaue Einhaltung kanonischer Proportionen von ursprünglich kultischer Bedeutung. Zu Fragen der Konstruktion hat er sich nicht schriftlich geäußert; nach einer mündlichen Auskunft sind handwerkliche Kunstgriffe wie Zuschneiden, Schichten und Überkragen großer Steinblöcke feste Überlieferungen – so hat er es in seinen Zeichnungen ausgedrückt (Bild 30). Auch die śilpaśāstras, mittelalterliche Baulehrbücher (178:153), enthalten keine Nachrichten über die Vorgänge bei der Errichtung etwa von Laternen- oder Ringschichtendecken. Offenbar waren diese „einfachen“ handwerklichen Voraussetzungen so selbstverständlich, daß sie im Gegensatz zu den ikonographischen Erläuterungen, welche sich auf die kultische Bedeutung des Bauwerks bezogen, für nicht aufschreibenswert gehalten wurden.

Neuerdings hat man gemeinsam mit indischen Pandits in Einzeluntersuchungen Sanskrittexte und spätere Aufzeichnungen in süd- und nordindischen Sprachen mit typischen Bauformen aus bestimmten zeitlichen Perioden und Kunstprovinzen verglichen. Harle stellte sich die Frage, welche Ausdrücke in Sanskrit oder Tamil an Bauteilen der dravidischen Tempeltore, gopuras (Bild 17), mit Sicherheit nachzuweisen sind (136:147). Vor allem Texte in Orīya lieferten Nachrichten über Besonderheiten des nordindischen Tempelturms (Bild 106) und der Kragekonstruktionen (s.u.S. 38) von Orissa (16: Fig. 1; 18: 5; 224: S. XXII). Nanavati und Dhaky studierten das mittelalterliche Schrifttum von Gujarat (202:19) und erkannten in Fachausdrücken, die bisher noch in keinem veröffentlichten śilpaśāstra-Text oder im Mānasāra vorkamen, die Bauglieder der Flach- und Ringschichtendecken (Bild 163) dieser Kunstlandschaft wieder.

Dem zunehmenden historischen Sinn des indo-islamischen Zeitalters verdanken wir Nachrichten über die Organisation des Bauwesens und über Baupreise, doch fehlen auch jetzt Beschreibungen von technischen Einzelheiten der komplizierteren Großgewölbe (291:173). Im Gegensatz zu den Epochen, in denen die stūpas oder Tempel und Paläste hinduistischer Herrscher entstanden, können wir im indo-islamischen Zeitalter mehr Profan- und Sakralbauten mit inschriftlich und urkundlich überlieferten Künstlernamen verbinden. So kennen wir z.B. Aliwāl Ḫān (25:91; 124:97; 223:152; 299:96), der das Grab des Šāh Sūr in Sasaram errichtete (Bild 219), oder Malik Yāqūt Dābulī (50:57), den Schöpfer der Freitagsmoschee von Bijapur (Bild 297).

Mit den namentlich bekannten Künstlern des Abendlands haben die anonymen oder nur nach allgemeinen Nachrichten erkennbaren des Orients eines gemeinsam: daß sie als Angehörige von Bauschulen Aufträge an verschiedenen, oft weit auseinanderliegenden Orten erhielten. Die Verbindung der Bahmanī-Könige mit dem Iran äußert sich auf dem Gebiet der Baukunst z.B. darin, daß als Architekt der Moschee von Gulbarga (Bild 70, 71, 206) ein Rafīʿ aus Qazwīn genannt wird (25:72). Unter dem Mogulkaiser Bābur sollen Jūsuf und Isa (257:192), Schüler des Sinān, von Istanbul nach Indien gekommen sein. Der Beiname „Rūmī“ bezeichnet auch einen der Mitarbeiter am Tāğ Maḥall (20:109) in Agra (Bild 99, Nr. 3) als türkischer Herkunft (246: S. X); er gilt als Baumeister der Kuppel (Bild 96, 241). Andere Baumeister kamen aus Delhi, Kandahar und Persien zu diesem Werk (35:106). Inzwischen waren auf indischem Boden selbständige Traditionen der islamischen Baukunst begründet worden, und die Baumeister Malik Sandal und Malik Yāqūt Dābulī, die inschriftlich in Bijapur genannt werden (204:16, 29), entstammen dem Dekkhan selbst. Šāh Ǧahān, der Bauherr des Tāğ Maḥall, ließ einige seiner Hofbaumeister während einer Pilgerfahrt zum Studium frühislamischer Meisterwerke nach Mandu reisen; in einer Inschrift des berühmten Kuppelgrabes von Hōšang Šāh (Bild 202) um 1650 sind die Namen des Luṭf Allāh, seines Sohnes Aḥmad und anderer, auch eines hinduistischen Baumeisters Rām, überliefert. Luṭf Allāh gehörte zu einer Familie von nordindischen, mohammedanischen Baumeistern, die in einer Art Familienchronik wegen ihrer Kenntnisse in der Mathematik (s.u.S. 15) gerühmt wurden (34: 306; 201:107).

Unsere Beobachtungen gingen davon aus, daß Inder gleichzeitig Massenbauten aufschichteten und Räume überwölbten (s.o.S. 3). Dieselben Handwerkergilden, die im „einfachen“ Schichten (Bild 132) und in Kragekonstruktionen (Bild 106) Sonderleistungen der Tempelbaukunst hervorbrachten, setzten aus Spolien dieser Kultstätten die frühen Moscheen und Gräber zusammen (Bild 168, 184, 190, 200) und bauten für spätere islamische Auftraggeber aus frisch gebrochenem Stein die überlieferten Laternendecken (Bild 198) und Ringschichtendecken (Bild 191). Weiterhin errichteten sie auch die „kühnen“ Gewölbe (Bild 211) und Kuppeln (Bild 121) der Moscheen und Paläste (235:18) und schließlich Großgewölbebauten für hinduistische Stifter (Bild 293, 337). Wie Bauhandwerker anderer Kunstprovinzen konstruierten auch indische Steinmetzen aus praktischen Gründen und künstlerischen Absichten nebeneinander auf verschiedenartige Weisen: in Ahmedabad Ringschichtendecken (Bild 190: rechts) und Kuppeln mit radialen Lagerfugen (Bild 189), oder in einer Moschee von Delhi Kragsteinzwickel (Bild 221) und Trompen (Bild 220). Im islamischen Dekkhan erhielten Hindu-Handwerkerkasten so viele neue Aufträge, daß ihnen keine Zeit mehr blieb, sich den alten Aufgaben des Tempelbaus zu widmen (52:5). In dieser mittelindischen Landschaft arbeiteten die Nachfahren der erblichen Hinduzünfte gemeinsam mit Baumeistern aus Persien, der Türkei und Ägyptens; in der Mogulzeit führten sie Anregungen persischer Künstler aus (246: S. VIII).

Dieses bunte Bild des indischen Bauwesens wird noch durch dauernde Berührungen mit fremden Kunstschulen bereichert. Bildhauer und Baumeister gelangten aus den hellenisierten Ostprovinzen des römischen Kaiserreiches bis Gandhara und Turfan. Eine Beobachtung Creswells, daß die islamischen Architekten des Ostens und Westens Wanderkünstler waren, greift Mayer in seinen Forschungen über die Biographie islamischer Baumeister auf (193:28) und dehnt Smith zur Erklärung von Ideenübertragung auch auf weit frühere Zeiträume aus (257:180). Allerdings wechselten Künstler und Handwerker ihren Arbeitsplatz oftmals nicht freiwillig. Die Legende, nach welcher der heilige Thomas aus dem Nahen Osten an den Hof des Gondophares verschlagen wurde und dort als Baumeister wirkte, mag einen historischen Kern haben (83:149). Man rechnet damit, daß Flüchtlinge aus dem Vorderen Orient um die Mitte des 1. Jahrtausends n. Chr. bis Nordwestindien kamen (119:404; 121:262), und man weiß, daß siegreiche Herrscher vor allem die Bauleute in ihre Residenzen zu ziehen zwangen (56:156). Unfreiwillig befanden sich wohl auch „Baumeister aus Kabul“ im 9. Jahrhundert in Bagdad (104:201). Weiter muß man sich fragen, ob mit den Gebäudeteilen auch indische Steinmetzen nach Afghanistan (Bild 173, 174) verschleppt wurden (280:404).

Vor diesem kulturgeschichtlichen Hintergrund haben wir die handwerklich künstlerischen Leistungen und z.B. die sasanidische Trompenkuppel an buddhistischen stūpas (Bild 67) und die islamische Trompenkuppel anfangs an Moscheen und Gräbern (Bild 170) und später auch in einem Hindutempel (Bild 337) zu würdigen. Bei der ersten Aufnahme von Denkmälern bemerkte man westliche Einflüsse in der Bildhauerei der Kuṣāṇa-Zeit und in der Baukunst seit dem Beginn der islamischen Herrschaft. O. Reuther (235:19) und Pope (218:108, 114) haben später am Beispiel von bestimmten Formen des Bogens, der Tonne und der Kuppel gezeigt, daß geistiger Austausch wechselseitig ist. Einige Architekturformen wurden im dekorativen Relief, in der Holzbauweise und im Höhlenkult durch die Inder erfunden, mit der buddhistischen Mission bis in den Ostiran verbreitet, dort in eine Konstruktionsform umgesetzt und im indo-islamischen Zeitalter als Bauweise und Schmuckform des Freibaus wieder nach Indien zurück übernommen. Diez ist sogar der Meinung, daß bei dem Kontakt zwischen Indien und Iran in islamischer Zeit (62:118) Bauweisen mit Überkragung und krummen Steinbohlen aus dem Hindutempel auf persische und türkische Großbauten übertragen wurden. Dabei bildeten iranische und turanische Baumeister u.a. die Kuppel aus Steinrippen zu einem neuartigen konstruktiven Gerüst weiter, das später wieder an indo-islamischen Kuppelbauten (Bild 192) nachgeahmt wurde (64:161). Wir werden später (s.u.S. 117) zu zeigen versuchen, daß bestimmte Kuppelkonstruktionen an buddhistischen

Bauten von Turfan erfunden, von dort in den islamischen Nahen Osten übertragen und später wieder in die indo-islamische Kunst eingeführt wurden.

Gemeinsame Bauformen in verschiedenen Kunstlandschaften Indiens beruhen auch darauf, daß Handwerker wanderten, flohen oder verschleppt wurden. Als die Kultur der Hinduresidenz Vijayanagar nach der Schlacht von Talikota 1565 unterging, fanden Flüchtlinge, Tänzerinnen und Bildende Künstler neue Arbeitsplätze am Hofe der islamischen Siegerstaaten, besonders in Bijapur (120:252). In den Profanbauten von Vijayanagar wurden Räume durch Massivdecken aus Bruchstein und Mörtel mit dekorativ angearbeiteten Rippen oder mit einem Gerüst von tragenden Rippen eben abgeschlossen (Bild 279, 280). Die Beherrschung dieser außergewöhnlichen Technik führte später in Bijapur, einem der Siegerstaaten, zu weitgespannten Flachdecken (Bild 84, 117, 298), die einmal konstruktive Sonderleistungen darstellen, wie sie vorher weder in der indischen noch in der islamischen Kunst bekannt waren, und die zum anderen auf hinduistische Weise mit symbolischem, kosmologischem Schmuck bereichert sind (Bild 11). Oder: Muḥammad Tug̊luq verlegte die Residenz von Delhi nach Daulatabad und zwang die gesamte Bevölkerung zur Auswanderung: dabei übertrugen die Bauleute Kunstformen der Hauptstadt in den Dekkhan (25:70). – Wanderkünstler und Genossenschaften, die z.B. die Ringschichtendecken und Tempeltürme von Khajuraho (Bild 22) herstellten, scheinen auch an den Bauten von Orissa und Nordwestindien (Bild 169) beteiligt gewesen zu sein (106:18).

Ein hochkastiger Brahmane vom Stande der „geistlichen Lehrer" ācārya, der „Priesterarchitekt" sthāpaka (160:9) ist verantwortlich für die Anlage und Durchführung des Tempelbaus nach den religiösen Vorschriften. Ihm zur Seite steht der sthapati, der oberste der „Handwerker" śilpin. Unter den einzelnen Handwerkern, die am Hau- und Backsteinbau arbeiten, gelten der „Architekt" sūtradhāra (160:9; 1: VII 668) und der Bildhauer, Zuschneider takṣaka (1: VII 579) zugleich als besonders erfahrene Zimmerleute. Coomaraswamy (46:239) dehnt bei seiner Interpretation den Begriff des vardhakin vom Baumeister, Bildhauer und Maler auch auf den Zimmermann aus. Vielleicht liegt in der wiederholten Nennung des Zimmermanns eine Erinnerung an die vedische Frühzeit, in welcher Holzhauer und Schreiner Häuser und Kultstätten errichteten, deren Formen als heilig überliefert und zum Vorbild für alle späteren Felsaushöhlungen und Freibauten wurden. Childe (37:84) vermutet, daß in den meisten vor- und frühgeschichtlichen Kulturen Eurasiens das Werk des Zimmermanns eine mehr als rein praktische Bedeutung hatte. Nach der genannten Interpretation von Coomaraswamy (46:239) hat der Zimmermann z.B. bei der Herstellung einer „Dachplatte" die praktische Arbeit eines Raumabschlusses zu leisten und zugleich ein Bauglied von wichtiger symbolischer Funktion als Übergang von der Erde zum Himmel zu schaffen. An indischen Beispielen haben O. Reuther (235:32; 297: III 202) und Macku (184:70) gezeigt, wie der Steinmetzberuf aus dem des Zimmermanns hervorging. Eine Inschrift in Khajuraho (309:53) bestätigt Rückschlüsse nach verschiedenen Literaturstellen, daß die „Handwerker" śilpin rūpakāra in verschiedenen Zweigen erfahren sein, also Holz, Stein und Eisen handhaben sollen. Nicht nur im indischen Tempelbau, sondern auch an islamischen Profanbauten haben die Handwerker immer wieder uralte Schmuckformen des Holzbaus nachgeahmt – und immer wieder haben sie Decken und Gewölbe aus Stein irrtümlich nach den Gesetzen des Holzbaus berechnet (s.u.S. 16). Weder aus der Frühzeit des indischen Tempelbaus noch aus der islamischen Periode wissen wir Näheres über die Personalunion von Ingenieur und Künstler (253:45) oder über die Verteilung nach Aufgaben im modernen Sinne (12:12–21) nach: Bauleiter, der die mechanischen Kräfte durch geistige Urheberschaft in Bewegung setzt; Bauführer, der die gesamte handwerkliche Errichtung beaufsichtigt; Handwerker, der das Bild des Werkes unmittelbar mit eigener Hand verwirklicht; ungelernte Handlanger.

Unter den Bauleuten des islamischen Orients wird der „Architekt" miʿmār (229:1) bald zusammen mit den Straßenkehrern, bald mit dem Gebetsrufer Muezzin in einer Kategorie erwähnt.

Ein „Vorarbeiter“ war der ustāḏ, mu‘allim, ṣāḥib. Der Schöpfer des Mausoleums von Herat gilt einfach als „Steinmetz“, „Mörtelträger“ aṭ-ṭayyān, wird aber in einer postumen Inschrift als „Künstler“ ustāḏ gerühmt (193: 26, 27, 115). Der Ausdruck bannā’ bezeichnet den „Baumeister“ oder „Steinmetz“ (190:1226). In eigenen Bazarvierteln der iranischen Stadt wohnten in Zünften zusammen die bannā’, ustāḏ und „Ingenieure“ mohandesān (303:47). Im indo-islamischen und anglo-indischen Bauwesen war der kāmāṭṭī ein „Baumeister“ oder „Steinmetz“ (229:2, 4). Die „Baumeister“ mi‘mār des Šāh Ǧahān hatten gewöhnlich den Beinamen ustāḏ; die nähere Bezeichnung muhandis scheinen vor allem „Ingenieure“ mit besonderen Kenntnissen der Mathematik (s.u.S. 15) und Astrologie erhalten zu haben (34:201–209). Während der Verschmelzung indischer und islamischer Kultur entstand im Hindūstānī das Wort mistirī (150:274), welches neben vielen anderen Bedeutungen auch die des „Steinmetz“, „Vorarbeiters“, „Kunsthandwerkers“ haben kann (229:1–3). Nach einem neuen Urdu-Lexikon kann man vielleicht bestimmte Steinbauformen mit bestimmten Künstlern oder Handwerkerschulen der Mogulzeit verbinden (82:25).

c) GRUNDLAGEN: ERFAHRUNG UND GEFÜHL

Technische Einzelheiten alter und neuer westlicher und östlicher Großbauten finden sich bei Macku (184:56–72) und Straub (277:11, 42, 81, 99, 122, 152). Über das Verhältnis von gefühlsmäßigem Bauen und Tatsachenwissen in der Antike hat sich Dyggve geäußert (69:78). Architekten betrachten das Sammeln und bewußte Verwerten von Erfahrungstatsachen schon als Anfang wissenschaftlicher Tätigkeit (15:21).

An altorientalischen, indischen und islamischen Bauten wurde gewöhnlich nicht nach modernen Vorstellungen für eine bestimmte Aufgabe diejenige Form gewählt, mit der man die geforderte Sicherheit bei geringstem Aufwand an Stoff = Baukosten erreichte (135 I 1, 2:3). Unverhältnismäßig viel Mauerwerk zur Widerlagerung von Tonnengewölben oder zur Absicherung von Kuppelbauten führten nicht nur Römer und Sasaniden auf (175:23, 50), sondern benützen auch heute noch islamische Konstrukteure (165:105). Auch die Mauern für Massenbauten indischer Tempeltürme und für indo-islamische Raumschöpfungen sind oft mit einer Verschwendung an Material errichtet. Königlichen Stiftern als den größten Grundeigentümern des Landes standen die unerschöpflichen Steinbrüche häufig kostenlos zur Verfügung (177:3).

Als allgemeine Erfahrungstatsache werden die Bauschulen des Ostens und Westens die Beobachtung überliefert haben, daß es günstig ist, für Erdgeschoßmauern den festesten Stein zu wählen, der in der Nachbarschaft ansteht, aber für obere Geschosse und vor allem für die Einwölbung zur Erleichterung der gesamten Anlage einen Baustoff von geringerem spezifischem Gewicht zu suchen. Tempelbauer haben seit dem frühen Mittelalter (160:123) gelegentlich das Erdgeschoß aus Werkstein geschichtet und den Turm über dem Allerheiligsten aus Backstein in Kalkmörtel konstruiert (Bild 277). Aber immer wieder stellen wir fest, daß es keine planmäßige Entwicklung und Auswertung handwerklicher Kenntnisse gibt. Die riesigen Steintürme über den Kultkammern der Coḷa-Tempel sind bis zu dem 80 t schweren Deckstein aus dem gleichen Stoff errichtet (Bild 133); bei den gopuras dagegen, die man in dieser Zeit zu bauen begann, folgt immer auf einen doppelgeschossigen Unterbau aus Granit (Bild 271) ein mehrgeschossiger Aufbau aus zurückspringenden Schichten in Verbindungen aus Backstein (Bild 272), Mörtel und Holz (Bild 17, Bild 292 links rückwärts). Auf diesem Wechsel des schweren Granits mit dem leichteren Ziegel beruhen auch die riesigen Massenbauten in den Tempeln von Vijayanagar (Bild 270) und in den Palästen (Bild 102) der anschließenden dravidischen Schulen (38:295). Die Hindu-Steinmetzen, die z.B. die mittelalterlichen Tempel des Dekkhan im Erdgeschoß aus schwarzem Basalt in trockenem Verband zusammensetzten, erfanden für obere Stockwerke, besonders für den Turm über dem garbhagṛha einen außergewöhnlich leichten Ziegel. Er wurde mit Sägemehl vermischt und wog etwa ein Drittel des üblichen Backsteins. Nach Yazdani verwendeten die Erben dieser Handwerkergilden auch für islamische Gräber dieselbe Technik: über dem schweren Basalt-Unterbau des Humāyūn-Grabes in Bidar (Bild 210) führten sie eine leichtere Kuppel aus „Schwimmziegel" auf, der so leicht ist, daß er im Wasser nicht untergeht (306:133). Wenn man für den ganzen Bau das gleiche Steinmaterial verwendete, bildete man für die unteren Teile große und für die oberen kleinere Blöcke, die jedoch immer noch groß genug waren, durch ihre Eigenlast die darunterliegenden im Gleichgewicht zu halten (191:37).

Weitere Erfahrungen lehrten, daß man besonders bei Bögen und Gewölben durch Verringerung des Querschnitts die lastende Masse erleichtern kann. Die Tonne des spätsasanidischen Ṭāq-i Kisrā in Ktesiphon hat im Scheitel einen geringeren Querschnitt als am Gewölbekämpfer (64: S. XIII + Abb. 5a; 114: pl. 110; 175:23). In Turfan scheint man für Tonnen (Bild 125) und Kuppeln (Bild 66) dieselben Kunstgriffe verwendet zu haben. Bei Kuppeln kann man ein Stück unterhalb des Gewölbescheitels zur Sicherheit einen Schlußring einlegen (165:105). Folgerichtig wird man zur völligen Entlastung den Baustoff im Scheitel überhaupt aussparen. Wir wissen nicht, ob man bei einem Doppel-stūpa in Chotscho (Bild 87) aus kultischen Gründen (s.u.S. 22) die Halbkugel in der Kalotte öffnete, oder ob man in der Art des römischen Pantheon eine „Laternenöffnung" zur Lichtzufuhr anbrachte oder ob man in erster Linie die Scheiteldurchlastung vermeiden wollte (84:53). Scheitelöffnungen verwendet man in der orientalischen Profanarchitektur zur Beleuchtung von Straßenkreuzungen in überdeckten Bazaren und als Rauchabzug (165: Abb. 140). Diese Öffnung wird wie in der europäischen Monumentalarchitektur (180:430) oft durch eine „Laterne" bekrönt. Die sogenannten Laternendecken, die wir im Typus 8 (s.u.S. 40) besprechen, wurden in den erhaltenen kultischen Freibauten Indiens immer mit einem Deckstein abgeschlossen (Bild 150, 160, 247). Aber in den neueren hölzernen Wohnbauten sind sie – zum Lichteinfall und zum Rauchabzug – im Scheitel durch ein offenes Quadrat entlastet, und nach einer Rekonstruktion eines solchen Raumabschlusses im parthischen Nisa (222:86) befand sich über einer entsprechenden Öffnung ein leichter Giebelbau als Laterne.

Die Mittelkraft – oder Leitlinie, Stützlinie, Drucklinie, Resultierende – mit welcher der moderne Statiker nach dem Parallelogramm der Kräfte (277:64, 77, 215) den Verlauf der Druck-, Zug- und Schubwirkungen im Bauwerk vorausberechnet und nach der er Widerlager, Verstrebungen, Anker und andere Hilfsmaßnahmen plant (135 I 1, 2:58), muß zur Vermeidung von Zugspannungen im mittleren Drittel des Mauerquerschnitts bleiben. Wenn sie bei flachen Gewölben austritt, werden zur Gegenwirkung Zug- oder Ringanker in das Mauerwerk eingelegt oder die Mauern durch Strebepfeiler und -bögen verstärkt. In Großgewölbebauten römischer, byzantinischer, gotischer und barocker Architekten meinen wir den theoretischen Verlauf der Stützlinien oft in der Neigung des Strebewerks zu verfolgen. Bei neueren Nachrechnungen ergibt sich gewöhnlich, daß diese Leitlinien, welche die alten Baumeister nach ihrem Gefühl für das Kräftespiel im Mauerwerk entwarfen, und welche unserem Auge heute noch logisch erscheinen, tatsächlich nicht den jetzt gültigen Sicherheitsbestimmungen entsprechen. Desgleichen sind an altindischen Massenbauten und in islamischen Gewölben oftmals die Baustoffe über jedes zulässige Maß hinaus beansprucht. Daß es in Ost und West nicht öfter zu Baukatastrophen gekommen ist, wird u.a. der „Schlauheit des Materials" (84:7) verdankt: in trockenem Verband verlegte Steinmassen setzen sich, der erhärtende Mörtel erhält eine immer größere Zugfestigkeit, und so entstehen künstlerische Schöpfungen im Grenzbereich der statischen Gesetzmäßigkeit.

d) GRUNDLAGEN: NATURWISSENSCHAFTLICHE ERKENNTNISSE

„Anerkannte Regeln" der Bauingenieurkunst stellen oftmals nur den Niederschlag des augenblicklichen Standes der Naturwissenschaft dar (12:21). Die Kuppel der Hagia Sophia lieferte lange Zeit den Kanon für Kunst und Handwerk des Gewölbebaus. Herzfeld sah in ihr ein Ergebnis der gelehrten Berechnung und im Grunde des euklidischen Geistes, der bei allen Nachahmungen ihrer Bauform mit Pendentifs lebendig blieb (143:I 18). Solche Kuppeln überspannen in Indien nur Räume von bescheidenem Durchmesser (Bild 179, 238). Die Konstruktion beruht dort wohl weniger auf selbständiger mathematischer Tätigkeit als vielmehr auf der Nachahmung von erfahrungsgemäß anerkannten Vorbildern. Wir werden die Bedeutung der Halbkugel-Form über dem Würfel als räumliches Bild für ein bevorzugtes altindisches maṇḍala, nämlich den Kreis im Quadrat, kennen lernen (s.u.S. 148). Die vorherrschende Kuppelform des islamischen Indien sollte dann diejenige werden, bei der wie im Iran auf empirischer Grundlage das Quadrat in das Oktogon (Bild 170), dieses in das Sechszehneck usw. bis zu einer Näherungsform des Kreises (Bild 216) verwandelt wird. Der indische Steinmetz, der zunächst an das Komponieren von Baukörpern gewohnt war, konnte eine Raumform selbständig am ehesten durch solch erfahrungsmäßiges, gewissermaßen plastisches Bilden in einer Art schichtweiser Vorkragung erreichen.

e) TIEF- UND HOCHBAU

Steinbauten, deren Türme die Grundmauern durch vertikalen Druck im ganzen belasten, oder deren Gewölbe auf einzelne Bauglieder einen starken Schub ausüben, erfordern andere Fundamente als Holzbauten mit leicht versteifbarem Rahmenwerk. In den Flußniederungen setzen Backsteinbauten, deren Rohstoff durch Versalzung angefressen wird, steinerne Grundlagen voraus; wenn diese fehlen, droht der Einsturz der Kuppel (48:111, 132). Der śikhara von Konarak brach wahrscheinlich zusammen, weil im Dünengelände mit Schwemmsand keine besonderen Sicherheitsmaßnahmen für den riesigen Hausteinbau getroffen wurden. Im Dekkhan hatten nicht nur frühmittelalterliche Tempel ungenügende Fundamente (52:6; 307:23), sondern auch noch in Vijayanagar stürzten Großbauten ein, weil ihre Grundlagen nicht ausreichend gesichert worden waren (134:44).

f) NACHAHMUNG VON SCHREINERWERK UND FELSBILDNEREI IM STEINBAU

Wir sahen, daß dem Zimmermann in der altindischen Gesellschaft eine besondere Bedeutung zukam (s.o.S. 13). Kultische Höhlen und Freibauten wurden daher später oft nach dem Vorbild des Schreinerwerks entworfen (61:160, 314; 146: Abb. 3ff.; 264:55; 265:204). So werden wir an vielen Bauformen die Übertragung von Holzbauweisen in den Stein kennen lernen (s.u. Kap. III §§ 4, 5, 8, 9, 15, 19). „Schreiner-Architektur" beschrieb man z.B. beim indischen Tempel von der Cāḷukya-Zeit an (226:20), ferner bei der Durchdringung indischer und islamischer Bauweisen in Akbars Hofkunst (235:39), und in den islamischen Residenzen von Bidar (306:197) und Bijapur (50:84). Holzkonstruktionen wurden nicht nur durch Massivbauten wie in den Monolith-Kuppeln des südindischen śikhara, oder in Felsaushöhlungen wie in den buddhistischen caityas, sondern auch in Hau- und Backstein nachgeahmt (64:161). Im Alten Orient, in der Antike im weitesten Sinne (48:74), in der islamischen Baukunst (165: Abb. 131b) und in der neueren abendländischen Architektur errichtete man häufig Raumschalen aus Holzkonstruktionen. Dabei wurden gebogene Streben durch Schilde wie etwa bei Bauteil „kaṇṇikā maṇḍala" zusammengefaßt (s.o.S. 9). Aber während in anderen Kulturkreisen später steinerne Gewölbe meist nach den neuen Gesetzen dieses Baustoffs entworfen wurden, blieb man in Indien lange Zeit bei der Übertragung der reinen Holz- oder Höhlenform in den Freibau. So werden hölzerne Streben mit ihrer Zusammenfassung durch eine hölzerne Kreisplatte in der Art eines „kaṇṇikā maṇḍala" in einer Steinkuppel des mogulzeitlichen Fatehpur Sikri nachgeahmt (Bild 65, 226). Die Abbildung von Holzornamenten in einem weichen Sandstein bereicherte das Bild der indischen Kunst. Jedoch die Anwendung von

Erfahrungen aus dem Holzpfostenbau in Steinsäulen-Konstruktionen und die Behandlung von Backstein-Gewölben und Haustein-Kuppeln nach den statischen Bedingungen des biegsamen Bambus führten zu falschen Berechnungen und Baukatastrophen.

g) STOFFGERECHTE BEHANDLUNG DES STEINS

Aber Architekten wie La Roche (167:45) und Marchal (191:4, 20, 24, 33, 36) kamen nach eingehenden Studien zu der Auffassung, daß die indischen Handwerker viele Steinbauten tadellos ausführten. Auch Orientalisten (42:54) und Kunsthistoriker (100:268) beobachteten an verschiedenen Beispielen, daß der indische Steinmetz trotz seiner Herkunft vom Zimmermannshandwerk die Gesetze des neuen, dauerhaften Baustoffs berücksichtigte.

h) TROCKEN VERSETZTER UND IN MÖRTEL VERLEGTER STEIN

Indische Handwerker schlugen den Stein gewöhnlich in Blöcken so fein zu, daß sie ihn in engen Fugen mörtellos verlegen konnten (191:22). Das Mauerwerk des mittelalterlichen Tempels ist meist auf diese Weise als sichere Auflage für schwere Deckplatten im waagerechten Sturz errichtet (160:121).

Bei der indo-islamischen Baukunst im allgemeinen (282:132) und bei den Kuppeln von Bijapur im besonderen (81:73; 167:118) wurde festgestellt, daß die außergewöhnlichen künstlerischen Formen der kühnen Gewölbe und Kuppeln nur durch die Verwendung eines hervorragenden Mörtels zu erklären seien, welcher sehr rasch erhärte und im Laufe der Zeit eine immer größere Festigkeit erlange. An Ruinen von Vijayanagar (Bild 280) und Kurnool (Bild 115, 326) kann man ebenfalls nachprüfen, welche Wirkung die indo-islamischen Steinmetzen von der Zugfestigkeit des Mörtels an Flachdecken und Kuppeln erwarteten. Wie in der Römerzeit und noch im gegenwärtigen Baugewerbe (157:10) erzeugte der Mörtel monolithe Gebilde, die in den Großbauten des Islam auf indischem Boden vorwiegend senkrechten Druck auf das massive Mauerwerk ausüben, und deren Schubwirkungen durch Hilfskonstruktionen aufgenommen werden. Die Kuppel des Gol Gumbaz von Bijapur ist im Grunde ein solcher Stein-Mörtel-Klotz, dessen Druck durch Rippennetze auf 4 Eckpunkte des Würfels abgeleitet wird (Bild 304), während etwa auftretende Schubkräfte der Gußmauerwerksmasse von 4 Eckbastionen (Bild 99, Nr. 2) am Kuppelkämpfer aufgefangen werden (291:177).

Wir werden später (s.u.S. 69) verschiedene Konstruktionen kennen lernen (Bild 115), die eine verlorene Schalung für Gußdecken und Gußschalen darstellten und nach dem Abbinden des Mörtels ihre Funktion erfüllt hatten. In Vijayanagar haben sich Unterzüge an der Gußdecke eines Wächterhauses erhalten (Bild 279), jedoch sind an einem anderen, benachbarten Gebäude ähnliche Bauglieder entweder von selbst abgefallen oder abgeschlagen worden, ohne daß die Stabilität der Decke gelitten hätte. Bauformen an Decken und Gewölben, die auf Mörtelverbindungen beruhen, haben also manchmal weder kultische Bedeutung wie die Glieder, die eine quadratische Fläche in 9 Felder unterteilen (s.o.S. 8), noch eine technische Funktion als ständige Sicherung des Bauwerks.

i) VERSCHIEDENE SICHERUNGEN DES BAUWERKS

Der lotusförmige, aus der symbolischen Plastik stammende Hängezapfen (1: VII 46 u. Skizze gegenüb. S. 38; 202:28) einer Ringschichtendecke (Bild 188, 248) oder einer kombinierten Kragekonstruktion (Bild 147) haben wahrscheinlich wie der Schlußstein oder Abhängling (180:2) eines gotischen Gewölbes auch eine strukturelle Bedeutung.

Türmchen und Pavillons auf Eckbastionen quadratischer Anlagen können das Mauerwerk verstärken (282:136) und dem Schub einer großen Mittelkuppel wie in Bijapur (Bild 99, Nr. 2) entgegenwirken (s.o.S. 15).

Eine flache Kuppel übt auf ein Mauerquadrat einen starken Seitenschub aus. Dieses Gemäuer wird statisch günstig verstärkt, wenn es durch einen hochgezogenen Tambour (s.u.S. 101) einer darübergesetzten Kuppel (Bild 95, 99 Nr. 3) gleichmäßig belastet wird (303:66). Zugleich kann man diese Schale als einen Wetterschutz für die innere Kuppel betrachten. Denn die Großgewölbe Indiens (Bild 292, 293) liegen selten wie gotische Kreuzgewölbe oder barocke Tonnen unter mächtigen Dachstühlen verborgen (s.o.S. 6), welche nicht nur einen Schutz gegen Schnee und Regen darstellen, sondern auch mit ihrer gesamten Last die Seitenmauern der Gebäude verstärken. Wie die meisten antiken und neuen Kuppeln des Abend- und Morgenlandes stehen die gewaltigen Raumschalen Indiens unter freiem Himmel (Bild 176, 204, 217). Ob die Pyramidendächer über den Kuppeln und Kragekonstruktionen in Gandhara (Bild 33) und Kashmir (Bild 1–3) als Auflast oder Schutzschicht geplant waren, oder ob die Kombination von Kuppel und Pyramide die Idee des Himmels erwecken sollte (s.o.S. 8), vermögen wir nicht sicher zu entscheiden.

k) BAU-, SCHMUCK- UND SINNFORMEN

Rave lehrte in der abendländischen Kunst zwischen einfachem struktivem Gerüst und vorgeblendetem reichem Schmuckwerk mit scheinbar tragenden Gliedern zu unterscheiden (228:103). Im Orient interessierte man sich gewöhnlich mehr für eine plastische oder malerische Ausdeutung der Kräftelinien als für die Zerlegung der Schubkräfte selbst (s.o.S. 15). So stellten Franz-Pascha (135 II 3, 2:50), Pope (215:132; 216:4), Smith (261:II 21) und Wilber (303:60) Besonderheiten der islamischen Kunst dar. Desgleichen können Kragschichten, Gurte oder Rippen indischer Denkmäler häufig Zierformen sein, die den struktiven Kern eines Bauwerks verschleiern. Weiterhin haben Bauformen nach unseren einleitenden Beobachtungen oft einen symbolischen Sinn (s.o.S. 6). Wir betrachten daraufhin einige Beispiele in der Reihenfolge der Bauweisen nach Teil III.

4 (Kassettendecke). Die gebräuchlichste Konstruktionsform über Räumen von geringer Abmessung ist ein Gerüst aus 2×2 sich rechtwinklig kreuzenden, ineinander verblatteten Steinbalken, die 9 gleich große Quadrate ausschneiden (Bild 148). Diese Form bietet sich als geeignete Fläche für den Schmuck durch eine zentrale Gottheit und 8 Welthüter an (Bild 141). Eine Neun-Felder-Decke konnte rein durch ihre Bauform über einem Tempelraum kosmologische Bedeutung erlangen (s.o.S. 7). Indische Steinmetzen konstruierten sie aber auch als Schmuck über Wohnräumen islamischer Bauherren und füllten die Quadrate mit dem altindischen symbolischen Lotus oder mit zeitgenössischen Wölbungen und Kuppeln vorderorientalischer Herkunft (Bild 11). Aber das Bild einer Neun-Felder-Decke, wie es sich heute oft dem Betrachter bietet, ist manchmal weder durch die Konstruktion, durch die Symbolik oder durch das zeitgemäße Ornament bestimmt, sondern stammt einfach von der vorübergehenden Funktion der Rippen und Gurte als verlorene Schalung (s.o.S. 8) während der Errichtung einer Gußdecke (Bild 84, 117, 298).

15+16 (Gebogene Steinbohlen, kombinierte Kragekonstruktion). Das frühmittelalterliche Handwerk, aus krumm zugehauenen Steinbohlen schmale und niedrige Tempelgänge abzuschließen (Bild 166), diente in der indo-islamischen monumentalen Baukunst unter Akbar zur Bedeckung weiter, hoher, schmuckloser Hallen (Bild 225) und wurde anschließend an nordindischen Hindutempeln zu harmonischen, schmuckarmen Raumlösungen (Bild 251) und schmuckreichen, plastischen Abschlüssen von Kulthallen (Bild 258) benutzt.

17 (Gußdecke, Gußschale). Die gleichen handwerklichen Kunstgriffe, in besonders gutem Mörtel Raumschalen zu spannen, liegen den einfachen Decken über knapp bemessenen frühislamischen (Bild 181) und späteren hinduistischen (Bild 279) Zellen sowie den hochgewölbten Halbkugeln über Hinduresidenzen (Bild 243) und den kostbar geschmückten Flachdecken über weiträumigen Hallen islamischer Stadtarchitektur (Bild 313) zugrunde.

19 (Aufgewölbte Kielbogentonne). Die Nutzform des bengalischen Bambusdaches bildete man ohne Bauzier in Korridoren des backsteinernen Hindutempels ab (Bild 113, 263) und ahmte man später in allen Teilen Indiens in reichgeschmückten, kostbareren Materialien nach (Bild 237, 321).

21 + 23 (Muldengewölbe; Kreuzgewölbe). Beide Bauweisen entstanden auf indischem Boden als praktische, schmucklose Nutzformen zur Bedeckung von niedrigen Gängen und engen Kammern in islamischen Residenzen (Bild 180, 205). Später nützten hinduistische Baumeister die neu bekanntgewordenen handwerklichen Mittel zu neuartigen künstlerischen Möglichkeiten. Das Muldengewölbe steigerten sie besonders in seiner rein struktiven Gestalt als raumschaffenden Abschluß über dravidischen Tempeln (Bild 292, 293), während sie auf Kreuzgewölbe geringerer Spannung nach überlieferter altindischer Weise reichen plastischen Schmuck häuften (Bild 244).

28 (Pendentifkuppel). Bei den wenigen Beispielen dieser Bauweise beobachten wir, wie während der Jahrhunderte, als man in der byzantinischen und osmanischen Kunst mit Pendentifkuppeln weite Räume überspannte, kleine Räume über Stützenquadraten im frühislamischen Kultbau mit rohem, unverziertem Bruchstein (Bild 179) und in der späteren Mogulzeit mit kostbarem Marmor (Bild 238) leicht und hell gestaltet wurden. Dagegen scheint man im bengalischen Tempel nach der einleitend geschilderten Weise (s.o.S. 7) auch diese Kuppelform über dem würfelförmigen garbhagṛha zu einer Art Höhlenarchitektur verwendet zu haben (Bild 261, 266).

30 (Trompen in rechteckiger Nische). Die Trompe ist ein Bauglied, das aus einer Ebene in eine andere und zwischen Flächen vermittelt. Im Balban-Grab von Delhi (Bild 170) hat sie nach ihrer ursprünglichen Bestimmung die statische Funktion eines Bogens (165:82). In der Ǧamat-Ḫān-Moschee von Delhi bildet sie mit gleicher Festigkeit eine Brücke (Bild 175). Die Kämpfer von runden (Bild 170) oder kielförmigen (Bild 175) Bögen müssen also fest aufstehen, um den Schub der Schenkel aufzunehmen. Aber manchmal wurde dieses Glied nicht nach einer konstruktiven Form, sondern nach einer beliebten Schmuckform entworfen. So war z.B. der Hufeisenbogen eine dekorative Erfindung des Orients für Galerien und Nischen (271:48). Seiner Natur nach kann er keine schwere Last aufnehmen, da er im unteren Drittel ausknicken würde. Aber im ʿAlā-Darwāza von Delhi (Bild 177) bildet der Hufeisenbogen eine Strukturform der Trompe, welche auf diese Weise ihre ursprüngliche technische Funktion nicht ausüben kann. Desgleichen unstatisch und rein dekorativ erscheinen in dem Mittelquadrat der Moschee von Purāṇa Qalʿa in Delhi Kielbogentrompen aus zurückspringenden Schichten, deren Kämpfer nach außen etwa in der Art eines altindischen hölzernen caitya-Bogens ausweichen (Bild 220).

32 (Rippenzwickel, Rippenzwickelnetz). Sich kreuzende Bögen und Rippen bilden das Gerüst vieler iranischer (279: pl. 296 A, 310, 328) und turanischer (221:179) Kuppeln. In dem außergewöhnlichen Bau des Govind Deo von Brindaban scheinen die starken, viereckigen Hausteinrippen ein struktives Gerüst für die Kuppel im Schnittpunkt eines griechischen Kreuzes abzugeben (Bild 45, 252). Das Rippennetz an der Freitags-Moschee von Bijapur (Bild 297) hat ebenfalls tragende Funktion, während Rippenzwickelnetze oft eine dekorative Ausdeutung dieser Kräftebahnen darstellen (Bild 231). Wetzel hat bei der Beschreibung frühindischer Gräber auf angearbeitete, bunt dekorierte Rippen (Bild 73) hingewiesen (299:10). Diese Beobachtungen bestätigen eine Bemerkung von Diez über den Illusionismus der islamischen Baukunst, wonach die tragenden Glieder durch ein Netz von später aufgelegten Schmuckformen verschleiert werden. Oftmals sieht man die konstruktiven Bauglieder erst nach Beschädigungen und nach dem Herabbröckeln des Putzes (215:132). Auch an anderen Bauteilen als Kuppeln mit Rippenzwickelnetzen brachten indische Bauleute Putz an, der die Struktur verunklärte. Nach Cousens (48:112, 120) wurde in Gräbern von Tatta über die eigentliche Ziegelstruktur eine Putzschicht gelegt und in diese ein Muster großformatiger Steine eingezeichnet. Manchmal soll auch schlechte Arbeit an mittelalterlichen Tempeln durch Verputz verdeckt werden (107:259).

34 (Mehrschalig abgeschlossene Gewölbe). Die „Zwiebelkuppel" – häufig über eine halbrunde oder flach gewölbte untere Kuppel gesetzt (Bild 84, 89, 92, 94–96, 99 Nr. 3) – mit ihrer Ausbauchung im mittleren oder unteren Drittel entspringt nicht konstruktiven Überlegungen, sondern stellt eine dekorative Auskragung über das übliche Grundgerüst hinaus dar (165:100).

Zusammenfassende Beobachtungen zu den Bauweisen 7, 9, 15, 16, 19–21, 24–34. Im Folgenden wollen wir unter gemeinsamen Gesichtspunkten nachprüfen, ob bestimmte Bauweisen für den oberen Abschluß von Gebäuden aus technischen Erwägungen entworfen wurden, ob sie auf symbolischen Vorstellungen beruhten, wobei die Bauteile zufällig auch eine günstige statische Wirkung ausübten oder ob das Schmuckbedürfnis maßgebend war.

Wir lernten handwerkliche Kunstgriffe kennen, Gewölbe mit radialen Lagerfugen gegen den Scheitel hin zu entlasten oder zum Beispiel bei der Kuppel die Kalotte überhaupt geöffnet zu lassen (s.o.S. 9). Auch in Kashmir scheinen Kuppeln verschiedener Konstruktion gelegentlich in der Kalotte geöffnet und durch das landesübliche Pyramidendach bekrönt gewesen zu sein (152:159). Eine solche Öffnung kann eine symbolische Bedeutung gehabt haben (s.o.S. 6): genau wie der Schluß- oder Deckstein auf einer Ringschichtenkuppel oder auf einem Tempelturm einen Durchgang von der irdischen zur überirdischen Welt zu bezeichnen (s.o.S. 9). Wir kennen nordindische Türme aus einer Verbindung von waagerechtem Sturz und Überkragung und mit einem schweren Deckstein, der durch seine Auflast die Wände gegen etwaig auftretende Schubkräfte verstärkte (Bild 16, 106, 246D). Hieraus könnte man schließen, daß indische Baumeister die günstige konstruktive Wirkung der Auflast und des Hängezapfens im Kragebau (Bild 248) und auch die statische Bedeutung einer Öffnung in einem echten Gewölbe erkannt hätten und entsprechend ihre Gebäude sicherten. Wir haben aber jetzt zu zeigen, daß Hängezapfen und Decksteine auch auf Kuppeln mit radialen Lagerfugen angebracht wurden, wo sie eine gegenteilige Wirkung ausübten. Dort belasten sie nämlich den empfindlichsten Punkt des Bauwerks und bedrohen die Standsicherheit des Gewölbes, das gewöhnlich durch die Zugfestigkeit des Mörtels und durch zusätzliche Sicherheitsmaßnahmen wie Ringanker erhalten blieb (s.o.S. 17).

Zu den Bauweisen 7, 9, 15, 16: Kombinierte Kragekonstruktionen über kleinen quadratischen maṇḍapas von frühen Cāḷukya-Tempeln sind durch einen Hängezapfen, padmaśilā, zusammengefaßt (Bild 147). Am nordwestindischen mittelalterlichen Tempel krönen komposite Elemente aus gerippten Decksteinen, āmalakas, und einem vasenförmigen Aufsatz, kalaśa, den Turm des śikhara (Bild 106, 245D, 246D) und über relativ weiten quadratischen Räumen die Kragekonstruktion einer Ringschichtendecke (Bild 246: A, B, C). In der Mitte der letzteren (Bild 248) befindet sich ein Hängezapfen in der Form des symbolischen Lotus; auch auf der Kalotte trägt häufig ein Lotusförmiger Deckstein einen schweren Aufsatz aus āmalaka und kalaśa (Bild 246B). Hindu-Baumeister errichteten aus Spolien dieser Anlage oder aus neuem Material Bauten für die islamischen Herren und verwendeten bei denselben Konstruktionen aus Ringschichten (Bild 9, 188) oder gebogenen Steinbohlen (Bild 42, 192) dieselben symbolischen Bauformen weiter (203:9).

Zu den Bauweisen 19–21: Aber als sie dazu übergingen, Gewölbe nach vorderorientalischer und iranischer Weise mit radialen Lagerfugen zu bauen, die im Scheitel erleichtert werden sollen, entlehnten sie als Schmuck für den First auch dieser Gebäude die schweren Bauglieder āmalaka und kalaśa von altindischen Ringschichtenkuppeln und śikharas. Nur gelegentlich begnügten sie sich mit leichteren Stützen aus Holz und Metall (Bild 84, 94), wie sie im Vorderen Orient als Ehrenzeichen auf Kuppelgräbern üblich waren (165:105, 108, 118). Gewöhnlich brachten sie Hängezapfen nach der Weise altindischer Ringschichtenkuppeln und Decksteine nach dem Bild des śikhara in und auf radial konstruierten Gewölben und Kuppeln an. Diese sind nur gelegentlich am Kämpfer so weit verstärkt, daß sie – nach den modernen statischen Berechnungen – diese zusätzliche Belastung ohne Gefahr aushalten können. Die innere Raumschale von aufgewölbten Kielbogentonnen (Bild 263), Klosterkuppeln über aufwärts gebogenen Gesimsen und Muldengewölben (Bild 293) bleibt ohne Schmuck, während der First aller dieser Bauten durch mehr oder weniger schwere Schmuckstücke aus metallenen, ziegelnen oder steinernen āmalakas, kalaśas usw. belastet wird (Bild 264: Häuser in der Mauer beiderseits des Eingangstors; Bild 268, 265, 324, 325). Die Beispiele an hinduistischen Bauten der Spätzeit (Bild 265, 292) stellen sicherlich eine absichtliche, ikonologisch bedingte Fortsetzung der mittelalterlichen Vorbilder dar. Sie sind wesentlich leichter als diese konstruiert und werden an einem Mogulpalast in rein dekorativer Verwendung ganz untektonisch der gebogenen Firstlinie folgend schräg aufgestellt (Bild 237).

Zu den Bauweisen 24–34: Frühislamische Kuppeln haben gewöhnlich eine unverzierte glatte Laibung und auf einer Gewölbeschale von starkem Querschnitt über geringen Abmessungen (Bild 68) einen massigen Aufbau oder über weiteren Abmessungen eine leichte Metallspitze als äußeren Schmuck (Bild 70). In der Lodi-Zeit werden auch größere Raumschalen von dünnerem Querschnitt mit den wuchtigen Elementen von āmalaka und kalaśa (Bild 75) des altindischen Massenbaus belastet (256:227). Von der Akbar-Zeit an sind weiter gespannte Kuppeln an der Kalotte, wo sie nach den Erfahrungen des islamisch-iranischen Bauwesens möglichst erleichtert werden sollten, dem Zug eines Hängezapfens nach der Tradition der Ringschichtendecke und dem Druck von steinernen Aufbauten nach der Überlieferung des śikhara-Abschlusses ausgesetzt (Bild 65). Etwa gleichzeitig wurde im 19. Jahrhundert in Nordindien die reiche Bekrönung des altbuddhistischen stūpas auf den śikhara eines Hindutempels (Bild 336) und auf ein islamisches Kuppelgrab (Bild 339) gehäuft. Diese Schmuckglieder des Massenbaus wurden auch in luftiger Höhe über den kühnsten Gewölbeformen von Bijapur, den Zwiebelkuppeln schachtartiger Kulträume angebracht (Bild 89). Die räumlich voneinander getrennten, übereinandergesetzten Kuppeln der späteren Mogulzeit sind im Scheitel der unteren, sichtbaren, und auch der oberen, dem Blick gewöhnlich verborgenen Raumschale frei von plastischer Verzierung und nur auf dem obersten Anschluß durch die eingebürgerten altindischen Schmuckglieder betont (Bild 95 u. 235, 236; Bild 96, 99 Nr. 3 u. 241; Bild 98). Bis zur Gegenwart schichtet man in allen Teilen Indiens auf Gewölbe schwere Auflasten in Lotus-Form, z.B. auf die radial konstruierte Kuppel eines neueren Jaina-Tempels (Bild 355) in Rajgir (95: Fig. 5 linker Bildrand). Der Vollständigkeit halber erinnern wir daran, daß in Patna unter englischen Baumeistern eine Kuppel über dem Kreis mit serpentinenartigen Aufgängen und schließlich an ihrer schwächsten Stelle durch eine Aussichtsplattform belastet wurde (Bild 343). Möglicherweise rühren die Risse in diesem riesigen Bauwerk (Bild 342) von solchen „Verstößen gegen die anerkannten Regeln der Baukunst“ her (12:1).

Auf die Frage „Bauform oder Symbol?“ (s.o.S. 6) erhalten wir also nach einem Studium indischer und islamischer Bauten die Antwort, daß man an Kultstätten der einheimischen Religionsgemeinschaften symbolische Formen ohne Rücksicht auf statische Überlegungen benutzte und in den Residenzen der islamischen Eroberer losgelöst von der ursprünglichen kultischen Funktion zum Schmuck verwandte. In der Antike und im Alten Orient wurden nach Andrae „aus der Vorzeit stammende Dinge“ verehrt, auch wenn ihr uralter Sinn verblaßt war (3:67). Macku beschreibt das Nebeneinander von rein materialtechnischen und symbolischen Formen als allgemeine Erscheinung der Baugeschichte (184:64). Die Öffnung der Kalotte an unteren Gewölben von mehrschaligen Kuppelbauten wie in Chotscho (Bild 87) oder später in Bijapur (Bild 84, 92) ist also wahrscheinlich nicht aus statischen Gründen der Entlastung erfolgt. Lotus-förmige, schlußsteinartige Hängezapfen fassen Kragekonstruktionen statisch günstig zusammen (Bild 147). Decksteine in āmalaka-Gestalt mit weiteren steinernen Aufbauten sichern als Auflast am nordindischen śikhara das Baugefüge des Turmes (Bild 16). Aber die Wiederholung des geheiligten āmalaka-Symbols auf Gewölben von Hindu-Tempeln (Bild 265, 292) gefährdet deren Stabilität. Und der Schmuck von Kuppeln über Moscheen und Gräbern mit Hängezapfen im Innern und āmalaka-Aufbauten am Äußeren (Bild 65, 89) zeigt, daß man die handwerkliche Sicherheit um der künstlerischen Wirkung und der sinnbildhaften Bedeutung willen vernachlässigte.

III

HAUPTSÄCHLICHE BAUWEISEN

Dargestellt jeweils nach

A Allgemeine Beschreibung der Baugestalt
B Benennung im historischen und modernen Schrifttum
C Nachprüfbares und vermutliches statisches Verhalten
D Einheimische oder fremde Herkunft und typische Beispiele
E Form und Bedeutung

a) EINDECKUNG EINES RAUMES DURCH EINEN EINZIGEN STEIN

1. Flacher Deckstein: Auf Stützen oder Mauern lastet eine einzige Steinplatte (Bild 344).

2. Ausgehöhlter Steinblock: Auf Stützen oder Mauern lagert ein halbkugelartig ausgehöhlter und vielgestaltig verzierter Steinblock (Bild 1–3, 127).

A

Die einfachste Art, eine Kammer oder stützengetragene Abteilungen einer Raumfolge abzuschließen, besteht darin, auf Wände oder Stützen eine Steinplatte oder einen Steinblock zu legen.

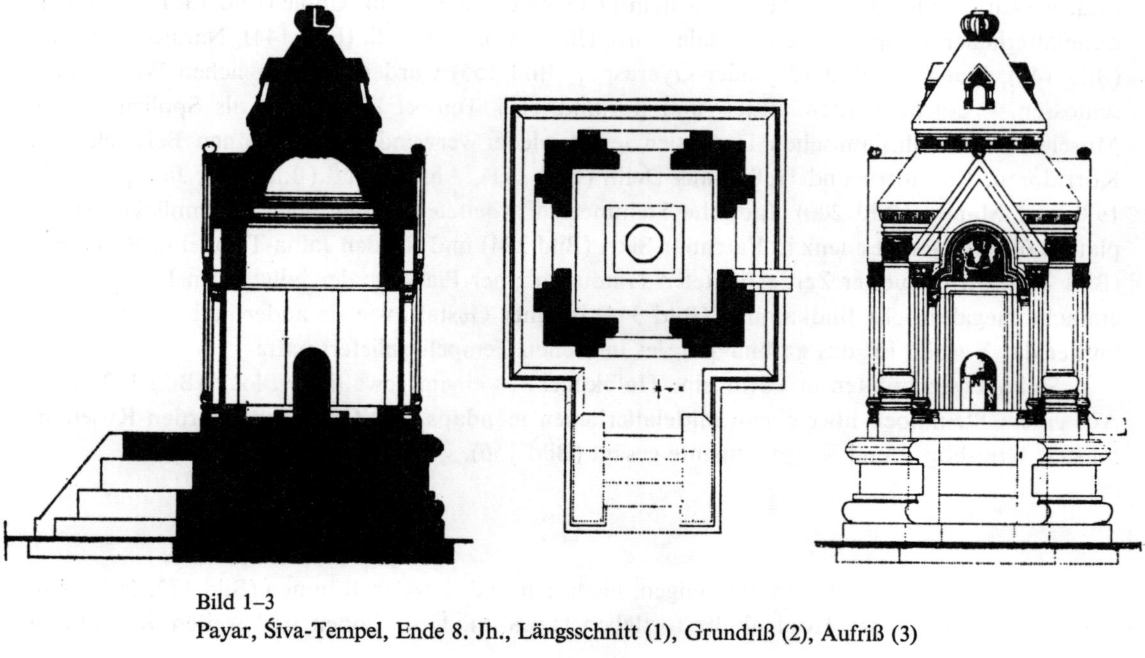

Bild 1–3
Payar, Śiva-Tempel, Ende 8. Jh., Längsschnitt (1), Grundriß (2), Aufriß (3)

B

1. Mit dem einfachen „pfeilergetragenen flachen Steinplattendach“ bedeckten die Hindus seit der Frühzeit Wohn- und Kulträume (299:5).

2. Steinblöcke, aus denen Viertel- und Halbkugeln gesägt sind, heißen in mittelalterlichen Schriften Gujarats „sama-kṣipta vitāna“ (202:pl. 25, 27, 28, 95). Die tiefunterschnittenen, reich geschmückten, halbkugelartig ausgehöhlten Steinblöcke über einem Tempelraum in Rajasthan hat man als „carved ceiling“ bezeichnet (2:46 fig. 6).

C

Nach bisherigen Beobachtungen an monolithen Decken kleinen Formats scheint es sicher, daß gleichmäßig verteilte Lasten auf Bauten aus festen Stützen nur senkrechten Druck ausüben und ohne gewaltsame äußere Einwirkungen sich dauernd im Gleichgewicht befinden (82:I 310; 212: 17). Beschädigungen an Steinplatten, die in Aihole die Bildkammer eines Tempels im Obergeschoß abschließen und keine Auflast haben (Bild 132), oder die in Ahmedabad auf Stützen eines Korridors ruhen und ein flaches Dach tragen (Bild 190), sind offenbar beim Transport oder Verlegen der massigen Steine entstanden.

D

Das Handwerk, den Stein in rechteckigen Platten zuzuhauen oder in Kugelform zu zersägen, und die Kunst, diese Gebilde durch geometrische, pflanzliche oder menschengestaltige Muster zu schmücken, sind indischer Herkunft.

1. In Takht-i Bahi (24:pl. 33) werden Kultnischen durch Steinplatten abgeschlossen, die halbkreisförmig ausgesägt sind und zu einem darüber gelegenen kuppeligen Raum vermitteln (Bild 122). – Als die Künstler der Gupta-Zeit und der frühen Cāḷukya-Zeit die Kernformen des indischen Tempels schufen, übernahmen sie aus der Megalith-Kultur die Sitte, eine kultisch bedeutungsvolle Kammer mit einem schweren ebenen Stein zu bedecken (93:76, 106; 255:400), z.B. die Bildzelle für eine jinistische Plastik auf dem Dach eines Tempels in Aihole (Bild 132). Maṇḍapas mittelalterlicher Tempel, etwa von Balagamve (Bild 143), Harahalli (Bild 144), Narasamangalam (Bild 142), Konarak (Bild 154) oder Gyaraspur (Bild 155) wurden in der gleichen Weise abgeschlossen. – Solche Platten mittel- und nordindischer Tempel ließen sich als Spolien in den Moscheen der frühislamischen Dynastien leicht wieder verwenden. Wir kennen Beispiele von Korridoren, Kammern und Hallen aus Delhi (Bild 171), Ahmedabad (Bild 190), Jaunpur (Bild 197) und Mandu (Bild 200). Indische Steinmetzen arbeiteten später reich geschmückte Deckplatten für Akbars Residenz in Fatehpur Sikri (Bild 224) und für den Jaina-Tempel in Ranakpur (Bild 249). – In neuester Zeit errichteten Hindus in einer Plantage der Nilgiris, in Betlada, eine einfache megalithische Bildkammer (Bild 344) in einer Gestalt, wie sie anderthalb Jahrtausende vorher das Vorbild für das garbhagṛha des indischen Tempels geliefert hatte

2. Steinmetzen höhlten in Payar eine Halbkugel aus einem gewaltigen Block (Bild 1–3, 127). Aus einem Steinblock über einem mittelalterlichen maṇḍapa von Gyaraspur wurden Rosettenmuster, Kreisbögen und Kugelsegmente gesägt (Bild 156).

E

Wuchtige Steinplatten lasten über engen, niedrigen und dunklen Räumen (Bild 132, 154, 344), in denen Gedanken des Höhlenkults fortleben (s.o.S. 6). Über hohen und weiten Korridoren und maṇḍapas (Bild 142–144, 155) scheinen die Deckplatten durch vielgestaltigen kosmologischen Schmuck aus maṇḍalas, neun Feldern oder aṣṭadikpālas erleichtert (s.o.S. 7).

Südindische Megalithiker bearbeiteten Felsblöcke auch zu runden Formen. „Kudai-Kallu" heißt ein halbkugeliger, flach auf der Erde ruhender Stein. Hochkant gestellte Steinplatten tragen eine solche massive Halbkugel „Topi-Kallu" (93: Taf. 13). Diese Kultformen scheinen später in Negativformen räumlicher Bauten weiter gelebt zu haben, z.B. in einer Halbkugel, die über dem garbhagṛha von Payar aus einem Steinblock gehöhlt wurde (Bild 1–3, 127). Indische oder mittelmeerländische Bildhauer verzierten die ebenen Zwickelzonen mit fliegenden Gottheiten (Bild 127). Damit deuteten sie wie die Künstler der Antike (267:225) die Himmelsregion an (s.o.S. 8). Aber im Gegensatz zu den leicht wirkenden, radial konstruierten Himmelskuppeln der Mittelmeerländer lastet der Stein von Payar schwer über einem Kammer-Heiligtum wiederum höhlenartigen Charakters.

b) EINDECKUNG EINES RAUMES DURCH EBEN VERLEGTE STEINERNE BALKEN ODER PLATTEN ÜBER STÜTZEN ODER AN TRÄGERN

3. Waagerechter Sturz: Mauern (Bild 4), Säulen (Bild 135), Pfeiler, Kragekonstruktionen (Bild 350 links) oder Bögen mit gerader Aufmauerung (Bild 107) tragen Steinbalken; darüber lagern weitere waagerecht geschichtete Steine (Bild 8) oder erheben sich Stützen als Träger von Gewölben (Bild 9).

A

Der künstlerische Eindruck der meisten indischen Tempel wird durch die Bauweise des waagerechten Sturzes über Pfeilern und Säulen bestimmt (Bild 5, 8, 132, 133). Auf diesen einfachen Konstruktionen beruhten auch zahlreiche Nutzbauten (Bild 7) und indo-islamische Moscheen und Paläste (Bild 224). Eine Näherungslösung zwischen „einfachen" Bauweisen mit waagerechtem Sturz und solchen, die auf der Grundlage des Bogens – Ausgangspunkt der Gewölbekonstruktionen (297: II 631; 74:100) – entstehen, finden wir in Folgen von Binder-Bögen mit gerader Aufmauerung und waagerechtem Abschluß z.B. in Mandu (Bild 107, 203) oder Somnath (Bild 24, 165).

B

Eine reich verzierte Sonderform der Flachdecke von Gujarat erkannte man im mittelalterlichen Schrifttum dieser Kunstprovinz als „Samatala vitāna" wieder. Ihre Konstruktion wird

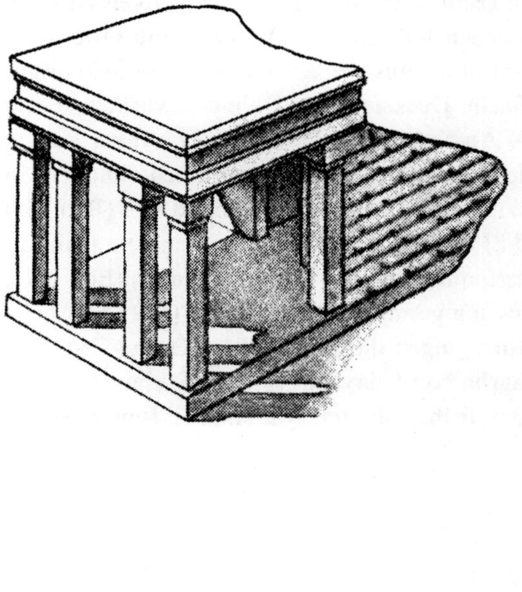

Bild 4
Udayagiri, Haustein-maṇḍapa vor felsgehauenem garbhagṛha, 5. Jh., Perspektive

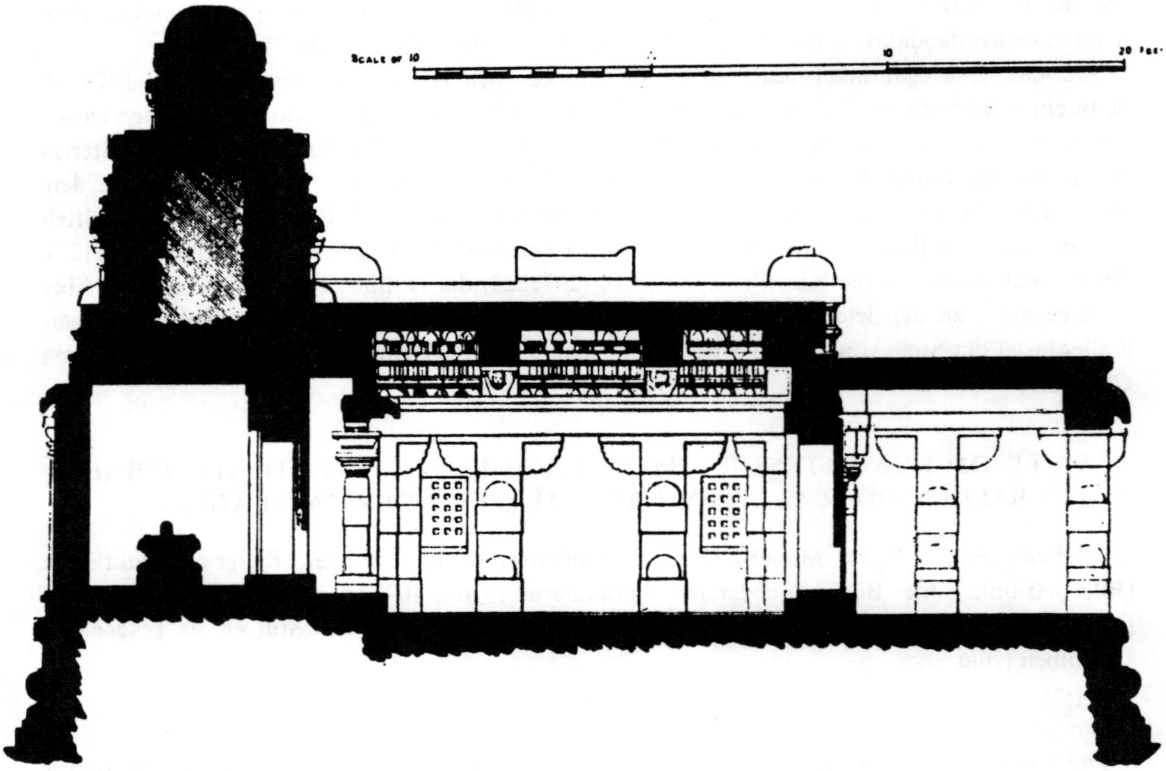

Bild 5
Badami, Mälegitti-Śivālaya, 6. Jh., Längsschnitt

beschrieben als „uniform flat terrace throughout the entire length of the maṇḍapa . . . on the same level" (202:35).

C

Stützen nehmen den senkrechten Druck lastender Glieder und Massen auf (82: I 312). Die Werkstücke werden in trockenem Verband verlegt.

D

Die Bauweise, über Stützen Architrave zu ziehen (Bild 5–8) und darauf Steinbalken zu einer ebenen Decke zu verlegen, ist aus vielen alten und neuen Kulturen des Westens und Ostens bekannt. In dem Gebiet, das wir hier betrachten, stammt sie aus der altindischen Gedankenwelt. „Megalithische" Denkmäler Südindiens, z.B. der flache Deckstein des Dolmens, wirkten in der Form des flach gedeckten garbhagṛha fort (160:154 Anm. 65 u. 67; 255:410). Die Inder fanden offenbar die Steinbalkendecke geeignet, die dunkle Cella des Allerheiligsten abzuschließen, in Conjeeveram den Ausgangspunkt für Zusammensetzungen in der Ebene zu Korridoren (Bild 135) und in der Höhe zum Kern von Steinterrassen (Bild 8) zu liefern. In Vijayanagar bildete man mit dieser Konstruktion den flachen Abschluß über Versammlungshallen, den maṇḍapas (Bild 278). Für Massenbauten dieser Art genügte die Überbrückung geringer Abmessungen (100:268).

Mit der Konstruktion aus dem waagerechten Sturz gingen die Inder in der Gupta-Zeit vom Höhlenheiligtum zum Freibau über: vor das garbhagṛha von Udayagiri setzten sie eine Halle aus gedrungenen Stützen und Steinbalken (Bild 4). In den frühen Bauten von Aihole, Tempel 9 und der Jaina-Kultstätte (Bild 132), tragen Mauern ein Flachdach aus Steinbalken, auf denen, wie auch in Pattadakal, weitere Bauten im Stütze-Last-System ruhen können. Hinfort verwendete man in Süd- und Nordindien steinerne Balken und Platten während des ganzen Mittelalters als Flachdecken für garbhagṛha und maṇḍapa (Bild 24, 25, 138, 141, 142, 145–149, 154). Spolien (29:15) nordindischer Tempel dienten nach der islamischen Eroberung zur raschen Erstellung von Säulenhallen (207:18) um den Moscheehof herum (Bild 168, 184, 190, 200). In späteren Jahrhunderten, als Baumeister aus dem islamischen Orient schon alle Wölbeformen nach Indien eingeführt hatten, wurden immer wieder Moscheen und Paläste aus Kammern, Gängen und Hallen mit waagerechtem Sturz errichtet (Bild 238: Raum rechts rückwärts). Gleichzeitig verband man in Palästen nordindischer hinduistischer Herrscher (Bild 37, 101), in nordindischen Hindutempeln (Bild 245, 246, 249, 250, 253) und in dravidischen Residenzen (Bild 270, 274, 276, 284, 285, 292) verschiedene vorderorientalische Konstruktionsweisen und das altindische Stütze-Last-System zu kunstvollen Lösungen (235:32). In neueren Bauten von Saswad (Bild 10), Somnath, Chidambaram (Bild 347), Padmanabhapuram (Bild 348) oder Peralam (Bild 350) zeigen Konstruktionen aus waagerechtem Sturz, daß aus praktischen und ästhetischen Gründen uralte Bauformen lange fortleben sollten.

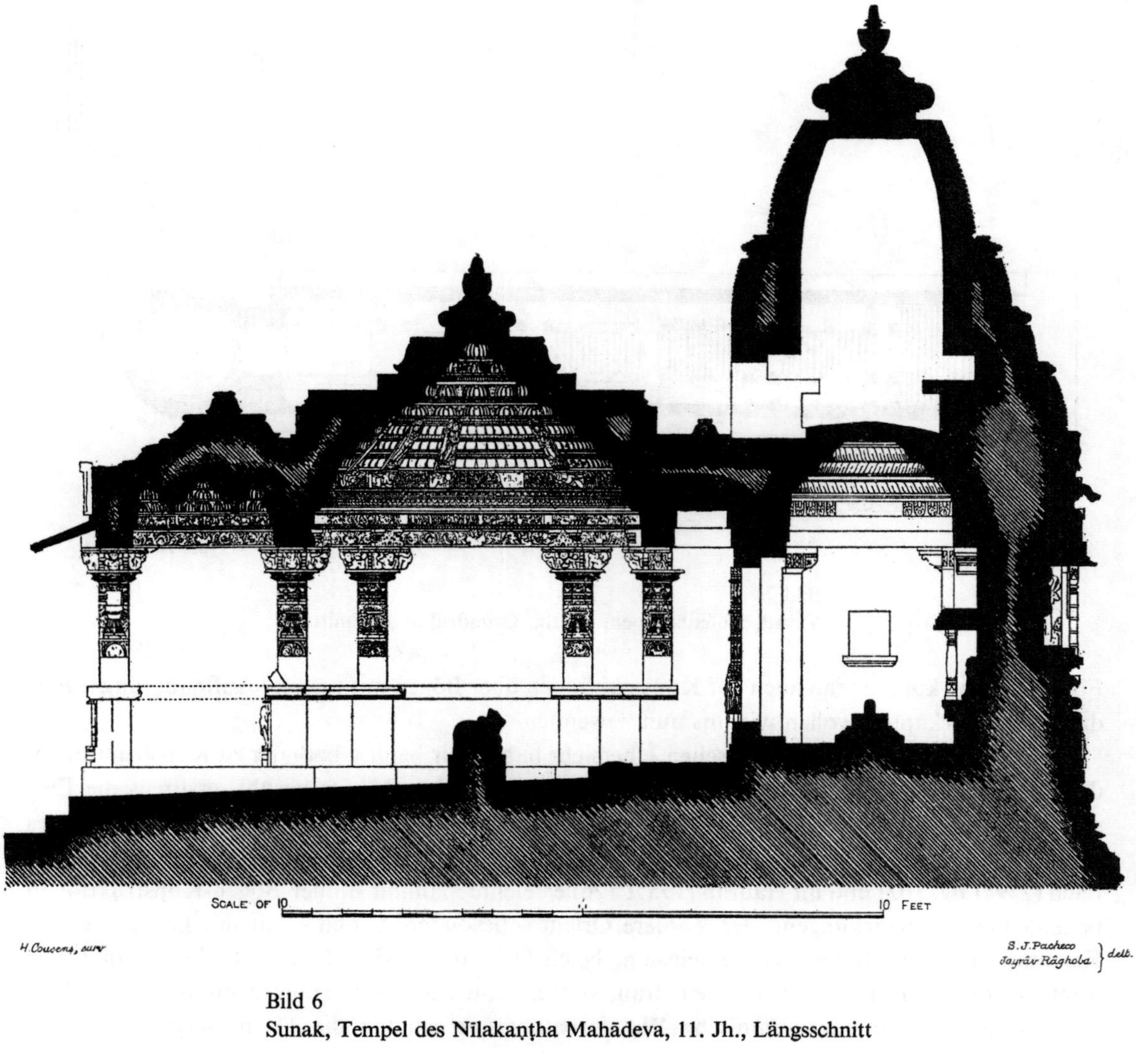

Bild 6
Sunak, Tempel des Nīlakaṇṭha Mahādeva, 11. Jh., Längsschnitt

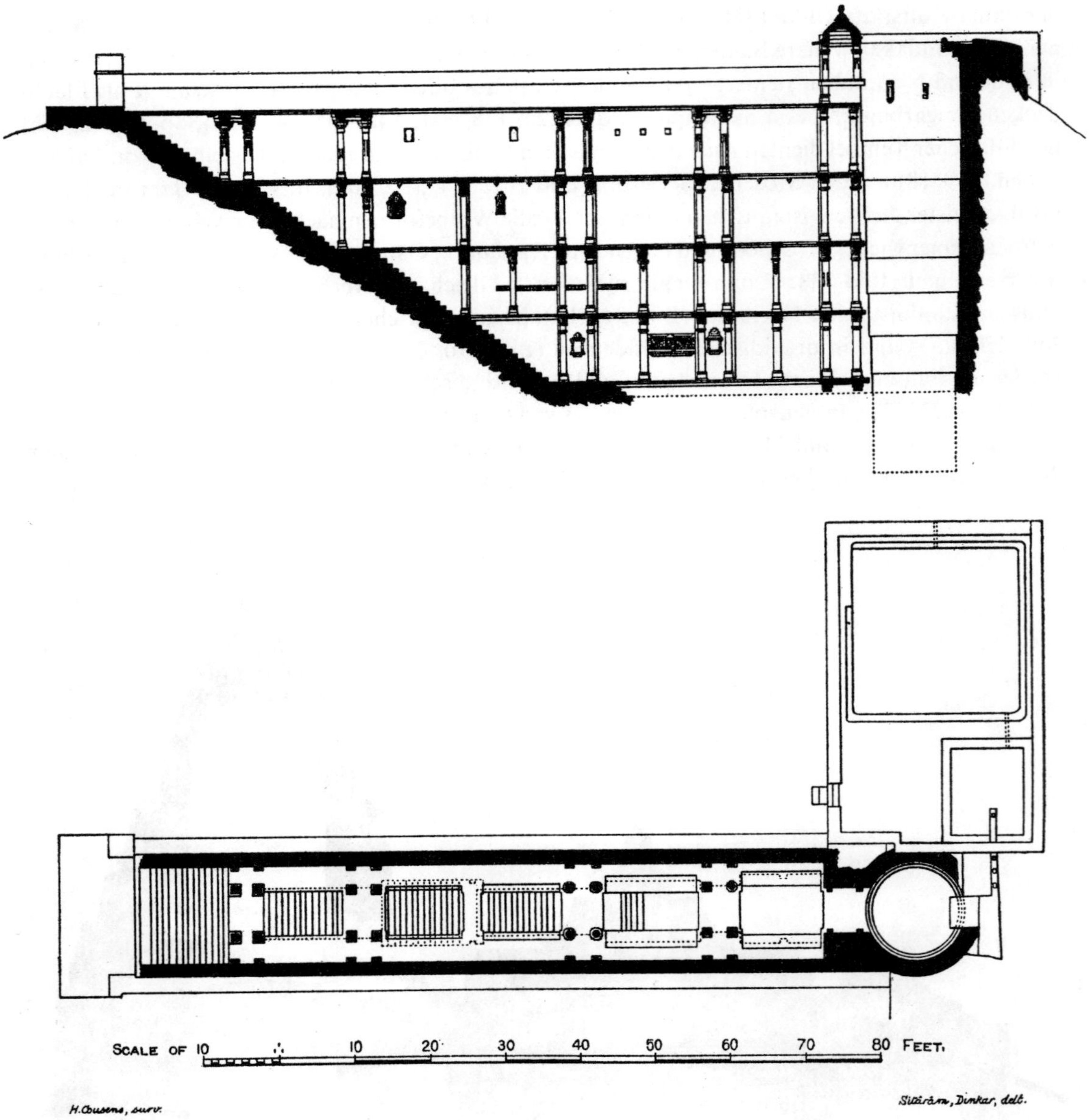

Bild 7
Vayad, Stufenbrunnen, 13. Jh., Grundriß und Schnitt

Ebene Decken konnte man auch auf Konstruktionen über Bögen mit gerader Aufmauerung legen; diesem Sonderkapital wollen wir uns nun zuwenden.

In unserer technologisch-historischen Übersicht haben wir beim Übergang zu Konstruktionen, deren künstlerische Gestalt auf der Verwendung des radialen Bogens beruht, erstmals die Entstehung von Formen auch außerhalb Indiens in Betracht zu ziehen. Creswell hat die Bauform des Hindolā Maḥall (Bild 107, 203) bis in nabatäische Zeit zurück verfolgt (54:I 281). Im Partherreich (279:I fig. 102) und im Hauran (195:I 126) erreichte man mit Binder-Bogen-Konstruktionen bedeutende Raumwirkungen. Der Vordere Orient – besonders Syrien – hat mit Gandhara und Kashmir zahlreiche Bauweisen gemeinsam. Nach Oelmann (205:213, 222) darf man an Übertragung von Ideen nicht nur aus dem Iran, sondern auch aus dem Hauran bis Indien denken.

Indische Bauleute oder islamische Wanderbaumeister schufen die Darbār-Hallen frühislamischer Residenzen im Dekkhan und in Malwa. Das früheste Beispiel eines Raumes mit Binder-Bogen-Konstruktion meine ich in einer Ruine von Firozabad/Bhima (Bild 207) aus der Zeit um 1400 ermittelt zu haben. Aus der Mitte des 15. Jahrhunderts datieren das Hindolā-Maḥall von Mandu (Bild 107, 203) und verwandte Baugestalten im Kušk Maḥall von Chanderi und in Ruinen von Warangal.

Unabhängig von den genannten antiken vorderorientalischen Konstruktionen scheinen nordwestindische Baumeister einen Jaina-Tempel in Somnath errichtet zu haben (Bild 24, 165). Über Zackenbögen tragen mehrfach durchbrochene Aufmauerungen waagerechte Stürze, auf denen im Wechsel einfache gerade steinerne Querbalken und kompliziertere Ringschichtenkuppeln lasten. Wir beobachten hier an einem Tempel des 13. Jahrhunderts besonders geschickte und kunstvolle Deckenlösungen, die vermutlich ohne Nachwirkung auf die genannten mittel- und nordindischen islamischen Hallen von Firozabad und Mandu blieben.

E

Mit waagerechtem Sturz schlossen im altindischen Tempel ein niedriges, dunkles, höhlenartiges garbhagṛha oder die Vorhalle zu einem solchen Bauteil in Udayagiri (Bild 4) oder Aihole (Bild 132) ab. In späteren hinduistischen Kultstätten verlegte man ebene Steinbalken über weiten, hohen maṇḍapas und brachte an ihnen symbolischen Schmuck aus Stufenmustern und Lotus im Relief z.B. in Vijayanagar (Bild 276) oder Gemälde von Hindugottheiten in Avadayarkovil (Bild 284) an. Einfachste handwerkliche Überlieferungen genügten über ein Jahrtausend lang, um wesentliche symbolische Bedeutungen buddhistischer, jinistischer und hinduistischer Heiligtümer klarzumachen. Bauteile wie Stützen und ebene Decken kamen den islamischen Eroberern Nordindiens als Material für Moscheeneubauten gelegen (Bild 168, 169). Dabei hat es sich vielleicht

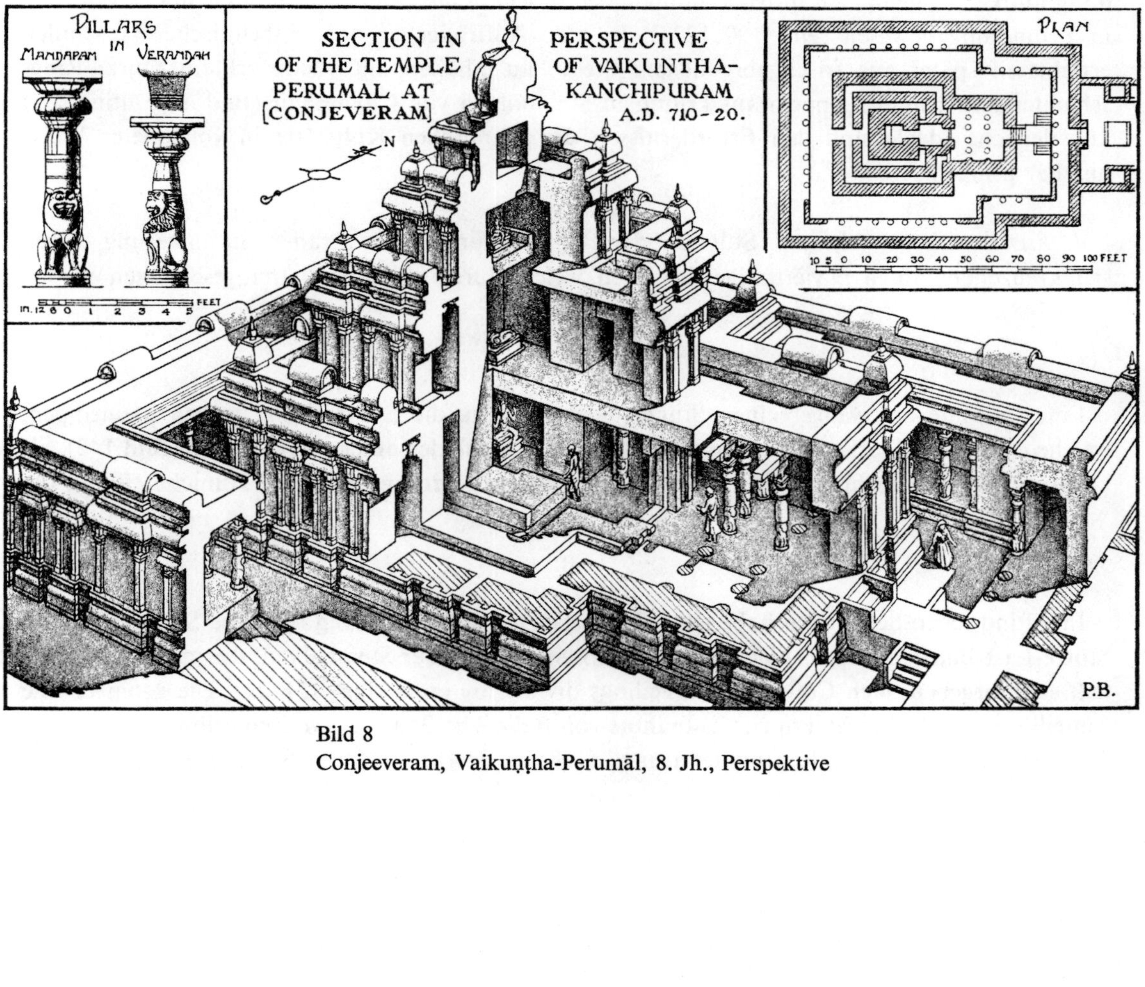

Bild 8
Conjeeveram, Vaikuṇṭha-Perumāl, 8. Jh., Perspektive

Bild 9
Ahmedabad, Freitagsmoschee, beendet 1423, Perspektive

nicht nur um einen Notbehelf gehandelt, sondern es mag den islamischen Bauherren die Umbildung antiker Säulenhallen in frühe mohammedanische Kultstätten von monumentaler Wirkung in Erinnerung gewesen sein (190:1228). Fremde Auftraggeber und einheimische Bauschulen errichteten später aus frischgebrochenem Stein Säulenhallen mit waagerechtem Sturz, Ringschichtendecken und Kuppeln aus krummen Steinbohlen von Champanir (Bild 42); altindische künstlerische Ideale sind den Erfordernissen der islamischen Kultstätte in vollendeter Weise nutzbar gemacht.

4. *Kassettendecke:* Mauern, Stützen oder Bogenstellungen mit gerader Aufmauerung tragen sich kreuzende Balken = viereckige Kassetten, welche durch steinerne Platten geschlossen werden (Bild 148).

A

Eine Variante des waagerechten Sturzes besteht darin, die dekorativen, flachen Steinrippen, welche eine ebene Decke von Narasamangalam in Relieffelder unterteilen können (Bild 142), als konstruktive, sich rechtwinklig kreuzende Steinbalken auszuführen wie in Humcha (Bild 141).

B

Im altindischen Schrifttum habe ich keine feststehende Bezeichnung für diese Sonderform des Stütze-Last-Baus gefunden. Flachdecken aus Steinplatten oder Steinbalken, die in Felder aufgeteilt sind, ergeben nach Cousens „flat ceilings divided by cross ribs“ (51:22). Die geometrische Einteilung von Deckenfeldern zur Aufnahme von Reliefs heißt auch „covered ceiling“ (49: pl. 25, 26; 296: fig. p. 21) mit „deep undercutting“ (158: pl. 3, 4). Mit dieser Sonderform „box type“

(202:45) ist eine Annäherung an die flache Kassettendecke erreicht. Im Gegensatz zur echten Kassettendecke an Tonnengewölben antiker Art von Kashmir nennt man sie in Gujarat auch „pseudo-box ceiling“ (121: fig. XI 4).

C

In den überblatteten und fest ineinandergepreßten Steinbalken wird eine Holzbauweise nachgeahmt (s.o.S. 16). Die Balken lagern sicher auf Konsolen oder Architraven und sind innerhalb des gesamten Baus fest miteinander verspannt. Durch die Kreuzung der Balken entstehen – meist quadratische – Kassetten, die wiederum in waagerechtem Sturz überdeckt werden; die ebenen Flächen, die dabei entstehen, können in Kultbauten als Träger von sinnbildhaftem Schmuck verwendet werden oder in Wohnbauten Verkehrslast aufnehmen.

Gelegentlich bilden Kassettenfelder nicht die tragende Konstruktion der Decke (s.o.S. 18), sondern z.B. in Bijapur (Bild 84, 298) die verlorene Schalung einer frei tragenden Gußmörtel-Schicht (291:177).

D

Diese weitverbreitete Bauform entwickelte sich auf indischem Boden aus den oben besprochenen Typen 1 und 3. Die frühesten Beispiele eines Übergangs von dekorativen Bändern zu konstruktiven Balken scheinen aus frühmittelalterlichen Tempeln wie Humcha (Bild 141) oder Alampur (Bild 148) zu stammen. In Hinduresidenzen des 15. Jahrhunderts von Gwalior (235:32 + Taf. 10 + Taf. 20 oben) und des 16. Jahrhunderts von Vijayanagar (Bild 283) nutzte man die künstlerischen Möglichkeiten dieser Konstruktion. Mit vielen anderen handwerklichen

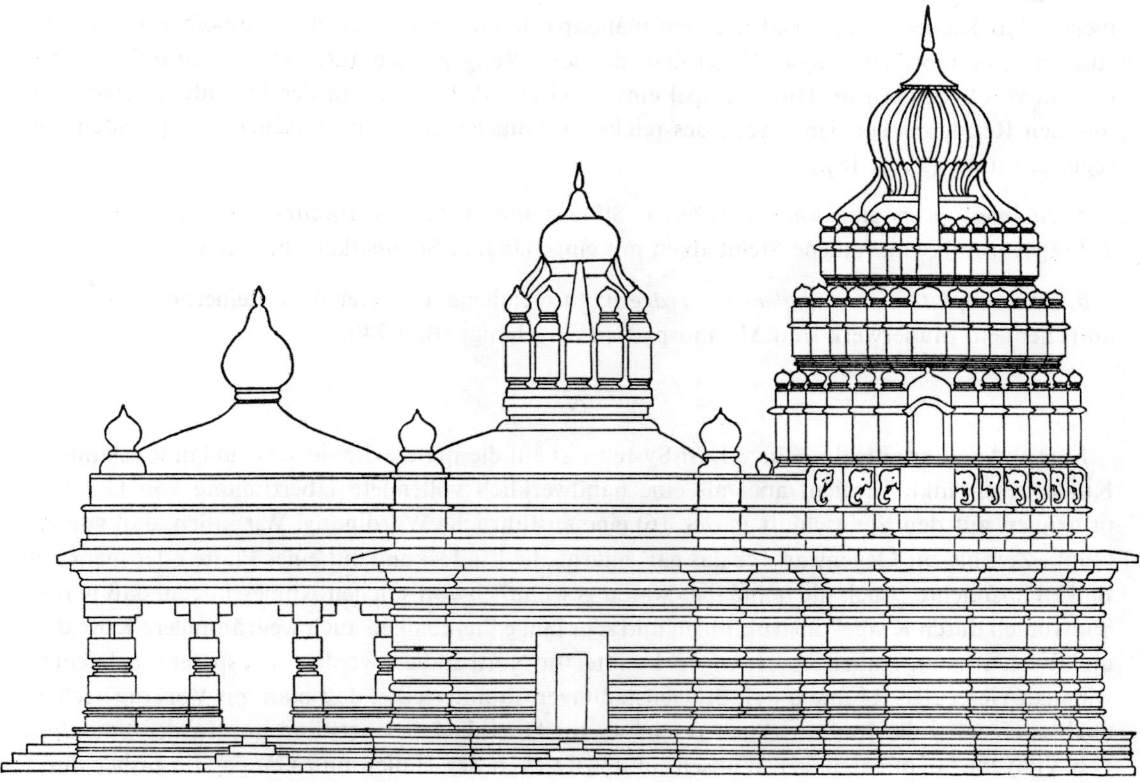

Bild 10
Saswad, Vateśvara-Tempel, 1725, Aufriß von Süden

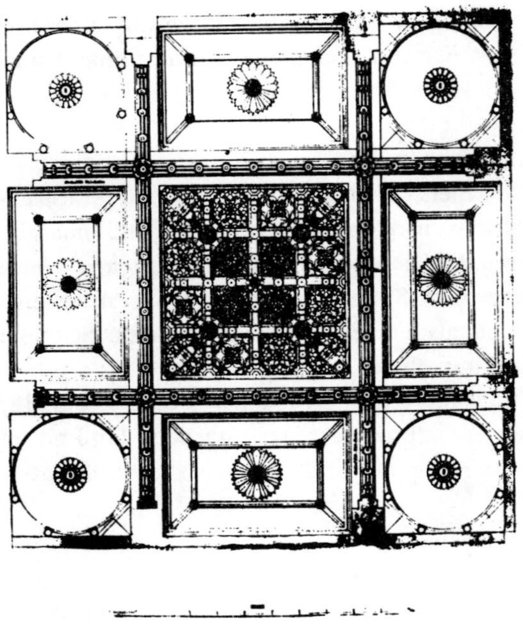

Bild 11
Bijapur, Mihtar Maḥall, um 1620,2. Geschoß, Decke

Kunstgriffen wurde auch diese Bauweise von Vijayanagar nach Bijapur übertragen (Bild 11, 84, 298).

E

Bei der Frage nach dem Verhältnis von Bau-, Schmuck- und Sinnformen haben wir schon bemerkt, daß Kassettendecken über einem maṇḍapa häufig kosmologische Symbole einer hinduistischen Hauptgottheit und der Hüter über die acht Weltgegenden aufnahmen, und daß ein Diagramm von 9 Feldern im Hindutempel eine magische Bedeutung, an der Flachdecke einer islamischen Residenz aber den Zweck des reichen Schmuckes aus einheimischen und fremden Anregungen hatte (s.o.S. 18).

5. *Steinbalken an steinernen T-Trägern:* Stützen mit Auflage-Verbreiterung (Bild 109) tragen T-Träger-förmig zugehauene Steinbalken mit eingehängten Steinbalken (Bild 108).

6. *Marmorplatten an metallenen T-Trägern:* In metallene T-Träger über steinernen Bögen mit aufgehendem Mauerwerk sind Marmorplatten eingehängt (Bild 240).

A

Eine andere Variante des Stütze-Last-Systems ist auf die spätere dravidische und indo-islamische Kunst beschränkt, verdient aber als eine handwerklich vollendete Übertragung von Holzbauprinzipien auf den Steinschnitt (s.o.S. 16) eine ausführliche Würdigung. Wir sahen, daß von der Gupta-Zeit bis zur Gegenwart für das garbhagṛha die Eindeckung mit einer Platte oder mehreren Balken ausreichte. Auch die maṇḍapas waren gewöhnlich von solchen Abmessungen, daß man in Süd-Indien durch Kragekonstruktionen und sehr lange Steinbalken auch weiträumigere Korridore und Versammlungshallen überspannen konnte. In Nord-Indien werden wir später beobachten, wie man viereckige Räume durch Stützenstellungen so unterteilte, daß man mit Vorkragetechnik auch eindrucksvolle Raumwirkung erreichte. Im Dravida-Land entstand nun in der Bauschule von Vijayanagar offenbar der Wunsch, in den Decken der Hallen und Gänge, die bisher durch Mauern oder Pfeiler unterteilt worden waren, einheitliche durchgehende Flächen zu erhalten. Diese konnten mit symbolischen Reliefs und Gemälden verziert werden.

Dazu erfand man eine im Grunde einfache, handwerklich wohl durchdachte und für die Raumwirkung sehr günstige Lösung. Wie häufig in der indischen Baukunst steigen von einer steinernen Plattform (Bild 274) zahlreiche, kräftige, reichgeschmückte Pfeiler in engen Abständen voneinander auf. Auf ihren breiten Kapitellen lasten schwere Steinbalken, manchmal in mehreren vorkragenden Schichten (Bild 109, 274). Die oberste Steinbalkenlage faßt in der Höhe über den Stützen wuchtige, aber besonders an den Enden gegen den Innenraum fein ornamentierte Konsolsteine ein. Damit ist die Weite des einzudeckenden Raumes verringert. Monolithe Steinbalken überbrücken die Flächen zwischen den Konsolen (Bild 109). Diese Steinbalken sind als T-Träger zugehauen und auf den Flansch gelagert (Bild 108). Von Flanschoberfläche zu Flanschoberfläche sind Steinplatten mit ausgeklinkten Balken eingehängt, sodaß eine plane Ansichtsfläche der Decke entsteht (Bild 109, 274). Die sauber zugehauenen Steine sind in trockenem Verband verlegt. Auf dem Dach liegt zwischen den T-Trägern über den Steinplatten eine Mörtelschutzdecke (Bild 270, 273).

Nach diesem System wurden später von indo-islamischen Baumeistern Marmorplatten an die Flanschoberflächen von metallenen T-Trägern gehängt (Bild 240).

B

Diese Bauweise habe ich bisher weder im Schrifttum über Vijayanagar noch in den Darstellungen der indischen Architektur beschrieben gefunden. Gelegentlich haben Bauforscher Steinmetz-Gewohnheiten, Auskehlung und Verzahnung, an süd-indischen Hindu-Bauten als „des couvrejoints en pierre“ (191: fig. 6) und an islamischen Denkmälern als „joggle-jointed“ (25: 80) beschrieben. Als Bezeichung wähle ich einfach die Bauform und ihre Entstehung: Steinbalken, die in T-Trägerform zugehauen sind; metallene T-Träger. Letztere Bauweise wurde in Agra (Bild 12) bei einer Reparatur durch einen Ingenieur des Archaeological Survey of India beschrieben als „. . . marble slabs . . . inserted into the lower flanges of plate girders . . . red sandstone slabs resting on the upper flange of the plate girders overlaid with lime concrete formed the roof . . .“ (286: 97).

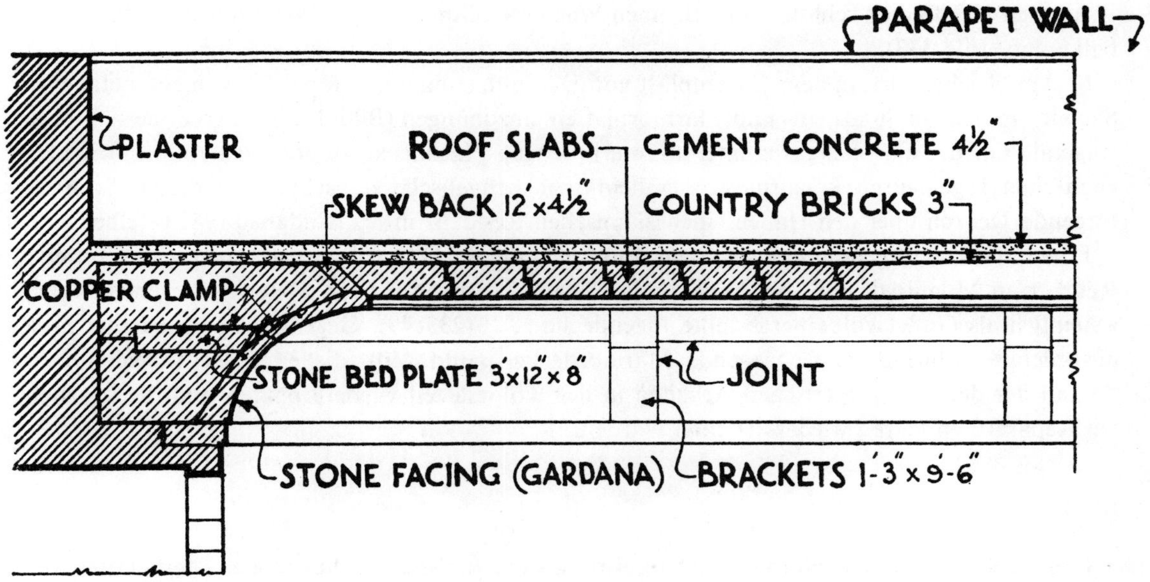

Bild 12
Agra, ʿIdgāh, Aufnahme der Deckenkonstruktion während der Reparaturen 1944–1949

C

Wie beim einfachen waagerechten Sturz herrschen in erster Linie senkrechte Druckkräfte vor, neben denen zusätzlich Schub auftreten kann. Räume, die in der beschriebenen Weise eingedeckt sind, stellen gewöhnlich den Teil eines größeren Baukomplexes dar und lehnen sich an massive Mauern an (Bild 239, 270). Stützen stehen in engen Abständen, sind gewöhnlich niedrig und meist von bedeutendem Querschnitt, sodaß andere Kräfte als die einfachen senkrechten durch die Massen des Baustoffs aufgefangen werden (Bild 274). Ich habe keine Beispiele von eingestürzten Decken dieser Konstruktionsweise beobachtet.

D

5. Auf solche Kunstgriffe können unabhängig voneinander Bauschulen immer und überall kommen. Die Zurichtung und Versetzung der Steinbalken verrät eine Vertrautheit mit diesem Baustoff. Trotzdem kann man ein solches Bauen nicht eigentlich „steingerecht“ nennen. Eher ist es eine geschickte Übertragung von Zimmermannswerk in den Stein. Pfosten, Binderbalken und Querhölzer waren in den waldreichen Teilen Indiens wohl schon lange auf ähnliche Art zugehauen worden, ehe man den Stein zu Bauten von gleicher künstlerischer Wirkung nutzbar machte.

Steinbalken von T-förmigem Querschnitt werden auch an anderen Bauten Indiens, die bisher noch nicht in Einzelheiten aufgenommen sind, vermutet (291:176).

Diese Sonderform von waagerechtem Sturz und Überkragung begegnet uns als reine Struktur in den großen Tempel-Anlagen von Vijayanagar seit dem Beginn des 16. Jh., besonders im Ragunātha-Tempel (Bild 108, 109, 273, 274), Acyutarāya-Tempel (Bild 270), Viṭhoba und Pattabhirāma. Sie wird meist verwendet, um in einer besonderen Baugestalt des späteren dravidischen Tempels eine weite, durch Stützen nicht unterteilte Decke zu gewinnen: in den kalyāna-maṇḍapas. Diese sind „Hochzeitshallen“: sie enthalten entweder an einer Seite des Rechtecks oder in der Mitte einen weiteren „Bau im Bau“, einen pfeilergetragenen, flach gedeckten Pavillon, in welchem die mystische Hochzeitsfeier von Śiva und Pārvatī oder Viṣṇu und Lakṣmī symbolisch vollzogen wird, und in welchem in manchen Teilen Süd-Indiens auch hochkastige Brahmanen einen Teil ihrer Hochzeits-Zeremonie durchführen dürfen.

Auch in Nordindien schloß man z.B. einen Wasserpavillon auf diese Weise mit schweren Steinbalken ab (Bild 333).

6. Am gleichen Ort, in dem Gartenplast von Dig, nützte man im Gopal Bhavan ein metallenes Skelett, um leichte Sandstein- und Marmorplatten einzuhängen (Bild 332) und so ohne sichtbare tragende Glieder eine weitgespannte, ununterbrochene Flachdecke zu erzeugen (Bild 13). Unter englischen Ingenieuren konstruierten einheimische bengalische Bauschulen in dieser Art freitragende Decken über den Hallen einer islamischen Residenz in Murshidabad (98:Tafelbeilage).

Einen merkwürdigen, untektonischen Eindruck dieser Deckenkonstruktionen interpretierte Reuther an Mogulpalästen von Agra (Bild 239) als „. . . nahezu neun Meter freiliegende, wahrscheinlich als Gußgewölbe hergestellte Flachdecke . . .“ (235:49). Gegenwärtig beobachtet man ausgedehnte, ohne Stich freitragende Marmordecken (Bild 240), die englische Ingenieure zu Beginn der denkmalpflegerischen Arbeiten in der Kolonialzeit wiedererbauten und die kürzlich bei Reparaturen getreu wieder errichtet wurden.

E

Eine außergewöhnliche handwerkliche Leistung steht zunächst im Dienst der überlieferten altindischen künstlerischen Ziele und bietet später Möglichkeiten zu einzigartigen indo-islamischen Raumschöpfungen.

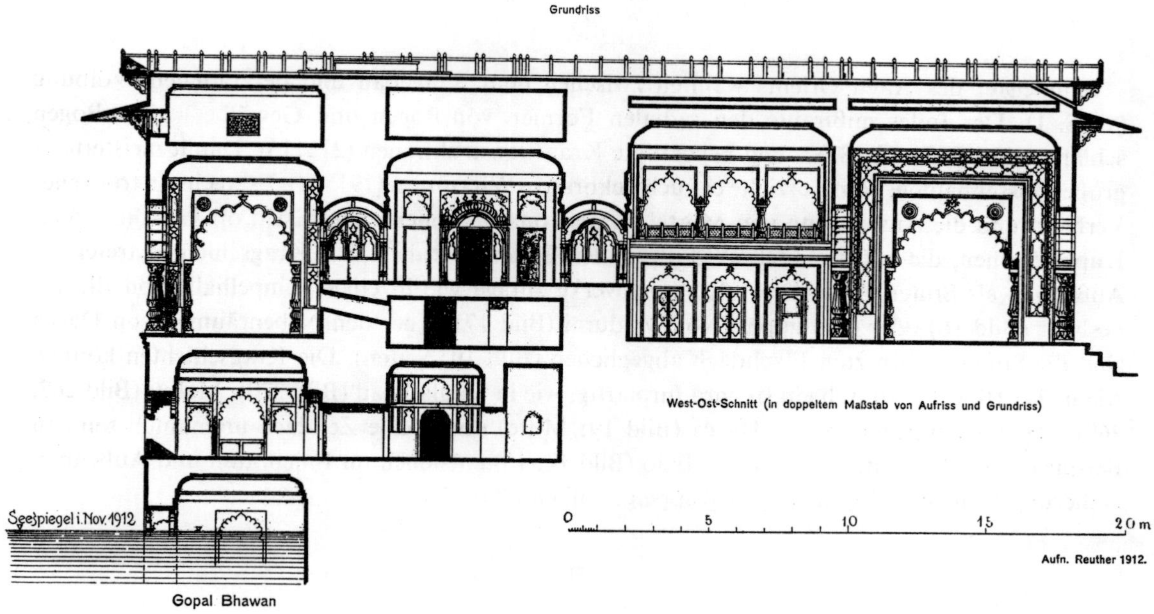

Bild 13
Dig, Palast des Mahārāja Surāj Mall, Mitte 18. Jh., Schnitt durch den Gopal Bhavan

Mit einer Sonderform des waagerechten Sturzes über sehr weit vorspringenden Folgen von Konsolen konnte man weitere Räume überspannen als mit irgend einer anderen Bauweise in trockenem Verband. Aber in den späteren flachgedeckten dravidischen maṇḍapas scheint man keine Raumwirkung erstrebt zu haben; denn gedrungene Stützen tragen Steindecken, die schwer über einem „Bau im Bau" lasten (Bild 274). Nur gelegentlich können höhere Stützen und der Schmuck der Decke durch Bildhauerei oder Malerei (226: gegenüb. S. 34) den Eindruck der Weiträumigkeit erzeugen, der den mittelalterlichen nordindischen maṇḍapas eignet.

Wie zeitgenössische ostasiatische oder abendländische Garten- und Wasserpaläste diente der von Dig (Bild 331) dem Hofleben. Die Bauten waren bestimmt, heiteren Gesellschaften in der heißen Jahreszeit einen schattigen Platz am Wasser zu spenden. Dafür wurden gewöhnlich leicht gebaute Kioske und Baldachine entworfen. In der Mitte des Sees von Dig erhebt sich ein Pavillon auf indo-islamischen, verhältnismäßig schlank aufsteigenden Zackenbögen, auf denen aber wiederum schwere Steinplatten in der geschilderten granitenen T-Träger-Konstruktion ruhen (Bild 333). Dagegen hat man über der hohen, luftigen, lichtdurchfluteten Halle des dortigen Gopal Bhavan eine leichtere Decke von Marmorplatten auf Metallträgern errichtet (Bild 13, 332).

Ein vollendeter Zusammenklang von der Bestimmung eines Bauwerks und seiner künstlerischen Form herrscht im Ḫāṣṣ Maḥall auf der Burg von Agra. Stützen mit fein verzierten Zackenbögen und gerader Aufmauerung tragen eine flach gedeckte Vorhalle (Bild 239 vorn rechts), über der in großer Höhe eine Konstruktion aus metallenen Trägern und eingehängten Marmorplatten für eine weite, durch keine tragenden Glieder unterbrochene unverzierte Decke errichtet ist (Bild 240).

c) KRAGEBAUWEISEN

7. Kragschichten über Rechteck oder Vieleck: Über einem Quadrat (Bild 14, 16, 19 Mitte, 106), Lang- oder Breitrechteck (Bild 19, Seiten) oder einem Achteck (Bild 269) kragen Haustein- oder Backsteinschichten soweit nach innen vor, bis ein Deckstein den Raum abschließt.

A

Baumeister des Alten Orients wählten zwischen dem Kragebau und der radialen Wölbung (s.o.S. 1). Der Inder mißtraute den radialen Formen von Bogen und Gewölbe – „Der Bogen schläft nicht“ (297: III 183) – und bevorzugte Kragekonstruktionen (212:15). Damit meisterte er große Massenbauten, damit erzielte er auch dekorative Wirkungen (191:44). Es wechseln trockener Verband und die Anwendung von Mörtel. Kragekonstruktionen nähern sich oft Gewölbe- oder Kuppelformen, die auf der Technik des radialen Bogens beruhen. Die Kragschichten treten im Außenbau als Stufen, Terrassen oder Stockwerke zutage wie in einer Tempelhalle von Bhuvaneshvar (Bild 16) oder dem gopura von Madurai (Bild 17). Über den Nebenräumen von Dacca sind die Stufen außen zum Flachdach abgeglichen (Bild 19: Seiten). Die Kragschichten können wie in Ter (Bild 151) durch ein śikhara turmartig, wie in Daulatabad (Bild 320), Maluti (Bild 267, 269) oder im Zentralraum von Dacca (Bild 19: Mitte) durch eine Zeltdach ummantelt sein. In Beispielen wie den Seitenräumen von Balo (Bild 14, 15) entstehen im Innenraum und Außenbau Näherungsformen zu Tonnen- und Kuppelgewölben (290:175).

B

Die Ausdrücke „Bogen“, „Gewölbe“, „Tonne“, „Klostergewölbe“ oder „Kuppel“ möchte ich den sogenannten echten radialen Konstruktionen vorbehalten. Für Kragekonstruktionen wählt man gewöhnlich Bezeichnungen wie „Unechter Bogen“ oder „Falsches Gewölbe“ (180:236). Nach dem Arbeitsvorgang nenne ich hier diese Konstruktionen „Kragebauten“. Ihre Formen

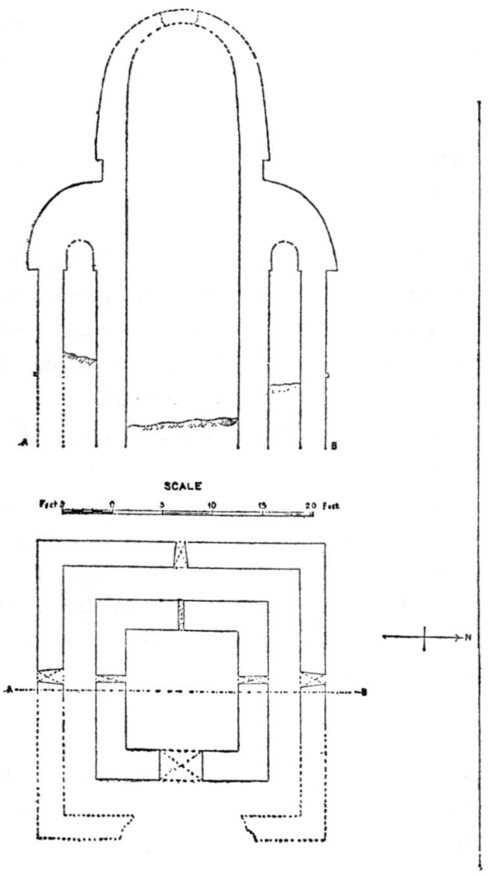

Bild 14 und 15
Balo, Tempelruine „Gumbaz“, 2.–4. Jh., Querschnitt (14), Grundriß (15)

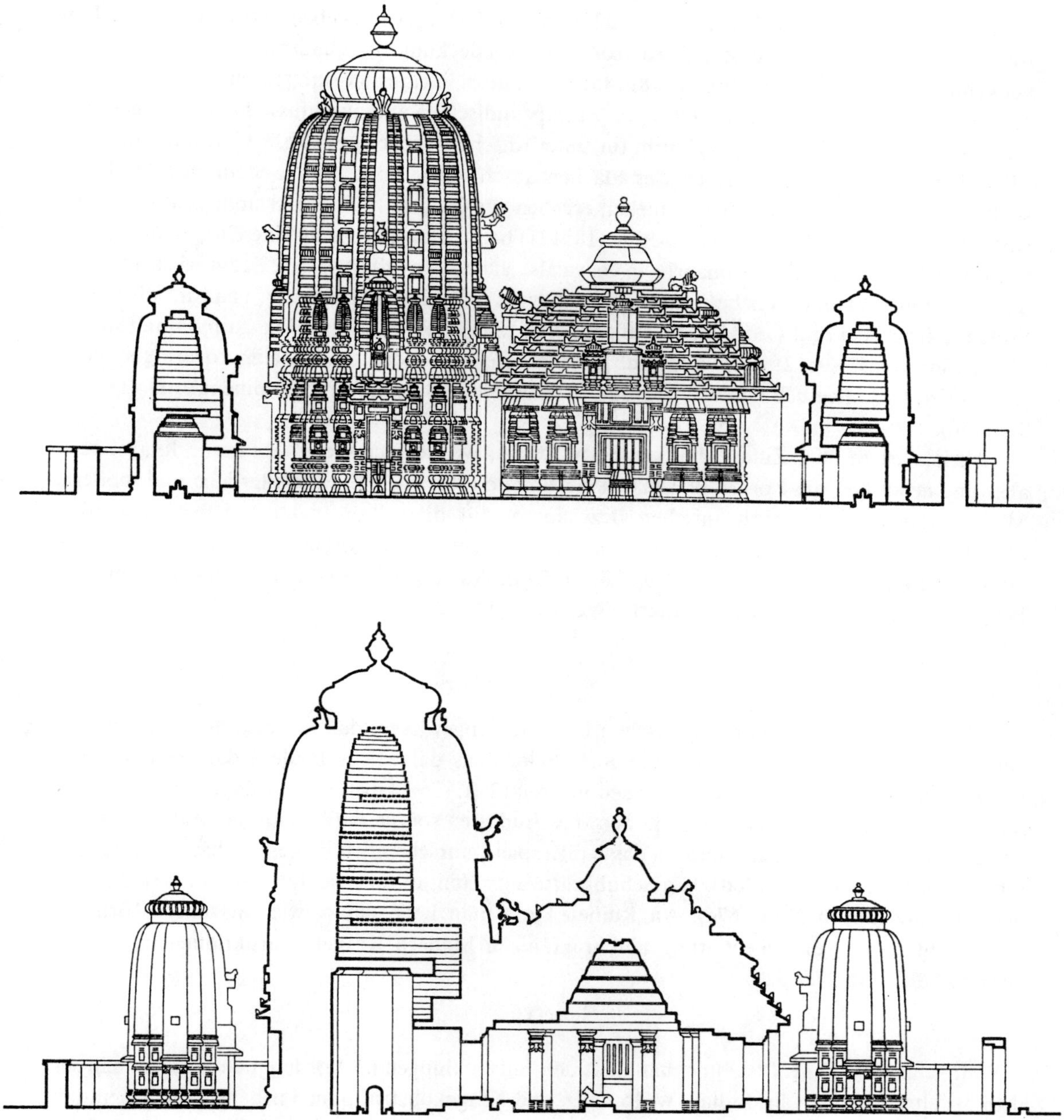

Bild 16
Bhuvaneshvar, Brahmeśvara, um 1075, Aufriß und Längsschnitt

werden oft nach den geläufigen Bezeichnungen von Wölbebauten beschrieben. Die Spannweite zwischen Türgewänden und Mauern werden durch „Vorkragungen“ (167:29), im englischen Sprachgebrauch meist „corbel“ (24:248), gelegentlich „bracketing“ (82: I 377) oder „overlapping“ (158:273) überbrückt. Den Übergang vom waagerechten Sturz zum Kragebau schildert man als „espace à couvrir diminué par une série des consoles superposés (191:39).

Mit „empilage par encorbellement“ (191:45) wird die Tätigkeit des Aufeinanderschichtens von Baumassen mit vorkragenden Steinen erfaßt, während die formale Annäherung an Bogen und Gewölbe – gewöhnlich durch Abschneiden und Glätten der vorstehenden Kragsteine erreicht –

durch „voûtes en encorbellement“ (191:223) anschaulich wiedergegeben wird. Verwandte Bauformen, die in vorchristlicher Zeit in Kleinasien zur Eindeckung von quadratischen Grabkammern verwendet wurden, nannte Mansel (189:45) „. . . durch lineares Vorkragen aller vier Seiten gebildete pyramidisch abgestufte Decke . . .“. Einige indische Raumabschlüsse kann man geradezu mit den Worten beschreiben, die Durm für unterirdische Gräber des 5. Jh. v.Chr. fand (68:241): „Unechtes Klostergewölbe, dessen vier Flächen durch sieben vorkragende Steinschichten hergestellt sind“. Denkmäler und Schriftquellen ergeben für Gujarat (202:35) „kṣipta vitāna“ = „flat surface . . . in different levels“. Nach Bose (18:121) bezeichnet man heute eine Kragekonstruktion am Tempelturm über dem garbhagṛha in Orīya als „gamā“. In Orissa bilden Kragekonstruktionen über dem Quadrat eine ganz bestimmte Außenform des Daches: der Bauteil „bhadra“ wird durch Stufen „pirhā“ bekrönt (18:154). So entsteht ein „pida deul“ (93:Abb. 38), „a pyramidical roof of receding steps“ (9:12). Den Abschluß eines Kragebaus bildet „pāṭa“, ein „covering stone or slab“ (224:155). Diese Bauglieder werden in Stockwerken „poṭala“ zusammengefaßt (18:156; 224:156).

Vielleicht ist es kein Zufall, daß gerade in Orissa, wo der „einfache“ steinerne Kragebau in alter und neuer Zeit die Form des Tempels bestimmte (16: Fig. 1), mittelalterliche und moderne Manuskripte mit einer einheimischen Bezeichnung für diese Konstruktion gefunden wurden. „Lahara“, „laharī bhumi“, „laharī tala“ sind die Elemente eines „corbelled roof with stones oversailing one another“ (224:150, 151, pl. 28, pl. 29d). Auch in Backsteinbauten des benachbarten Bengalen ist diese Bauweise als „laharī“ überliefert (6:143).

C

Volwahsen hat kürzlich an altindischen Bauten nachgewiesen, daß Kragekonstruktionen kein einfaches, problemloses Handwerk des Stein-Schichtens darstellen, sondern daß in ihnen auch horizontale Schubkräfte berechnet werden müssen (290:176). Überkragte Gänge und Kammern bilden meist Teile von Massenbauten. Schwere Auflasten sorgen dafür, daß die Materie tatsächlich so wirkt, wie der Baumeister sich das Kräftespiel wahrscheinlich vorgestellt hat: in einfachem senkrechtem Druck (290:176d). Wo Schubkräfte auftreten, werden sie durch die starken Tempelmauern aufgefangen (290:167e). An Ruinen kann man beobachten, wie ein zäher Mörtel im Verein mit fester Fundamentierung und tragfähigen Mauern Kragekonstruktionen im Gleichgewicht hält (Bild 277, 320).

D

Wahrscheinlich ohne Zusammenhang mit den Entwicklungen im Vorderen Orient, wo man seit dem 3. Jahrtausend v.Chr. radiale Wölbungen und Kragekonstruktionen nebeneinander benutzte (214: II fig. 89, 93), und mit antiken Bauten des 2. Jahrtausends v.Chr. (149: I 390) und des 1. Jahrtausends v.Chr. (68:241) schlossen die Inder Wasserabläufe in Mohenjo Daro (24: Taf. 40, 1) und in früher geschichtlicher Zeit (78: Taf. 64B) durch vorkragende Schichten ab. Während in geschichtlicher Zeit in allen Ländern, mit denen Indien in geistigem Austausch stand, der Kragebau zugunsten der Wölbung eingeschränkt wurde, wurde er die beliebteste Form zum oberen Abschluß von Kammern und Hallen des indischen Tempels. Auch an islamischen Bauten bildete oft eine Kragekonstruktion die Grundlage für zahlreiche verschiedenartige Baugestalten (25: Taf. 4). An islamischen Bauten wie z.B. Sarkhej finden sich eingewölbte und überkragte Bauteile nebeneinander. An burmesischen Backsteinbauten wechseln Kragekonstruktionen und radiale Wölbungen; in Hinterindien (213: Taf. 53) und Ceylon überwiegen Kragebauten.

Unter der Erde liegen die spitzbogig überkragten Gänge des Klosters Takht-i Bahi (59:V 28–35). Verschiedene Kragekonstruktionen sind an den oberirdischen Freibauten in den Klosterzellen desselben Orts erhalten (Bild 122). Durch Kragschichten schloß man auch den śikhara über Bilot (Bild 128) im nordwestpakistanischen Grenzgebiet, wo diese altindische Bauform gemeinsam mit mittelmeerländischen Gewölbe- und Schmuckformen verwendet wird.

In der Gupta-Zeit übertrug man geheiligte Formen des Holz- und Höhlenbaus wie die der apsidialen caitya-Halle in den Freibau und schloß Tonnen über den buddhistischen Kultstätten von Ter und Chezarla (290: 176; 297: III 183) durch Kragschichten ab (Bild 21 links).

In den dravidischen Bauschulen wurde das garbhagṛha zunächst durch einen Stockwerkturm, vimāna, überkragt, besonders monumental in Tanjore (Bild 133). Später entstanden die Oberge-

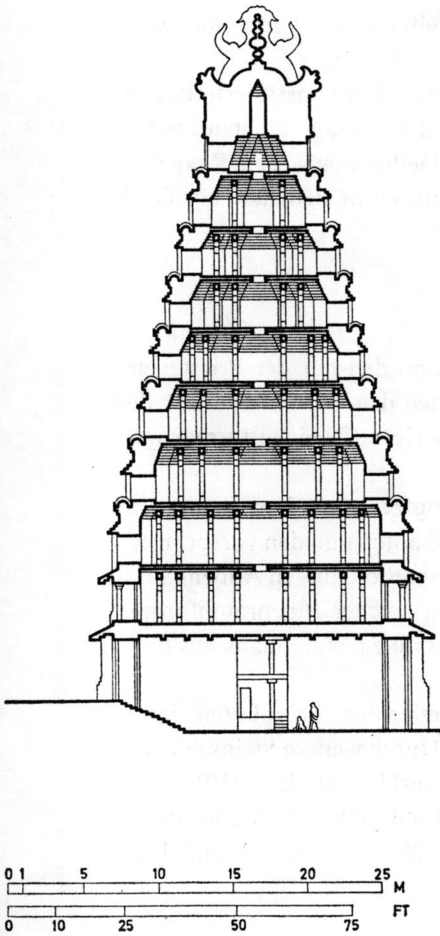

Bild 17
Madura, Mīnākṣi-Tempel, Süd-gopura, um 1600, Querschnitt

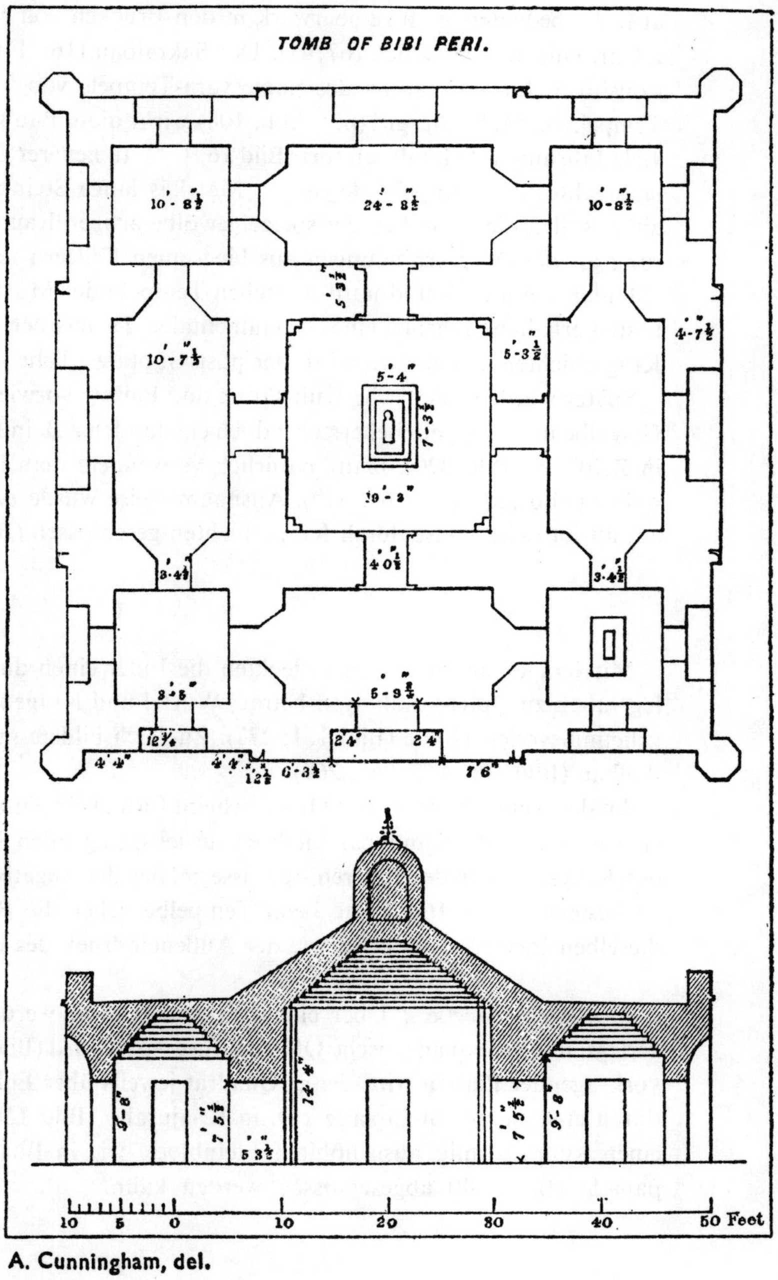

A. Cunningham, del.

Bild 18 und 19
Dacca, Grab der Bibi Peri, gest. 1684, Grundriß (18), Schnitt (19)

schosse der riesigen Tortürme, gopura, aus einer Reihe von Kragekonstruktionen, so in Chidambaram (Bild 136, 137), Vijayanagar (Bild 270, 272, 277, 282) und in Madura (Bild 17). Ein gopura kann aus vielen einzelnen Stockwerken mit Abschlüssen durch Kragekonstruktionen zusammengesetzt sein (Bild 17, 136, 137); doch kann auch über einem Granit-Untergeschoß (Bild 271) ein einziger riesiger Schacht aus vorkragenden Backsteinschichten (Bild 272) mit Sicherungen durch verschiedene Holzkonstruktionen aufsteigen (93: Taf. 176, 177).

Im Vesara-Land wurde die Kragebauweise gelegentlich zum Abschluß des garbhagṛha verwendet, über dem im Beispiel von Ter (Bild 151) ein śikhara direkt aufsteigt.

Besonders in Orissa diente der Kragebau zu praktischen Zwecken: ohne zusätzlichen Schmuck, aber als bedeutendes Ingenieurwerk in den Brücken von Jajpur und Puri, die noch dem 13. Jh. n.Chr. entstammen sollen (67:47). Der Sakralbau (16: Fig. 1) beruht ganz auf dieser Konstruktionsform. Im garbhagṛha des Someśvara-Tempels von Mukhalingam (Bild 106, 152) oder im Tempel von Mahendragiri (63: Abb. 108) wirkt diese Bauweise raumbildend. Sie setzt sich durch viele Jahrhunderte hindurch fort (Bild 16, 154). In neuerer Zeit schichtete man in Jajpur über einer langrechteckigen Kapelle der Sapta Mātṛkās lange Steinbalken übereinander (Bild 352). Holzanker sollen die Sicherheit des spiegelgewölbe-artigen Raums gewährleisten – vielleicht in Erinnerung an die Querverbindungen aus biegsamen Hölzern in alt-indischen Holztonnen (265:217)?

Unter den mittel- und nord-indischen Tempeln des Mittelalters ist das älteste und zugleich am besten erhaltene Beispiel eines monumentalen Turms, der über würfelförmigem Unterbau durch Kragschichten geschlossen wird, der post-Gupta-zeitliche von Gop (Bild 164).

Später wurden islamische Kultstätten und Paläste vorwiegend durch radial konstruierte Bögen, Gewölbe und Kuppeln beherrscht; doch entstanden z.B. in Daulatabad aus Kragschichten Dächer in Zeltform (Bild 320). Ganz natürlich verwendete man in Hindu-Heiligtümern den Kragebau weiter (Bild 257, 267, 269, 350). Ausnahmsweise wurde unter Aurangzeb in Bengalen ein Grab auf alt-indische Weise durch Kragschichten geschlossen (Bild 18, 19).

E

Mit Kragekonstruktionen bedeckten die Inder einen dunklen Raum, den nur der Priester gelegentlich zu Opferhandlungen betrat; Würfel und Kragebau erzeugten den Gesamteindruck der geheimnisvollen Höhle (Bild 151, 277). Zugleich bildete man so den Kern für einen turmartigen Aufbau (Bild 106, 152, 267, 269).

An den Tempeltürmen von Orissa scheint formal ein Zusammenhang zwischen dem pyramidenartigen Aufbau der maṇḍapas mit ihren zurückspringenden Stufen-Aufbauten und den vorspringenden Kragschichten des Inneren – gewissermaßen der Negativform des symbolhaltigen Außenbaus – zu bestehen (Bild 16). Löste beim Tempelbesucher die Betrachtung solcher Innenraumformen dieselben Ideenassoziationen wie der Außeneindruck des bedeutungsvollen Stufenbaus aus?

8. „Laternendecke“: Über einem Stützenquadrat werden vier dreieckige Steinplatten derart verlegt, daß eine quadratische Öffnung ausgespart wird (Bild 20, 21). Durch weitere Steinschichten vorkragender Platten wird dieses Quadrat jeweils über Eck solange verkleinert (Bild 110), bis es durch eine einzige Steinplatte z.B. in Khajuraho (Bild 158) oder Mandu (Bild 200) oder durch einen kuppelförmig ausgehöhlten Steinblock wie in Bhatkal (Bild 289–291) oder Mulki Bappanada (Bild 288) abgeschlossen werden kann.

A

Man türmt mächtige, sauber zugehauene Steinblöcke in trockenem Verband übereinander, um

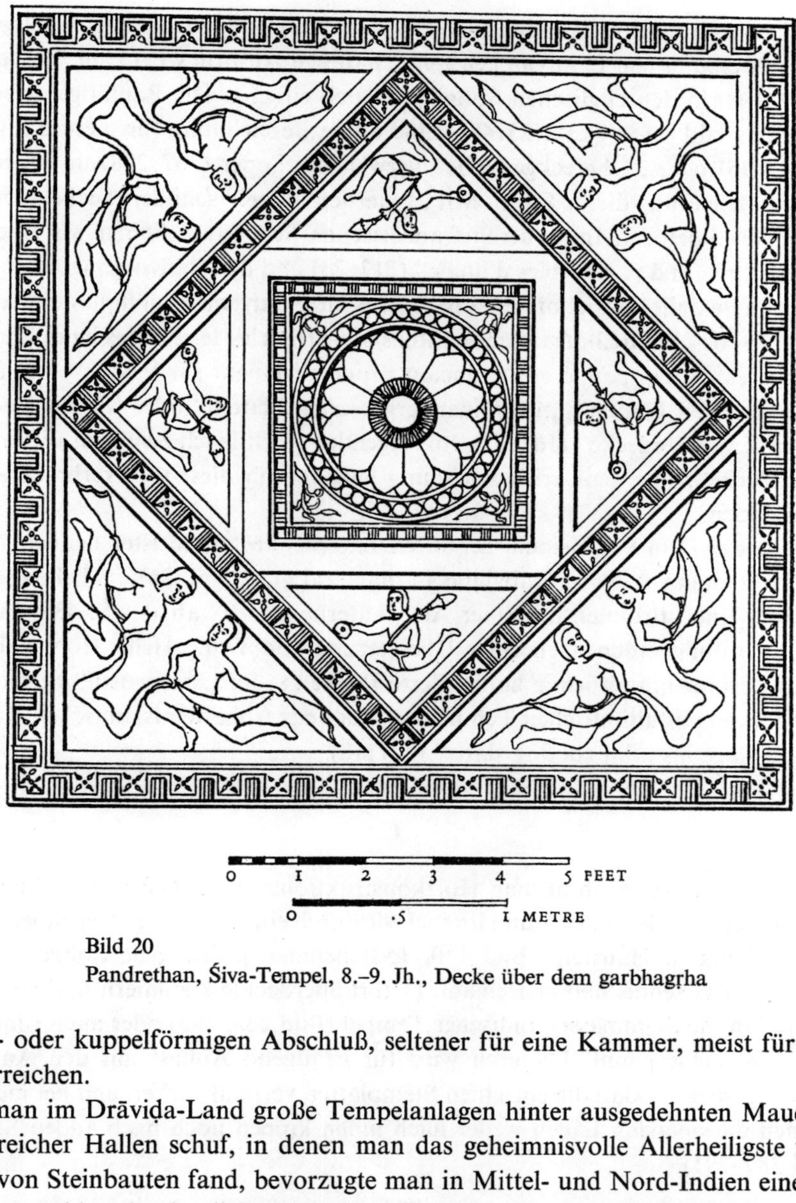

Bild 20
Pandrethan, Śiva-Tempel, 8.–9. Jh., Decke über dem garbhagṛha

einen höhlen- oder kuppelförmigen Abschluß, seltener für eine Kammer, meist für ein Stützenquadrat zu erreichen.

Während man im Drāviḍa-Land große Tempelanlagen hinter ausgedehnten Mauern mit einer Abfolge zahlreicher Hallen schuf, in denen man das geheimnisvolle Allerheiligste verborgen in einer Menge von Steinbauten fand, bevorzugte man in Mittel- und Nord-Indien einen Grundriß, in welchem das garbhagṛha deutlich am Ende von verschieden großen Säulenhallen oder inmitten von geometrisch komponierten Hallen lag. Sei es, daß man die technischen und künstlerischen Möglichkeiten der einfachen Flachdecke als Raumabschluß erschöpft zu haben glaubte, daß die Kragekonstruktion sich als unpraktisch erwies, oder daß man für die Halle vor dem Allerheiligsten eine besondere Raumwirkung suchte – jedenfalls entwickelte man zunächst für nord-indische, dann auch für süd-indische maṇḍapas neue Deckenformen.

B

Grabkammern in der Türkei sind im 4. Jh. v.Chr. nach Mansel (189:39, 49, 53) mit einem „Laternendach“, in Korea nach McCune (183:pl. 37) etwa 1000 Jahre später mit einem „corbelled dome“ abgeschlossen. In den Höhlenklöstern von Turfan bezeichnete man die Bauform zunächst wegen einer äußerlichen Verwandtschaft mit antiken Konstruktionen als „Cassettenplafond“ (128:129); später nannte man diese Kunstform, die in der Mitte über einem quadratischen Raum eine Lichtquelle vortäuschte, „Laternendecke" (170: V 63). Französische Archäologen gebrauchten bei der Beschreibung von Bamiyan gelegentlich diesen Ausdruck (113: pl. II), der als „lantern roof" (243:99, 108) in den englischen Sprachgebrauch einging. Die Bautätigkeit bezeichnet der Ausdruck „beams laid on angles" (23:48). Eine ältere Bezeichnung für diese Bauweise, „Übereckdecke" (112:95) oder „Übereckgewölbe" verwendete Soper (267:228) in seiner Studie über die symbolische Bedeutung dieser Form. Mit „Laternenkuppel" schildert Seckel (250:60) die Annäherung zur Gewölbeform. Im neueren französischen Schrifttum finden wir eine theoretische Figur erklärt als „plafond par portées d'angle" (212:23) und den Bauvorgang veranschaulicht als „voûte au moyen de dalles horizontales superposées alternativement obliques et droites". Choisy (40: I 133 fig. 10B) beschrieb „linteaux monolithes pour franchir le vide des baies" und „empillage de dalles disposées en pan coupé et s'avançant progressivement sur le vide". Man spricht auch von „übereck-gesetzten Platten", „übereinandergesetzten Platten" oder wie La Roche von einer „quadratischen Kragsteindecke" (167:77). Im folgenden wechsle ich zwischen dieser Bezeichnung und „Laternendecke". Eine Sanskritbezeichnung habe ich für diese weit verbreitete Deckenform noch nicht gefunden.

Eine Neun-Felder-Decke mit einem zentralen Laternendecken-Muster nennen Nanavati und Dhaky „samatala vitāna showing kalpalatās in diamond" (202: pl. 24). Im hellenistischen Pergamon schloß man einen Brunnen mit einer Art „Laternendecke" ab (s.u.S. 43). In der neueren chinesischen Literatur werden nach einer Übersetzung von Wang Hsün Höhlenabschlüsse von Tun-huang als „brunnenrandförmig konstruierte Decke . . . im Laternenstil" bezeichnet. Spolien von Laternendecken aus altindischen Tempeln in einer der frühesten islamischen Kultstätten von Delhi beschrieb Page als „flat roofing slabs" (207:18).

C

Auch mit dieser Bauweise ahmt man Holzkonstruktionen nach (s.o.S. 16), die auf schlanken Stützen frei standen und den Blick zum Himmel wie durch eine „Laterne" frei gaben (168: Taf. 27). Bei der Übersetzung in Haustein (Bild 110, 150) nehmen gedrungene Stützen über massigen Architraven schwer lastende Steinplatten auf. Derart überdeckte Kammern sind nach oben immer geschlossen und in die Steinmassen indischer Tempel (Bild 288, 295) oder auch islamischer Kultstätten (Bild 198) eingespannt. Dadurch wird für genügend Auflast auf den Außenseiten des Grundquadrats gesorgt, sodaß die einzelnen Steinplatten vertikal wirken und bei mehrschichtigen Konstruktionen die obersten Lagen weder nach innen kippen noch nach außen Schub ausüben können (Bild 289–291).

D

In waldreichen Gebieten werden Wohnhäuser und Kultstätten noch heute mit offenen Laternendecken abgeschlossen. Bottas Zeichnung nach einem armenischen Beispiel volkstümlicher Zimmermannsarbeit gilt als Vorbild für zahlreiche monumentale Kunstbauten (214: II fig. 61; 135: Durm 1910 Abb. 161; 169: Abb. 238). Neuerdings veröffentlichten Abercrombie und Kussmaul Beispiele von offenen Laternendecken aus dem Wohnhausbau von Nordostafghanistan. Die Erforscher der buddhistischen Höhlenheiligtümer und Lehmziegel-Freibauten in Turfan bemerkten in Holzmoscheen dieser Landschaft das Fortleben einer weitverbreiteten Wohnbauform, die etwa 1000 Jahre zuvor die Gestalter der Kulthöhle zur Umsetzung in eine Sakralbauform angeregt hatte (168: Taf. 27).

Wie wir eingangs sahen (s.o.S. 6), dienen die hier betrachteten Bauweisen zum Schutz von Wohn- und Kulträumen gegen Sonne und Regen. „Laternendecken" im zentralasiatischen Wohnbau haben aber das oberste Quadrat einer Holzkonstruktion ausgespart, um Licht einfallen und

Rauch abziehen zu lassen. Einen parthischen Palast in Nisa denkt man sich durch eine offene Laternendecke abgeschlossen (108: Fig. 37).

In Kleinasien und China krönt die Laternendecke unterirdische oder unter Grabhügeln verborgene Kammern; hier – und vielleicht auch in anderen Fällen? – müßte man an eine Entstehung der Form aus dem Kragsteinbau denken, da Hölzer in diesen Anlagen unter der Erde leicht faulen konnten.

Als Abschluß ost-asiatischer Grabkammern, unter der Erde gelegen oder durch einen Hügel überdeckt, wird die Laternendecke im 3. und 4. Jh. n.Chr. in Inan und Anak konstruiert (268:163; 254: 282, 311; 248:30). In Korea (297: III 417; 70:44; 127:71 fig. 4) gehört sie dem 5. und 6. Jh. n.Chr. an.

Wenn die frühe Datierung der unterirdischen Grabkammer von Belevi (84:19) stimmt, würde das früheste Beispiel dieser Bauform noch aus archaischer Zeit stammen. Kurtkale (189:39, 53) und verwandte Denkmäler zeigen, daß steingebaute Gräber unter dem Erdboden oder unter einem Tumulus im 4. und 3. Jh. v.Chr. mit einer Laternendecke abgeschlossen wurden. In hellenistischer Zeit deckte man auf dem Burgberg von Pergamon eine Brunnenöffnung mit einer Laternenkonstruktion ein (39: pl. 10, 2). Das früheste Beispiel einer frei erbauten Laternendecke ist in dem spät-hellenistischen oder früh-kaiserzeitlichen Grab von Mylasa in Karien erhalten (82: I 359; 29: I fig. 12). Mit seinem pyramidenförmigen Aufbau gehört es wahrscheinlich in die Tradition des Mausoleums von Halikarnass; doch hat Durm (135:1892 S. 8, 290, 301, 361, 365; 1910 Abb. 161) diese Deckenkonstruktion als einen Ausnahmefall innerhalb der antiken Welt bezeichnet. Nach La Roche (167:77) braucht man keinen direkten Einfluß auf Indien anzunehmen, da ein derart einfaches konstruktives Problem immer und überall gelöst werden könne.

Gegen Ende der Jahrhunderte, in denen die Laternendecke häufig den Abschluß ost-asiatischer Grabkammern bildete, beobachtet man auch die frühesten Beispiele dieser Form, aus dem Fels gehauen und auf Steindecken gemalt, in buddhistischen Kulthöhlen im chinesischen Tun-huang (169: Abb. 245), in Höhlenheiligtümern der Turfan-Oase (128:129, 323; 168:79) und in den Höhlen von Bamiyan im Hindukush (131:44 u. pl. III). Speiser (269:82) erklärt in diesen Kultstätten von Gandhara und Turfan, an denen sich westliche und östliche Elemente mischen, eine Einzelheit wie die Laternendecke nicht als Nachwirkung griechisch-römischer Kunst, sondern zeitlich und landschaftlich näherliegend als Einwirkung der ost-asiatischen Tradition.

Die frühesten, aber vereinzelten Beispiele von Laternendecken an indischen Freibauten stammen aus Hindu-Tempeln des waldreichen Kashmir, also aus einer Gegend, in der die west-östliche Mischkultur noch bis zum Ende des 1. Jahrtausends n.Chr. lebendig war. In diesen Kultstätten ruhen die Steinplatten der Laternendecke auf niedrigen, massigen Mauern (Bild 20). Zu einer vorherrschenden Kunstform wurde die „Laternendecke" (Bild 21, 110, 291) erst Jahrhunderte später im waldarmen Mittel- und Südindien, wo sie im Wohnbau niemals üblich gewesen war.

Die Kunstform stellte auch einen wichtigen Abschluß von maṇḍapas dar: bei der Erweiterung des Gupta-Tempels von Ter (Bild 21) oder bei der Ausschmückung von Patancheru mit symbolischen Reliefs (Bild 110, 150).

Architektur und Plastik verbinden sich auch bei den maṇḍapas mittelindischer Laternendecken von Khajuraho (Bild 158) oder über dem garbhagṛha von Sanchi (Bild 160) zu wohlproportionierten Räumen.

An verschiedenen Stellen früh-islamischer Moscheen wurden Spolien oder neu bearbeitete Steine als Laternendecken zusammengesetzt; darf man annehmen, daß den neuen Auftraggebern diese traditionelle alt-asiatische Bau- und Schmuckweise als Annäherungslösung zur Kuppelgestalt in Cambay (Bild 184), Jaunpur (Bild 197) oder Mandu (Bild 200) besonders zusagte? Aus rein praktischen Gründen scheint die Laternendecke im Reich von Vijayanagar (Bild 288) und im

Palast von Tanjore (Bild 295) verwendet worden zu sein. Dagegen bietet sie an spät-dravidischen Tempeln der Südwest-Küste Platz für kosmologische Reliefs (Bild 291).

E

Bei diesen quadratischen Kragsteindecken erhält man durch zweimaliges Übereinanderschichten von Steinplatten ein quadratisches Mittelfeld und in zwei Ebenen je vier dreieckige Felder, die mit ihren Spitzen nach den vier Haupt- und den vier Neben-Himmelsrichtungen weisen. Wenn in das zentrale Quadrat das kreisrunde Muster des voll erblühten Lotus als maṇḍala gemeißelt (Bild 160), und wenn einzelne Dreiecksfelder oder Architrave mit dem Lotus geschmückt werden (Bild 288), so gewinnt schon dadurch ein Raum unter einer Laternendecke eine allgemeine symbolische Bedeutung (s.o.S. 20). An der Laternendecke von Pandrethan bezeichnen fliegende Genien in den ebenen Dreiecksfeldern und in den Zwickeln zwischen Mittelquadrat und Lotusrund die Decke näher als Himmelsregion (23:48). Noch deutlicher hat ein Priester die Laternendecke über dem maṇḍapa des Tempels von Bhatkal (Bild 291) als Kosmos kennzeichnen lassen: Bildhauer brachten in den zweimal vier Dreiecksfeldern die Figuren der aṣṭadikpālas (s.o.S. 7) an. Nach der jeweiligen Bauweise ist der künstlerische Eindruck dieser quadratischen Kragsteindecke der eines flachen Daches (Bild 160) oder aber der einer Kuppel, wenn z.B. die einzelnen Steinschichten sehr hoch sind und in mehreren Geschossen übereinander liegen (Bild 291), oder wenn das oberste = mittelste Feld halbkugelartig ausgehöhlt ist (Bild 288). Bauweise und Schmuck wirken also zusammen, um die Laternendecke zu einem bevorzugten Abbild des Himmels zu machen (267:228).

In den nordwestindischen und zentralasiatischen Kunstlandschaften, die im geistigen Austausch mit der Mittelmeerwelt standen, hatte man durch kosmologische (267:229) und astrologische (183:75) Symbolik felsgehauene und unter Hügeln verborgene Laternendecken immer wieder als Himmel bezeichnet. Im parthischen Nisa scheint sich über den geöffneten Laternendecken ein Pavillon erhoben zu haben: um den darunter liegenden Raum gegen Regen zu schützen und mit Licht zu versorgen (108: pl. 37; 222:86, 94). Aus der indischen monumentalen sakralen Baukunst ist mir kein Fall bekannt, in dem eine „Laterne“ tatsächlich Luft und Licht in einen Innenraum eindringen läßt.

Auch diese „Himmelsarchitektur“ wurde im altindischen Kultbau mit mächtigen Steinblöcken fels- und höhlenartig gestaltet: z.B. über dem Bild des Buddha in Sanchi (Bild 160) oder vor der Nische eines Jaina Tirthankara in Ranakpur (Bild 247). Und wiederum beobachten wir, daß einheimische oder fremde Baumeister im indo-islamischen Zeitalter eine überlieferte Bauweise künstlerisch neu verwerteten und in das Leichte, Zierliche verwandelten: an einem Meisterwerk der Baukunst, dem Akbargrab von Sikandarah, sind Laternendecken von Pavillons in luftigen

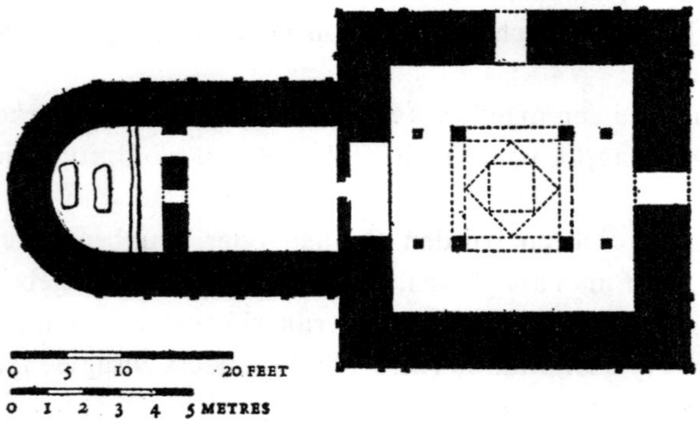

Bild 21
Ter, Trivikrama-Tempel, apsidial und im Kragebau tonnenförmig geschlossenes garbhagṛha der Gupta-Zeit (links) im 12. Jh. durch ein maṇḍapa mit Laternendecke erweitert (rechts)

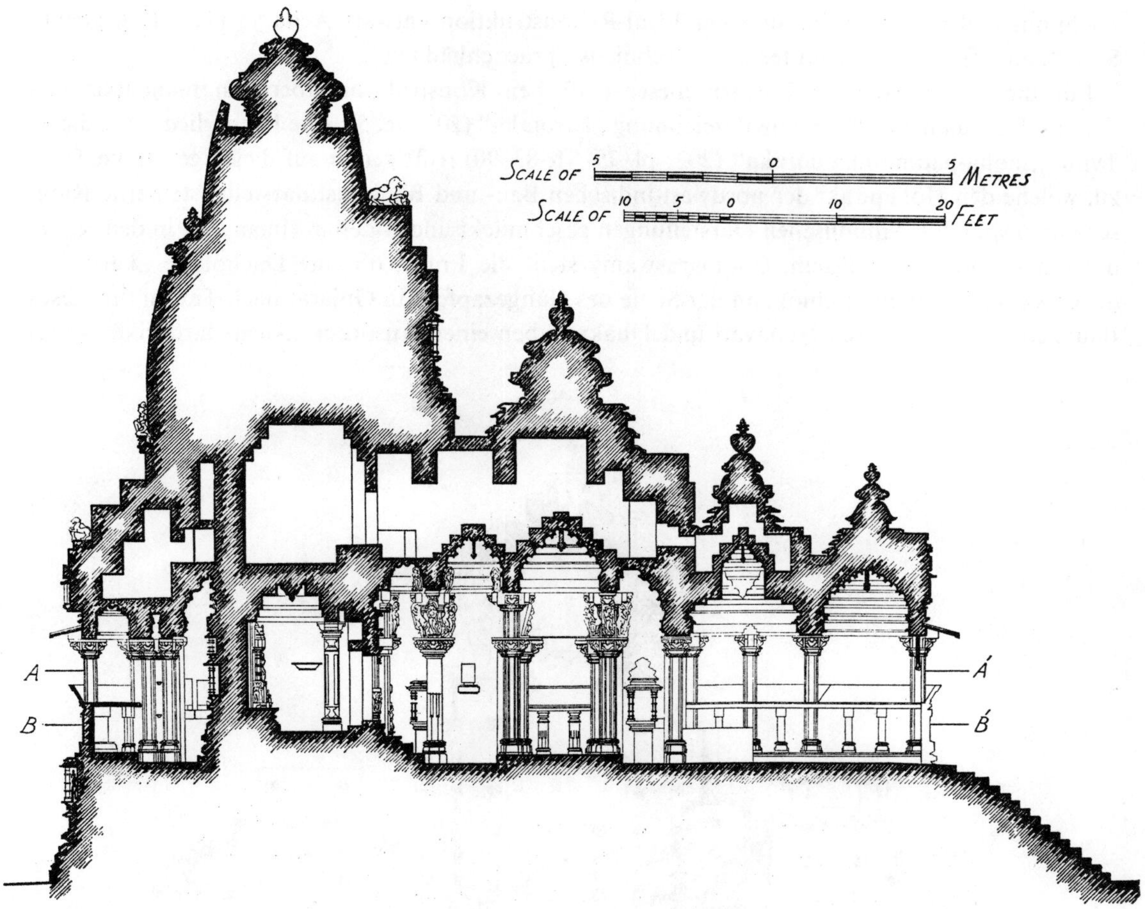

Bild 22
Khajuraho, Kandariya Mahādeva, 1. H. 11. Jh., Längsschnitt

Höhen des Stufenbaus über hohen und schlanken Stützen konstruiert, etwa in der Art, wie wir uns die zierlich aufstrebenden, frei schwebenden hölzernen Vorbilder denken dürfen (Bild 79, 80).

9. Ringschichtendecke (Bild 22–30): Vier (Bild 159), acht (Bild 26) oder mehrere (Bild 23, 172) Stützen eines regelmäßigen Vierecks tragen schwere Steinbalken, von denen Ringschichten vorkragen und einen Raum oder Raumteil halbkugelförmig abschließen (Bild 111).

A

Einheimische Steinmetzen stellten besonders für die Decken nordindischer maṇḍapas etwa vom 8. Jahrhundert an aus Kragekonstruktionen einen Übergang vom Quadrat in den Kreis her. Diese Näherungslösung zur Kuppelform diente vom 12. Jahrhundert an zur Gestaltung islamischer Heiligtümer.

B

Obwohl diese Bauform im mittelalterlichen und früh-islamischen Handwerk weit verbreitet ist, scheint sie weder im Sanskrit noch in den späteren Volkssprachen unter einer besonderen Bezeichnung bekannt zu sein. In einer Ideal-Rekonstruktion entwarf Acharya (1: VII gegenüb. S. 308) eine Illustration zum terminus technicus „prachchhādana".

Für die schmuckreichen Formen dieser einfachen Konstruktion über den maṇḍapas von Gujarat fand man die allgemeine Bezeichnung „karoṭaka" (202: fig. 5); eine Untergliederung dieses Typus „sabhā-padma-mandāraka" (202: pl. 79–81, 83–90) trifft genau auf diejenige Deckenform zu, welche den Höhepunkt der nordwest-indischen Bau- und Bildkunst darstellt: steinerne Ringschichten sind mit symbolischen Darstellungen geschmückt und enden in einem weit in den Raum hineinhängenden Schlußstein. Coomaraswamy stellt die Frage, ob eine Dachplatte „karnika", die er aus Holzbauten erschloß, an der Stelle des Hängezapfens in Gujarat nach Texten für dieses Bauglied nachweisbar sei. Nanavati und Dhaky haben einen Ausdruck „karṇadardarikā" (202:

Bild 23
Girnar, Jaina-Tempel, Mitte 13. Jh., Grundriß

23) für kurvige Steine an der Basis einer Ringschichtendecke ermittelt; den Hängezapfen selbst identifizieren sie mit dem geläufigen Ausdruck „padmaśilā“, der sich mehr auf die symbolische als auf die konstruktive Bedeutung bezieht (202:28).

Noch mehr als beim „falschen Gewölbe“ und dem „Übereckgewölbe“ legt bei der eben geschilderten Konstruktion die Form des Inneren eine Bezeichnung nahe, mit der man sowohl den handwerklichen Vorgang des Schichtens von Steingliedern und das künstlerische Ergebnis der Raumwirkung umfaßt: „Kragsteinkuppel“ (167:74), „pseudocupola“ (239:6) oder „Kragkuppel auf Tambour, die in Ringschichten gewölbt ist“ (263: Fig. 61, 62, Abb. 5). Gelegentlich liest man den Ausdruck „Ringschichtenkuppel“, doch muß man dabei auf den Unterschied zu echten Kuppelbauten achten, deren Anfang in Ringschichten gemauert ist (144:75). Mit „Ringschichtendecke“ unterscheidet man die Konstruktion von der „quadratischen Kragsteindecke“, drückt auch den technischen Vorgang richtig aus, wird aber der räumlichen Wirkung nicht gerecht. Beide Elemente erfaßt z.B. eine Darstellung als „... domical roof ... constructed by horizontal corbelling arrangement“ (53:9) oder als „concentric and diminuishing rings of stones laid upon horizontal beds“ (52:10). Handwerk und Kunst dieser Bauform beschreiben Franzosen als „calottes à assises encorbellantes“ (244: fig. 65) oder als „plafond à voûte encorbellée“ (212:54).

C

Gewöhnlich zählt man auch diese Bauweise als eine Kragekonstruktion zu den „vorwissenschaftlichen“ Methoden, die nur mit dem vertikalen Druck von Steinmassen rechneten. Aber erstens entstehen beim Übergang vom Achteck zum Grundriß des Kreises statisch gefährdete Punkte, und zweitens übt eine Kragsteinkuppel auch bei sehr geringem Überkragen der einzelnen Ringschichten über den immerhin bedeutenden Abmessungen z.B. von Ranpur (Bild 248) oder Ahmedabad (Bild 9, 188) auch seitlichen Schub aus.

Wie üblich haben indischen Steinmetzen beim Fortschreiten von kleineren und wenig schmuckreichen zu aufwendigeren Bauten ihre Erfahrungen über das Verhalten der Steinmassen gesammelt und besondere Mittel erfunden, um diese Massen im Gleichgewicht zu halten. Zur Erhöhung der Festigkeit häuften die Baumeister über den Ringschichten Auflasten. Zum Schutz gegen die Witterung überzogen sie die gesamte Kragsteinkuppel mit einer Mörtelschicht, die in zementartiger Wirkung den Bau zu einer einheitlichen Masse zusammenfaßte und daher senkrechte Druckwirkung gewährleistete (Bild 111). Verhältnismäßig flache Ringschichtendecken werden in Somnath durch ein Flachdach (Bild 24) überfangen; zwischen Ringschichten und Dachhaut sichert Gußmauerwerk in rasch abbindendem Mörtel die Festigkeit der gesamten Struktur.

Der Lotus-förmige Hängezapfen hat symbolische, konstruktive und dekorative Bedeutung (s.o.S. 17). Er ist zugleich ein plastisches Kunstwerk und ein Bauglied, das den Druck von Lasten etwa in der Weise stabilisiert, wie ein Schlußstein (167:75; 202:28) den Schub von „echten“ Bögen, Gewölben und Kuppeln harmonisiert.

D

Mit den steinernen Schichten-Ring-Konstruktionen italienischer Nutzbauten (239:7; 263:57) besteht wohl kein Zusammenhang. Dagegen ist bei der indischen Ringschichten-Bauweise wiederum die Herkunft vom Holzbau deutlich (212: 54).

Die Ringschichtendecke wurde für maṇḍapas mittel- und nordwestindischer Tempel z.B. von Khajuraho (Bild 22, 159), Girnar (Bild 23, 163, 162), Somnath (Bild 24, 25, 26) oder Indraprastha = Delhi (Bild 169) erfunden.

Indische Steinbauer verwendeten Spolien dieser Heiligtümer für islamische Kultbauten nicht

Bild 24
Somnath, Pārśvanātha, 13.–14. Jh., Längsschnitt

nur in der Zeit nach der ersten Eroberung im Bereich der neuen Hauptstadt Delhi (Bild 27, 28, 168, 169) und der frühen Moschee von Ajmer (Bild 172), sondern auch in den späteren Bauten der Provinz Gujarat, etwa in Broach (Bild 186), Cambay (Bild 185) oder Ahmedabad (Bild 29, 188, 190).

Am Īltutmiš-Grab in Delhi (Bild 167) konstruierte man die Viertelkugel einer rein islamischen Kielbogentrompe in einem Rahmenfeld aus Schichtenringen über Kragsteinen altindischer Bauweise. Weiterhin wurden in Champanir (Bild 42) und Chaukhandi (Bild 191) Schichtenringe für islamische Neubauten aus frischgebrochenem Stein hergestellt.

Aus der Überlieferung frühmittelalterlicher indischer Steinbaukunst entstanden im 15. Jahrhundert, also im Zeitalter der islamischen Herrschaft über Nordindien, die Ringschichtenkuppel des Jaina-Tempels von Ranakpur (Bild 111, 245, 246, 248), im 18. Jahrhundert Gräber hinduistischer Fürsten in Mandor (Bild 341), und Mitte des 20. Jahrhunderts ein neuer Jaina-Tempel in Patan (Bild 354). Der Baumeister, der an der Küste von Somnath den mittelalterlichen Sonnentempel nahe den alten Grundlagen neu errichtete (Bild 345, 346), hat in einem Handbuch die Grundlagen seiner Bauweise beschrieben und darin auch Gesamtansichten und Einzelheiten (Bild 30) von Ringschichtenkuppeln wiedergegeben. Auch den schmuckreichsten Gebilden liegt jederzeit der gleiche einfache Bauvorgang zugrunde. Im folgenden stellen wir die hauptsächlichen Beispiele nach der Art und Weise zusammen, wie der kuppelartige Raum nach außen in Erscheinung tritt.

Erstens: Die Kragekonstruktion ist im Innern durch überstehende Ringschichten und im Äußeren durch die entsprechende Negativform als Stufenbau sichtbar. Die Stufen können die kreisrunde Konstruktion widerspiegeln oder in Polygonen verlegt sein.

Die mittelalterlichen Tempel von Mahoba, Khajuraho und mehrere Bauten von Abu und Ranakpur (Bild 246: A + C) sind auf diese Weise gestaltet. Dieselben Formen wurden in spätmittelalterlichen Holzbauten und an modernen Jaina-Tempeln wiederholt.

Zweitens: Die vorkragenden Schichten treten nur im Innenraum zutage, während sie außen durch eine Mörtel-Schutzschicht zur Halbkugel abgeglichen sind.

Bild 25
Somnath, Ruine des Sonnentempels, 1025 zerstört, dann in eine Moschee verwandelt, jetzt Teil eines Museums, Querschnitt der Eingangshalle

Wir finden diese Form vor allem in den genannten Jaina-Kultstätten von Abu und Ranakpur (Bild 111, Bild 246 u. 248 = Bau B), in den Spolien der Moscheen von Delhi (Bild 168 auf der rechten Seite am unteren Bildrand und Bild 169), in Ajmer, Broach, Cambay, Ahmedabad (Bild 29) und schließlich in den Gräbern von Chaukhandi (Bild 191).

Drittens: Ringschichtendecken von geringeren Abmessungen sind durch Gußmauerwerk hinterfangen und nach außen zum Flachdach abgeglichen.

Diese Variante ist mir bisher meist aus islamischen Bauten bekannt. Wahrscheinlich wurde

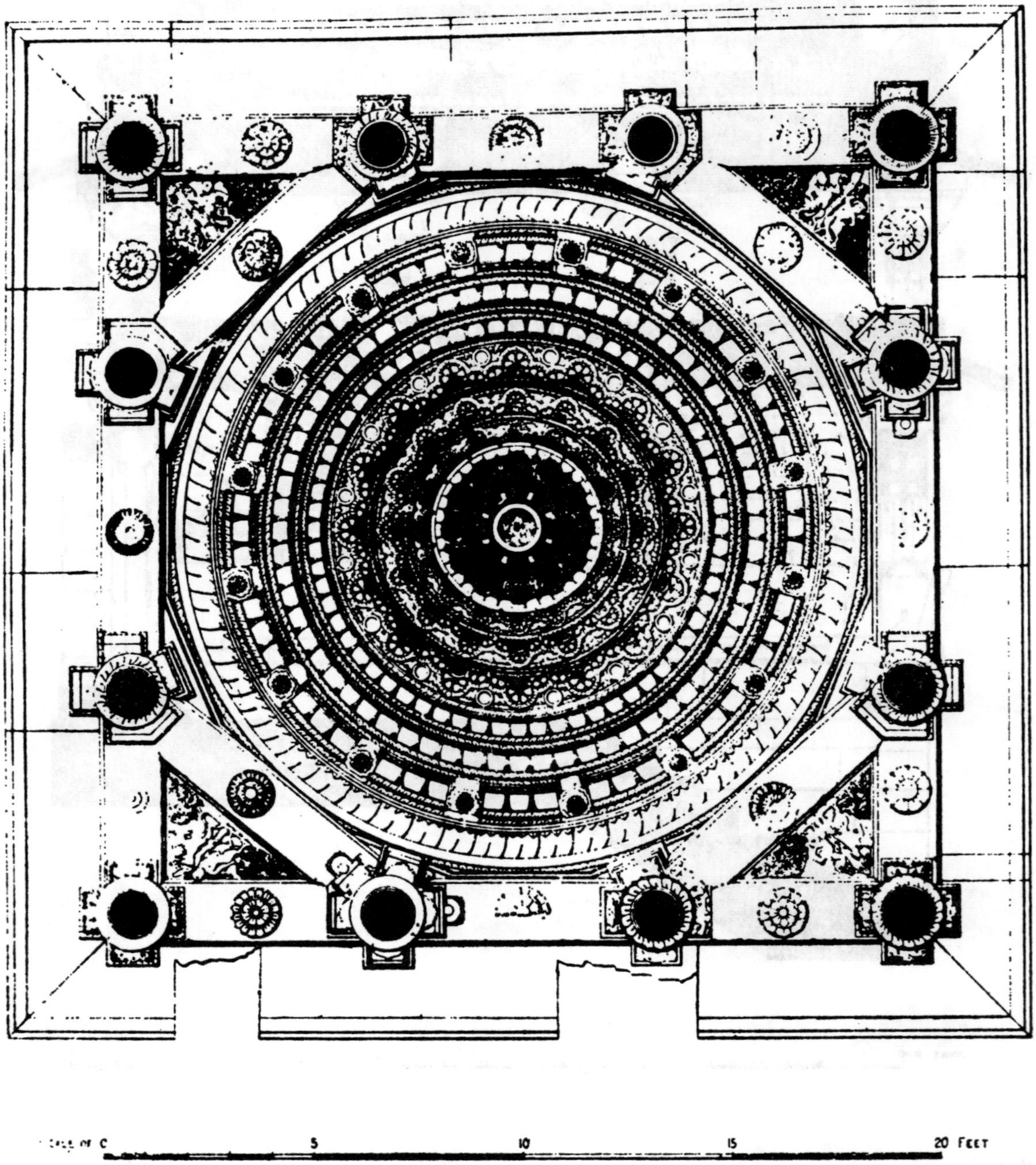

Bild 26
Somnath, Sonnentempel, Ansicht der Decke in der Eingangshalle

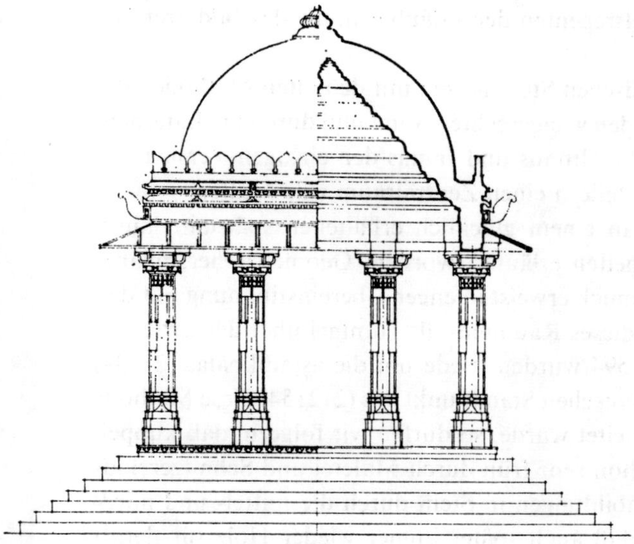

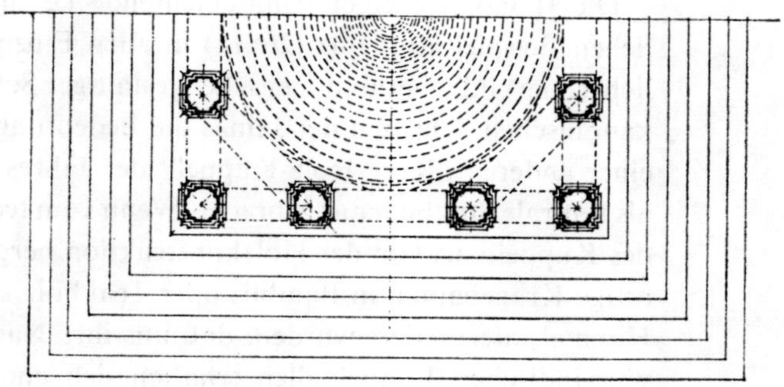

Bild 27 und 28
Delhi – Hauż-i ḫāṣṣ, Stützenpavillon aus der Zeit des Fīrūz Tuġluq Šāh (1351–1388), Ansicht und Schnitt (27), halber Grundriß (28)

eine Ringschichtendecke für islamische Aufgaben auf diese Weise erstmals in Afghanistan verwendet, soweit die Ruine von Larwand Aufschluß gibt (Bild 173, 174). Unter den verschiedenartigen Deckenlösungen von Ahmedabad beobachten wir später Kragsteinkuppeln über Vier-Stützen-Stellungen; sie sind unter dem Flachdach verborgen (Bild 78 links). Auch am Jaina-Tempel von Somnath (Bild 24) ist ein flachkuppeliger Raumabschluß durch ein ebenes Dach bedeckt.

Viertens: Äußere Schutzschichten können in Varianten aller Art, z.B. in dekorativen Rippen gestaltet werden.

Auch die Konstruktionsweise der Ringschichtendecke regte die indischen Baumeister und Bildhauer zu immer neuen Schmuckformen an. So sind z.B. alle maṇḍapas von Girnar (Bild 23, 162, 163) durch Ringschichten geschlossen. In den verschiedenen Bauperioden erhielt aber jeder der vier Räume eine andere Außenform. Raum C (Bild 23, 162) spiegelt durch polygonale Schichten wie unser erster Typus die Kragebauweise des Inneren wider; die Räume E (Bild 163) und F sind in der Weise unseres zweiten Typus kuppel- und kegelförmig gebildet. Schließlich hat Raum A (Bild 23, 162) eine Rippenkuppel erhalten.

E

Oben (s. S. 6 und 20) stellten wir uns allgemein die Frage, ob neuartige Bauweisen aus einem künstlerischen Verlangen, aus einem Spiel mit den Formen oder aus dem Wunsch nach neuem Ausdruck für überlieferte Symbole entstanden; wir wiederholen sie jetzt am besonderen Beispiel der Kragsteinkuppel. Genügte es den fürstlichen Bauherren, den gelehrten Priestern und den Tempelbesuchern nicht mehr, zur Versinnbildlichung des Himmels über den maṇḍapas die aṣṭadikpālas an ebenen Neun-Felder-Decken oder an Laternendecken dargestellt zu sehen – wünschte man die Himmelsbewohner in einer Weise über sich zu erblicken, die der „natürlichen" Gestalt des Himmelsgewölbes näher kam? Oder gingen die indischen Baumeister bei der Übertragung von Holzkonstruktionen in den dauerhaften Stein von sich aus dazu über, die Flachdecke eines maṇḍapa zunächst durch eine Laternendecke und dann diese durch eine Ringschichtendecke zu ersetzen? Und nützten die Brahmanen die neuartige Bauform als willkommenes Mittel, das Bild des Himmels und die Bilder der Himmelsregenten den Gläubigen, die des bilderreichen maṇḍala bedurften, anschaulich zu machen?

Durch die Ringschichtendecke konnten die indischen Steinmetzen mit den alten Methoden des Schichtens und Kragens weitere Räume als durch den waagerechten Sturz und durch die Laternendecke überspannen. Mit dieser Bauform haben die Hindus und Jainas den einzigen Versuch gemacht, über einem quadratischen Grundriß auf Pfeilern einen Zentralraum zu gestalten.

Die Ikonologie einer Ringschichtendecke ist an einem glücklich erhaltenen spät-mittelalterlichen Beispiel aus Holz (26:14) in allen Einzelheiten erläutert worden. Geometrischer, pflanzlicher, tierbildlicher und menschengestaltiger Schmuck erweist in enger Übereinstimmung mit den kanonischen Schriften der Jainas die Bedeutung dieses Raumteils als Himmel über der Erde. An einer anderen „Krag-Holz-Kuppel" des Jahres 1594 wurden wiederum die aṣṭadikpālas (28:49) als zentrale Sinnbilder angebracht. Wenn vom technischen Standpunkt aus (212:54) diese Methode des Kuppelbaus von der Holzkonstruktion hergeleitet wurde, so dürfen wir folgern, daß kuppelartige Kragebauten in Bambus oder Teakholz schon sehr früh durch Malerei und Schnitzerei als Himmel interpretiert wurden, daß uns ihre Nachbildungen in Stein durch die mittel- und nordwest-indischen Tempelhallen erhalten sich und daß auch später immer wieder Holz für derart bedeutungsvolle Bauten verwendet wurde. Wie oben beim Kragebau kann man sich fragen, ob die Stufen, Terrassen und Stockwerke, die im Innern des Baus als Negativ der Außenform auftreten, auch zusätzlich die symbolische Bedeutung des Stufenbaus haben können. In jedem Falle bildeten Kragsteinkuppeln eine großartige konstruktive, symbolische und ästhetische Einheit.

Die Verhältnisse zwischen dem Achteck der Säulenstellung – durch die man oft auf die übrigen Säulen des Grundquadrats und in weitere Hallen blickt – und den schweren Steinbalken darüber und den aufsteigenden Kreisringen ergeben gute Raumwirkungen. In der Abfolge der geschmückten Ringschichten, die zu dem schwer herabhängenden Schlußstein hin sich zu einem immer engeren Geflecht verspannen, ist die indische Überfülle der Dekoration maßvoll gemeistert. Da man im Halbdunkel der oberen Hälfte solcher Räume die horizontale Unterteilung oft kaum bemerkt, nähert sich der Gesamteindruck einer solcher Ringschichtendecke immer mehr dem der Kuppel mit radialen Lagerfugen. Je nach den verwendeten Baustoffen, den Lichtverhältnissen und der Schmuckverteilung hat man das Gefühl einer schwer lastenden oder einer sich leicht erhebenden Raumschale.

Als die Mohammedaner aus Syrien und Mesopotamien, Iran und Turan nach Indien eindrangen, kannten sie aus den Moscheen dieser Länder Pendentif- und Trompenkuppeln. Es ist wohl kein Zufall, daß sie von allen indischen Bauformen, die sie an Tempeln vor sich sahen, und deren Handwerk die besiegte Bevölkerung weiterhin beherrschte, die Kragsteinkuppel am häufigsten als Spolie verwendeten, und daß kuppelförmige Decken aus steinernen Ringschichten das künstlerische Bild vieler indo-islamischer Kultstätten bestimmen. Wenn islamische Auftraggeber alt-iranische Vorstellungen von der Himmelskuppel durch einheimische Handwerker an Gewölben von Moscheen und Gräbern ausdrücken lassen wollten, so bot sich dazu die alt-indische Ringschichtendecke an.

10. Kuppelform über dem Kreis: Ein Kreis oder Kreiszylinder werden durch horizontale Ringschichten in Kuppelform geschlossen (Bild 31, 32).

11. Kuppelform über dem Quadrat: Aus einem Würfel leiten Eckplatten (Bild 122) oder vorkragende Stufen (Bild 33–36) in einen Kreis, der durch horizontale Ringschichten in Kuppelform geschlossen wird.

A

Im nordwestindischen und zentralasiatischen Grenzgebiet zwischen mittelmeerländischer und

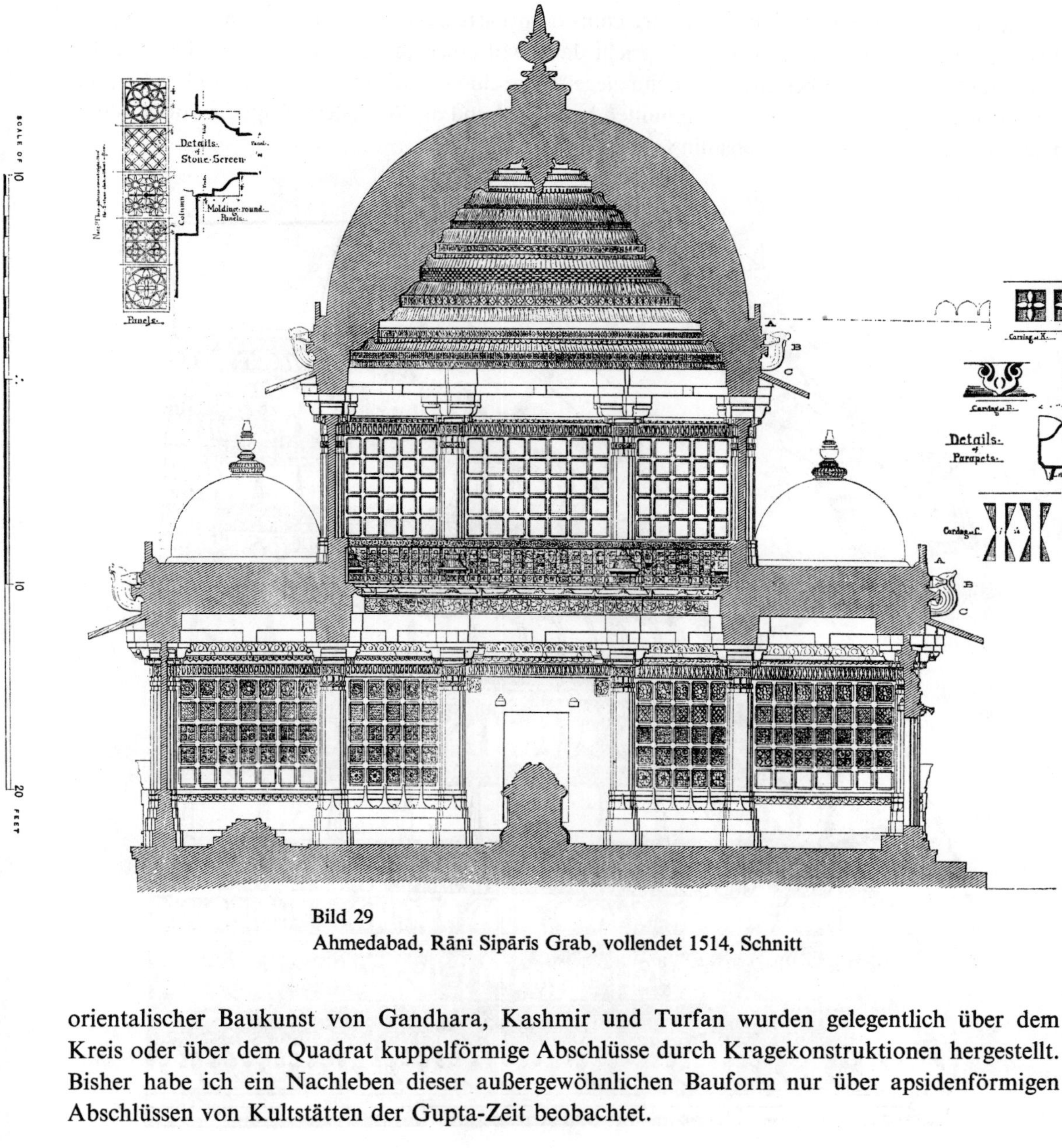

Bild 29
Ahmedabad, Rānī Sipārīs Grab, vollendet 1514, Schnitt

orientalischer Baukunst von Gandhara, Kashmir und Turfan wurden gelegentlich über dem Kreis oder über dem Quadrat kuppelförmige Abschlüsse durch Kragekonstruktionen hergestellt. Bisher habe ich ein Nachleben dieser außergewöhnlichen Bauform nur über apsidenförmigen Abschlüssen von Kultstätten der Gupta-Zeit beobachtet.

B

10. Im vor-klassischen und klassischen Altertum baute man nach Durm (173:194) „Ring-Gewölbe mit horizontal laufenden, abgetreppten und ununterbrochen sich erhebenden ansteigenden Kämpfern“. Mansel (189:38) beschreibt die „Bienenkorb-artigen, falschen Kuppeln“ Kleinasiens über dem Kreis als „konzentrische, nach oben zu sich verjüngende Steinkreise“. Die Lehmziegel-Konstruktionen skythischer Gräber unter Erdhügeln nennt Tolstov (284:75) „fausse coupole“. Hackin und Godard (113:46) bezeichnen bestimmte Höhlenformen buddhistischer Kultstätten als „cylindre avec coupole en construction par empillage en encorbellement“.

11. Foucher (99:120) beschreibt Gandhara-Kultstätten, bei denen aus einer quadratischen Kammer Steinschichten in eine Halbkugel überleiten, folgendermaßen: „Une, deux ou trois pierres

placées en encorbellement dans les quatre coins d'un carré... réduire à l'octogone... passage de l'octogone au cercle." Glück (112:95) spricht daher vor einer „durch Überkragung hergestellten Wölbung". Sinngemäß bestehen die Lehmziegel-Kuppeln von Miran nach Stein (274: I 493) aus „exterior square, interior round, surmounted by dome" und die Werkstein-Kuppeln von Kashmir nach Brown (23:191) aus „oversailing courses of stone".

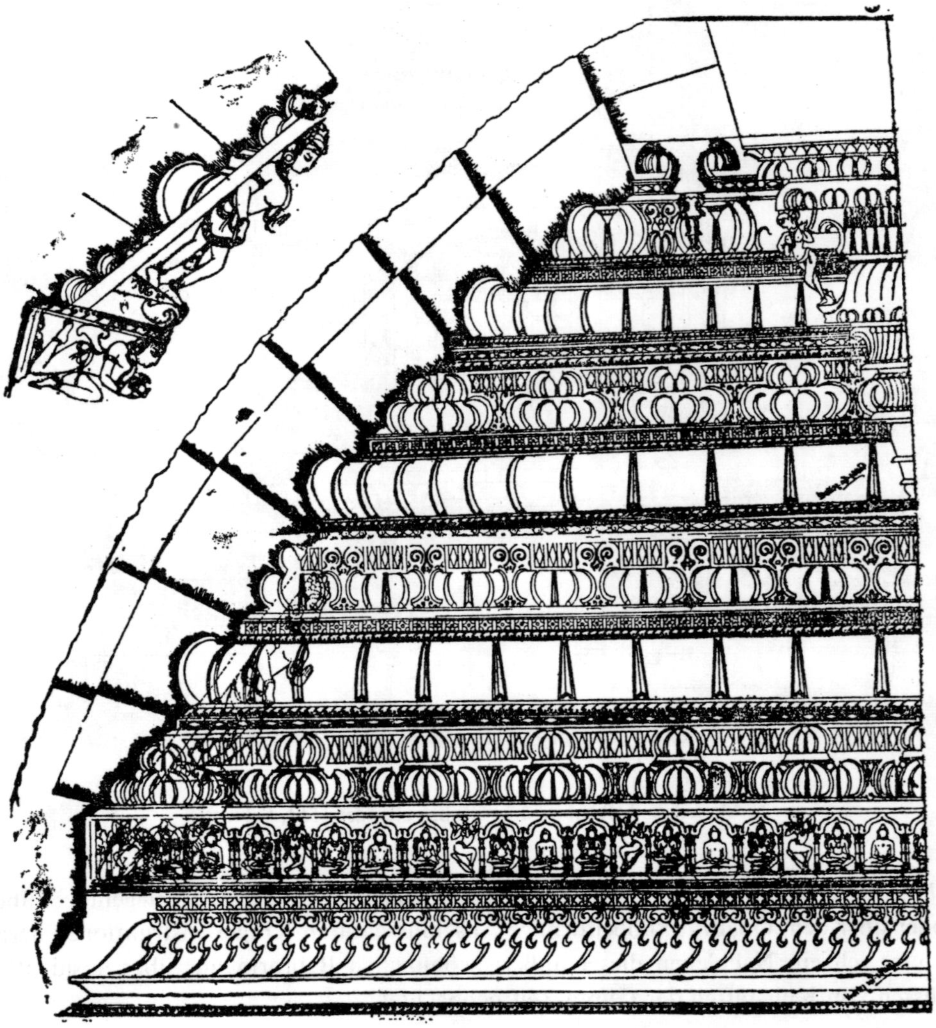

ગગારુ અને કોલથી અલંકૃત થરોવાળા વિતાન (ઘુમટ)નાં દર્શન અને
છેદદર્શન. ઉદિત (૧)

પ્રમાણે છે. સોમનાથજીના જુના કે નવા મંદિરમાં પણ આમ છે. સાંધાર પ્રાસાદના સ્તંભાદિના થરમેળ માટે कुंभकेन समाकुंभी-स्तंभशिरं च जंघयोः કહેલ છે. એટલે કુંભા બરાબર કુંભી અને થાંભલો, ભરણું અને સરૂ જાંગીના મથાળામાં સમાવવું. અને પાટ ઉદ્દગમના થરમાં સમાવવો. આ સૂત્ર મેરૂમંડોવરને લાગુ પડે છે. અન્યને નહિ. (નિરંધાર પ્રાસાદને નહિ).

Bild 30
Somnath, Vorlage für den Neubau des Sonnentempels 1955, Schnitt und Einzelheit einer Ringschichtendecke nach Sompurā (Schrifttumsnachweis Nr. 266)

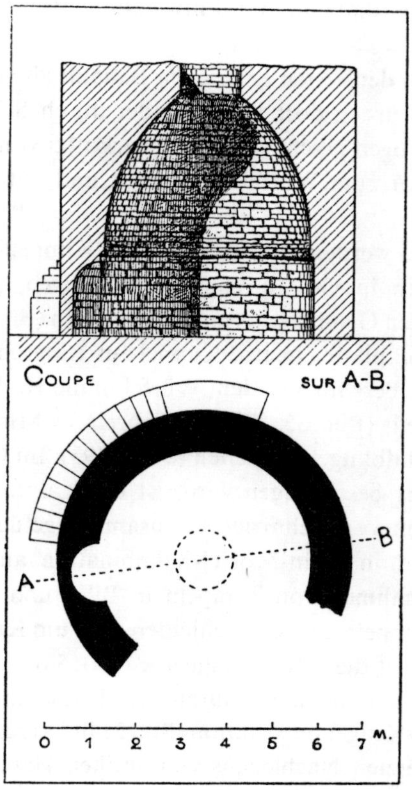

Bild 31 und 32
Charkotlai, vihāra, 2.–4. Jh., Querschnitt (31), Grundriß (32)

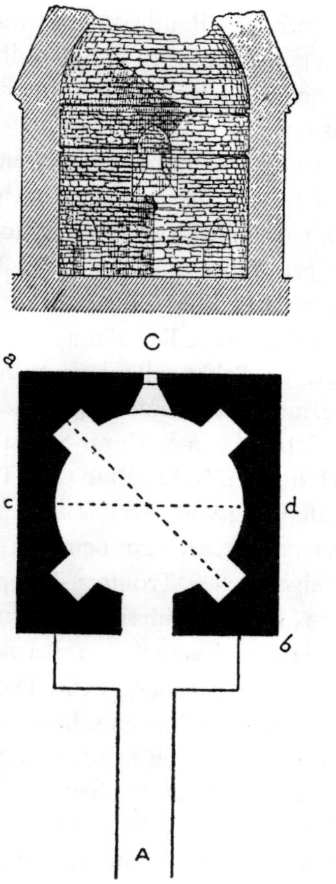

Bild 33 und 34
Guniyar, vihāra, 2.–4. Jh., Querschnitt (33), Grundriß (34)

C

Freibauten mit derartigen oberen Abschlüssen sind meist von kleinen Abmessungen oder befinden sich innerhalb größerer Mauermassive. Decksteine und Auflasten sorgen für das Gleichgewicht dieser Kragekonstruktionen, deren verschiedenartige Überleitungen aus dem Quadrat in den Kreis keine besonderen konstruktiven Probleme bieten. Die handwerkliche Grundlage liefert die Überspannung eines Raums durch Kragschichten aus lagerhaftem, hammergerechtem Schiefer (99: fig. 50D). Aus der Summierung dieser Kragekonstruktionen ergibt sich eine Kuppelform, bei der jede Schicht vorkragt und sich innerhalb eines einzigen Spannungsringes befindet.

D

Im südrussischen Balandi gab es in der 2. Hälfte des 1. vorchristlichen Jahrtausends – als man auf der Krim steinerne Krage-Konstruktionen in unterirdischen Kammern aufführte – Freibauten aus Lehmziegel, die über dem Kreiszylinder zunächst als „falsches Gewölbe“ geschlossen wurden und deren Kalotte nicht erhalten ist, aber vielleicht in „echter Wölbung“ ausgeführt war (284:75). In Kleinasien schloß man um dieselbe Zeit Kragekonstruktionen über dem Grundriß des Kreises mit einem flachen Deckstein (189: Taf. III 6). Ein Rundbau mit einer kassettierten Kuppel in der

Art des römischen Pantheon wird für das parthische Nisa (222: gegenüb. S. 104) angenommen. Die Kragekonstruktionen von Gandhara und Turfan mit ihren Näherungslösungen zum Kugelgewölbe nehmen also möglicherweise einen wichtigen Platz in der Entwicklung der Kuppel Eurasiens ein.

10. Nach Querschnitten zu urteilen, die Foucher von den ersten englischen Bauaufnahmen des Gandhara-Landes übernommen hat (99: fig. 39, 50), wurden dort Kreiszylinder durch Schieferplatten in trockenem Verband mit horizontalen Lagerfugen geschlossen: in Charkotlai von einen würfelartigen Klotz umgeben (Bild 31, 32), in Guniyar zum Würfel ummantelt und mit einem Zeltdach bedeckt (Bild 33, 34).

11. Würfelförmige Kulträume in Gandhara-Klöstern werden mit verschiedenen Kuppelformen überkragt. In Takht-i Bahi vermitteln Schieferplatten in Gestalt von rechtwinkligen, gleichschenkligen Dreiecken mit ausgesägten Kreisbögen in den Grundkreis von Halbkuppeln (Bild 122). In einem Schrein von Kashmir-Smast leiten ähnliche Eckplatten in eine Kuppel aus Ringschichten über (132: fig. 21). In Sanghao (297: IV 266) wird der Übergang aus dem Würfel in die Halbkugel durch stufenartig vorkragende Steinschichten hergestellt (Bild 35, 36). Ein Schrein in Miran besteht aus einem Würfel, aus dem vier Trompen in die Halbkugel überleiten (274: I 493). Im Gegensatz zur eigentlichen Trompen-Kuppel, die uns später beschäftigen wird, ist die Kalotte nicht radial konstruiert, sondern aus horizontalen Schichten von Lehmziegeln zusammengefügt. Die Kuppeln einiger Tempel von Kashmir (24: 191) sind in Stein-Mörtel-Kombination aus vorkragenden Schichten hergestellt. Die bisherigen Aufnahmen von Tempeln in Bilot und Malot lassen nicht in jedem Fall entscheiden, ob es sich um Kuppeln aus Kragschichten oder um Kuppeln mit radialen Lagerfugen handelt; wir kommen unten auf diese Bauten zurück (300: 58).

Gupta-zeitliche Backsteinbauten wurden über einem Langrechteck durch eine Tonne und über einer halbkreisförmigen Apsis durch eine Viertelkugel in Kragekonstruktion (Bild 21 links) geschlossen. Hierbei mag es sich um ein weiteres Beispiel des letzten Nachlebens von antiken Handwerk- und Kunstformen in Nordindien handeln.

E

Die stark zerstörten Bauten der nordwestindisch-zentralasiatischen Grenzländer lassen nu schwer einen Eindruck von der künstlerischen Wirkung dieser Kragekonstruktionen gewinnen. Schon in dieser Frühzeit wurden Übergänge aus dem Quadrat in das Rund in fast allen den Ecklösungen hergestellt, die später die Raumkunst in den „echten“ indo-islamischen Wölbekonstruktionen ergeben sollten. Nach dem Bisherigen dürfen wir annehmen, daß die hier beschriebenen Kragebauten in Gandhara und Turfan mit ihrer formalen Annäherung an die Kuppel auch die inhaltliche Bedeutung wie eine Laternendecke oder wie eine echte Kuppel hatten: durch die Halbkugelform ein „natürliches“ Bild des Himmels zu entwerfen. Der würfelförmige Bau von Guniyar mit seinem Pyramidendach (Bild 33, 34) ergibt im Querschnitt die Abfolge von Halbkreis und Dreieck, also einer Kombination, die in der späteren Antike kosmologische Bedeutung hatte (s.o.S. 8).

d) DACHFORMEN

12. Pult- und Satteldach: Steinplatten überdecken Gänge pultartig in verschiedenen Neigungswinkeln (Bild 153, 285 linker Bildrand); über rechteckigen Räumen sind Steinplatten satteldachartig gegeneinander gestellt (Bild 37, 195).

13. Turm- und Kegeldach: Über quadratischem oder vieleckigem Grundriß werden aus trocken verlegten Steinplatten (Bild 256) oder Back- und Bruchsteinlagen in Mörtel (Bild 260, 320) Formen des Pyramiden- oder Zeltdachs erstellt; über dem Kreiszylinder wird aus Steinplatten oder Schindeln ein kegelförmiges Dach gebildet (Bild 349).

14. Walm- und Krüppelwalmdach: Rechteckige Räume sind durch Walm- oder Krüppelwalmdächer aus Schindeln (Bild 348) oder Steinplatten (Bild 287, 289) eingedeckt.

A

Eine Anzahl von Wohnhausformen diente zum Vorbild für Kultstätten und Paläste und bereicherte die indische Baukunst um praktische und schmuckreiche Verbindungen von Decken und Dächern.

Die Holzbauweisen des Pult- und Satteldaches werden in Eurasien gelegentlich, in Indien häufig in schweren Steinplatten nachgeahmt. Im Gegensatz zu anderen Kunstkreisen übertrugen

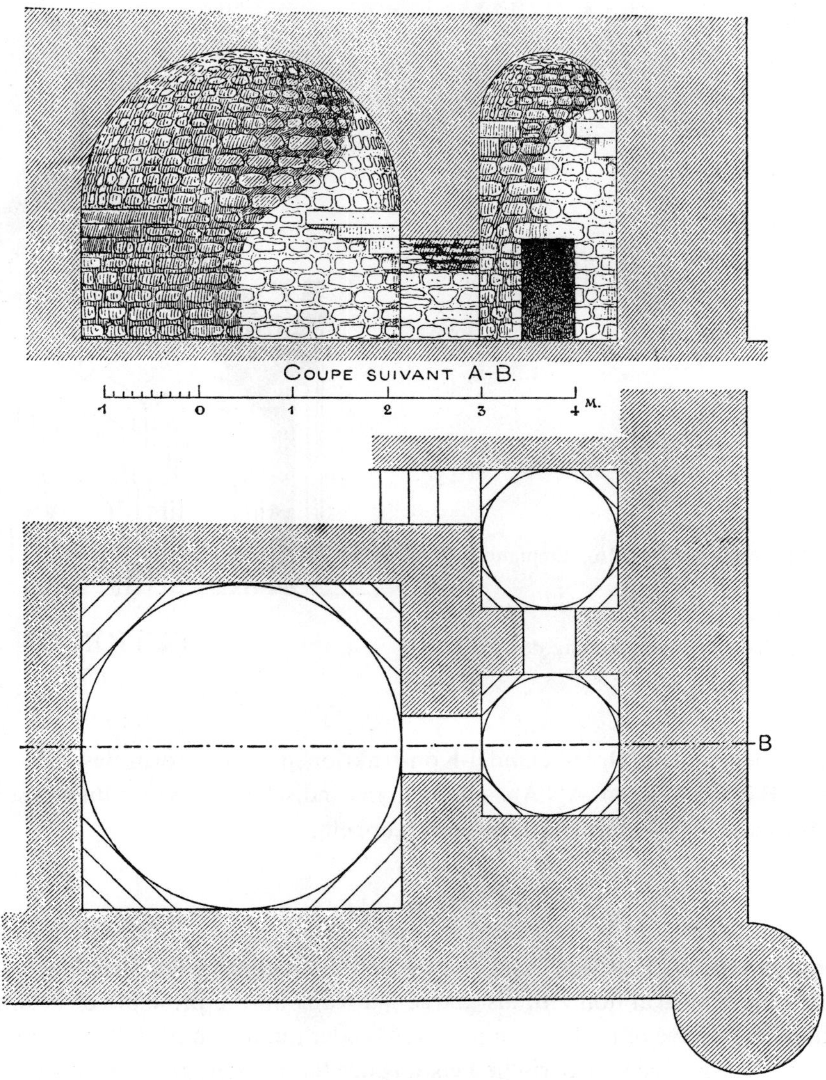

Bild 35 und 36
Sanghao, vihāra, 2.–4. Jh., Querschnitt (35), Grundriß (36)

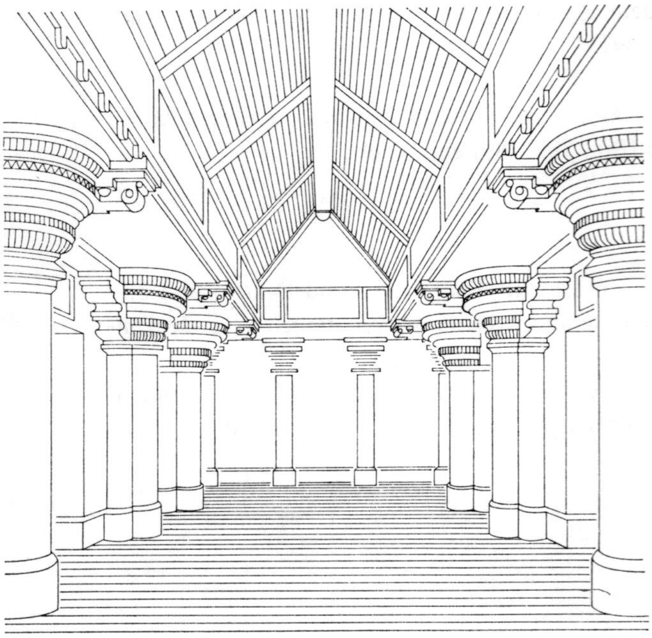

Bild 37

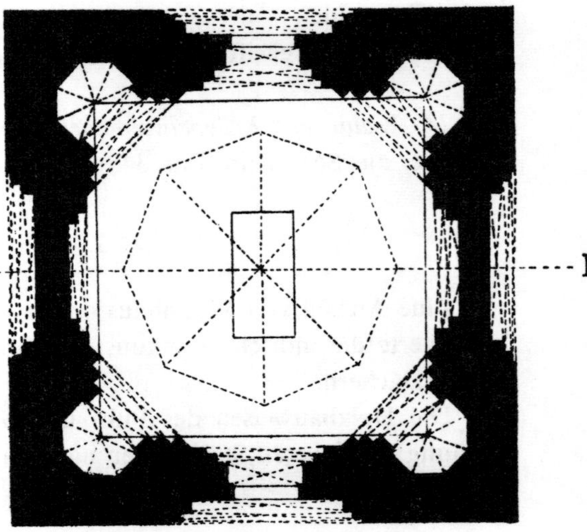

Bild 38

SECTION ON A B

Bild 39

Bild 37
Gwalior, Palast des Rāja Mān Singh (1486–1516), Empfangshalle

Bild 38 und 39
Bidar, Grab des Sulṭān Kalīmullāh Bahmanī, Anfang des 16. Jh., Grundriß (38), Querschnitt (39)

die Inder auch noch weitere Holz-Schindel-Konstruktionen in der Form des Zelt-, Kegel- oder Walmdaches in Hausteinplatten. Als Ausnahme in der indischen Baukunst dienen solche Dächer gelegentlich als Schutz für Laternendecken und Kuppeln.

B

12. Die Bezeichnungen „Pultdach“ und „Satteldach“ sind allgemein üblich. Nach der Herkunft bezeichnet man die Konstruktion z.B. als „large flat slabs on the principle of ordinary roofing-tiles in the shape suggestive of timber origin“ (24:64) oder „dalles en pente“ (191:35). Mit „clerestory“ (79:59) trifft man eine künstlerische Leistung der Baumeister, ähnlich wie bei einer Basilika Licht seitlich einfallen zu lassen.

13. Allgemein eingeführt sind auch die Ausdrücke „Pyramidendach“ oder „Zeltdach“ für all-

seitig abgewalmte Dächer, deren Grate im First zusammenlaufen (180:178), und „Turmdach" für ein besonders steiles Zeltdach auf quadratischem Grundriß (297: IV 738).

Aus der armenischen Kunst kennt man die Verbindung von Kuppelräumen und Kegeldächern als „turret-shaped dome" (238: fig. 219). Diese Bauform lebte in der „oktogonalen und zylindrischen Türbe Kleinasiens" fort, die durch „innere Überkuppelung und ein äußeres Helmdach" gekennzeichnet ist (206:155, fig. 95/96, Plan XXXVI).

Steinerne Dächer in verschiedenen Abwandlungen der Pyramidenform nennt Foucher (99:132) „toit anguleux". In der islamischen Welt bezeichnet Wilber (303:62) spitz zulaufende Dächer über Türmen mit kuppeligem innerem Abschluß als „conical roof" oder „tent dome". An iranischen Kultbauten findet man gelegentlich eine Verbindung von „édifices à coupole . . . coiffés d'un toit conique ou pyramidal". Ein Grabturm ist häufig ein „bâtiment circulaire couvert intérieurement en coupole et extérieurement d'un toit cônique" (115:111).

14. Der Name des Walmdaches (297: II 89) ist aus der Holzkonstruktion bekannt.

Einheimische indische Namen auf der Grundlage des Sanskritschrifttums oder Bezeichnungen aus dem Arabischen oder Persischen sind für alle hier beschriebenen Dachformen meines Wissens nicht überliefert.

C

Mit einfachen handwerklichen Mitteln bringt man beim Pultdach Steinbalken auf festem Auflager in Schrägneigung. Im Satteldach, das man auch als zwei gegeneinander gelegte Pultdächer verstehen kann, herrscht Sprengwerk-Wirkung (135:Landsberg Abb. 364), der man durch entsprechende Auflager und feste Wände entgegenarbeitet.

Bild 40
Delhi – Begumpur, Bara Khumba, Palast der Lodi-Zeit (1451–1517), Perspektive und Grundriß einer Pfeilerhalle rechts unten)

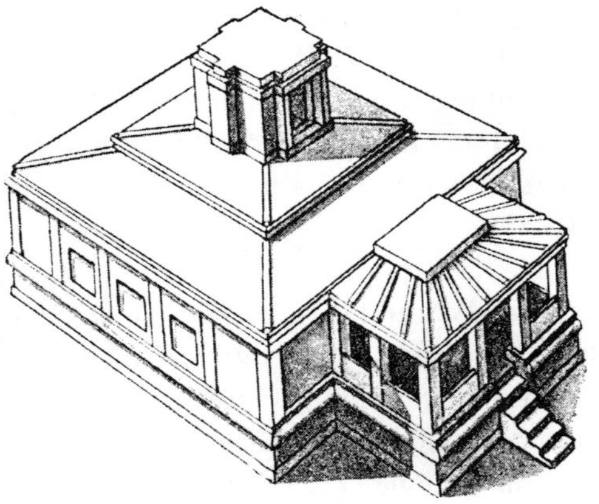

Bild 41
Aihole, Lāḍh Khan, um 450, Perspektive

Steile Zelt- oder Turmdächer, vier- oder achtseitige Pyramidendächer usw. werden in technischen Handbüchern als Holzkonstruktion beschrieben (135: Landsberg 312). Ohne Bauaufnahme kann man bei indischen Gebäuden nicht sagen, welche Kräfte monolithe Steinplatten oder Ziegel-Mörtel-Konstruktionen in Pyramidenform ausüben. Die Bastionen, Türme und Mauern, auf denen diese vielgestaltigen Abschlüsse sitzen, haben in den meisten Fällen den Schub schwerer Hausteinplatten aufgenommen, z.B. in Arcot (Bild 322), oder den Druck einer Konstruktion ausgehalten, die aus Stein und Mörtel als Einheit wirkte, z.B. in Daulatabad (Bild 320).

Bauten mit Schindeldächern in Zelt- oder Walmform gehören zu den indischen Bauten, bei denen ausnahmsweise die Raumschale nicht unter freiem Himmel liegt, sondern geschützt wird. Wir finden solche Dächer – die vielleicht auch als Auflast wirken – z.B. in Nord-Indien, wo Schneelast zu erwarten ist, und an der Südwestküste, wo die Monsunstürme besonders heftig sind. Holzdächer sind schon auf den Gemälden von Ajanta dargestellt; in Süd-Indien sind sie noch heute üblich.

D

Auch diese Formen können jederzeit und überall aus dem landesüblichen Holzbau (190: 1228) entwickelt werden.

Weiter ist zu fragen, ob auch aus anderen Quellen indischer Freibaukunst, nämlich den Höhlen – ihrerseits eine Nachahmung von Holzbauten – Anregungen für diese Dachformen stammen. Grundriß und Querschnitt früher Cāḷukya-Tempel wie Aihole 9 erinnern an den Querschnitt einer caitya-Höhle mit der Abfolge von Halbtonne – Tonne – Halbtonne. Eine solche Baugestalt wäre dann nicht nur das Vorbild für Schieferkonstruktionen des Gandhara-Landes wie in Balo (Bild 14, 15) gewesen, sondern hätte auch die Anregung zu der Abfolge Pultdach – waagerechter Sturz – Pultdach gegeben.

Für die spätmittelalterlichen steinernen Pult- und Walmdächer nimmt Brown (24: 161) auch Einfluß ostasiatischer Kultur an. Eine Fortdauer dieser Überlieferungen oder von Zeit zu Zeit neue Berührungen mit chinesischer Holzbaukunst kann man auch in modernen Holz-Schindel-Bauten mit Walm- und Kegeldächern vermuten. Seckel hat z.B. an buddhistischen Tempelhallen Ost-Asiens ähnlich die flache Kassettendecke, den offenen Dachstuhl mit Querbalken und Schrägsparren sowie den äußeren Dachüberhang beschrieben (250: 60).

Ein halbkugelförmiger Raumabschluß wird durch ein Zeltdach in Bauten von Gandhara (Bild 33) und Kashmir (Bild 1–3, 127) und durch einen Turmbau mit Kegeldach in Bengalen (Bild 260) geschützt. Auf formale Übereinstimmungen zwischen den Kuppel-Turm-Kombinationen armenischer Kirchen (s.u.S. 153) und indischer Kultbauten aus Gandhara und Kashmir wies Glück hin (112: 96).

E

In vielen Teilen Indiens dienen Teak- oder Bambushäuser in den hier beschriebenen Formen noch heute als Wohnung der Dörfler und Städter. In den regenreichen Waldgebieten von Nepal und Kashmir und an der Küste des Südwestens, wo der Monsun alljährlich besonders stark einsetzt, sind Sattel- und Walmdächer weit verbreitet. An rasch errichteten und rasch vergänglichen Bauten der Gegenwart können wir hier besonders deutlich verfolgen, wie ihr Grundtypus zum Vorbild für „bedeutungsvolle' Gebäude werden: für den Palast in Padmanabhapuram, für die Tempel von Bhatkal oder Mudabidri (Bild 287) und sogar für eine Moschee an der Südspitze Indiens (95: fig. 3).

Die Baugestalt des Zelt- oder Pyramidendaches über einer Kuppel kennt man in der späteren Antike (84:23) und auch in den nordwest-indischen Grenzgebieten, die zeitweise unter antikem Einfluß standen. Der Querschnitt einer solchen Konstruktion ergibt die Bau- und Schmuckform einer Kombination von Bogen und Dreiecksgiebel, die in der Antike als Bild des Himmels verstanden wurde (22:399; 147:15). In Gandhara und Kashmir könnte also an solchen Bauten die kosmologische Bedeutung der Kuppel durch das Dach erhöht worden sein (s.o.S. 8).

Eine hoheitsvolle Bedeutung scheint die Verbindung von Kuppel und Zeltdach auch im islamischen Kulturbereich gehabt zu haben. Eine Türbe schließt häufig über dem schachtartig hochgezogenen Kreiszylinder mit einer Kuppel, die unter dem Schutze eines Zeltdaches liegt (64: Abb. 157; 206:S. 134, Fig. 95, Plan XXXVI; 303: fig. 12). Konische oder pyramidenförmige Dächer bekrönen zahlreiche Kuppelbauten Irans; diese Gebäude heißen nach Inschriften genau wie die Bauten, deren Kuppel auch außen sichtbar ist, ebenfalls „Gunbaḏ" (116:311 n. 1). Wie wir oben sahen, verrät auch der Name des Nau Gumbaz von Bijapur (Bild 302), daß die indoislamische Bevölkerung Kuppel = Zeltdach setzte. Nach Tolstov kann aber auch ein Kuppelbau aus dauerhaftem Baustoff die Behausung des Nomaden nachahmen (284:76).

Schließlich mögen in den Dachformen dieses Abschnitts noch zahlreiche symbolische Beziehungen verborgen sein: Turmdächer auf Tempeln wie Ratanpur (Bild 257) und Kegeldächer auf bengalischen Hindu-Heiligtümern (Bild 260) können eine zusätzliche Bedeutung des Welt-Bergs, der Welt-Achse oder des Himmels haben; die Muster des Lotus, der Laternendecken-Projektion und der Quadrat-Kreis-Kombinationen an der Unterseite von Pultdächern (260:I pl. 28, 29) können als maṇḍalas gemeint sein.

Indische Baumeister vereinten Zelt- und Kegeldächer mit Abschlüssen aus waagerechtem Sturz, mit Türmen und mit Kuppeln (Bild 204, 257, 260, 267, 302) zu vielen Baugruppen von abwechslungsreichem Umriß. Im Gesamteindruck überwiegen bald die Leichtigkeit, wie sie den Behausungen schweifender Nomaden eigen ist, und bald die Schwere, mit der man eine Siedlung dauerhaft gründet.

e) DECKEN UND DÄCHER AUS KURVIG ZUGEHAUENEN STEINEN

15. Gebogene Steinbohlen: Steine werden in Rundformen zugehauen und zu verschiedenen Umrissen von Decken (Bild 225), Dächern (Bild 237: rechts und links) und Gewölben (Bild 112, 192, 223) zusammengesetzt.

A

O. Reuther hat die Herkunft des indischen Steinmetzen vom Zimmermann (s.o.S. 16) besonders anschaulich am Hindu-Fürstensitz von Gwalior und an Kaiser Akbars Residenz in Fatehpur Sikri beschrieben (297: III 202; 235:32, 37, 39, 42). Wie man seit früher Zeit im biegsamen Bambus rippenartige Gestänge in die Form von Rund-, Spitz- oder Kielbögen oder von

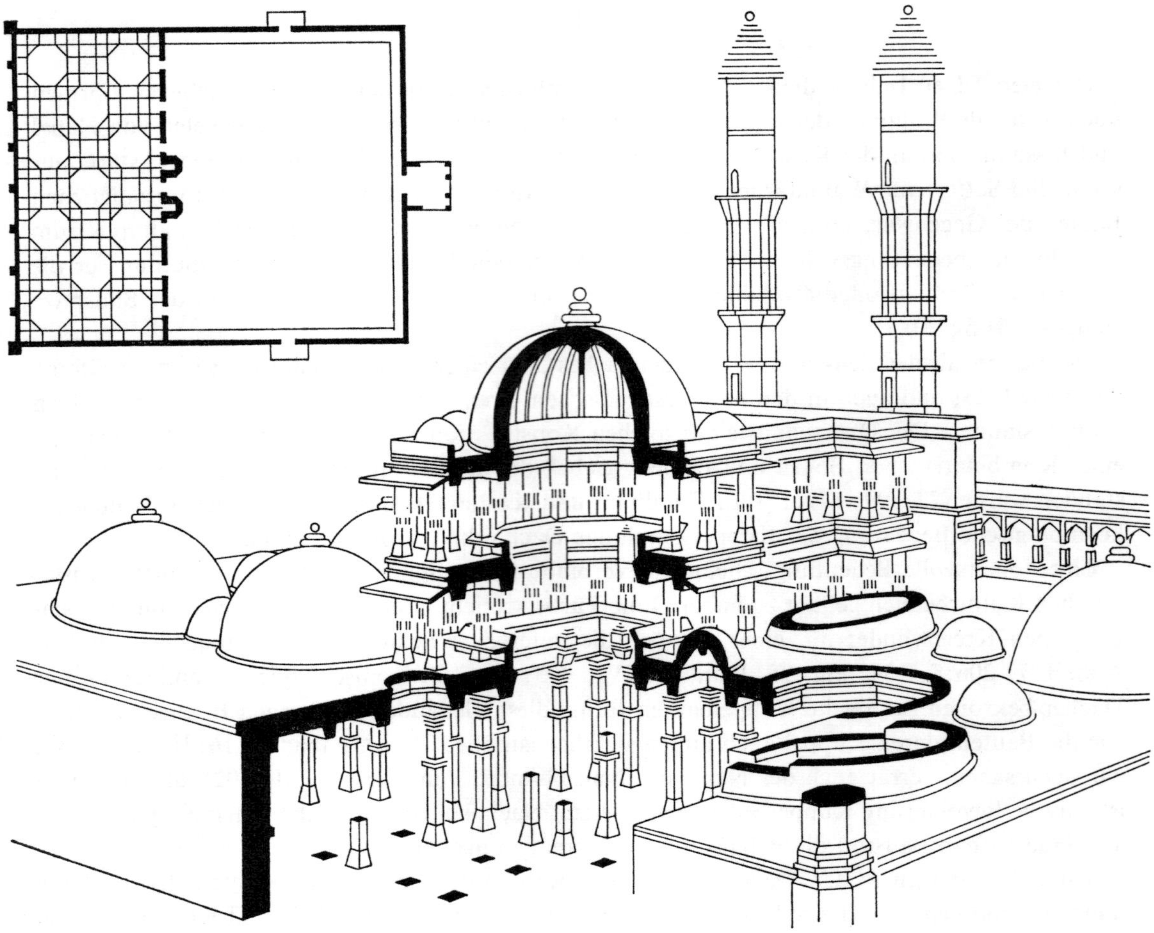

Bild 42
Champanir, Freitagsmoschee, erbaut unter Sulṭān Māḥmud Begarhā (1485–1507), Grundriß und Perspektive

Rippenkuppeln brachte und die Zwischenräume mit Schilfgeflecht oder Teakholzbrettern ausfüllte, so hat man später Steinbohlen kurvig zugehauen und zu verschiedenen Bogen- und Gewölbeformen zusammengesetzt; man konstruierte Rahmenwerke aus geraden oder gebogenen Rippen, zwischen die man ebene oder wiederum gebogene Steinplatten spannte. So bildete man Raumformen der Halbtonne, der Kielbogentonne, des gekappten Klostergewölbes, der zwölfteiligen Klosterkuppel und schließlich der Rippenkuppel, z.B. in Champanir (Bild 192).

B

Coomaraswamy hat die Holzkonstruktion „kaṇṇikā" als eine Dachplatte im Scheitel oder im First erklärt, welche die Sparren zusammenhält und später in Höhlen und Steinbauten nachgeahmt wurde (46:242). Im Dekkhan sind Rippen und runde Platten über Apsiden oder über Zentralräumen aus dem Fels geschlagen (290:30, 96, 99). Möglicherweise lebt die Form solcher ursprünglich hölzerner Bauglieder und später felsgehauener Schmuckglieder in den Platten fort, die z.B. am Badšāhī Darwāza oder in der Moschee (Bild 65, 226) von Fatehpur Sikri die krummen Steinbohlen zusammenfassen.

Bauten dieser Art werden wegen ihrer Raumwirkung gewöhnlich als „vaults" und „voûtes" beschrieben. In der Monographie über Fatehpur Sikri ist die Rede von „ceiling . . . concave on the sides . . . flat in the centre“ und „dome . . . round . . . but of flattened segmental like section . . . divided by flat ribs“ (260: I 26, II 5). Die technischen Grundlagen dieser Bauten schilderten O. Reuther als „gekurvte oder krumme Steinbohlen“, La Roche (167:127) als „Rippen mit Steinplatten“, Volwahsen (291:178) als „gekrümmte Steinbohlen“. Die Dächer der Hindu-Tempel von Osia (Bild 166) interpretierte Bhandarkar als „curved slabs“, die ein „peculiar dome-shaped roof“ ergaben.

C

Die indischen Steinmetzen hielten die zimmermannsartig zugehauenen, trocken verlegten, kurvigen Steinplatten durch verschiedene Kunstgriffe im Gleichgewicht. In Fatehpur Sikri (235: 37) sind die krummen Steinbohlen mit Gußmauerwerk hinterfüllt, welches nach außen am dīwān-i ḫāṣṣ (Bild 99 Nr. 4, 227) zur dreiteiligen Stufenpyramide, am Palast der Jod Bhai zum Satteldach (Bild 222, 223), am Badšāhī Darwāza zum Flachdach und an Raja Birbal's Haus (Bild 44) zur unteren Wölbung einer doppelschaligen Kuppel abgeglichen wird. Man kann also an diesen und anderen Beispielen die Form der Kielbogentonne oder des Klostergewölbes geradezu als stehengebliebenes Lehrgerüst für eine betonartige Einwölbung unter einer äußeren Hülle betrachten, die mit der Innenraumform keinen eigentlichen Zusammenhang hat.

Dagegen haben dravidische Baumeister mächtige krumme Steinbohlen ohne Mörtel verlegt. An einem gopura von Vijayanagar (Bild 271) ist über einer Tür mit waagerechtem Sturz der Deckstein als Unterteil eines spitz zulaufenden Bogens geformt, welcher die Gestalt einer Tonne bestimmt. In der unteren Hälfte sind Kragsteine zur Gewölbeform abgerundet, darüber krumme Steinbohlen satteldachartig als Scheitel eingesprengt. Das Ganze ist in einen Verband eines Torturms eingebettet, dessen Mauern alle Schubkräfte aufnehmen (Bild 272).

D

Indische Baumeister und Steinbildhauer übertrugen nach einheimischen Überlieferungen Holzbau- und Schreinerformen seit der Maurya-Zeit auf Höhlen und seit dem frühen Mittelalter auf monumentale Werkstein-Bauten.

In Osia wurden maṇḍapas mit krummen Steinbohlen halbtonnenförmig eingedeckt (Bild 166). Aus Spolien solcher nordwest-indischer Tempel fügte man im afghanischen Larwand Portale und Nischen für eine Moschee der Ġoriden zusammen (Bild 173). Für das Grab des Īltutmiš in Ḍelhi hat man in altindischer Technik gewaltige Steinblöcke bogenförmig bearbeitet und mit windschiefer Laibung für eine Kielbogentrompe in einem rechteckigen Feld zusammengesetzt (Bild 167). In der Hauptkuppel der Moschee von Champanir (167:79) bilden 16 gekrümmte Steinbohlen das Gerüst (Bild 42, 192). Die Zwickelstreifen wurden mit Steinplatten ausgefacht (291: 176). In Fatehpur Sikri und Agra schufen indische Steinmetzen und Bildhauer in der Akbar-Zeit mit krummen Steinbohlen besonders reiche Raumformen: Kielbogentonne (Bild 112, 223), im Scheitel gekapptes Klostergewölbe (Bild 43), zwölfrippige Klosterkuppel am Badšāhī Darwāza und Spiegeldecke (Bild 225). Diese altindische Bauweise wurde später neben den neuen iranischen Wölbeformen beibehalten: an Akbar's Grab (Bild 230) und auf der Burg in Agra (Bild 237 rechts und links). Auch für hinduistische Kultstätten verwandten die Bauschulen der Akbar-Zeit diese Technik. Eine kombinierte Decke über einem maṇḍapa von Amber beruht auf einem Grundgerüst gebogener Steinbohlen (Bild 258). Für einen Gang in einem dravidischen gopura wählte man verwandte Formen (Bild 271).

Die Form der Kielbogentonne aus gekurvten Steinplatten beherrscht das künstlerische Bild der vier Kreuzarme im Govind Deo von Brindaban (Bild 45, 251, 252). Wahrscheinlich haben in der frühen Mogul-Zeit indische Handwerker, die aus den Bauschulen von Fatehpur Sikri und Agra stammten, diesen Raum errichtet. Wie an einigen Bauten dieser Residenzen besteht auch am Hindu-Tempel von Brindaban kein Zusammenhang zwischen der Kielbogentonnenform des Inneren und dem flach geschlossenen Äußeren (Bild 250).

E

Wo mit dieser Bauweise Formen der Tonne oder Kuppel an Sakral- oder Profanbauten erzeugt werden, haben sie ikonologisch denselben symbolischen Sinn – also die Bedeutung der Himmelsregion – wie die bereits besprochenen Kuppeln aus Ringschichten oder wie die „echten“ Kuppeln über Trompen und Pendentifen.

f) DECKEN AUS VERSCHIEDENEN BAUWEISEN IN TROCKENEM VERBAND

16. Zusammengesetzte Decken: Über Stützen und Mauern rechteckiger, meist quadratischer

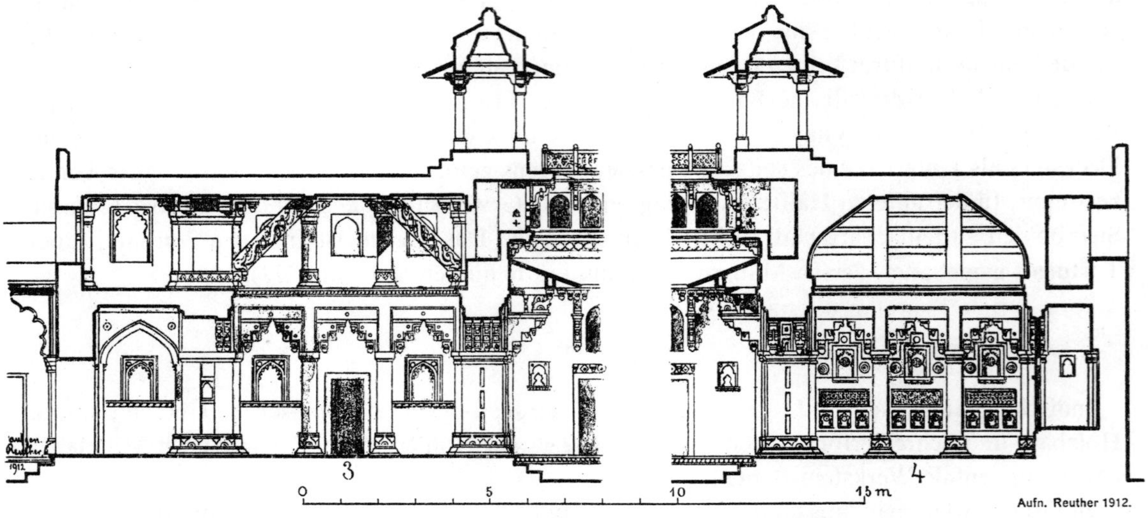

Schnitt durch den Saal 3. Schnitt durch den Saal 4.

Bild 43
Agra, Burg, Ǧahāngīri Maḥall, 1596 von Akbar begonnen, Schnitt durch den „Roten Palast“

Bild 44
Fatehpur Sikri, 1569 von Akbar gegründet, Rāja Birbals Haus, Schnitt

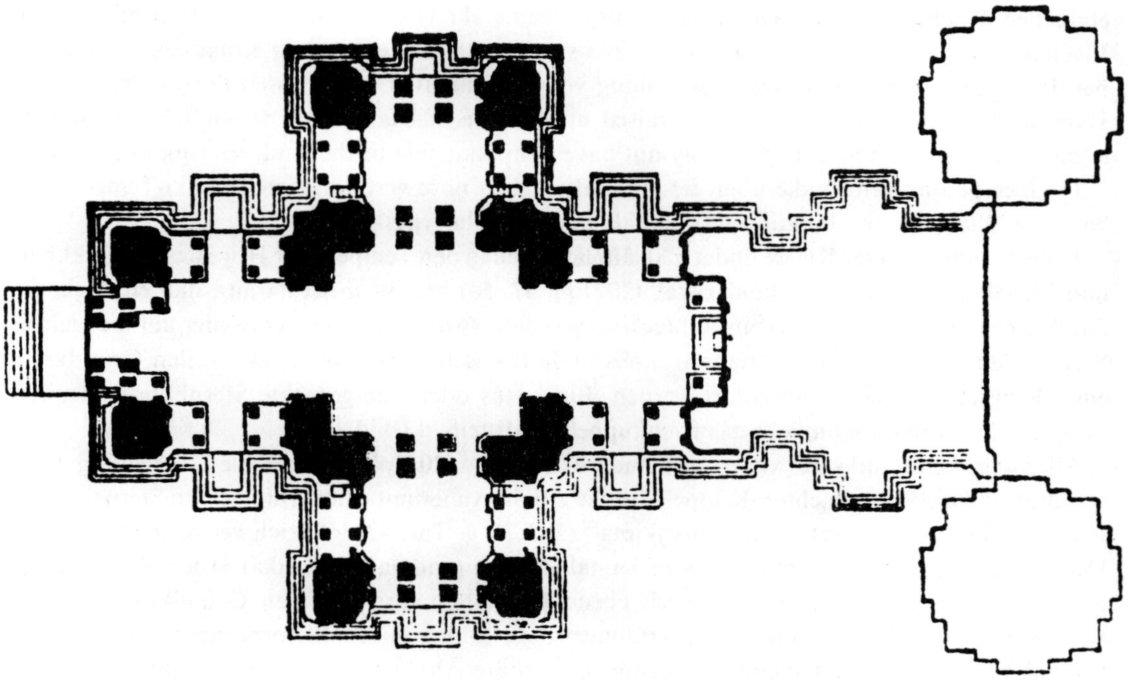

Bild 45
Brindaban, Govind Geo, errichtet unter Mān Singh von Amber (1592–1625), Grundriß

Räume folgen aufeinander verschiedene Konstruktionen aus waagerechtem Sturz (s.o. Gruppe b), Kragebau (s.o. Gruppe c) oder Sprengwerk mit kurvigen Steinbohlen (s.o. Gruppe e); sie erzeugen den Raumeindruck von flachen Decken (Bild 78 links; Bild 186 rechts) oder Kuppeln (Bild 47, 147).

A

Die trocken verlegten Bauteile der bisher besprochenen Gruppen b, c und e wurden übereinander geschichtet. Man schuf damit besonders reich dekorierte Sonderformen von flachen Decken, vor allem aber Näherungslösungen zur Kuppelgestalt.

B

Einen dieser Übergänge zur Halbkugel in Fernost nennt McCune „corbelled dome“ oder „corbelled ceiling“ (183:75 u. pl. 39). In den Höhlen von Bamiyan folgen oft aufeinander Achteck, Sechzehneck, Kreis und Laternendecke mit kuppeligem Schlußstück, „combinaisons de fausses poutres“, „combinaisons par empilage“ (113:46, 55). Komplexe Deckenlösungen von Freibauten beschreibt Marchal als „voûte sur octogone ou ronde: en forme de plafonds à caissons“ (191:224). Eine Verbindung des konzentrisch unterteilten Kreises und der Laternendecke ergibt am mittelalterlichen Tempel „a complicated geometrical progression, from square through octagon and dodecagon to crowning circle“ (267:230).

Einige immer wiederkehrende Baugestalten haben Dhaky und Nanavati an Tempeln von Gujarat in der großen Klasse „utkṣipta vitāna“ erkannt. Sie weisen darauf hin, daß selbst für einen solchen Sonderfall in einem landschaftlich eng begrenzten Gebiet bisher keine völlige Übereinstimmung zwischen Texten und Denkmälern zu finden war (202:35). Im Gegensatz zur einfachen Flachdecke in waagerechtem Sturz – samatala vitāna – und zur Decke mit ebenen Flächen in verschiedenen Höhenlagen – kṣipta vitāna – handelt es sich um Kragekonstruktionen, bei denen gewissermaßen durch Aushöhlung von aufgehäuften Steinmassen der Eindruck einer Halbkugel erzeugt wird: „. . . surface raised upward, i.e. it has a dome or vault, semi-circular, segmental or pointed and may or may not have kaṇṭaka (ribs) to the vault varying in number".

In einer besonderen Studie über die mittelalterlichen nordwestindischen Solanki-Tempel beobachtete Dhaky „a combination of samatala and gajatālu types".

Unterteilungen dieser Klasse findet man ähnlich auch in den Tempeln der Hoysalas des Dekkhan und Mittelindiens wieder. „Mandāraka" (202: pl. 47, 50) besteht meist daraus, daß ein Quadrat durch eine dreieckige Platte in ein Achteck verwandelt wird; dieses kann entweder auf die gleiche Weise in ein Sechzehneck und dann in kreisrunde Ringschichten oder direkt in den Grundkreis einer Ringschichtendecke überführt werden. Ein Lotus oder eine gezackte Sternblume oder ein riesiger Hängezapfen schmückt das flachkuppelige Mittelfeld (Bild 147).

Allerdings heißt „utkṣipta vitāna of mandāraka order" (202:pl. 48) auch die Überleitung eines Quadrats in eine Ringschichten-Kuppel, die wie z.B. in Ajmer mit einer Abfolge von Sternmustern schließt. Man interpretiert als „kṣiptotṣkipta" (202:37 u. Taf. 42–46) reich verzierte rechteckige Decken und als „kṣiptotkṣipta vitāna of kamalodbhava (padmamandāraka) order" (202: pl. 51, 55) eine quadratische Decke, die durch ebene Eckplatten direkt in den Grundkreis für eine Konstruktion aus Kragschichten und krummen Steinbohlen in Kuppelform umgewandelt wird. Formal besteht beim letztgenannten Beispiel die größte Ähnlichkeit mit einer „echten" Kuppel über dem Quadrat, wobei die Überleitung durch flache Eckbrücken wie in der späteren Antike (84:25, 37) oder wie in der indo-islamischen Kunst hergestellt wird. Ein solches Bauglied, „carved triangular slab" (Bild 161) kann man mit dem mittelalterlichen Ausdruck „vikarṇa vitāna" identifizieren (202:56). In einem ganz andern Kunstkreis wurden ähnliche Bauformen beschrieben als „Bauten, die eine Verbindung von konzentrischer und linearer Vorkragungstechnik zeigen" (189:47).

C

Diese reichgeschmückten Decken erheben sich im Verband schwerer Mauermassen über Quadraten geringer Abmessung. Kräftige Stützen nehmen die Drucklast auf. Wo bei den Konstruktionen in Kuppelform ähnlich wie bei der Ringschichtenkuppel Schub entsteht, wird er durch die Mauern des Tempelmassivs aufgefangen, z.B. in Belur (Bild 138).

D

Kombinierte Deckenformen kennen wir aus der Mitte des 1. Jahrtausends n.Chr. von ostasiatischen Grabhügeln (183:175) und von zentral-asiatischen Höhlen (113:46) und vom Ende des 1. Jahrtausends n.Chr. an von Freibautempeln. Wie bei der Laternendecke wird also eine Holz- und Höhlenbauform, die aus den Nachbarländern bekannt ist, für eine Zeit zu einer typischen Baugestalt des maṇḍapa.

In Tempeln des 8. und 9. Jh. von Roda und Samalaji (202:pl. 25, 27, 95) werden die vierpaßartigen Mittelteile der flachen Neun-Felder-Decken von Kuppeln aus krummen Steinbohlen mit der Nachahmung von Sparrenwerk durchstoßen. Zu Beginn des 2. Jahrtausends findet man schmuckreiche Kombinationen z.B. in folgenden maṇḍapas.

Die Decke über einem quadratischen Raum des Hindu-Tempels von Halebid (Bild 139) wird durch Eckplatten in ein Achteck verwandelt, das teils durch Kragschichten, teils durch runde Steinbohlen mit einer sparrendachartigen Gliederung in der Form eines Klostergewölbes schließt. Im Jaina-Tempel desselben Orts (Bild 140) wird ein Stützenquadrat durch dreieckige Platten in

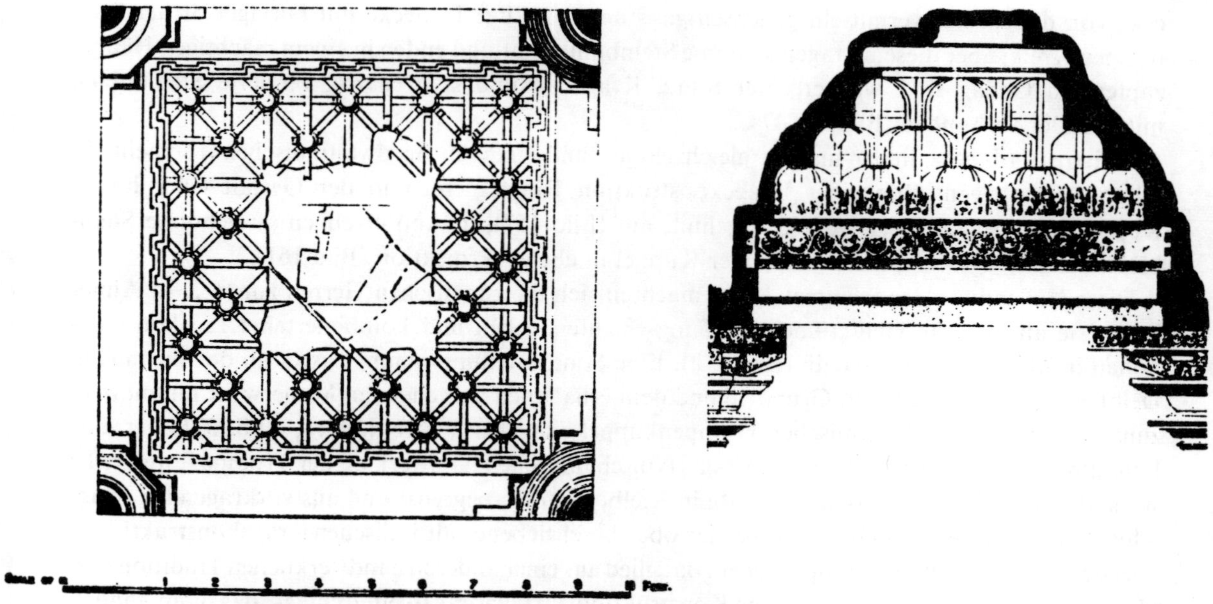

Bild 46 und 47
Gadag, Sarasvatī-Tempel, um 1200, Maṇḍapa-Decke, Grundriß (46), Schnitt (47)

Bild 48 und 49
Delhi – Hauż-i ḫāṣṣ, Stützenpavillon aus der Zeit des Fīrūz Tuġluq Šāh (1351–1388), Grundriß (48), Schnitt (49)

eine Folge von drei sich verjüngenden Achtecken verwandelt; die letzte Öffnung schließt durch einen Steinblock mit Reliefschmuck.

Eine noch größere Vielgestaltigkeit weisen die Decken in Somnathpur auf. Ein Mauerquadrat (Bild 145) wird durch dreieckige Platten in ein Achteck übergeleitet, über dem eine Kragekonstruktion eine Neun-Felder-Decke mit Lotusmustern trägt; in einem andern Beispiel (Bild 146) steigen über dem Achteck stalaktitenartig zugehauene Steine auf. Über einem weiteren Raum (Bild 147) stellt der Übergang aus dem Quadrat in den Kreis gewissermaßen eine ebene Projektion der islamischen Trompenkuppel dar: reich verzierte dreieckige Blöcke bilden zunächst das Achteck; von diesem aus vermitteln gleichseitige, stumpfwinklige Dreiecke mit kurviger dritter Seite in einen Kreis; über diesem kragen krumme Steinbohlen vor und enden in einem mächtigen Hängezapfen. In Gadag sind waagerechter Sturz, Kragebau und sparrenartig verzierte Steinbohlen miteinander verbunden (Bild 46, 47).

Weitere Varianten findet man in gleichzeitigen und späteren nordwestindischen Tempeln. In Khahuraho steigen über einer Kragekonstruktion Ringschichten in der Gestalt einer hohen Kuppel von bienenkorbartigem Querschnitt auf (Bild 157), in Abu erzeugen ausgehöhlte Steinblöcke und Krageschichten das Bild der Kuppel in ebener Projektion (Bild 161).

Diese Vollendung der Steinmetzkunst machten sich die islamischen Herren zunutze. In Ajmer ließen sie alt-indische Heiligtümer mit Ringschichtendecken und kombinierten Kragekonstruktionen in Moscheen verwandeln (Bild 172). Eine Sonderstellung nimmt das Grab des Īltutmiš in Delhi ein (25:15). Nach dem Grundriß und dem erhaltenen aufgehenden Mauerwerk nimmt man zunächst ein Grab mit islamischer Trompenkuppel an. Aber Wetzel (299:8, Abb. 335) hat eine Bauaufnahme angefertigt und zunächst das typisch indische Handwerk an der Trompe festgestellt: sie ist durch krumme, windschiefe Gurte in Kielbogenform begrenzt und aus vorkragenden Ringschichten konstruiert (Bild 167). Wie bei den oben beschriebenen alt-indischen Kragekonstruktionen über dem Würfel stellt die Trompe hier ein Bauglied aus einer anderen handwerklichen Tradition dar. Man verwandelte mit dieser iranischen Konstruktion ein Quadrat in ein Achteck, das dann ähnlich wie das kuppelartige Gebilde von Somnathpur durch weitere Überkragungen geschlossen wurde.

Aus Spolien nordindischer Kultstätten setzte man in Larwand zur gleichen Zeit über einer Moschee Teilstücke von waagerechtem Sturz, krummen Steinbohlen und Ringschichten zusammen (Bild 174). Anschließend entstanden unter den Tug̀luqs in der Residenz Delhi Stützen-Pavillons, die über waagerechten Ringschichten mit kuppelförmigen Kragekonstruktionen abgeschlossen wurden (Bild 48, 49). Die altindischen handwerklichen Überlieferungen von Gujarat wurden in Spolien oder Neubauten zur künstlerischen Gestaltung islamischer Kultstätten genützt. In Broach beobachten wir das Nebeneinander von Ringschichtenkuppeln (Bild 186 links) und verschiedenen kombinierten Kragekonstruktionen (Bild 186 rechts). In Ahmedabad werden kombinierte Decken altindischer Kragekonstruktionen durch eine flache Kuppel (Bild 78 rechts + Bild 187 rückwärts) oder durch Ringschichten mit Hängezapfen (Bild 78 links) abgeschlossen und in jedem Falle zum Flachdach abgeglichen.

Einheimische Handwerkerschulen kombinierten von der Mitte des 2. Jahrtausends an in Nord und Süd weiterhin aus den überlieferten Bauelementen Abschlüsse für Hindu-Tempel in trockenem Verband. Aus vorkragenden Schichten über einem Rechteck und der Krönung durch eine Kuppel aus gekurvten Steinblöcken mit einem langen Hängezapfen hat man im Viṭhoba-Tempel von Vijayanagar ein maṇḍala geschaffen (Bild 275). Eine Decke in Avadayarkovil (Bild 284 links hinten) besteht aus ähnlichen, aber mehr in die Ebene projizierten Bauteilen. Flüchtlinge aus Vijayanagar übertrugen kombinierte Bauweisen für islamische Wohnhäuser von Bijapur (Bild 11). In einem maṇḍapa von Amber tragen krumme Steinbohlen eine Art Spiegeldecke aus drei quadratischen Feldern, von denen jedes mit einer besonders schmuckvollen Folge von Schichtenringen schließt (Bild 258).

E

Wie die Laternendecke oder die Ringschichtenkuppel dienten auch diese kombinierten Raumabschlüsse, um architektonisch die Vorstellung des Himmelsgewölbes zu erwecken und diesen Sinn durch die Ausschmückung zu verdeutlichen. An frühen mandschurischen Gräbern (183:75) stellen Zeichen aus Kreisen mit parallelen Linien astronomische Konstellationen dar; an einem späteren Palast aus Peking schildert Speiser (269:Taf. 99) die kosmologische Symbolik von quadratischem Grundriß = Erde, kuppelförmiger Raumschale = Himmel.

g) DECKEN UND GEWÖLBE IN MÖRTELGUSS

17. Gußdecke, Gußschale: Lehmziegel, Backstein, Bruchstein oder Haustein werden durch Lehmmörtel oder zementartigen Gußmörtel zu ebenen Decken (Bild 116), flachkuppeligen Raumschalen (Bild 114) oder halbkugeligen Formen (Bild 243) verbunden.

A

Nachdem die Inder von der Gupta-Zeit an ebene Decken über Tempelhallen stets aus trocken versetzen Steinblöcken konstruiert hatten, begannen sie in Zweckbauten von Vijayanagar auch an Decken Hau- und Bruchstein in Mörtel zu verlegen. Obwohl es in Nord-Indien seit langem einheimischen Mörtelbau gab, scheinen im Süden fremde Anregungen den Anstoß gegeben zu haben: vor allem das Zusammenleben mit den Mohammedanern, für die man in anderen Teilen Indiens bereits seit 2 Jahrhunderten Gewölbe in Mörtel konstruierte. Die Bauleute von Vijayanagar verstehen zu derselben Zeit, in der sie riesige Steinbalken „zimmermannsartig“ zuhauen, auch einen vorzüglichen Mörtel zu mischen, der außerordentlich rasch abbindet und eine große Zähigkeit erhält, und nicht nur für Gewölbe und Kuppeln islamischer Formen verwendet wird, sondern vor allem die Ausführung von Flachdecken, oft ohne Stich und andere Hilfskonstruktionen, ermöglicht. Anschließend bauen indische Handwerker an verschiedenen Stellen des Subkontinents auf diese Weise Decken in islamischen Residenzen und Kulträumen.

B

Eine Einzeluntersuchung über diese Sonderform der indo-islamischen Baukunst liegt m.W. noch nicht vor. Die Aufmerksamkeit von Baumeistern und Bauforschern hat vor allem die Ibrāhīm Rauża auf sich gezogen (Bild 84, 117, 298). Die besonders verzahnten Rippen gelten als „joggle-jointed stones“ (25:80); die Felder zwischen diesen tragenden Teilen werden als „concrete“ (81:89) aufgefaßt. Auch wenn die technischen Daten geklärt sind, bleibt zunächst ein phantastischer Eindruck wie „hanging flat stone ceiling“ (204:16). – Eine Variante dieser Bau- und Schmuckform in Bidar bezeichnete man als „casket, decorated with stone bands, projecting from the surface of the ceiling“ (306:197).

Den oberen Abschluß der geschilderten Bauten im indo-islamischen Bereich bezeichnet man häufig als „Gußplatte“, „Decke mit Plattenwirkung“, „Deckplatte“ (262: Beispiel 14) oder „Gußdecke“ (291:117). Eine vorderorientalische Konstruktion, die mit derjenigen von Kurnool (Bild 115, 326) verglichen werden kann, hat Creswell als „joggled voussoirs“ beschrieben (54:I 343). Der „Flachkuppel“ (197:112 Nr. 45) oder „coupole aplatie“ (232:61) entspricht etwa die arabische „senije“ (236:56).

C

Lehmziegel und Bruchstein, seltener Back- und Werkstein in Mörtel bilden als Flachdecke eine Platte (Bild 114), die ganz eben oder nur mit geringem Stich auf verhältnismäßig niedrigen und engen Räumen aufruht; bisher habe ich als Äußerstes einen Grundriß von ca. 2,27 m^2 und Wände von ca. 3,50 m Höhe festgestellt. Diese Decken lasten gewöhnlich auf massiven Mauern oder Bögen mit gerader Aufmauerung, welche die senkrecht wirkenden Druckkräfte aufnehmen. Dekorative Rippen ohne strukturelle Funktion können angearbeitet (Bild 279) und gelegentlich auch wieder entfernt sein.

In den Ruinen von Shahpur sieht man, daß ähnlich wie im kaiserzeitlichen römischen Gußmauerwerk der Mörtel den Baustoff zu einer solchen Einheit zusammenschweißte, daß bei Baukatastrophen die Raumschale nicht in der Mörtelfuge, sondern im Werkstein auseinanderbrach (Bild 213).

Bei den zahlreichen Bau- und Schmuckformen dieser Konstruktion beruht das Tragverhalten im einzelnen auf verschiedenen Faktoren. Rippen in Vijayanagar (Bild 279), Kassetten in Bijapur (Bild 84, 298), Systeme aus scheitrechten Stürzen (Bild 115, 326) und Decken über Balken an T-Trägern (Bild 12) stellen häufig die verlorene Schalung für eine Gußplatte dar (291:177). Flache Kuppelschalen sind durch Kalk- oder Zementmörtel zu monolithen Einheiten zusammengefaßt (Bild 313), die vorwiegend vertikalen Druck ausüben. Schubkräfte, die bei Bauweisen auf der Grundlage des scheitrechten Bogens entstehen können, werden durch die Zugfestigkeit des Mörtels aufgenommen.

Auf den ersten Blick scheinen manchmal derart gebaute flache Decken und Schalen den Gesetzen der Schwerkraft zu widersprechen (167:118; 291:177). Handwerkliche Erfahrungen mit einem rasch abbindenden Mörtel erlaubten aber, ohne Stich und andere Hilfskonstruktionen immer weitere Raumdecken flach oder kuppelschalenartig abzuschließen. Ebene Decken aus Gußmörtel dienen in Vijayanagar gewöhnlich zum Abschluß einstöckiger Bauten (Bild 280). Über kleinen Abmessungen nehmen sie in mehrgeschossigen Anlagen etwa von Chandragiri auch Verkehrslast auf (Bild 102). Als Decken unter Kuppelräumen mit weitem Ausmaß sind sie gewöhnlich so tragfähig, daß man sie z.B. in Bijapur bei Kontrollgängen betreten konnte und heute während der Restaurationsarbeiten vorübergehend belasten kann (Bild 84, 298, 299).

D

Auch diese Bauweisen können immer und überall erfunden und verfeinert werden. So werden Flachdecken als technische Lösung und stilbildendes Element in Konstantinopel (111:38) beschrieben. Auf indischem Boden dürften einheimische Handwerker, die über traditionelle Kenntnis des Mörtelmischens verfügten, durch den Kontakt mit Baumeistern aus islamischen Ländern, wo man Gewölbebauten besonders auf die Qualität des Mörtels gründete, zu neuartigen Versuchen angeregt worden sein. Die frühesten Beispiele solcher Konstruktionen sind mir aus Vijayanagar seit der Wende vom 15. zum 16. Jh. bekannt, als islamische Bauformen in die dravidische Kunst mehr oder weniger äußerlich übernommen wurden. Nach dem Zusammenbruch des Reiches von Vijayanagar übertrugen Flüchtlinge oder Gefangene aus dieser Hindu-Residenz kulturelle Elemente in die Nachbarstaaten (120:252); dabei scheinen Bauarbeiter Methoden der Flachdecke in Bijapur eingeführt zu haben, wo sie bei islamischen Bauaufgaben auch zu bedeutenden Innenraum-Wirkungen genützt wurden.

Gußdecken und Gußschalen wurden auf indischem Boden erstmals in frühislamischer Zeit in Delhi konstruiert (Bild 57: Erdgeschoß; Bild 181). Im letztgenannten Beispiel liegen zwei quadratische Kammern hintereinander, von denen die vordere mit einer kreisrunden Gußschale über Pendentifs und die andere mit einer ebenen Gußdecke abgeschlossen wurde. Diese reine Nutzform wurde später für hinduistische Residenzen besonders in dem mehrfach genannten Vijayanagar zur Schmuckform weitergebildet. In neuerer Zeit nützte man diese Bauweise auch für indo-islamische Prachtbauten von Hyderabad im Dekkhan (Bild 313).

Die flachen Decken und Kuppeln über Nutzräumen indo-islamischer Profanbauten beruhen auf Erfahrungen im Mörtelbau, welche die indischen Handwerker selbständig gesammelt haben können. Möglicherweise verwendeten sie auch zusätzlich Kenntnisse vorder-orientalischer Steinmetzen, die neben den hohen Kuppeln der Kultstätten im Zweckbau auch flache Raumschalen zu spannen wußten (236:55).

Die vorderorientalische Technik, Steinmaterial durch Mörtel zu Raumschalen zu verbinden, die man gewissermaßen frei formen konnte, wurde in der hinduistischen Residenz von Chitorgarh zu reichgeschmückten Kuppeln auf dreieckigen Platten über würfelförmigen Räumen genützt (Bild 243). Zwischen Nutzform und künstlerischem Anspruch stehen manche Raumlösungen von Vijayanagar. Wie in Delhi – Nizamuddin (Bild 181) können rechteckige Räume durch eine flache, ebene Raumschale (Bild 279) oder durch eine kuppelartige Decke über Pendentifs (Bild 280) abgeschlossen werden. Dieselben Möglichkeiten nützten die Handwerker in den Näyyak-Residenzen von Chandragiri (Bild 102: Räume im 3. Wohngeschoß) und Tanjore (Bild 294 Erdgeschoßräume; Bild 295 rückwärtiger Raum).

An der berühmten Kuppel des Gol Gumbaz in Bijapur (Bild 99 Nr. 2) wurde bei der jüngsten Reparatur und einer neuen gründlichen Aufnahme durch Volwahsen (291:177) überraschender Weise erkannt, daß es sich hier um eine in sich stabile Gußschale handelt (Bild 304). Da sie gewaltigen vertikalen Druck auf das darunter liegende Mauerwerk überträgt, wurden große Mauerwerksmassen am Kuppelkämpfer angeordnet und das Mauerwerk durch ein System sich kreuzender Bögen statisch wesentlich verstärkt. Eine ähnliche Konstruktion wurde für eine weitgespannte Flachdecke in Lucknow verwandt (Bild 50, 338).

E

Wie mit den Bauweisen 15 (s.o.S. 64) und 16 (s.o.S. 68) werden durch Gußkonstruktionen verschiedene Formen von flachen Decken, Gewölben und Kuppeln nachgeahmt. Diese Baugestalten wurden Bedeutungsträger wie ihre Vorbilder an Hausteindecken, Backsteingewölben oder Lehmziegelkuppeln.

h) GEWÖLBE

18. Waagerechte Tonne: Auf parallel laufenden, senkrechten Mauern oder Stützen mit Architrav ruht eine Tonne (Bild 51–53): ein halber Kreiszylinder (Bild 296) oder eine Näherungsform zu

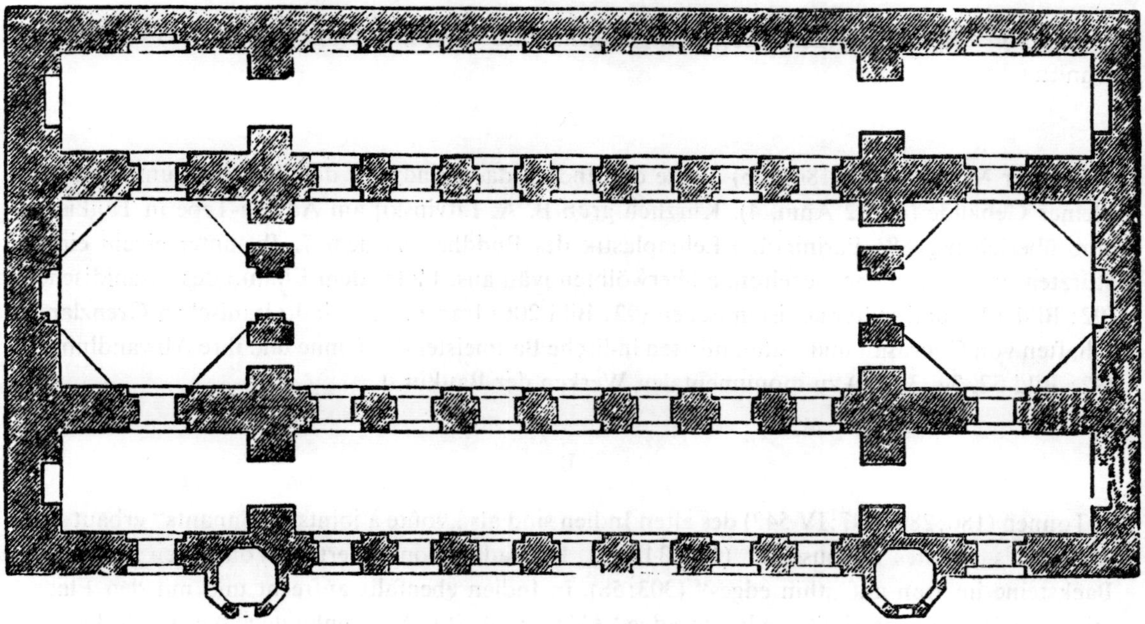

Bild 50
Lucknow, Großer Imāmbāṛa, um 1784, Grundriß

Bild 51
Chotscho, Gebäude an der Stadtmauer, Mitte des 1. Jahrtausends

diesem von elliptischem (Bild 125), flachbogigem (Bild 347), kielbogigem (Bild 211) usw. Querschnitt.

A

Seit der Maurya-Zeit (186:275) diente den Indern das Handwerk des Wölbens zum Abschluß kleiner Gebäude (44:82 Anm. 4). Kürzlich grub B. A. Litvinskij am Adžina-Tepe in Tajikistan eine überlebensgroße Parinirvāṇa-Lehmplastik des Buddha aus dem 7. Jh. unter einem eingestürzten, mit einer Lehmziegeltonne überwölbten Īvān aus. Unter dem Einfluß des sasanidischen (92: Bild 175) und später des islamischen (92: Bild 206) Iran mit den indo-iranischen Grenzlandschaften von Chorasan und Sistan nützten indische Baumeister die Tonne und ihre Abwandlungen (92: Bild 32, 34, 38–40) zu monumentalen Werken der Baukunst.

B

Tonnen (180:280; 297:IV 542) des alten Indien sind als „voûte à joints rayonnants" erbaut und wirken als „voûtes à poussées" (191:34, 44). Bei radial konstruierten Wölbungen legte man Backsteine im Iran auf „thin edges" (303:58), in Indien ebenfalls aufrecht und mit den Flachseiten aneinander „upright – edge to edge" (44:82; 24:56). Apsidenbauten, die durch Tonnen überkragt oder eingewölbt wurden (45:259), hießen in Sanskrit „gajapṛṣṭha" (272:257) oder „hastipṛṣṭha" = Elefantenrücken-Dach (182:636). Vorder-orientalische Schilfkonstruktionen in

Tonnenform sind als „srefe“ (142:12), „sarīfa“ bekannt. Kassettengeschmückte Tonnen aus Gandhara und Kashmir werden gewöhnlich als „box ceiling“ bezeichnet (121:pl. XI 3).

C

Die Tonne übt auf die parallelen, durchgehenden Auflager senkrechten Druck und waagerechten Schub aus. Die Schildmauern schließen den Raum ab und haben keine statische Funktion.

Die Tonnenschale auf Gurten erhält eine statisch günstigere steife Verbindung. Häufig verfolgt man mit der Gurtung der Tonne eine dekorative Absicht: die Weiterführung der Wandgliederung in die Gewölbezone hinein.

Im Alten Orient (174:122) lehnte man gewöhnlich die erste Ringschicht einer Tonne gegen eine senkrechte Schildwand; die geneigten Schichten wurden durch Fugenverstärkung in die Senkrechte übergeführt. Im Prinzip verwendet man diese Bauweise noch heute in Iran und Indien bei Lehmziegel- und Backsteinkonstruktionen. Den Gewölbeschub nehmen häufig Mauern der umgebenden Gebäude auf. Freistehende Großbauten mit Tonnenwölbungen sind gegen den Gewölbefuß zu verstärkt. Einen parabolischen Querschnitt, der statisch besonders günstig ist, haben der Ṭāq-i Kisrā (175:22, 24) und spät-sasanidische Lehmziegelbauten im Hindukusch. Gewölbe aller Art sichert man zusätzlich durch Strebemauern und Anker.

D

S. 1 stellten wir die Gleichzeitigkeit von Kragekonstruktionen und Tonnenwölbungen im Alten Orient, in Zentralasien, in der Gupta-Zeit und in der indo-islamischen Kunst fest. Nach Wheeler (301:100) kamen alt-indische Steinmetzen bei der Errichtung von Tonnengewölben über geringen Abmessungen mit den Erfahrungen der Zimmerleute (151:I 20 Abb. 6 u. Taf. VIB) und Höhlenbildhauer aus, deren Schöpfungen sie nachahmten. Die Tonne gehört zu den alt-indischen Fels- und Holzbauformen (s.o.S. 16), die in Ost-Iran zu Steinkonstruktionen umgebildet wurden und als solche Einheit von Konstruktion und Form wiederum auf die Kunst des indo-islamischen Zeitalters zurückwirkten.

Das struktiv-dekorative Motiv der kassettierten Tonne (135 II 2: S. 293) scheint aus dem Bereich der Antike nach Indien gekommen zu sein; aus Gandhara-Reliefs (93: Taf. 65) und Ruinen von Kashmir (121: pl. XI 3; 125: pl. V) kann man weite, hohe und helle Räume rekonstruieren.

Nach antiken und iranischen Vorbildern wurden die einfachen, schmucklosen Tonnengewölbe in Chotscho (Bild 51) und Bäzäklik (Bild 125) errichtet. Zur Schmuckform nützte man die Tonne über der Vorhalle des Hindu-Tempels von Bilot (Bild 128), wo sie mit dem nordindischen Zackenbogen verbunden und durch Kassetten bereichert wurde.

Ohne Zusammenhang mit altindischen Überlieferungen, jedoch unter der Anregung durch portugiesische Kirchen Südindiens wurde das maṇḍapa eines Hindu-Tempels von Narve mit einer Kassettentonne abgeschlossen (Bild 328). Hier haben wir das seltene Beispiel abendländischen Einflusses in späteren indischen Tempeln (198:209 Anm. 64).

Aus der Zeit der frühen Ost-West-Beziehungen wirkte wohl das Vorbild der Tonne in der Vorhalle des Gupta-zeitlichen Hindu-Tempels von Bhitargaon nach (Bild 52). Unter neuer Anregung aus dem Westen, diesmal aus dem islamischen Vorderen Orient, wurden Tonnen an islamischen Palästen und Kultstätten Nordindiens konstruiert.

In iranischem Sinne werden Tonnen über islamischen Kultstätten Indiens konstruiert und als raumbildendes Element genutzt. Eine Tonne von spitzbogigem Querschnitt liegt in der Freitags-Moschee von Jaunpur (Bild 53) unter freiem Himmel (105:54 u. pl. 51); eine Kielbogen-Tonne von

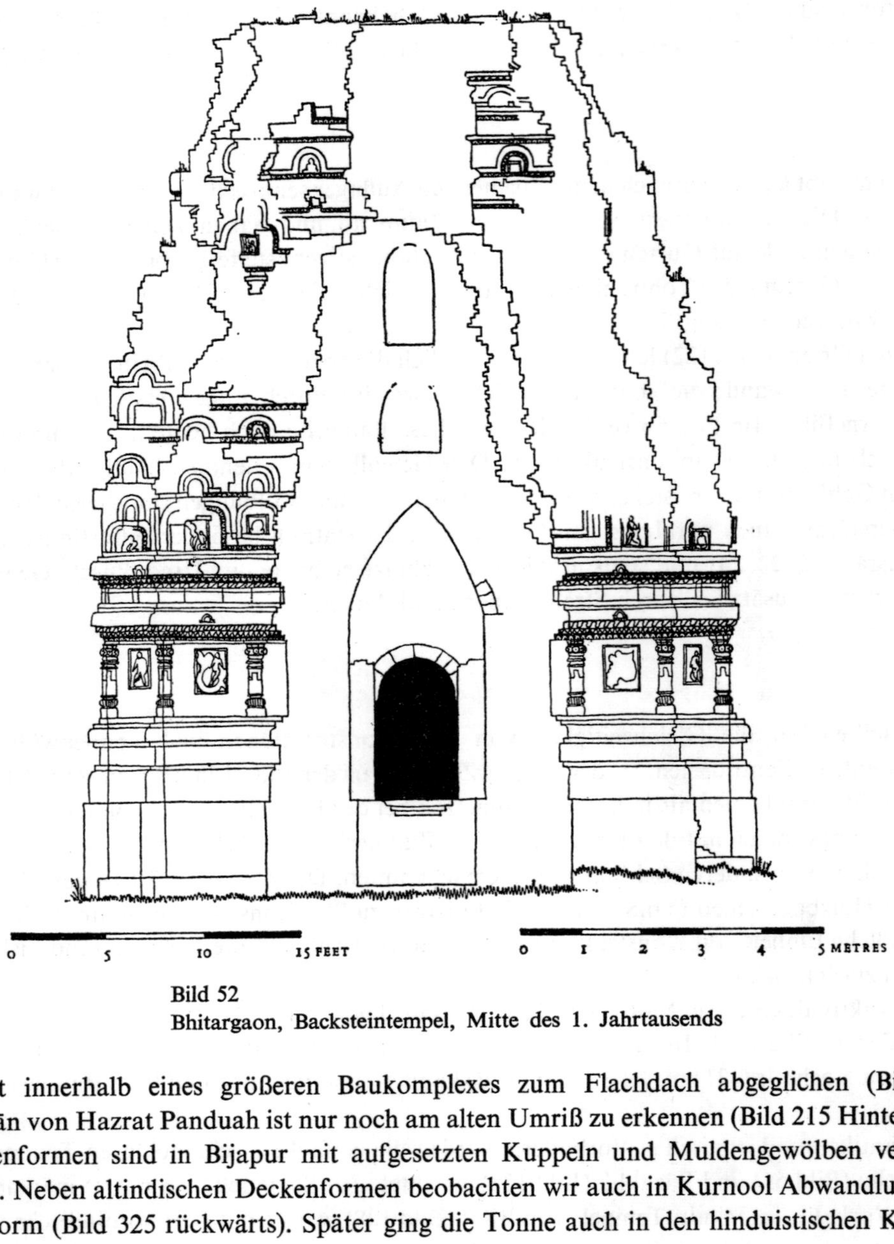

Bild 52
Bhitargaon, Backsteintempel, Mitte des 1. Jahrtausends

Bidar ist innerhalb eines größeren Baukomplexes zum Flachdach abgeglichen (Bild 211).

Ein īvān von Hazrat Panduah ist nur noch am alten Umriß zu erkennen (Bild 215 Hintergrund). Kielbogenformen sind in Bijapur mit aufgesetzten Kuppeln und Muldengewölben verbunden (Bild 91). Neben altindischen Deckenformen beobachten wir auch in Kurnool Abwandlungen der Tonnenform (Bild 325 rückwärts). Später ging die Tonne auch in den hinduistischen Kult- und Residenzbau ein.

In der späteren dravidischen Architektur verwendete man Tonnen von flachbogigem Querschnitt: in den Gängen der Türme von Tanjore (Bild 296) und in einem modernen maṇḍapa von Chidambaram (Bild 347).

E

Die Tonne scheint im alten und im islamischen Indien nicht nur den praktischen Zweck einer Raumschale, sondern auch zahlreiche symbolische Bedeutungen gehabt zu haben.

Lenzen (174:124) und Ghirshman (108:32) halten die Baugestalt des parthischen tonnengewölbten īvān für eine Monumentalisierung des Nomadenzelts.

In Antike und Renaissance gab man Kuppeln und Tonnen durch Kassettierung eine hoheitsvolle Wirkung (181:140). Für das parthische Nisa nehmen die Ausgräber eine kassettierte Kuppel

(222: gegenüb. S. 104) an; kassettierte Tonnen lernten wir in Gandhara und Kashmir kennen. Im frühen nord-west-indischen Profanbau scheint man also das Tonnengewölbe auf Grund verschiedener Anregungen als ein Zeichen für die weltliche Macht verstanden zu haben.

Gleichzeitig wurden Tonnengewölbe in den Felsaushöhlungen und Lehmziegelbauten Turfans mit Bildern fliegender Mönche, des göttlichen Reittiers Garuḍa, der Windgötter (128:5, 6; 170: III 16), der Sonne, des Mondes und verschiedener Gestirnkonstellationen (169: Abb. 220) geschmückt; Soper (267:234) vermutet antiken Einfluß in dieser Ausdeutung des Tonnengewölbes als Himmelszone. Die Kuppel von Sengyma'uz gilt als Himmelsbild; Tonnengewölbe in demselben Heiligtum sind mit Zelt-Ornamenten geschmückt (129:121). Konnte man die Vorstellungen von Himmel und vom Zelt bald durch Kuppeln, bald durch Tonnengewölbe ausdrücken?

Neuerdings wurde ein maṇḍapa von Chidambaram mit einer Flachtonne eingewölbt und auf volkstümliche Weise mit Illustrationen aus den Epen, also auch mit verschiedenen Darstellungen der Hindu-Götter in ihrem himmlischen Reich, ausgemalt (Bild 347).

Apsidenbauten schloß man in Holzkonstruktionen und in caitya-Höhlen durch die Tonnenform, die damit frühzeitig eine kultische Bedeutung erwarb und sie später als Massivbau hasti pṛṣṭha beibehielt (160:142). Solche monolithe Tonnen krönen den Vaital Deul (24:pl. 84,1), den Mukhalingeśvara und einen kleinen Tempel am Rande der Gruppe von Jageshvar (93: Taf. 274) sowie die dravidischen gopuras.

Indo-islamische tonnengewölbte īvān-Bauten haben nach unserer Vermutung eine hoheitsvolle Bedeutung. Bei der Veröffentlichung eines langrechteckigen Werkstein-Torbaus von Firozabad/Bhima mit gegurteter und durch dekorative Rippen unterteilter Kielbogen-Tonne teilte ich die Annahme indischer Kunsthistoriker mit, daß in dieser Form die Erinnerung an die buddhistischen Höhlen des Dekkhan mit ihrem symbolischem Schmuck felsgehauener oder aus Holz angearbeiteter Rippen nachwirke (89:255 n. 2).

Wir haben gerade an den kassettierten Gewölben (s.o.S. 73) und an den Gewölben mit Gestirnschmuck (s.o.S. 9) die Gleichsetzung von Tonne und Kuppel als Hoheitsform vermutet. Schon früher (s.o.S. 8) hatten wir einen bedeutungsvollen Schmuck des śikhara oder der Kuppel,

Bild 53
Jaunpur, Freitagsmoschee, um 1438

nämlich den Deckstein āmalaka, auch als symbolische Bekrönung von Formen des Tonnendachs und seiner Ableitungen beobachtet.

Schließlich: verbunden mit oder unabhängig von kultischen Überlegungen können Tonnen auf verschiedene Weise struktiv abgewandelt oder dekorativ bereichert werden – durch Gurtung (89: pl. gegenüb. p. 250), Kassettierung (s.o.S. 75 und Bild 328), Querstellung (218:4 + s.o. unser Bild 325), Führung über kreisrundem Grundriß (44:Abb. 41) als „waagerechte Ringtonne" (185: Abb. 13) oder „ringvormig tongewelf" (282:Taf. 12,3).

19. Aufgewölbte Kielbogentonne: Über ein Langrechteck aus geraden Mauern (Bild 263) oder Stützenstellungen (Bild 321) mit konvex aufgebogenen Traufen ist eine Tonne von meist kielbogigem Querschnitt mit entsprechend gekrümmter Firstlinie gespannt (Bild 113).

A

Die Bewohner des bambus- und schilfreichen bengalischen Deltas schützen sich seit alter Zeit gegen den schweren Monsunregen durch holzversteifte Lehm- oder Backsteinhäuser mit gekurvtem Dach, aufgebogenem First und weit überhängenden Traufseiten aus Schilf oder dauerhaftem Baustoff. Das typische Wohnhaus dieser Landschaft ahmte man nicht nur in hölzernen Prozessionswagen, sondern auch in ziegelnen Moscheen, Tempeln und Residenzbauten durch schmuckreiche Gebilde nach, die von Tonnen mit kielbogenförmig aufgebogenem Scheitel eingewölbt waren (86:1). Die radial konstruierten Gewölbeschalen können in kleineren Heiligtümern (Bild 265) oder Pavillons (Bild 237 Mitte) unter freiem Himmel liegen oder im Verband größerer Tempel (Bild 56, 260–263) und Moscheen unter Dächern und Kuppeln verborgen bleiben.

B

Als „Bangaldar", „Bangali chatri" (235:50, 99), „Beṅgali Maḥall" (36:n. 25) bezeichnet man die Dorfhäuser Bengalens, ihre Monumentalisierung in Backstein-Kultbauten (Bild 265) dieser Landschaft und ihre Nachahmung in den Marmorpalästen (Bild 237) der Mogul-Zeit (297:III 190). Der Typus „Jor Baṅgla" (24:182) entsteht aus einer Aneinanderreihung zweier rechteckiger Bauten mit bengalischem Dach, z.B. in Burdwan (Bild 265).

Nach-mittelalterliche Tempel von Orissa im Stil des bengalischen Hauses hießen „Gouṛiya" (18:78).

Die stereometrische Grundform einer solchen Konstruktion hat Macku (185: Abb. 12) als „lotrechte Ringtonne", als eine Entwicklung aus dem Platzl-Gewölbe (H. Reuther) über rechteckigem Grundriß dargestellt.

Architekten benannten in neueren Arbeiten diese Sonderform des Tonnengewölbes „zweisinnig gekrümmte spitzbogige Tonne" (262:Beispiel 12) oder „aufgewölbte Kielbogentonne" (291:178).

C

Das hölzerne Vorbild (s.o.S. 16) wurde von Volwahsen (291:178) als besonders stabil beschrieben: Es ist eine aus dem Bambusbau entwickelte Dachform, die in jeder Schnittebene gekrümmt erscheint. Traufe und First des Daches sind aufgebogen; auch die senkrecht zum First liegenden Bambusstangen sind gekrümmt. Das Dach ist sehr fest, da jeder Bambusstab unter Spannung steht.

Nach Klas stellen monolithe Backstein-Mörtel-Gebilde mit kurvig gemauerten Wölbschichten immer „Annäherungen" (157:10, 16) dar. Die komplizierten Näherungsformen mainfränkischer

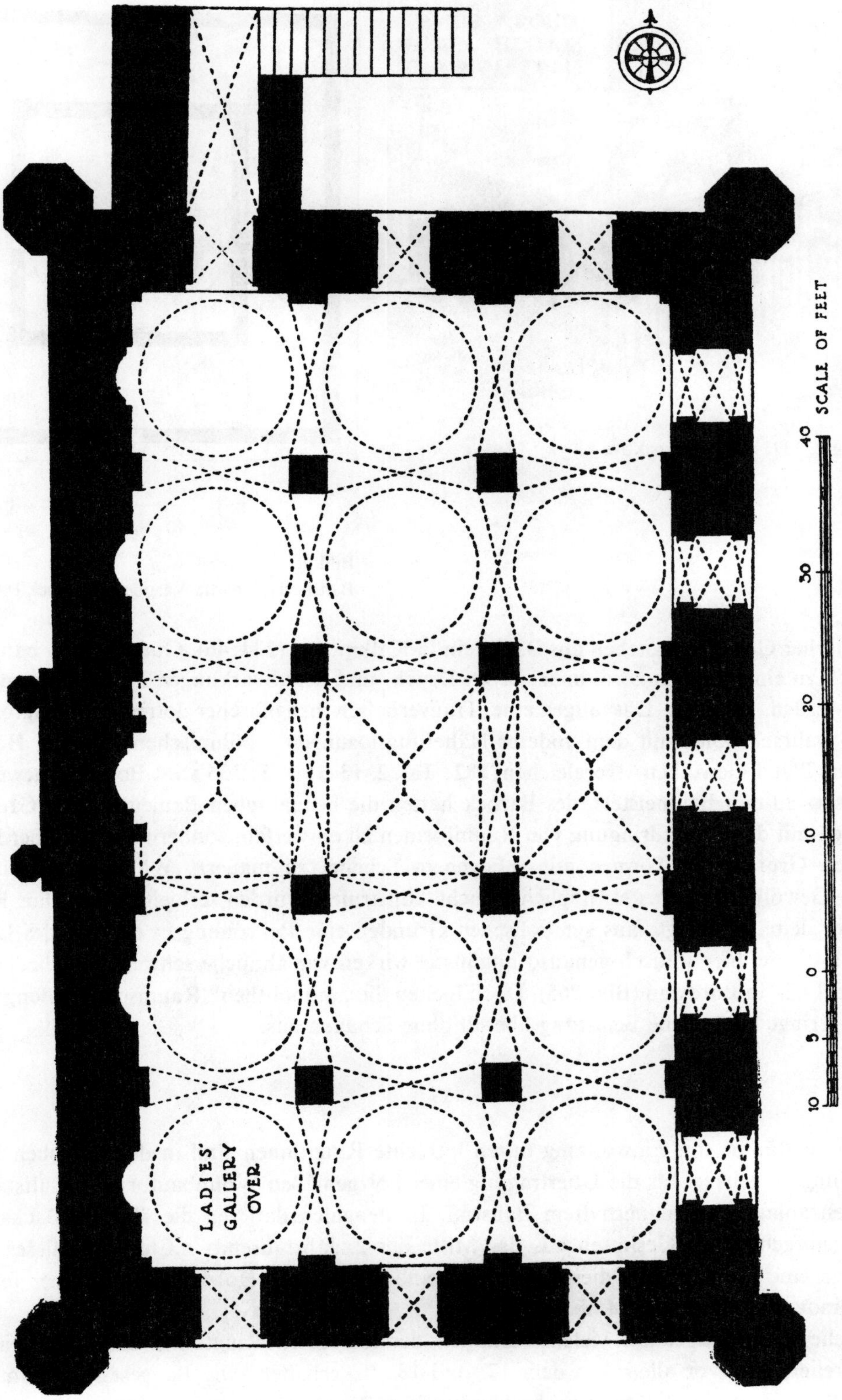

Bild 54
Gaur, Chhotā Sonā masǧid, 1493–1519, Grundriß (54), Perspektive (55)

Bild 55
Gaur, Chotā sonā masğid, 1493–1519, Perspektive

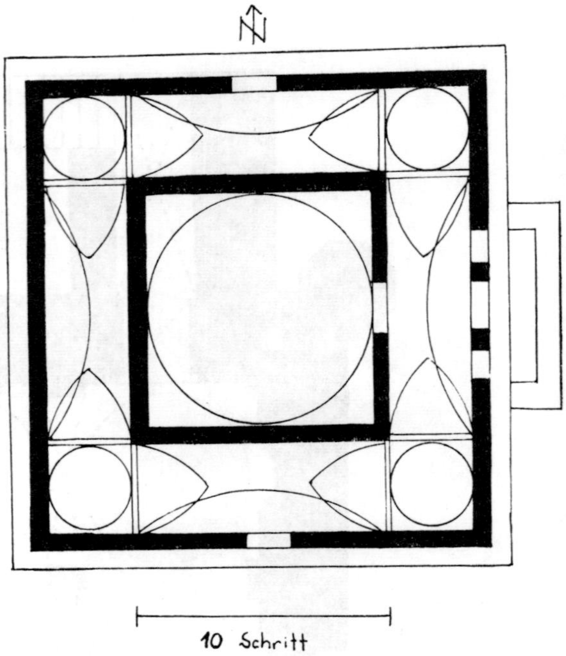

Bild 56
Bansberia, Ananta-Vāsudeva-Tempel, 1669, Grundriß

und böhmischer Gewölbe bestehen aus Backstein in Kalkmörtel (234:46). Guter Mörtel band die Ziegel rasch zu einer Einheit zusammen, deren Druck- und Schubwirkungen im Mauerkern aufgefangen werden konnten. Das allgemeine Tragverhalten bengalischer lotrechter Ringtonnen kann man wahrscheinlich mit dem anderer Näherungslösungen – böhmischen Kappen, Hängekuppeln und Platzl-Gewölben – vergleichen (282: Taf. 2, 13–15 u. S. 336 s.v. „Boheems gewelf"). Im Gegensatz zu den Baumeistern des Barock hatten die bengalischen Bauleute keine Großgewölbebauten mit der Durchdringung von Raumformen zu entwerfen, sondern einfach über langrechteckigen Grundrissen Tonnen mit gebogenem Scheitel zu mauern. Während die abendländischen Gewölbe im Scheitel möglichst leicht konstruiert wurden, erhielten lotrechte Ringtonnen über dem Jor Baṅgla aus symbolischen Gründen eine Bekrönung in der Art des Decksteins āmalaka, die hier statisch genauso ungünstig wirken wie ähnliche schwere Bauglieder auf einer Kuppel z.B. in Burdwan (Bild 265). Doch hielten die „monolithen" Raumschalen Bengalens die relativ geringe zusätzliche Belastung überall ohne Schaden aus.

D

Rechteckige Räume mit Einwölbung durch lotrechte Ringtonnen sind in der indischen Baukunst das jüngste Beispiel für die Übertragung einer holzgemäßen Wohnbauform in Kultstätten und Residenzanlagen aus dauerhaftem Baustoff. In Bengalen datieren die ältesten Backsteinbauten mit aufgebogenen Gesimsen aus der Mitte des 2. Jahrtausends n.Chr. Aus dieser Zeit stammt auch eine Nachahmung dieser – wahrscheinlich uralten – Holzbauform in einer felsgehauenen Hindu-Kultstätte von Maibang (36: n. 1).

Bengalische Ziegeltempel mit vielen Varianten der lotrechten Ringtonne und bilderreichen Terrakottareliefs sind vor allem aus dem 17. und 18. Jh. erhalten. Die Baugestalt tritt im Jor Baṅgla deutlich zutage (Bild 265). Zwei breitrechteckige Räume sind durch Tonnen mit spitz aufgebogenem Scheitel eingewölbt. Wie bei den meisten indischen Kultbauten stimmen Raumschale und Dachform überein. Die Schmalseiten der Bauten enden in spitzwinkligen Dreiecken; über diesem Giebel kann das Dach vorragen. Der westliche Raum, das maṇḍapa, öffnet sich in drei Zackenbögen; eine enge Tür läßt nur wenig Licht in den angrenzenden östlichen Raum, das garbhagṛha, eindringen.

Im Ein-Turm-Typus von Bansberia umgeben vier maṇḍapas (Bild 263) – schmale, rechteckige Räume mit lotrechter Ringtonne – im Achsenkreuz (Bild 56) ein quadratisches, überkuppeltes und durch einen Turm betontes garbhagṛha (Bild 260); durch vier kleinere und wiederum überkuppelte quadratische Räume in den Diagonalen (Bild 262) wird die gesamte Anlage zum Quadrat ummantelt. Die Kuppeln der vier Eckräume und die Tonnen der maṇḍapas liegen unter einem einheitlichen Dach mit überhängenden Traufen verborgen.

Dieselbe Grundform wird im pañcaratna-Typus (24:181) durch Türmchen über den vier überkuppelten quadratischen Eckräumen bereichert; bei der Aufstockung von weiteren Geschossen entstehen Neun-, Sechzehn- und schließlich Fünfundzwanzig-Turm-Typen, z.B. in Kalna (Bild 264).

In allen diesen Spielformen und in den Tempeln bengalischen Stils der Grenzlandschaften Orissa (18:78) und Assam (219:87) diente die lotrechte Ringtonne zur Einwölbung der maṇḍapas.

Von der Mogul-Zeit an nützte man die Formen des bengalischen Daches zunächst in Marmorbauten der Residenzen, z.B. in Agra (Bild 237) und Aurangabad (Bild 321), später auch in allen anderen Baustoffen als Vorbild für Pavillons in kultischen und weltlichen hinduistischen und islamischen Anlagen (85:145). Einige Innenräume erhielten eine besonders reiche tektonische und dekorative Wirkung durch die Verbindung mit persisch-islamischen Konstruktionsformen (297: III 190).

Diese Bau- und Schmuckkunst machten sich auch hinduistische Herrscher zur Gestaltung ihrer Residenzen, etwa von Udaipur (Bild 100) oder Dig (Bild 331) zu eigen.

E

Am bengalischen Hindu-Tempel des Ein-Turm-Typus und seiner Varianten bekrönen lotrechte Ringtonnen die maṇḍapas, im Jor Baṅgla schließen sie maṇḍapa und garbhagṛha ab. Bei der Entstehung neuer sakraler Baugestalten in der Spätzeit wiederholt sich in der Landschaft Bengalens eine Erscheinung, die etwa 1000 Jahre zuvor die Schöpfung des indischen Freibautempels bestimmte: in Bauformen ahmt man symbolisch das Bild des Hauses nach, welches als Abbild der Welt gilt und nach welchem auch der Tempelwagen, das Götterfahrzeug, entworfen wird (86:1).

Wie die oben betrachteten Massiv-Tonnen über nord-indischen Tempeltürmen und süd-indischen Tortürmen sind lotrechte Ringtonnen auf dem First durch den symbolischen Deckstein āmalaka und weitere Schmuckglieder verziert. Wenn auch weder aus dem bengalischen Schrifttum, noch aus Inschriften, Terrakottaschmuck und Ausmalung an den Tempeln selbst ein Hinweis auf die Bedeutung des Gewölbes zu entnehmen ist, so darf man doch in der tonnenartigen Raumschale über dem maṇḍapa und in den traditionellen Decksteinen analog zur kosmologischen Bedeutung dieser Bauteile an anderen indischen Kultstätten eine Himmelsvorstellung vermuten. Wir werden später (S. 151, 154) im Grund- und Aufriß des Ein-Turm-Tempels oder des pañcaratna-Typus eine Art dekorativer Abwandlung des iranischen Feuerheiligtums sehen, dessen Gestalt und Gehalt den bengalischen Bauleuten der Neuzeit aber sicherlich nicht gegenwärtig waren.

Der Typus des bengalischen Hauses oder Tempels diente seinerseits als Anregung zu zahlreichen Schmuckformen von der Mogul-Zeit an. In den Palästen des Šāh Ǧahān (Bild 237) und in den späteren Residenzen hinduistischer Herrscher (Bild 331) stellt das kurvige Dach eines bengalischen Pavillons einen wirkungsvollen künstlerischen Gegensatz zu geraden Firstlinien und zu zwiebelförmigen Kuppeln dar. Als Bekrönung von Wehrgängen und Sperrtoren in Festungsanlagen

(25:pl. 94, 1) und als Abschluß von Stadttoren (Bild 268) kann diese Form auch dieselbe Bedeutung erlangt haben wie die Kuppel und der Baldachin als Blickfang und herrscherliches Symbol auf Torbauten (5:90, 191; 63:206).

Die neuartige bengalische Bauform konnte auch in traditionellen Aufgaben der Sakral-Architektur an die Stelle älterer symbolischer Bauweisen wie des Stufenturms, des Ehrenschirms oder der Kuppel treten. Als süd-indische Bauherren im 19. Jh. an dem verehrungswürdigen Kultort Brindaban einen Tempel stifteten, ließen sie garbhagṛha, maṇḍapas, Stadtmauer-artige Umfriedung und gopuras im dravidischen Stil errichten; aber über dem Osttor des äußersten Mauergevierts errichteten die Baumeister keinen süd-indischen Stufenturm, sondern einen Pavillon mit Bengalischem Dach.

20. Klostergewölbe, Klosterkuppel: Über quadratischem Grundriß wird aus vier Wangenstücken der Tonne das Klostergewölbe gebildet (Bild 182); über einem gleichmäßig vieleckigen Raum entsteht bei spitzbogiger Wölblinie die Klosterkuppel (Bild 311, 327).

21. Muldengewölbe: Über einem langrechteckigen Grundriß wird ein Muldengewölbe dadurch konstruiert, daß man die Stirnseiten einer Tonne durch zwei Wangenstücke ersetzt (Bild 293).

22. Spiegeldecke, Spiegelgewölbe: Setzt man vier Wangenteile einer Tonne so zusammen, daß sich am Scheitel eine Ebene parallel zu den Kämpferlinien bildet, so erhält man das Spiegelgewölbe (Bild 232).

23. Kreuzgrat- und Kreuzrippengewölbe: Aus der rechtwinkligen Durchdringung zweier Tonnen entsteht das Kreuzgewölbe (Bild 205).

A

Wir lernten oben Formen der Tonne und ihrer Varianten, des Klostergewölbes und der Kuppel aus Kragekonstruktionen und aus krummen Steinbohlen, und später Tonnen auf der Grundlage des radialen Bogens kennen. Ehe wir das Studium der echten Kuppeln beginnen, betrachten wir hier Kloster-, Spiegel- usw. -Gewölbe aus radialen Lagerfugen.

B

In der Kunstgeschichte (180:282–284) und im Bauwesen (297: II 633) liegen die Bezeichnungen für die verschiedenen Gewölbe fest. Klosterkuppel (144:56) = Klostergewölbe über Sechseck, Achteck usw. (197:112 Nr. 41 + 42); Spiegelgewölbe = Spiegeldecke (297:IV 420). In den alten und neuen orientalischen Sprachen habe ich bisher keine feststehenden Begriffe für diese Gewölbeformen gefunden, außer nach O. Reuther (236:55) arabisch „sanduktsche“ = „Koffer, Kasten“ für Spiegeldecke.

Die bengalische Tradition der gekrümmten Trauf- und Firstlinie ergab eine Sonderform des Klostergewölbes über konvex aufgebogenem Gesims, oft im Scheitel gekappt und mit einer Spiegeldecke geschlossen, oder mit einem verkleinerten Klostergewölbe über kurvigem Gesims bedeckt: das „geschweifte Klostergewölbe“ (167:85) oder „pyramidal Bengali roof“ (300:18), das über vier Stützen auch als „bow-shaped“ (1: V pl. 131 u. VII 216) Thron-Baldachin dient (25: pl. 80, 2). So kommt es zu „bengalischen Sonderformen“, z.B. in Kalna (Bild 264: Gebäude beiderseits der Tür im Mauerverband) und Burdwan (Bild 268 Pavillons auf dem Torbau beiderseits des „bengalischen Daches“).

C

Das Klostergewölbe lastet gleichmäßig auf allen vier Wänden, die gemeinsam als Widerlager dienen. Bei der Klosterkuppel werden die Kräfte in einem günstigeren Verhältnis zerlegt. Druck und Schub der Muldengewölbes verteilen sich gleichmäßig auf die vier Umfassungsmauern. Das Spiegelgewölbe bietet die Möglichkeit zu kühneren Konstruktionen (144:57); die Wirkung der großflächigen, ebenen Spiegeldecke wird durch vier Kehlen oder Vouten aufgefangen, die wegen des hohen Seitendrucks gut hintermauert werden müssen. Die Muldengewölbe von Chidambaram (Bild 293) sind auf dem First durch die symbolischen Bauglieder āmalaka und kalaśa zusätzlich und nach den statischen Gesetzen ungünstig belastet (Bild 292), doch wurden an diesen Großgewölben bisher keine Schäden beobachtet. Zuganker sichern ein außergewöhnlich weitgespanntes Spiegelgewölbe von Madura (Bild 286). Die günstigsten statischen Bedingungen bietet das Kreuzgewölbe, dessen technische Möglichkeiten aber in der indo-islamischen Baukunst genau so wenig genutzt wurden wie die des Kreuzrippengewölbes (180:282; 297: III 439, 441). Druck und Schub voll ausgemauerter Gewölbekappen wurden in unterirdischen Bauten aufgefangen (Bild 205). In oberirdischen Räumen ging man nicht dazu über, tragende Rippen als konstruktive Grundlage für leichte Kappenstücke zu mauern, sondern belastete im Gegenteil einen Freibau von Gwalior (Bild 244) dadurch, daß man selbständige dekorative Gurte und Rippen anblendete (299:10).

D

Früh-indische Audumbara-Münzen (7:118 u. pl. I 16, 17), Reliefs von Amaravati, der felsgehauene Tempel Draupadīratha von Mahabalipuram (44: Abb. 200) und eine Standarte in der Sapta-Mātṛkā-Höhle von Elephanta enthalten Abbildungen von Klostergewölbe-artigen Konstruktionen aus Lehmziegelmauern, Teakholz-Pfosten und Bambus-Schilf-Dächern.

Ein Tempelturm auf einem Relief von Mathura endet in einer massiven Klosterkuppel, ähnlich dem dravidischen śikhara. Aber Freibauten mit den Gewölbeformen dieses Abschnitts stammen sämtlich von späteren indo-islamischen Anlagen und dürften vorwiegend auf Anregungen aus der iranischen Welt zurückgehen, seltener selbständige raumschöpferische Versuche indischer Baumeister sein. Im gesamten Orient stellen sie Ausnahmen dar, da – wie wir S. 15 überlegten – hier im Gegensatz zu anderen Bauschulen die Zerlegung der Kräfte weder ein konstruktives noch ein ästhetisches Ziel war. Die handwerklichen Mittel und künstlerischen Möglichkeiten z.B. des Kreuzgewölbes blieben im Vorderen Orient während der späteren Antike (60:106 f.), in der islamischen Kunst des Irak (236:54) und Iran (116:355) und auch in der indo-islamischen Architektur ungenutzt.

Dagegen schufen indische Bauschulen in späteren dravidischen Tempeln mit den neuen technischen Mitteln hohe und helle Kulträume wie im maṇḍapa mit Muldengewölbe von Chidambaram (Bild 293) und feierliche Kulthallen wie in einer hinduistischen Residenz mit Spiegeldecke von Madura (Bild 286).

20. Das Klostergewölbe schließt in der Tuġluq-Zeit und unter den Quṭb Šāhīs Nutzbauten von geringeren Ausmaßen ab und wird nach außen oft zur Pyramide oder zum Pyramidenstumpf abgeglichen (Bild 182, 183).

In den Moscheen und Tempeln Bengalens werden quadratische Raumabschnitte durch geschweifte Klostergewölbe überdeckt. Diese Bauweise dauert bis zur Gegenwart fort (Bild 264).

Flache oder steilere Klosterkuppeln über polygonalem Grundriß errichteten die Baumeister im früh-islamischen Dekkhan, in Vijayanagar, in Bijapur (Bild 90), in den späteren dravidischen Fürstensitzen und vor allem in den Bauten der Quṭb Šāhīs von Golkonda und Hyderabad

(Bild 311), in denen eine Stuckdekoration den Eindruck der halbkugeligen Kuppel erzeugt.

Am Grab des Safdar Jung in Delhi krönt eine Klosterkuppel die unterirdische Grabkammer (Bild 105).

In einer Kapelle von Thana ruht eine Klosterkuppel auf dreieckigen Platten und Konsolen (Bild 327): so wurde auch in Takht-i Bahi (Bild 122), Somnathpur (Bild 147) oder Chitorgarh (Bild 243) aus dem Quadrat in einen halbkugelförmigen Raumabschluß vermittelt. Das gleiche altindische Handwerk diente also nicht nur für einheimische Kultbauten und Paläste des indo-islamischen Zeitalters, sondern in Ausnahmefällen auch zur Ausführung von christlichen Bauten, deren Baumeister sich für gewöhnlich nicht an einheimische indische Kunstformen anschlossen (198:173 Anm. 19; 202 Anm. 63).

21. Eine Übergangslösung zwischen Kielbogen-Tonne und Muldengewölbe stellen einige Bauten von Bijapur dar. Ein Muldengewölbe aus Backstein in Kalkmörtel über einer kombinierten Haustein-Ziegel-Konstruktion aus waagerechtem Sturz mit weit auskragenden Konsolsteinen überdeckt in Daulatabad (Bild 180) einen dunklen Raum. Mit derselben Bauform erreicht man über dem Stützen-Architrav-Bau des Tausend-Pfeiler-maṇḍapa von Chidambaram eine glückliche Raumwirkung; Fensterreihen in der Kämpferlinie des Gewölbes beleuchten das Innere und schaffen einen Eindruck von Weiträumigkeit, wie er in der hinduistischen Sakralbaukunst selten ist (Bild 292, 293). Möglicherweise beruht die Konstruktion z.T. auf Überkragung und krummen Steinbohlen. Spätere Nachahmungen dieser Bauform im Draviḍa-Land wie in Tirunalla konnten bei gleicher handwerklicher Grundlage nicht mehr die gleiche künstlerische Ausdruckskraft erreichen.

In einigen Fällen bestehen Übergangslösungen zwischen Sonderformen der aufgewölbten Kielbogentonne und Baugestalten des Klostergewölbes, des Muldengewölbes und des sogenannten Trompengewölbes (s.u.S. 111): in einer Residenz der Lodi-Zeit (Bild 40 rechts unten), an einem Grab in Hyderabad/Sind (Bild 334) und in Peralam, wo über einer Halle mit Kragstein-Eingängen (Bild 350 links) kleinere und über einer Halle mit spitzbogigen Eingängen (Bild 350 rechts) größere Raumschalen in der Art des Muldengewölbes sitzen. Eine Übergangslösung zwischen der Tonnenwölbung über langrechteckigen Bauten und Kuppeln über dem Quadrat stellt das Trompengewölbe dar (64:78; 116:223), das neuerdings besonders in den Lehmziegelruinen von Afghanisch-Sistan studiert wurde (92: Bild 89, 141, 142, 210, 211, 215, 256, 257).

22. Spiegelgewölbe kommen zunächst in entwicklungsgeschichtlich reichen indo-islamischen Bauzentren neben den traditionellen Gewölben und Kuppeln vor: am Grab des ʿĪsā Ḫān in Delhi, in Bijapur (Bild 11) und unter den Moguls in Agra (Bild 232). Später wurde diese Bauform in den Nāyyak-Palästen von Madura (Bild 286) als Abschluß für einen weiten und hohen Stützenraum genützt. Auch im Nāyyak-Sitz von Alayarkovil erstrebte man durch den Wechsel niedriger und hoher Säle besondere Raumwirkungen. Nach den Ruinen zu urteilen, muß ein abgewalmtes Spiegel- oder Muldengewölbe mit sparrendachartigen, lanzettförmigen Steinbögen von künstlerischer Bedeutung gewesen sein. In Hyderabad, A.P., wird ein Spiegelgewölbe (Bild 315 links) wie eine Kuppel (Bild 315 rechts) durch Fenster erleuchtet.

Im 18. Jh. stattete man mit reich geschmückten Spiegeldecken den Sikh-Tempel von Majira Mandira (Bild 353) und das Grab des Safdar Jung in Delhi (Bild 105, Seitenräume im Erdgeschoß) aus.

23. In der Tuġluq-Hauptstadt Delhi-Firozabad (Bild 57, 58) und später in Malwa (Bild 205) bedeckte man mit Kreuzgewölben kellerartige Nutzräume und niedrige Gänge.

Die räumliche Wirkung eines Kreuzrippengewölbes erreichte man im Palast des Mān Singh in

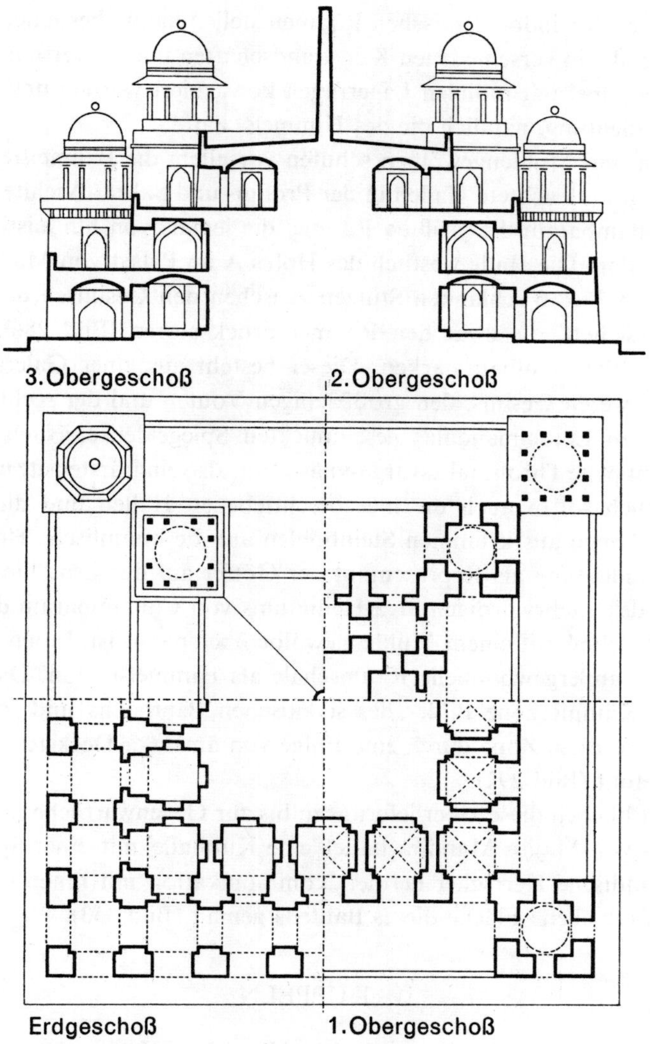

Bild 57 und 58
Delhi – Firuzabad, Kotilal des Fīrūz Tuġluq Šāh (1351–1388), Schnitt (57), Grundriß (58)

Gwalior (235: Taf. 21 ob.) durch angearbeitete Rippen aus dekorativer Absicht, nicht aus struktureller Notwendigkeit (Bild 244).

Die Kreuzgewölbe über den maṇḍapas des Hindu-Tempels von Peralam scheinen – nach der Überhöhung des Scheitels (210:3 Abb. 5) zu urteilen – unter modernem westlichem Einfluß entstanden zu sein (Bild 351).

E

Eine Variante des bengalischen Tempels schließt über dem quadratischen garbhagṛha mit einem geschweiften Klostergewölbe (Bild 264). Diese Bauform kann in Bengalen als ein zeitgemäßer Ersatz für die mittelalterliche Kragekonstruktion gedient und den Abschluß einer Höhle bedeutet haben. Im bengalischen Ein-Turm-Tempel erhebt sich eine Kuppel über dem Allerheiligsten; wir werden uns später bei der Betrachtung der Kuppel fragen, ob diese Bauform im Gesamtverband des Tempels den Sinn des Himmels oder in ihrer Position über dem Kultbild den Sinn des höhlenartigen Abschlusses hatte.

Die Klosterkuppeln über indo-islamischen Räumen stellen häufig besonders reich geschmückte Deckenlösungen dar, die in verschiedenen Kunstlandschaften und zu verschiedenen Zeiten wahlweise an Stelle der Kuppel mit radialen Lagerfugen konstruiert wurden und wahrscheinlich dieselbe symbolische Bedeutung, nämlich die des Himmels, hatten.

Mit Spiegeldecken und Muldengewölben schufen vor allem die Baumeister der Nāyyaks ausgedehnte, hohe und gut erleuchtete Hallen in der Profan- und Sakral-Architektur. Sie gestalteten in Madura und Chidambaram die größten Räume, die jemals von hinduistischen Bauherren in Auftrag gegeben wurden. Die Halle westlich des Hofes A im Palast von Madura wird über einer Kielbogenstellung von 3 × 6 schlanken Stützen zwischen den Gesimsen der Längswand durch eiserne Zuganker gesichert, die zwar den Raumeindruck stören (Bild 286), aber die statische Grundlage für den hohen Aufbau stärken. Dieser besteht aus einer Galerie von Rundbogenstellungen, einem schweren Gesims, den großflächigen Vouten und der rechteckigen, durch eine Folge von kreisrunden Lotus-maṇḍalas geschmückten Spiegeldecke. Nach Westen grenzt der quadratische, überkuppelte Thronsaal „svarga-vilāsa" an, also ein Fürstensitz unter einer Himmelskuppel; wahrscheinlich sollen auch die hier beschriebenen Hallen und die oben geschilderte Konstruktion einer Tonne aus krummen Steinbohlen auf die himmlische Herkunft des Tirumal Nāyyak und seine Bedeutung als Repräsentant der Götter auf der Erde hinweisen. Gleichzeitig entstand im Bezirk des altehrwürdigen Śiva-Heiligtums von Chidambaram das Tausend-Pfeiler-maṇḍapa, dessen Mittelteil mit einem Muldengewölbe überspannt ist. Innen- und Außendekoration bezeichnet diese außergewöhnliche Raumschale als Himmelsregion. Die sparsame Ausmalung enthält in der Kämpferzone Bilder des śivaitischen Pantheons und im Scheitel maṇḍalas (Bild 293); außen wird diese Zone durch eine Folge von āmalaka-Decksteinen mit den üblichen kalaśa-Aufsätzen betont (Bild 292).

In der Volkskunst blieben diese Überlieferungen bis zur Gegenwart lebendig. Den Mittelpunkt des Sikh-Heiligtums von Majira Mandira bildet eine Kulthalle mit einer Spiegeldecke. Hinduistische Götter und indische Herrscher bei der Kommunikation mit ihnen sind auf die Vouten, Lotus-maṇḍalas auf die ebene Fläche dieses Bauteils gemalt (Bild 353).

i) KUPPELN

24. *Kuppel über dem Kreis oder Kreiszylinder:* Über dem Kreis oder dem Zylinder steigen Wände in gleichmäßiger Einwärtsneigung empor und schließen sich zur Kuppel von flachbogigem, halbkreisförmigem (Bild 60) oder elliptischem (Bild 118) Querschnitt. – D = S. 106.

25. *Kuppel über dem Polygon:* Aus einem Vieleck, meist einem Achteck vermitteln ebene dreieckige Platten (Bild 178), Konsolsteine, Stufen von Konsolen, Trompen oder Rippenzwickelnetze (Bild 218) in ein weiteres Vieleck und schließlich in eine Näherungsform des Kreises als Grundlage für die Kuppel. Solche Konstruktionen dienen auch im Typus 30 nach der Verwandlung des Vierecks durch Trompen in das Achteck als weitere Übergangszonen (Bild 193, 196). – D = S. 107.

26. *Kuppel über dem Quadrat und Eckplatten, Ecksteinen oder Kragsteinschichten:* Aus einem Würfel vermitteln Eckplatten, Konsolsteine, Steinbalken (Bild 119), über Eck gestellte Steinwürfel (Bild 215, 262) oder Verbindungen aus diesen Baugliedern in den Grundkreis einer Halbkugel. Diese zusammengesetzten Formen stellen im Typus 30 auch den Übergang vom Oktogon (Bild 210) im 2. Geschoß in den Grundkreis der Kuppel her. – B = S. 90; D = S. 108.

27. *Kuppel über dem Quadrat und dem „Türkischen Dreieck":* Zwischen rechtwinklig zusammen-

stoßenden Mauern vermittelt eine gestufte (Bild 65, 131) oder geglättete (Bild 130, 176) Fläche einer auf den Kopf gestellten Pyramide über einem rechtwinkligen gleichschenkligen Dreieck aus dem Quadrat in das Oktogon; zwischen rechtwinklig zusammenstoßenden Mauern vermittelt ein auf den Kopf gestelltes Segment eines Kegelmantels in den Grundkreis (Bild 126) der Kuppel. – B = S. 91; D = S. 110.

28. Kuppel über dem Quadrat und Pendentifs: Aus einem Würfel (Bild 266) oder Stützenquadrat (Bild 238) vermitteln konstruktiv selbständige sphärische Dreiecke in einen Kreis, über dem eine Kuppel halbkugelförmig aufsteigt. – B = S. 91; C = S. 97; D = S. 110.

Bild 59

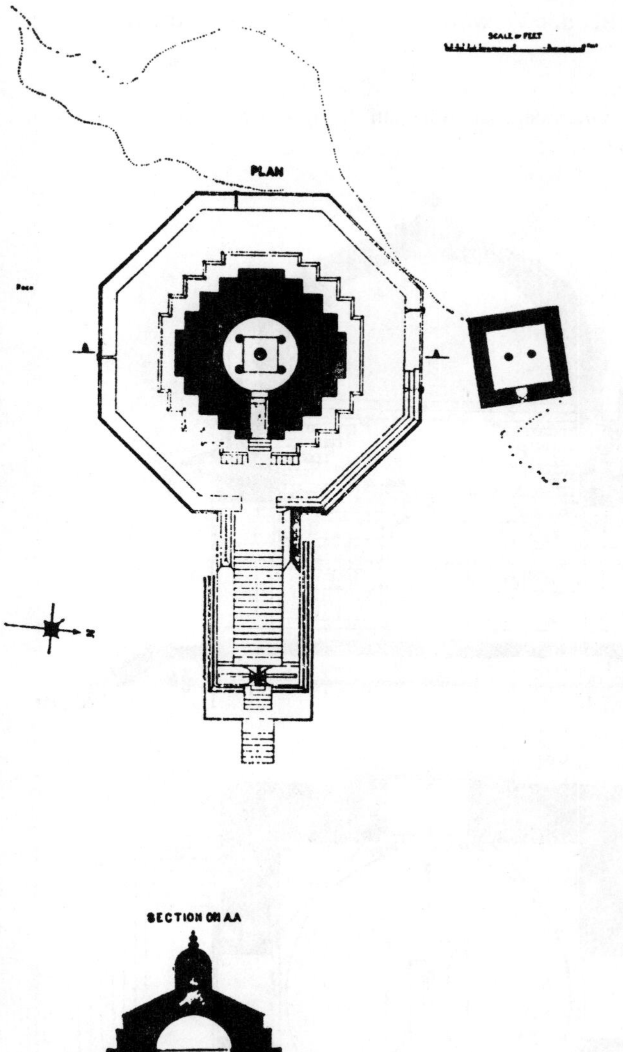

Bild 59–61
Shrinagar, Śāṅkarācārya-Tempel a.d. Taḫt-i Suleiman, 8. Jh., Grundriß (59), Schnitt (60), Aufriß der Fassade(61)

Bild 60

Bild 61

29. Kuppel über dem Quadrat und „Sasanidischen Trompen“: Über den Ecken eines Mauerquadrats oder über Bogenstellungen mit gerader Aufmauerung vermitteln konische (Bild 66), kielbogenförmige (Bild 340) oder aus vorkragenden Schichten (Bild 123) gebildete Trichter direkt in den Grundkreis einer Kuppel. Solche Trichter dienen auch im Typus 30 gelegentlich als Übergang zwischen Kuppelzonen (Bild 189). – B = S. 91; C = S. 98; D = S. 111.

30. Kuppel über dem Quadrat und Trompen in rechteckigen Nischen: Über die Ecken eines würfelförmigen Raumes sind Trichter gespannt und mit einer geraden Aufmauerung so zu einem rechteckigen Feld abgeglichen, daß sich aus der Abfolge dieser Trichternischen und der Rechtecke zwischen ihnen ein Oktogon als Grundlage für die weitere Annäherung an den Kreis als Ausgangspunkt der Kuppel ergibt (Bild 68, 220, 306 unten). Bei der Verwandlung dieses Achtecks über das

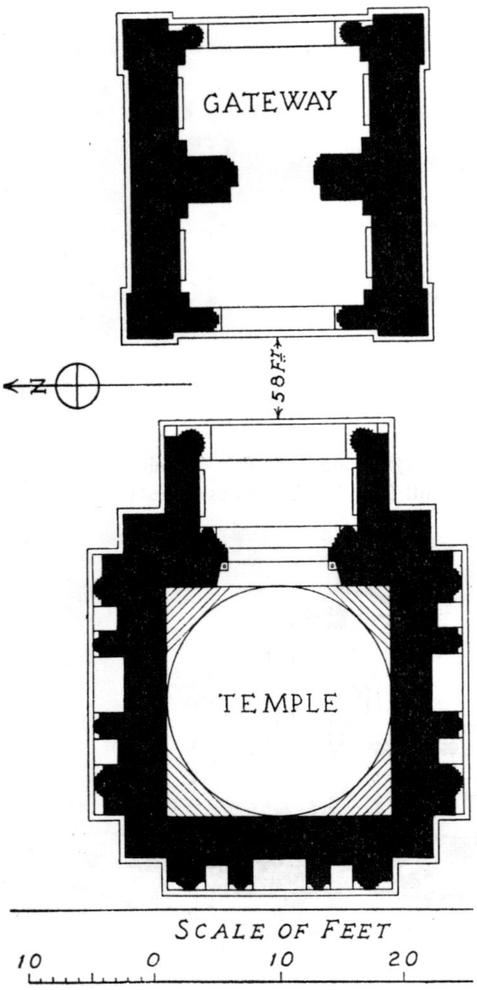

Bild 62
Bilot, Hindutempel, 8.–10. Jh., Grundriß

Bild 63 und 64
Sasaram, Grab des Šāh Sūr, um 1540, Wächterhaus, Schnitt (63), Grundriß (64)

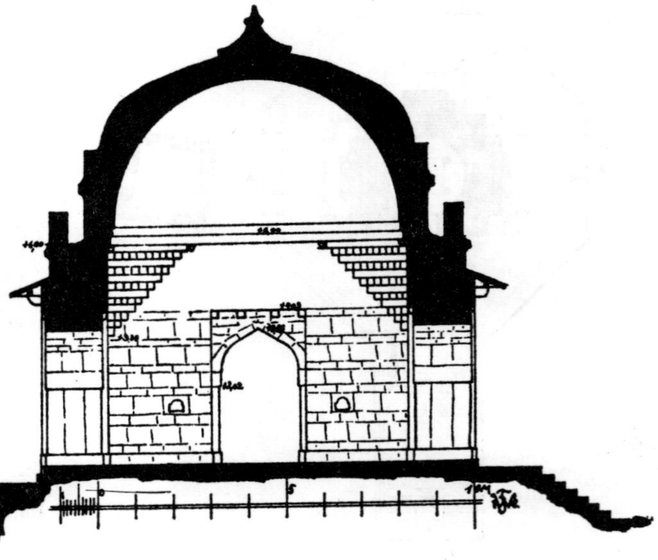

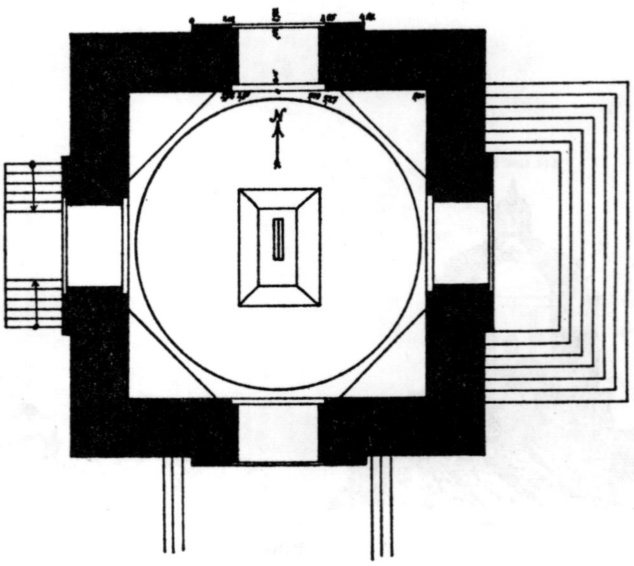

Bild 65
Fatehpur Sikri, Freitagsmoschee, nach 1569, Grundriß und Schnitt Nord-Süd der Nebenkuppel im Südflügel

Bild 66
Chotscho, Kloster, Mitte 1. Jahrtausend, Skizze der Ausgräber

Sechzehneck usw. zum Kreis dienen dieselben Übergangslösungen der Trichternische (Bild 193) oder Konstruktionselemente vom Typus 25 (Bild 196), Typus 26 (Bild 210) und Typus 29 (Bild 189). – B = S. 91; C = S. 98; D = S. 112.

31. Kuppel über dem Quadrat und verschiedenartigen Verbindungen von Trompen und Pendentifs: Aus den bisher geschilderten konstruktiven Mitteln werden verschiedene dekorative Übergangslösungen zwischen Quadrat und Kreis gewonnen, etwa im Wechsel von Trompen und Pendentifs (Bild 214), in der geraden Übermauerung von Trompen (Bild 269) oder in der Zerlegung von Pendentifs in mehrfach gebrochene Formen (Bild 81). – B = S. 92; D = S. 114.

32. Kuppel über dem Quadrat und Rippenzwickeln oder Rippenzwickelnetzen: Über einem Quadrat steigen sich kreuzende Kielbögen auf, die über den Zwickeln in den Ecken und über den Quadratseiten selbst Rippen als Grundlage einer rechteckigen Übermauerung bilden, von der aus die Überleitung in die Kuppel erfolgt (Bild 297); über dem achteckigen Obergeschoß eines Raumes steigen aus Restflächen von Zwickeln Rippennetze auf, die in einem Zweiunddreißig-, Vierundsechzig- Eck oder in einem Kreis als Grundlage einer Kuppel enden (Bild 306: Oberteil). – B = S. 93; C = S. 98; D = S. 115.

33. Kuppel über schachtförmig erhöhtem Tambour: Über dem Quadrat (Bild 120), Oktogon

Bild 67
Chotscho, stūpa O, 1. Jahrtausend, Skizze der Ausgräber

Bild 68 und 69
Delhi-Tughlaqabad, Grab des Ġiyāṯ ud-dīn Tuġluq Šāh I. (1320–1325), Grundriß (69), Schnitt (68)

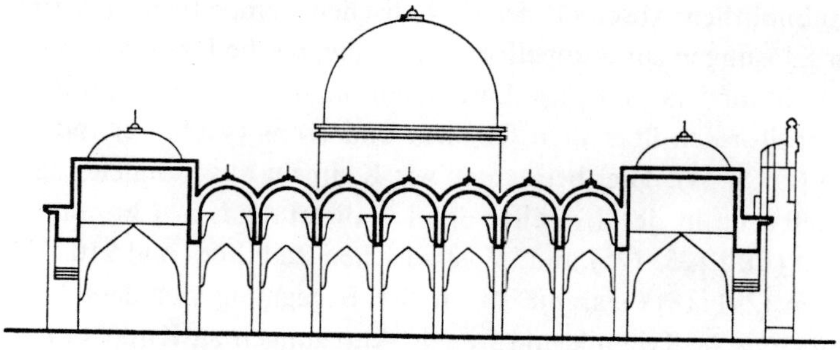

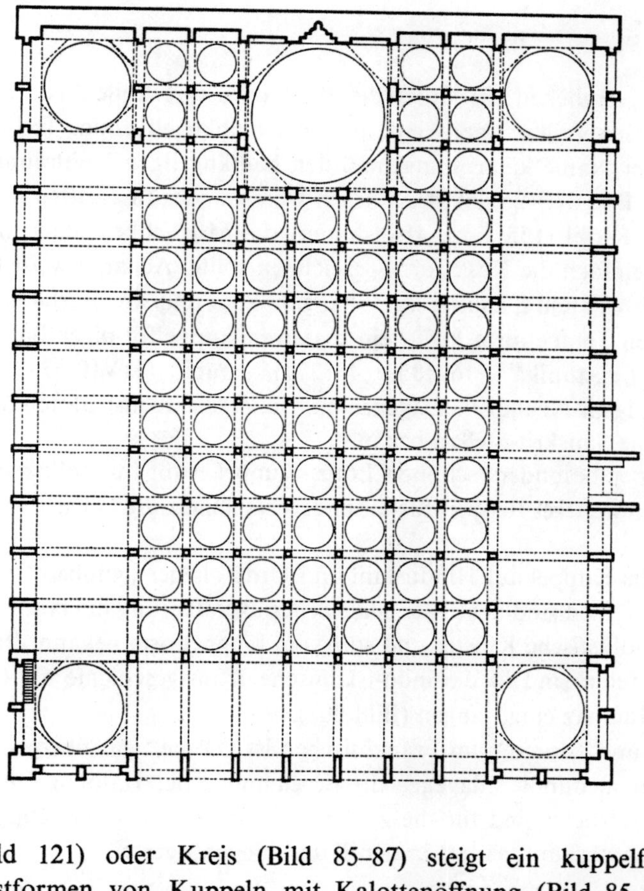

Bild 70 und 71
Gulbarga, Freitagsmoschee, 1367, Aufriß (70, vgl. Bild 206), Grundriß (71)

(Bild 121) oder Kreis (Bild 85–87) steigt ein kuppelförmig geschlossener Zylinder aus Restformen von Kuppeln mit Kalottenöffnung (Bild 85–87), aus Rippenzwickeln mit Tambour (Bild 84) oder aus Rippenzwickelnetzen (Bild 91 links) auf. – B = S. 94; C = S. 101; D = S. 116.

34. Mehrschalig abgeschlossene Gewölbe: Schalen von Tonnen (Bild 125), Tonne und Kuppel (Bild 93) oder Kuppeln (Bild 95, 236) bilden mehrgeschossige Bauten. – B = S. 95; C = S. 101; D = S. 116.

A

Die Form der Halbkugel bildeten die Inder mit megalithischen Steinsetzungen des Topi Kallu (93: Taf. 13) und seit der Maurya-Zeit im massiven, gemauerten (290:21) und monolithen (290: 40) stūpa, im Bambusdach des Rundhauses (290:144), im oberen Abschluß von kreisförmigen

Höhlenklöstern (290:96) und im monolithen Abschluß des südindischen Tempelturms (290:69) ab. Im Freibau schufen sie Näherungslösungen zur Kuppelform auf einheimische Kragebauweisen in trockenem Verband (s.o.S. 35), besonders mit der Laternendecke (s.o.S. 40), der Ringschichtendecke (s.o.S. 45), den Kuppelformen über dem Quadrat und Kreis (s.o.S. 52) und den kombinierten Kragekonstruktionen (s.o.S. 64). Hier betrachten wir Kuppeln aus radialen Lagerfugen, deren handwerkliche Überlieferung in der 1. Hälfte des 1. Jahrtausends n. Chr. aus der Mittelmeergegend oder aus dem Iran (Bild 123, 125) und im islamischen Zeitalter (Bild 210, 235) aus vorderorientalischen Traditionen (291:181) stammt. Nach der Begegnung mit dem Islam verbanden indische Bauschulen einheimische Technik und fremde Anregungen zu Kuppeln über hinduistischen Residenzen etwa in Udaipur (Bild 100) und über Hindu-Tempeln z.B. in Jammu (Bild 336, 337).

B

Wie wir oben (S. 6 und 9) sahen, verglichen die Inder die Welt oder ihre Teile Erde und Himmel mit einem Ei, aṇḍa, oder dessen Teilen; aṇḍa heißt auch der halbkugelförmige Teil des massiven buddhistischen stūpa. Dieser Name käme sinngemäß den halbkugeligen Hohlräumen in den Lehmziegelstūpas von Turfan (Bild 67, 126) zu, doch liegen hierzu weder Inschriften noch Hinweise in den Turfan-Texten vor. Kirfel (155:Einl. 4) diskutiert die Möglichkeit, daß aṇḍa mangels eines geeigneten Ausdrucks einfach die Kugelform bezeichnen sollte. Acharya weist für „cupola" oder „dome" den Gebrauch von aṇḍa, kalaśa, kumbha, gala-kūṭa und stūpa-gṛha nach (1:VII Index S. 5). Den süd-indischen Tempelturm krönt ein massiver, kuppelförmiger Bauteil (Bild 133), „śikhara" (160:180, 196), „stūpikā" (160:350; 45:271), „stūpi" (1:VII 576) auf rundem, quadratischem oder achteckigem Grundriß. Dagegen sind über die Konstruktion von Kuppeln als Raumschalen bisher keine Sanskrit-Stellen bekannt.

Eine Moschee von Bijapur mit einer besonders schönen Lotus-Kuppel heißt im Volksmund „aṇḍa-masǧid" = „Ei-Moschee" – ein weiteres Beispiel für die enge Verschmelzung indischer und islamischer Kultur (Bild 88).

Nach persischem Gebrauch wird die Kuppel auf Hindūstānī und Urdu als der „gunbaḏ" oder „gumbaz" bezeichnet. Unter diesem Namen sind heute der islamischen Bevölkerung in Gandhara (273:12) und Turfan (170:III 16) buddhistische Klöster und stūpas in Kuppelform bekannt (Bild 14, 15). Einige auffallende Kuppelbauten sind in die indo-islamische Kunstgeschichte als Gol Gumbaz (Bild 99 Nr. 2) oder Nau Gumbaz eingegangen (Bild 302).

Im Englischen wechseln „cupola" und „dome"; im Französischen ist „dôme" ein übergeordneter Begriff für kuppelartige Dächer, „coupole" dagegen die Bezeichnung der Halbkugel über dem Kreis (227:33). Weitere Fachausdrücke sind für die zahlreichen Spielformen der Kuppelgestalt, besonders für die Übergänge aus dem Quadrat in den Kreis, eingebürgert:

26. Das „muqarnaṣ" (236:65; 138:27; 167:139) ergibt aneinandergereiht und treppenartig übereinandergeschichtet die „Stalaktiten" (180:659; 240:15) und damit Überleitungen aus dem Quadrat in den Kreis „durch übereck stufenförmig vorspringende Schichten" (Bild 131), „durch Schichten mit Zwergnischen-Reihen" (Bild 221) oder „durch Würfel- und Bandschichten in unregelmäßigem Wechsel" (299:9, 10, 98). Die stereometrische Gestalt der Übergangszone nähert sich dem „Stufen-Pendentif" (Bild 35, 36, 119, 131, 171), und daher heißen entsprechende Bauteile an alt-indischen und indo-islamischen Kultstätten auch „pendentif en encorbellant" (99:fig. 33, 36), „Zwickel aus stufenartig vorkragenden Schichten" (297:IV 266), „projecting pendentives" (59:XIV 34), „triangular corbels in clusters" (306:133) oder „corbelled pendentive" (207:18), „pendentives of corbelled brick work" (300:18), z.B. an der Backstein-Moschee von Hazrat Panduah (Bild 215).

27. Der Übergang aus dem Quadrat in das Oktogon, etwa in Sasaram (Bild 63, 64) durch die Verschneidung einer Pyramide mit dem Würfel (291:180) wird häufig als „pyramide angulaire“ (244:fig. 117), „pyramidical pendentives“ (143:II 55) oder meist als „Türkisches Dreieck“ (137: 31), „triangle turc“ (241:30–42) bezeichnet. Eine der vielen dekorativen Verbindungen mit dem oben genannten Stalaktitenwerk nannte O. Reuther „Überkragungszwickel“ (297:III 195). Eine Überleitung aus dem Quadrat direkt in das Kuppelrund wie in Iliköl (Bild 126) heißt bei Diez in einem späteren türkischen Beispiel „Fächerkonsole“ (64:116).

28. Die Entstehung der „Hängekuppel“ oder „Böhmischen Kappe“ (180:428), der „Stutzkuppel“ (297:III 55) oder „Außenkreiskuppel“ (84:52), auch „volta a vela“, „domical vault“, „continuous vault“ (295:57), „coupole à pendentifs“ (244:fig. 111) genannt, beschreibt Wetzel am Beispiel der indo-islamischen Wölbekunst im Anschluß an O. Reuther als „Rotationszwickel“ (299:9).

Von indo-islamischen Bauten sind auch die „spherical triangular pendentives“ (295:56) der „Pendentif-Kuppel“ (166:36), „Byzantiner-Kuppel“ (197:112 nr. 48), „Innenkreis-Kuppel“ (84:56) oder „calotte sur pendentifs“ (244:fig. 112) bekannt.

29. Die „Trompen-Kuppel“ (232:236; 84:S. 6 Abb. IV u. S. 59), eine Konstruktion, bei der ein Quadrat durch „Ecktrichter“ oder „Trompen“ (297:II 282) direkt in das Kuppelrund übergeleitet wird, beschreibt Hackin an sasanidischen Freibauten als „pendentif en trompe“ und an buddhistischen Höhlen von Bamiyan als „doubleaux d'angles formant trompes“ (113:55). Nach Godard (116:263) geht diese Bauweise möglicherweise auf parthische Tradition zurück: „... couvrir une salle carrée au moyen d'une coupole ... par l'intermédiaire de trompes jetées sur les diagonales du carré, une sorte de plateforme annulaire sur laquelle la voûte sera construite ...“. Nach Delbrueck gibt es in der sasanidischen Zeit eine „Kuppel im Quadrat, deren Pendentifs die besondere Form des Trichters, der persischen Trompe haben“ (60:94). Ward-Perkins schildert an christlichen Bauten Ober-Ägyptens die Konstruktion als „dome ... imposed on a square bay with the help of ... squinch“ oder „pennacchio a tromba, pennacchio a mezzo padiglione“ (294:17). Diese Form kennen wir aus dem Bereich unserer Untersuchung besonders von den Lehmziegelbauten des vorislamischen Afghanistan, etwa von Qunduz (Bild 123) und Turfan, z.B. von Chotscho (Bild 66) als „Vorsatzblatt“ (129:111; 171:Taf. 70b). Ich unterscheide den vorliegenden Typus 29 als „Sasanidische Trompenkuppel“ vom Typus 30. Hart (137:30) beschreibt die frühe iranische Form als „Trompennische“ im Gegensatz zum „Trompenbogen“ des islamischen Iran.

30. Aus der sasanidischen Trompe entwickelte sich in früh-islamischer Zeit eine neue Lösung für den Übergang aus dem Quadrat in das Achteck: die vier Ecktrompen – „Trompen“, „geradschenklige Trichter“, „Unterwölbungen, die nach oben zum Achteck führen“ (228:97) – wurden als „Trompenbogen“ (137:30) durch rechteckige Rahmenfelder umgeben, welche im Wechsel mit gleich großen Rechtecken über den Mauerwänden oder Bogenstellungen ein regelmäßiges Achteck als Basis für die weitere Überführung in das Rund bildeten. Diese Grundform, an welche die zahlreichen dekorativen Überleitungen aus dem Achteck in das Sechzehneck usw. nach geometrischen Reihen und der endgültige Übergang zum Kuppelrund wie im Typus 25 anschließen, will ich als „Islamische Trompen-Kuppel“ bezeichnen. Die allgemein islamische Bauform beschreibt Rumpler (244:91 u. fig. 132): „... zone des trompes d'angle en forme de prisme polygonal ... en inscrivant la trompe dans un muret carré ou rectangulaire ...“. Indo-islamische Beispiele schildert P. Brown (25:15): „... squinch system ... of projecting a small arch ... across the upper part of the angle of the square ... converting its shape into an octogon which may be

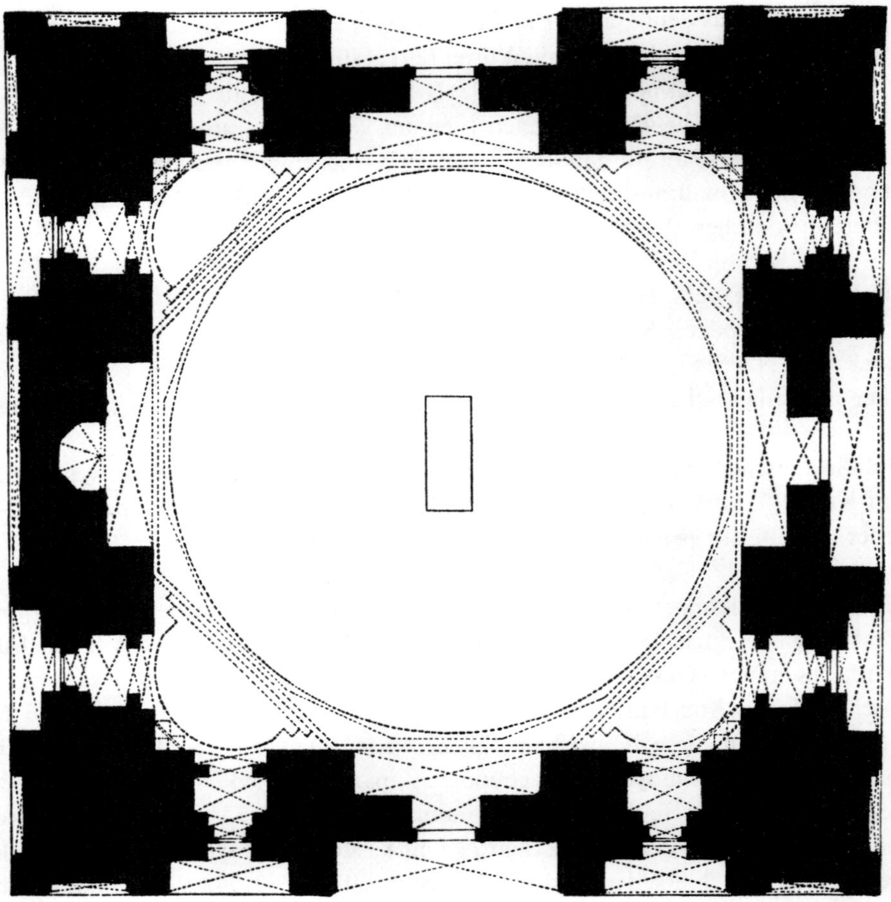

PLAN OF THE TOMB OF SULṬĀN AḤMAD SHĀH WALĪ BAIHMANĪ
Scale 12 feet to one inch

Bild 72
Bidar, Grab des Sulṭān Aḥmad Šāh al-Wāli Bahmanī (1422–1436), Grundriß

transformed in the same manner into a sixteen sided figure". Den Gegensatz zur sasanidischen Trompe erfassen Wetzel im indo-islamischen Gebiet (Bild 73–76) als „übereck gespannte Bögen" und „dahinter den Eckraum schließende Kugel-Trompen" (299:52, 66) und Langenegger im Irak als „übereck geführte Bögen" (165:110).

31. Die vorder-orientalische Kunst, aus geometrischen Mustern vielgestaltigen Architekturschmuck zu bilden, wurde von indischen Handwerkern, die an einheimischen Kultstätten schon immer gern das struktive Gerüst durch Plastik und Malerei verschleiert hatten, für indo-islamische Aufgaben übernommen. Für die zahlreichen struktiv-dekorativen Spielformen, z.B. beim Übergang aus dem Quadrat in den Kreis mit der islamischen Trompen-Kuppel, verwendet man häufig folgende Bezeichnungen:

Sphärische Dreiecke zwischen Trompen der sasanidischen Art und rund-, spitz- oder kielbogigen Blendarchitekturen über den Grundseiten des Mauerquadrats nennt man „zone des trompes 'angle à arcs tangents et petits arcs de liaison" (244:93 u. fig. 139) oder „triangles courbés" (242:11 u. fig. 4).

S. 91 lernten wir bei der Terminologie der sasanidischen Trompen-Kuppel Verbindungen von

„Trompe" und „Pendentif" kennen – also von Begriffen, die eigentlich verschiedenartige Konstruktionsweisen bezeichnen. In Ost und West gibt es gelegentlich einen Austausch dieser Bauglieder (297:II 283). Im Bereich der abendländischen Baukunst schilderte schon Viollet-le-Duc die Übergänge zwischen Pendentif und Trompe (288:361, 363). Rosintal (242:11, 25, 41, 50–52) nennt an Kuppeln des Ostens mehrfach gebrochene Pendentife „pseudo-pendentif" oder „pseudo-pendentif brisé", wenn sie sich über rechten Winkeln eines Mauerquadrats befinden. Dieselbe Bauform versteht Rave (228:97, 102 u. Abb. 19, 28) als „Baldachin-Trompe". Im indo-islamischen Bereich findet man vergleichbare Formen z.B. in Ahmedabad (Bild 187).

In Bijapur (244:fig. 155; 167:87 u. Abb. 142b) tragen diese Baldachin-Trompen meist eine gerade Aufmauerung (Bild 303), während in Beispielen von Samarkand (221:pl. 4B, 7A, 8A) und Herat der Übergang vom Polygon zum Kreis direkt erfolgt. Für diese abwechslungsreichen Übergangsformen zwischen Trichter und Zwickel schlug man Bezeichnungen vor wie „réseau de mailles" (242:27), „kite-shaped vault", „squinch net", „groined pendentive" (229:1121, 1252) oder „shield-like pendentive nets" (19:146; 221:179).

32. Durm beschreibt ein Konstruktions- und Dekorationssystem als „Pendentifs durch sich kreuzende Rippen" (173:Abb. 21). Die Wurzeln dieser außergewöhnlichen orientalischen Bau-

Bild 73 und 74
Delhi-Humayunpur, Grab des Šihāb ud-dīn Tāğ Ḫān, 1501, Schnitt (73), Grundriß (74)

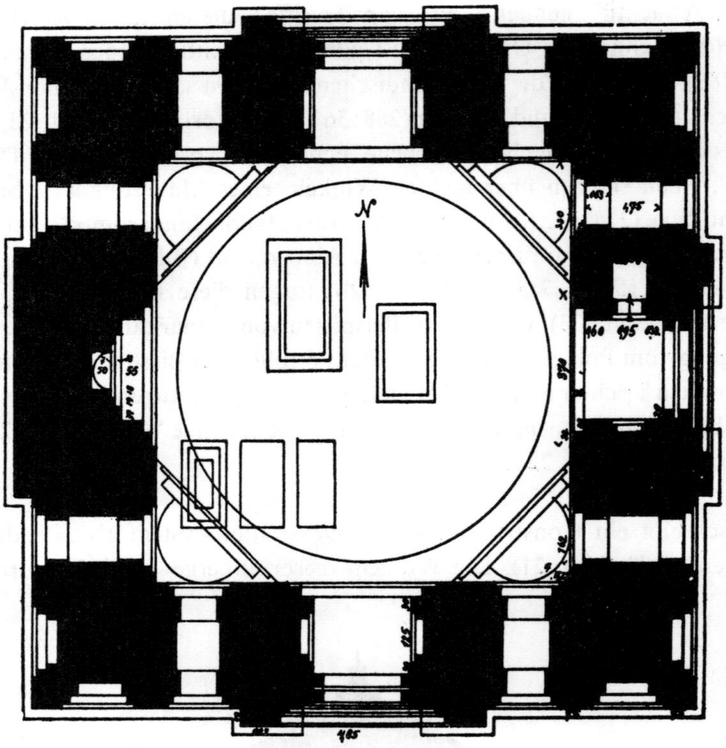

Bild 73 und 74
Delhi-Humayunpur, Grab des Šihāb ud-dīn Tāğ Ḫān, 1501, Schnitt (73), Grundriß (74)

weise, auf der einige der bedeutendsten indischen Raumschöpfungen beruhen, sieht La Roche in „Bogenkreuzungen", „Rippenzwickeln" und in einer „Spannung der Bögen, die über je zwei Seiten des Achtecks greift" (167:148, 86). In Turan verwendete man eine ähnliche Bauform aus einem „system of intersecting arches and netlike ribs" (221:179). Yazdani (306:138) beschreibt Konstruktionen kleineren Formats von Bidar als „overlapping arches". P. Brown (25:79) stellt das früheste Beispiel in der indo-islamischen Baukunst an der Freitags-Moschee von Bijapur (Bild 297) dar: „. . . square . . . contained within twelve arches, three on each side . . . these arches intersect above . . . producing an octagonal cornice for . . . base of the dome". Rumpler (244:127) schildert dieses System nach dem Gol Gumbaz (Bild 99 Nr. 2, 304) desselben Ortes: „. . . carré cantonné selon les diagonales des contreforts . . . ossature de base formée de huit arcades maîtresses entrecroisées qui soutiennent l'énorme calotte . . .".

Volwahsen erfaßt den Übergang vom struktiven „Rippenzwickel" zum vorwiegend dekorativen „Rippenzwickelnetz" (291:181), bei dem Restflächen von Pendentifs oft durch ein Gitterwerk aus Stuck, ein Netzmuster „réseau" verziert sind (242:44, 49). Diese Bau- und Schmuckformen, die während der späteren Mogul-Zeit z.B. in Sikandarah (Bild 230) beliebt waren, nennt Rumpler „pendentif nervé" oder „pendentif nervé sur trompe" (244:fig. 154, 142).

33. Für die Sonderform des stūpa von Chotscho (Bild 85–87) und der turmartigen indo-islamischen Bauten, die eine Kuppel auf überhöhtem Tambour ummanteln, z.B. in Bijapur (Bild 120, 121), habe ich bisher keine einheimischen Fachausdrücke gefunden.

Mit einem Zwischenglied „kursi" (165:110) erreichte man bei vorder-orientalischen Kuppeln als langgestrecktem Zylinder oft ein turmartiges Aussehen. Ein schachtartiger, aber nicht auf innere

Ansicht berechneter Tambour bestimmte das äußere Bild von Kuppeln unter den Tīmūriden und Moguls.

Ein hoher zylindrischer, halbdunkler Raum in islamischen Kultstätten besonders von Bijapur (50:62), seltener von Bidar (306:197) wurde bisher als Ungeschick des Baumeisters, als „chimney like interior“ beschrieben. Hier versuchen wir eine Würdigung dieser „Zylinder-Kuppel“.

Kuppelförmige Bauten aus verschiedenen Kragekonstruktionen und Wölbeformen sind allgemein „Übergangsbeispiele zwischen indischem Pfeiler- und persischem Bogenbau“ (299:69). Ein Sonderfall wie die Kuppel-Turm-Verbindung über dem garbhagṛha von Maluti (Bild 267, 269) kann mit einer „trompe en demi-voûte d'arêtes“ (244:fig. 124) verglichen werden.

34. Einheitliche Konstruktionen mit einer inneren Raum- und einer äußeren Schutz-Kuppel von verschieden großem Abstand zwischen den beiden Schalen heißen „Doppel-Kuppel“ (180: 430); aus der Mogul-Zeit stammt ein Beispiel in Lahore (Bild 97).

Als „double dome“, „double coupole“ (116:301) und „doppia cupola“ (198:316, 320) bezeichnet man häufig auch Kompositionen aus einer flacheren inneren Raumschale mit einem hohen, konstruktiv selbständig darübergesetzten, kuppelgekrönten Turm (Bild 99 Nr. 3). Diese Gebilde nennt Diez (64:85, 88) nach ihrer Bauweise „Sporen-Kuppel“, Rumpler (244:67) nach ihrer Er-

Bild 75 und 76
Sasaram, Grab des Ḥasan Ḫān Sūr, um 1535, Schnitt (75), Grundriß (76)

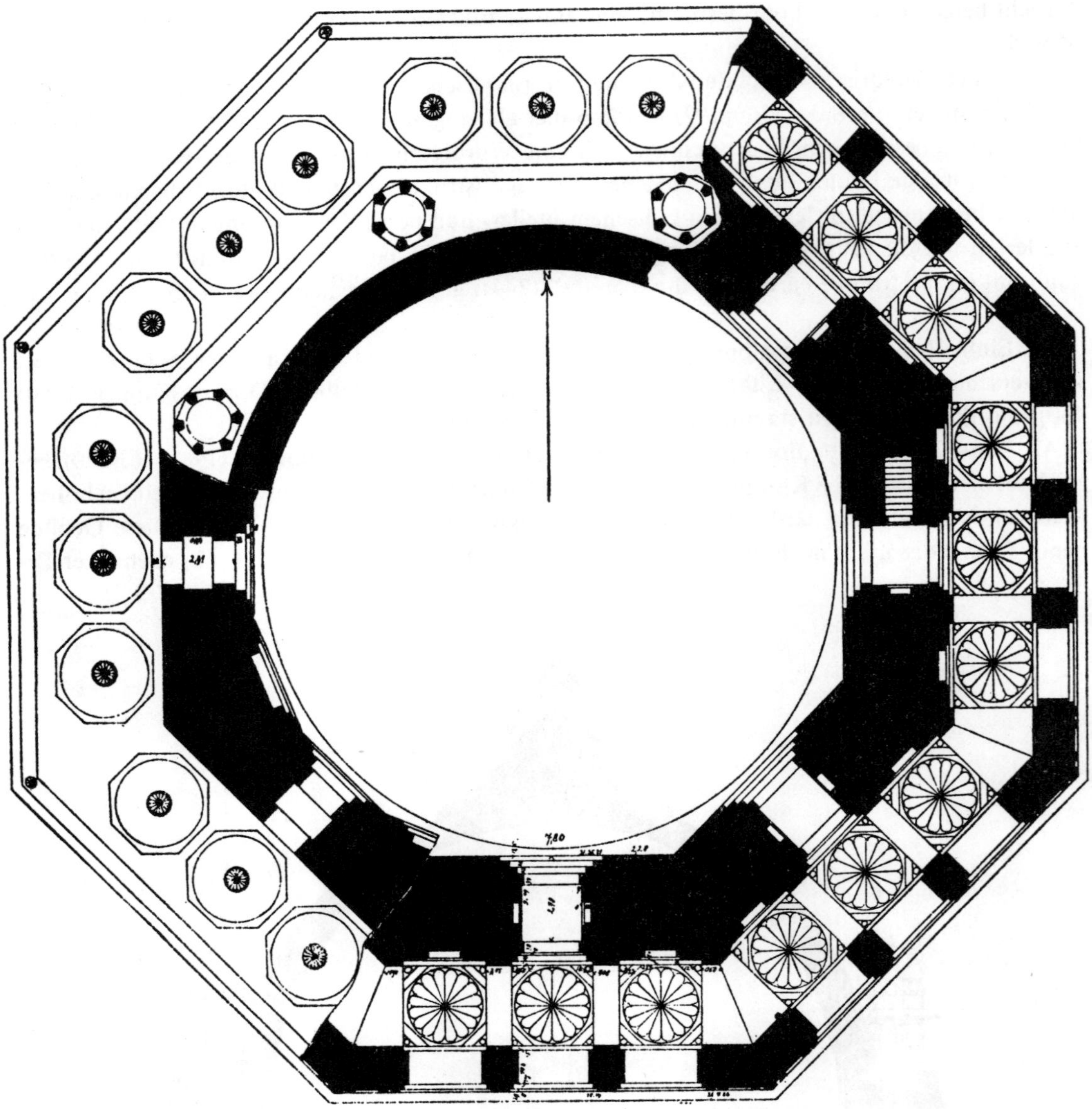

Bild 75 und 76
Sasaram, Grab des Ḥasan Ḫān Sūr, um 1535, Schnitt (75), Grundriß (76)

scheinungsform „fausses calottes“. Letzteren Ausdruck darf man nicht mit Tolstovs Schilderung der Kragekonstruktion über dem Quadrat als „fausse coupole“ (284:75) verwechseln. Eine indo-islamische Kuppel aus drei Raumschalen wurde als „triple central dome“ beschrieben (59:IV 67). Ich möchte diese Konstruktionen als „Übereinandergesetzte Kuppeln“ und die Variante des Typus 33 (s.o.S. 94) mit Öffnung der unteren Kalotte als „Räumlich miteinander verbundene, übereinandergesetzte Kuppeln“ bezeichnen (90:391).

Neuerdings unterschied H. Reuther die getrennten Konstruktionen der „unteren und oberen Kuppelschale“ (233:79).

C

Querschnitt und Höhe bestimmen die künstlerische Wirkung indischer und islamischer Kuppeln. Bei den frühesten Bauten, mit denen wir uns hier befassen, nämlich den kushano-sasanidischen

Kuppeln über dem Kreiszylinder z.B. in Shahr-i Zohak (Bild 118, 124) oder über dem Quadrat (241:fig. 41), wählte man für hohe und schwere Gewölbe genau wie für die mächtigen Tonnen (Bild 125) dieser Zeit den statisch günstigen Querschnitt der Parabel: es entsteht verhältnismäßig wenig Schub und dafür mehr Druck, dessen vertikal gerichtete Kräfte in dem massigen Mauerwerk leicht aufgenommen werden. Aus Experimenten und den Erkenntnissen der Notwendigkeit gelangten die Baumeister zu monumentalen Baugestalten und harmonischen Raumwirkungen. Später scheint man andere künstlerische Absichten bei der Überkuppelung von Moscheen und Gräbern verfolgt oder zunehmende Sicherheit in der Widerlagerung von weitgespannten Kuppel-Gewölben halbrunden oder kielbogigen Querschnitts gewonnen zu haben: jedenfalls beherrschen diese Formen als schwere „Pathanen-Kuppel" (Bild 216) oder als zierliche „Lotus-Kuppel" (Bild 99 Nr. 3) das Bild der indo-islamischen Architektur. Flachkuppeln von geringen Abmessungen (Bild 78) beruhten statisch auf der Qualität des rasch abbindenden Mörtels.

28. Hängekuppeln und Pendentif-Kuppeln (39:fig. 109 u. 120; 135 II 2:fig. 291; 84:52, 56) sind im indo-islamischen Kulturbereich gewöhnlich über so geringen Abmessungen ausgeführt, daß die Schubkräfte ohne Komplikation in die vier Eckpunkte von Stützenstellungen (Bild 238) oder Mauerquadraten (Bild 266) abgeleitet werden können.

Bild 77
Ahmedabad, Grab des Darya Ḫān, 1453, Schnitt durch den Zentralraum

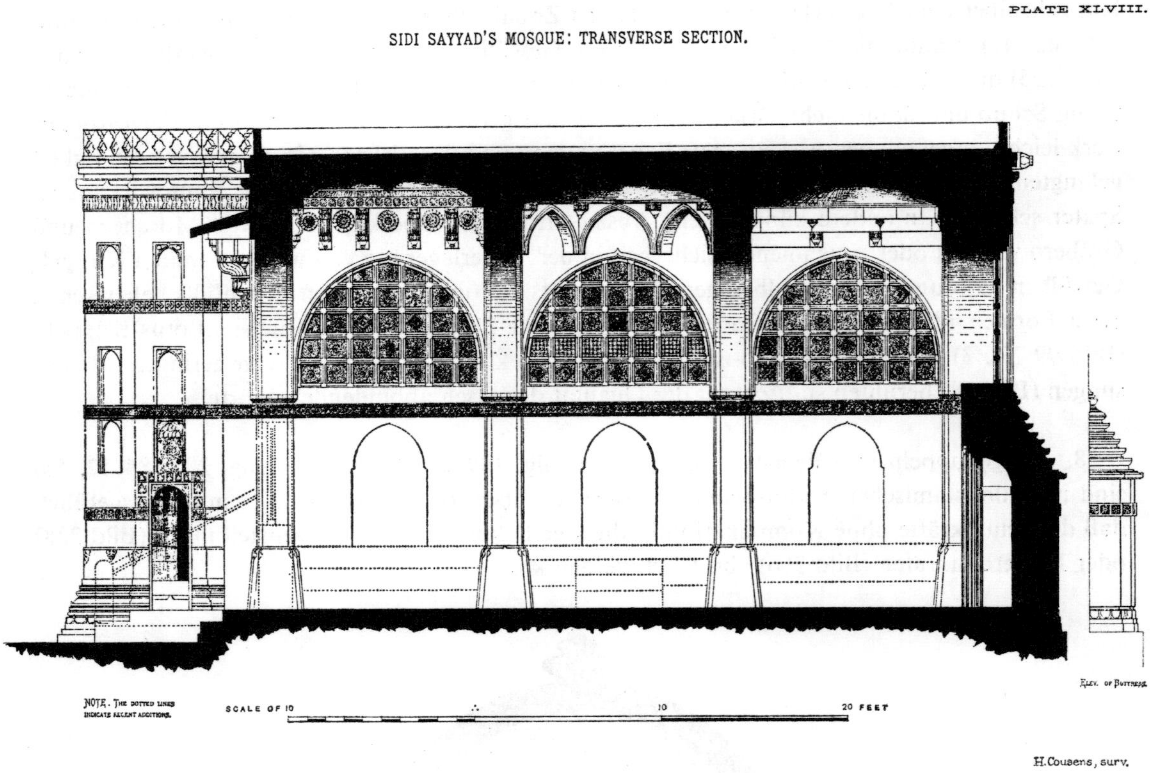

Bild 78
Ahmedabad, Siddi-Sayyid-Moschee, 1515, Querschnitt

29 + 30. Bei der sasanidischen Trompen-Kuppel (Bild 66) vermitteln konische Trichter in einen geometrisch nicht exakt begrenzten Grundkreis (241:44; 244:91) der Halbkugel – dagegen verwandeln in der islamischen Trompen-Kuppel (Bild 68, 69) rechteckig gerahmte Trompen-Felder das Quadrat in ein geometrisch eindeutig bestimmtes gleichseitiges Oktogon. In beiden Fällen wirkt der Schub der Kuppel nicht auf die vier Ecktrompen, sondern auf acht Punkte des Mauern- oder Stützenbaus: nämlich auf je zwei Punkte jeder Seite des Quadrats zwischen den Ecken und den Berührungspunkten des einbeschriebenen Grundkreises der Kuppel (143:III 68).

32. Über quadratischen Räumen moderner iranischer Bazare vermittelt ein struktiv-dekoratives System sich kreuzender Rippen in Kuppeln, z.T. mit offener Kalotte. Diese Bauform scheint von Iran und Turan aus indische Baumeister zu einigen besonders eindrucksvollen Raumschöpfungen angeregt zu haben. La Roche (167:86) beschreibt die Grundstruktur als ein Gerüst sich gegenseitig stützender Bögen, das jeden der acht Pfeiler von beiden Seiten her gleichmäßig in Anspruch nimmt. Beim größten Bau dieser Art, dem Gol Gumbaz, bildet nach P. Brown (25:81) die Kuppel einen einheitlichen Block aus Stein und Mörtel (291:177), der den Unterbau günstig auf Schub und Druck beansprucht (Bild 304). Denkmalpfleger bemerkten kürzlich, daß der Kalkmörtel in dem riesigen Ziegelgewölbe etwas zu verfallen beginnt (225:194); trotzdem scheint die Raumschale als Ganzes vorwiegend vertikalen Druck auf die starken Mauern des würfelförmigen Raumes auszuüben. Etwa auftretende Schubkräfte werden nach dem statischen Prinzip der Trompen-Kuppel an acht Punkten des Mauerquadrats aufgefangen (Bild 99 Nr. 2). Gegen Kräfte, die sich auf die vier Ecken des Raumes richten, wirken die Bastionen als Widerlager. Das Grundgerüst besteht also nicht aus acht sich kreuzenden, struktiven Bögen, wie es bei

der Verwendung von La Roches Aufnahme in den Zeichnungen bei P. Brown (25: pl. 52) und Rumpler (244: fig. 210) dargestellt wird. Ein älterer Längsschnitt der Freitags-Moschee von Bijapur (81: pl. 24) und unser Innenphoto (Bild 297) lassen auf den ersten Blick wiederum ein struktives Gerüst aus sich kreuzenden Rippen erkennen – doch sind diese Bauglieder zum größten Teil aus Stuck angearbeitet. Wir beobachten also hier dasselbe Verhältnis wie beim Grab (167:

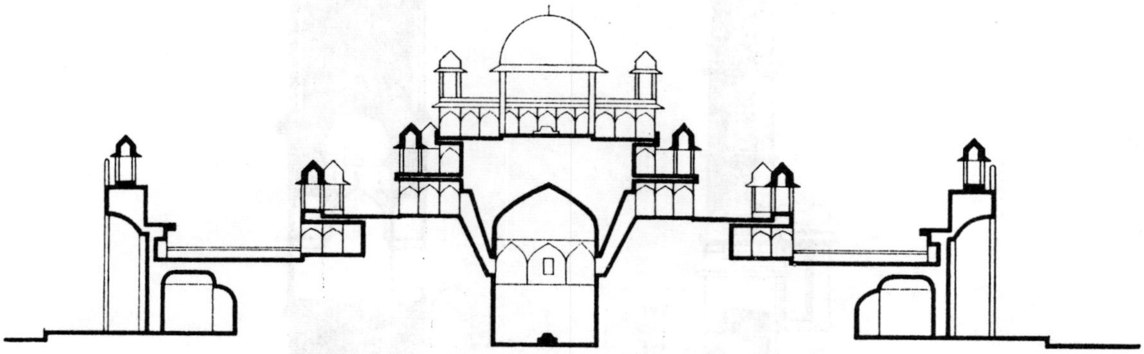

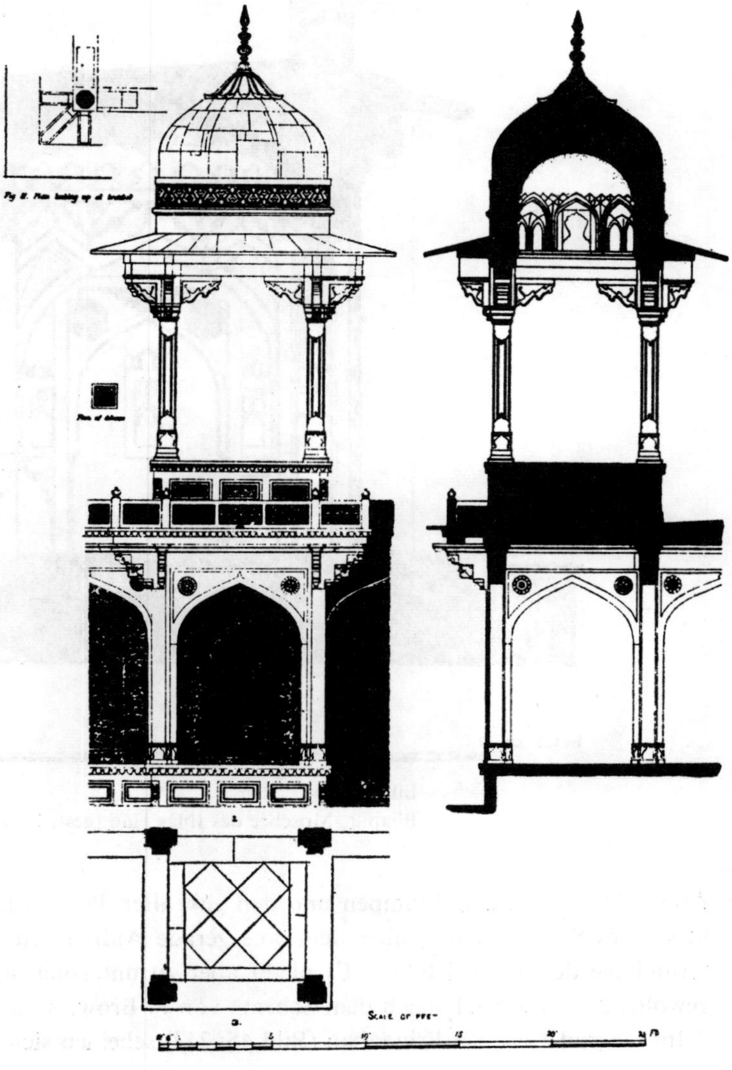

Bild 79 und 80
Sikandarah, Grab des Akbar, vollendet 1613, Schnitt (79), Baldachin im 2. Geschoß (80)

Bild 81
Bijapur, Moschee des Iḫlāṣ Ḫān (gest. 1597), Schnitt

Abb. 179b): über den Trompen und den gekehlten Pendentifen verläuft ein stumpfwinklig gebrochenes Schmuckband, über dem eine gerade Aufmauerung hoch geht und ein Polygon als Grundlage der Kuppel bildet. Es bleibt aber zu untersuchen, ob im Mauerwerk dieser Großgewölbe die Kräfte z.T. nach dem Schema von P. Brown und Rumpler wirken.

Im Govind Deo von Brindaban (Bild 45, 252) scheinen sich überkreuzende Bögen im Schnittpunkt eines griechischen Kreuzes wirklich eine Kuppel zu stützen. Entwarfen die indo-islamischen Baumeister die Halbkuppeln auf allen vier Seiten aus statischen Rücksichten gegen den Schub der Mittelkuppel? Oder verwendeten sie rein dekorativ eine Bauform, die als Konstruktion zuerst in der Hagia Sophia angewendet worden war und die sie durch osmanische Vermittlung kennen gelernt hatten? Waren die Rippen vor allem während der Erbauungszeit nötig (s.o.S. 17) und könnten sie gegenwärtig ohne Schaden für den Bestand des Bauwerks wegfallen?

33 + 34. Die frühesten übereinandergesetzten Lehmziegelkuppeln aus Turfan – mit (Bild 87) oder ohne (Bild 93) räumliche Verbindung – sind uns nur nach den Skizzen der Ausgräber bekannt; diese Gewölbe über geringem Durchmesser wurden wahrscheinlich vor allem durch den guten Lehmmörtel zusammengehalten und durch massige Mauern abgestützt.

In früh-islamischer Zeit entwickelte man in Turan aus der einfachen Doppelkuppel die übereinandergesetzten Kuppeln (90:390); die Scheitelpunkte der beiden Schalen wurden durch einen hölzernen Mast verbunden. Aufwendige Hilfskonstruktionen benötigte man in dem weiten Raum zwischen unterer und oberer Schale, als man von der tīmūridischen Zeit an immer höhere Kuppeln baute. Das Vorbild schufen die verschiedenen Handwerker, welche Tīmūr aus Ost und West nach Samarkand verschleppt hatte (165:99). Von innen ist eine niedrige Kuppel als eigentliche Raumschale sichtbar; äußerlich tritt eine überhöhte Kuppel in Erscheinung. Gewöhnlich setzt die innere Kuppel im obersten Teil des Tambour-Mauerwerks an (165: fig. 129). Dieses Gemäuer wird rings über die innere Kuppel hinaus emporgeführt. Seine Aufgaben sind erstens die äußere Kuppel zu tragen und zweitens deren Auflast auf das Grundmauerwerk zu übertragen und so dem Schub der unteren Kuppel entgegen zu wirken (303:66). Häufig sitzt auf der Spitze der

Bild 82 und 83
Bijapur, Moschee 231, 2. Hälfte des 17. Jh., Grundriß (82), Querschnitt (83)

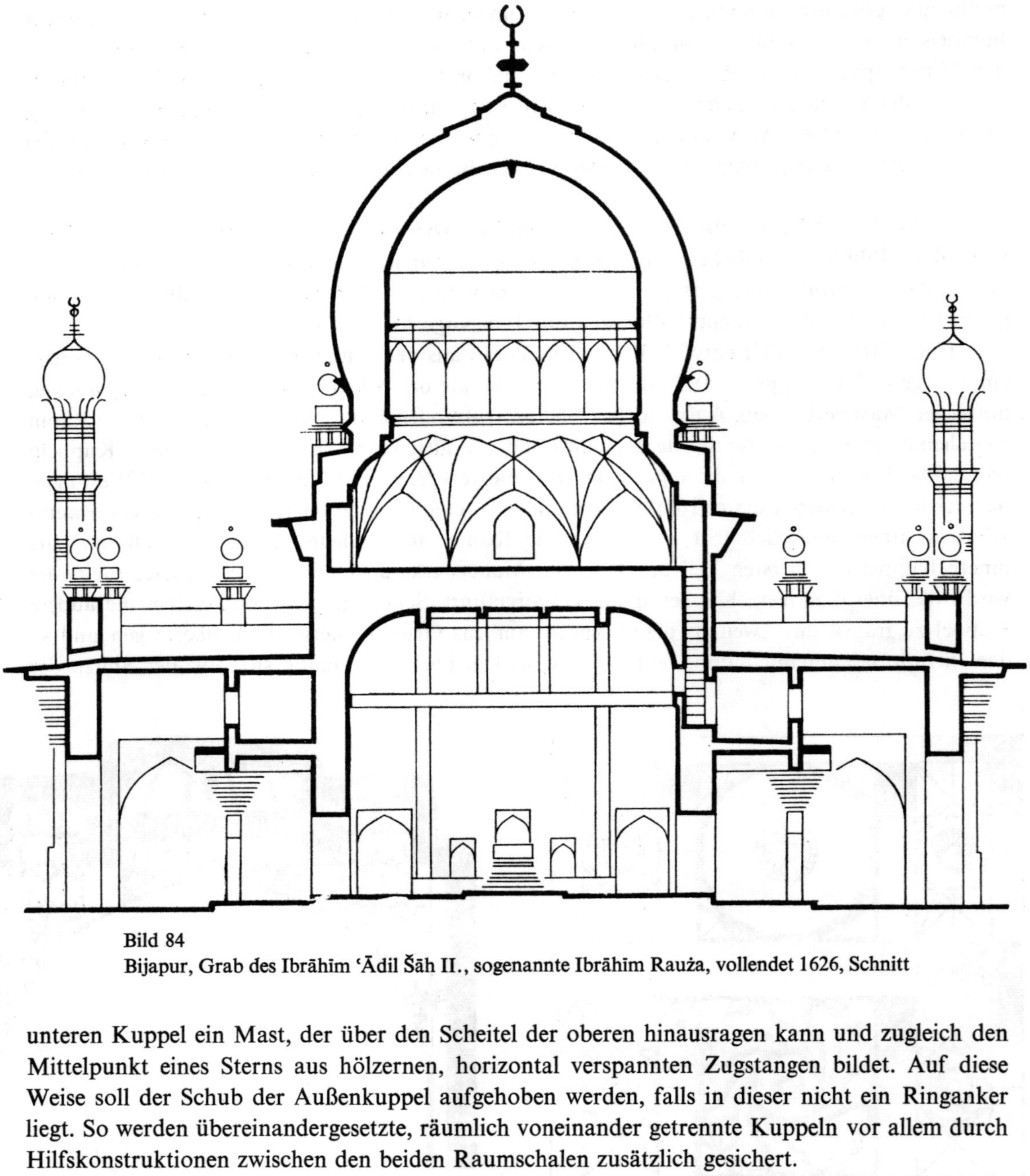

Bild 84
Bijapur, Grab des Ibrāhīm ʿĀdil Šāh II., sogenannte Ibrāhīm Rauża, vollendet 1626, Schnitt

unteren Kuppel ein Mast, der über den Scheitel der oberen hinausragen kann und zugleich den Mittelpunkt eines Sterns aus hölzernen, horizontal verspannten Zugstangen bildet. Auf diese Weise soll der Schub der Außenkuppel aufgehoben werden, falls in dieser nicht ein Ringanker liegt. So werden übereinandergesetzte, räumlich voneinander getrennte Kuppeln vor allem durch Hilfskonstruktionen zwischen den beiden Raumschalen zusätzlich gesichert.

Aber eine immer größer werdende Kühnheit veranlaßte später die Baumeister, auf solche Maßnahmen zu verzichten.

Die Nachfahren der tīmūridischen Baumeister errichteten in der Freitagsmoschee von Delhi (Bild 95, 236), im Tāǧ Maḥall von Agra (Bild 99 Nr. 3, 241) und am Grab des Safdar Jung in Delhi (Bild 105, 330) Kuppeln von ähnlicher Höhe und weitem Durchmesser wie ihre Vorgänger in Samarkand oder Herat ohne sichtbare Hilfskonstruktionen im Innern.

Aus Freude am Experiment oder auf Wunsch der Bauherren oder aus statischen Überlegungen (s.o.S. 21) gingen sie später dazu über, die untere Kuppel in der Kalotte durch ein weites Auge zu öffnen und den Blick ungehindert bis in die Rundung der oberen Kuppel freizugeben. Dabei wirkte die Entlastung der unteren Kuppel durch den geöffneten Scheitel statisch günstig. Die

Sicherheit der äußeren Kuppel wurde wohl durch die Zugfestigkeit des Mörtels und durch die Verlegung von heute nicht sichtbaren Ringankern gewährleistet.

Viele zusätzliche Sicherungen wie Ringanker im Mauerverband, die weder außen noch innen zutage treten, sollten den Bestand dieser späten und komplizierten Gewölbe verbürgen. Wie bei Gräbern im islamischen Ägypten (233:79) gehen Turm und Kuppel in Delhi (Bild 94) oder Agra (Bild 99 Nr. 3) ohne trennende Bauglieder ineinander über. Während die innere Kuppelschale eine Halbkugel darstellt, hat die äußere oft über einer zylinderartigen Erhöhung kielbogenförmigen Querschnitt. Der Grundriß der äußeren = oberen Kuppel liegt in der Scheitelhöhe der inneren = unteren (Bild 92, 121, 308). Wir überlegten schon (s.o.S. 20), daß „Zwiebelkuppeln“ als Teil solcher zusammengesetzter Baugestalten mit den üblichen technischen Mitteln errichtet und im unteren Drittel durch eine zusätzliche äußere Kragekonstruktion und Verblendung verstärkt sind (165: fig. 129).

D

Die Übersichtsliste (s.u.S. 182) unterrichtet uns, daß einige Grundformen und auch Abwandlungen der Kuppel während der ersten Hälfte des 2. Jahrtausends im nordwestlichen Indien und den angrenzenden Landschaften von Gandhara, Baktrien und Turfan aus einheimischen Überlieferungen stammen, während andere vermutlich unter mittelmeerländischen und iranischen Anregungen geschaffen wurden. Dagegen entstand der mittelalterliche indische Tempel auf rein südasiatischen Grundlagen. Radiale Kuppeln an islamischen Residenzen und Kultstätten Indiens wurden von vorderorientalischen Baumeistern oder indischen Handwerkern nach Erfahrungen des islamisch-iranischen Gewölbebaus entworfen. Diese Kunstformen fanden später auch an hinduistischen Residenzen und Tempeln Verwendung. Schließlich scheinen in dieser Spätzeit Bauweisen aus dem iranischen und turanischen Grenzland wieder übernommen worden zu sein,

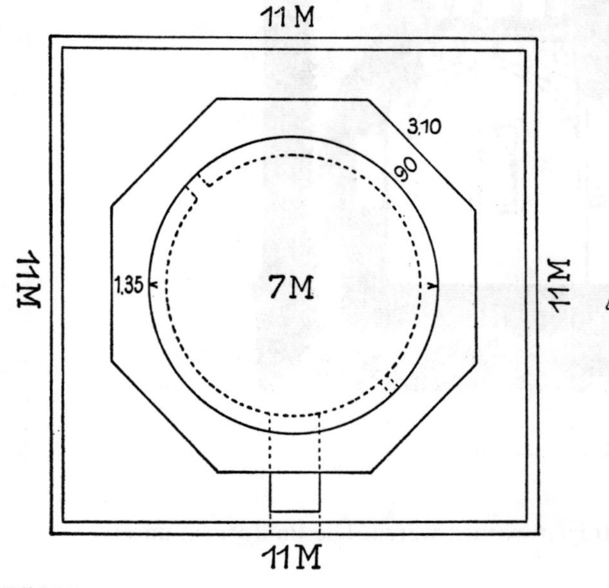

Bild 85

Bild 86

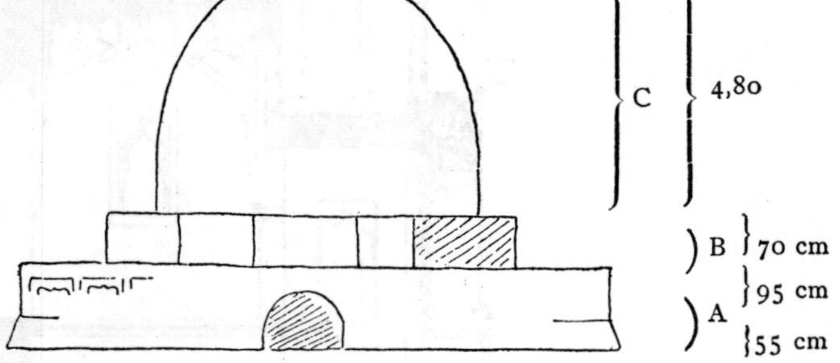

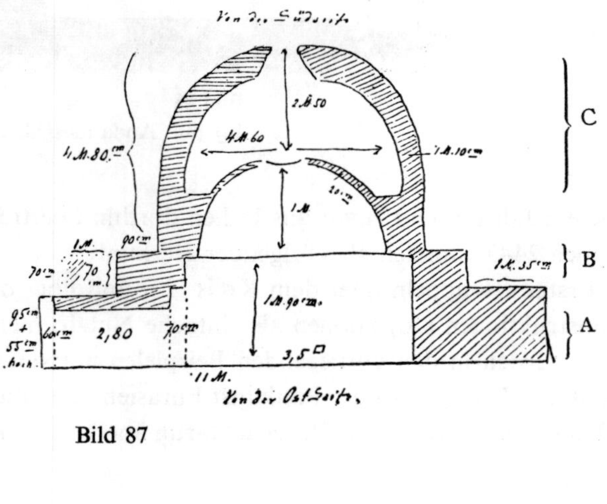

Bild 87

Bild 85–87
Chotscho, stūpa A, Mitte des 1. Jahrtausends, Skizzen der Ausgräber, Grundriß (85), Ansicht (86), Schnitt (87)

Bild 88
Bijapur, Aṇḍa masǧid, 1608, Schnitt

die ein Jahrtausend zuvor aus Indien dorthin übertragen worden waren. Die Bauformen unserer Typen 24–34 dürften also folgender Herkunft sein:

Erstens. Kuppeln über dem Kreis (24) und über dem Quadrat mit Überleitung durch Kragekonstruktionen (26) können als einfache Nutzformen jederzeit und überall erdacht worden sein und werden in den vorliegenden Beispielen antiker, iranischer oder altindischer Erfindung verdankt. – Zweitens. In der Baukunst Eurasiens sind die frühesten Beispiele von Kuppeln über dem „Türkischen Dreieck“ (27), schachtartig überhöhten Kuppeln (33) und mehrschalig abgeschlossenen Gewölben (34) aus einfachen, kleinen Lehmziegelbauten des buddhistischen Turfan bekannt; diese Formen wurden später im islamischen Turan und Iran in riesige Hau- und Backsteinbauten übertragen und nach der Eroberung Indiens durch den Islam von neuem zur Grundlage ausgedehnter und schmuckreicher Bauten genommen. – Drittens. Vermutlich aus dem sasanidischen Iran entlehnten indische Handwerker die „Sasanidische Trompenkuppel" (29). – Viertens. Der

Bild 89
Bijapur, Ruine beim Grab des Hażrat Šaiḫ Ḥamīd Qādirī (gest. 1602), Schnitt

islamische Orient trug die Grundformen der Kuppel über dem Polygon (25), der Pendentifkuppel (28), der Kuppel über dem Quadrat und rechteckigen Trichternischen (30) und der Kuppel über Rippenzwickeln oder Rippenzwickelnetzen (32) bei. – Fünftens. Die verschiedenen Kombinationen dieser einfachen Bauformen und ihre Bereicherung durch dekorative Elemente (31) können von indo-islamischen Bauschulen selbständig oder unter Anregung durch zeitgenössische iranische Vorbilder geschaffen worden sein.

24. Behausungen aus vergänglichem Material über dem Grundriß des Kreises stehen in vielen Frühkulturen am Beginn der Bautätigkeit und sind auch aus Indien bekannt (109:80). In Wohn- und Kultstätten wurde der Rundbau später durch rechteckige Grundrißformen ersetzt; wie im benachbarten Iran (116: fig. 191–198) fand er aber bis zur Gegenwart in Vorratshäusern, Zisternen, Eiskellern usw. Verwendung.

Auf den früh-buddhistischen Reliefs von Bharhut, Sanchi oder Gandhara (99: fig. 42) sind gelegentlich Kultstätten oder Behausungen von Asketen als zylinderförmige, kuppelbedeckte Holzhütten dargestellt.

Tolstov (284:75) erforschte „skythische", lehmziegelne Rundbauten aus den letzten Jahrhunderten vor Christi Geburt, von denen im aufgehenden Mauerwerk nur die unteren, vorkragenden Schichten erhalten sind; der Ausgräber hält aber eine Kalotte aus radialen Lagerfugen für möglich. Auch im islamischen Sistan beobachteten wir Übergangslösungen von Kragebaukonstruktionen und „echten" Kuppeln über dem Grundriß des Kreises (92: Bild 147, 250). In gleich früher Zeit erfolgte nach Mansel (189:44) auf kleinasiatischem Gebiet der Übergang von der vorgekragten zur echten Kuppel. Einen Rundraum des parthischen Nisa rekonstruiert Pugačenkova (222: gegenüb. S. 104) mit einer kassettierten Kuppel in der Art des römischen Pantheon.

In Shahr-i Zohak (Bild 118, 124) sind Lehmziegeltürme direkt über dem Grundriß des Kreises durch Kuppeln von elliptischem Querschnitt eingewölbt. Das runde garbhagṛha des Śaṅkarācārya von Takht-i Suleiman bei Shrinagar (Bild 59–61) wird im Grundriß vom Stufenkreuz ummantelt und über dem Kreiszylinder durch eine Kuppel abgeschlossen. Ein Rundbau im Gul Maḥall von Udaipur (Bild 100) ist im Erdgeschoß und im ersten Geschoß über Stützenquadraten flach gedeckt;

Bild 90
Bijapur, Bātula Ḫāns Moschee und Grab, um 1600, Schnitt

Bild 91
Bijapur, Moschee des Hażrat Sayyid ʿAlī Šahīd Pīr, 2. Hälfte 17. Jh., Schnitt

das zweite Geschoß wird durch eine Kuppel über dem Kreiszylinder abgeschlossen, die mit gliedernden radialen Bändern verziert ist. Im Harideva-Tempel von Gobardhan sitzt auf einem langrechteckigen, flach gedeckten maṇḍapa der Stumpf eines nordindischen śikhara als Mantel für einen überkuppelten kreisrunden Raum (Bild 254). Ein Magazin in Patna wurde über einem Kreisgrundriß nach der Gestalt eines Bienenkorbes konstruiert (Bild 342, 343).

25. Kuppeln über polygonalem Grundriß in Bambus-Teak-Verbindungen sind aus altindischen Überlieferungen zu erschließen (64: Abb. 210); in śikharas auf südindischen Tempeltürmen ist ihre Gestalt als monolither Bauteil erhalten (290: 69). Indische Raumschöpfungen über vieleckigem Grundriß kennen wir vorwiegend aus islamischen Gräbern. Während vorderorientalische frühislamische vieleckige Bauten im übrigen mohammedanischen Bereich keine direkte Nachfolge hatten (54: II 285, 371), war wohl die iranische Tradition von Großgewölbebauten über polygonalem Grundriß (116: 260) die hauptsächliche Quelle für die prachtvollen indo-islamischen Kuppeln über dem Achteck (256: 182, 241).

Multan, Grab des Rukn-i ʿAlām. Ein Achteck wird durch Trompen auf Eckplatten über Kragsteinen in ein Sechzehneck, dieses durch Eckplatten in ein Zweiunddreißigeck als Basis für die Kuppel verwandelt (Bild 178).

Uch, Grab der Bībī Ğawandī. Trompen auf dreieckigen Platten leiten das achteckige Erdgeschoß in ein Sechzehneck über, auf dem die Kuppel ruht (Bild 194).

Delhi, Grab des Humāyūn. Hier ist ein achteckiger Mittelraum ausgespart, der in zwei Stockwerken hochgeführt und durch ein Rippenzwickelnetz in den Grundkreis für eine flache untere Kuppelschale verwandelt wird (Bild 94, 218).

Sasaram, Grab des Shāh Sūr. Ein achteckiges Grab wird durch hochrechteckige Nischen auf dreieckigen Platten und Konsolsteinen in ein Sechzehneck und durch eine ähnliche, verkleinerte Übergangszone in ein Zweiunddreißigeck und darüber in eine Kuppel verwandelt (Bild 219).

Bijapur, Jod Gumbaz. Über einem Achteck erhebt sich ein zylinderartiger Schacht mit Kuppelabschluß (Bild 121).

26. Die Erbauer der buddhistischen Klöster von Gandhara erstellten z.B. in Takht-i Bahi (Bild 122) den Übergang aus einem rechteckigen Raum durch Schieferplatten in eine kuppelförmige Kragekonstruktion. Etwa gleichzeitig schufen Baumeister im spät-antiken Syrien bei der Verwandlung des Quadrats durch Eckplatten in das Rund die Grundlage zu einer Ingenieur-

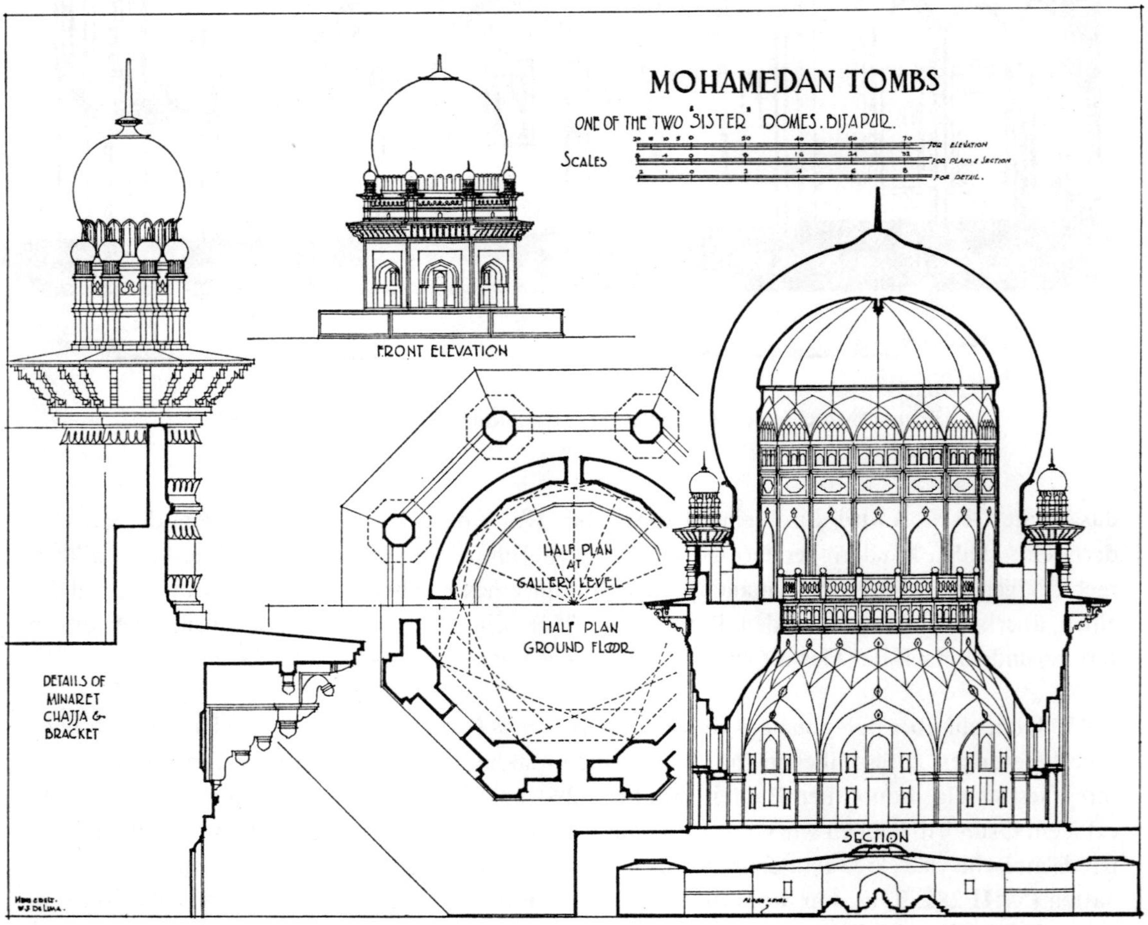

Bild 92
Bijapur, Grab des Ḫān Muḥammad und ʿAbdul Razzāq Qādirī, sogen. Jod Gumbaz, Ende des 17. Jh. vollendet, Grundriß, Schnitt und Architektur-Details

Architektur, die zu den früh-byzantinischen Großkuppeln führte (60:78, 92; 84: Abb. 11, 12, 35–37).

Ein technischer Kompromiß zwischen dem „reinen Kragebau" zur Überbrückung von Räumen und der „rein mathematischen" Konstruktion sphärischer Dreiecke, nämlich die Überleitung aus dem Quadrat in die „echte" Kuppel durch vorkragende Bauglieder, diente den Indern in alter und in islamischer Zeit zur Überwölbung meist kleiner Räume in zahlreichen Spielformen.

In unterirdischen, von einem flachen Tumulus überdeckten Gräbern wurden bereits im 4. Jahrtausend v.Chr. in Ur quadratische Kammern durch schichtweise übereinandergelegte Bruchsteine in Kuppeln übergeleitet; Halbkugeln oder Viertelkugeln als Abschluß von apsidenartigen Anlagen sind durch einfache, schmucklose Steinsetzungen teils mit horizontalen, teils mit radialen Lagerfugen konstruiert (304:232–237). Um die Mitte des 2. Jahrtausends v.Chr. erstrebte man in Ägypten (54: I 306) durch Kragschichten-Übergänge künstlerisch fortgeschrittenere Raumlösungen. Auf assyrischen Flachreliefs erkennt man freistehende Nutzbauten, für die ein ähnlicher Übergang aus dem Quadrat zum Kreis angenommen wird (173:209). Alt-mittelmeerländische Überlieferungen wurden in den Tumuli von Kertsch um die Mitte des 1. Jahrtausends v.Chr. zu kunstvoll proportionierten Innenräumen genützt, bei denen Mauerquadrate durch sauber verlegte Schichten von vorkragenden Steinen in eine kuppelförmige Kragekonstruktion überführt wurden (68:238; 189:41). Aus der gleichen Zeit stammen architektonisch anspruchslose, unterirdische Grabkammern Etruriens mit Steinblöcken oder Steinschichten als Übergangslösungen (84:10). Im spät-antiken und früh-christlichen Syrien, zwischen 2. und 6. Jh. n.Chr., diente diese Konstruktionsform zur künstlerischen Gestaltung von Freibauten mit echten Kuppeln (84:20). Etwas früher oder gleichzeitig entstanden in Gandhara Kragekuppeln über Kragstein-Übergängen eines quadratischen Unterbaus (Bild 35, 36), während die Bauweise syrischer Kultstätten mit der Abfolge von Mauerquadrat – Kragsteinschichten – Kuppel aus radialen Lagerfugen in Nordwest-Pakistan etwa vom 8.–10. Jh. n.Chr. an Hausteinbauten zu beobachten ist (Bild 119, 130, 131).

Die Überleitung aus einem würfelförmigen Raum in einen halbkugelförmigen durch Stufen-Pendentifs ist eine „einfache" Bauweise, auf die man durch Probieren und durch das Sammeln von Erfahrungen immer und überall kommen kann. Im antiken Syrien steht diese Bauform am Anfang der Entwicklung zur byzantinischen Pendentif-Kuppel. In Gandhara, Turfan und Kashmir beobachten wir die frühesten Beispiele etwa gleichzeitig mit den spätesten vorder-orientalischen. Sie stellen im indischen Kulturbereich einen Endpunkt und eine Ausnahme dar. Vom geschichtlichen Standpunkt aus ist eine Übertragung dieser Baugedanken von Syrien nach Nordwest-Indien möglich (121:263); aber nach Bussagli (32:236 n. 38) muß man auch mit der Erfindung von Kuppelformen im Gandhara-Gebiet rechnen.

Wie bei der Überleitung aus dem Quadrat durch eine Eckplatte in den Kreis, haben wir auch hier alt-indische und außer-indische Herkunft zu erwägen; und wie dieser Kunstgriff, so hat auch die Technik, Übergangszonen aus Steinschichten und übereck-gestellten Würfeln zu bilden, zu vielen Raumlösungen in der indo-islamischen Architektur geführt. Zu den alt-indischen Quellen kommen später außer-indische: so dürfte im islamischen Zeitalter (138:40) auch eine Beeinflussung z.B. von Turan her erfolgt sein, wo Zwickel aus übereck-gestellten Steinen an Moscheen und Gräbern besonders prachtvoll ausgebildet waren (20:336 f. u. Abb. 7 f.; 41: pl. 21 oben). Im östlichen Iran formte man aus dem landesüblichen Lehmziegel große, unverzierte Eckplatten als Übergang vom Quadrat zum Kreis (92: Bild 83, 171).

Bilot (Bild 62, 130) und Malot (Bild 119, 131), Hindu-Tempel. Die Überleitung aus dem Quadrat in den Grundkreis der Kuppel geschieht durch Konsol-Steine und Schichten von Steinbalken.

Delhi, Purāṇa Qal'a, Moschee des Šīr Šāh Sur. Zwischen rechtwinklig zusammenstoßenden Kielbogen-Stellungen entstehen zwickelförmige Räume; sie werden durch Zwergnischenreihen ausgefüllt, die das Quadrat in das Oktogon umwandeln (Bild 221).

Delhi, Raum im College des ʿAlā ud-dīn. Ein Wechsel von übereckgesetzten Steinen und

Schichten von Steinbalken stellt die Annäherung vom Quadrat über das Polygon zum Kreis her (Bild 171).

Hazrat Panduah, Ādīna-Moschee. Ein zwickelförmiger Raum im rechten Winkel zwischen Bögen besteht aus neun Reihen von 1–9 übereck-gestellten Backsteinen und nähert sich damit dem Grundkreis der Kuppel (Bild 215).

Firozabad/Bhima, sogenannte Küche. Ein Quadrat von Mauerwänden und Blendbögen wird durch eine Folge übereck-gesetzter Steine mit angearbeiteten Nischen aus Stuck in den Kreis übergeleitet (Bild 208).

Bidar, Grab des Sulṭān Humāyūn Bahmanī. In der Ruine dieses Vierecks erkennt man eine Überleitung aus dem zweiten, achteckigen Geschoß in das dritte, sechzehneckige durch einen Wechsel von übereck-gesetzten Steinen und Steinbalken (Bild 210).

Bansberia, Ananta Vāsudeva – Tempel. Über dem zentralen garbhagṛha (Bild 56) bilden vorkragende Reihen von übereck-gestellten Backsteinen die kreisförmig schließende Füllung zwischen kielbogigen Trompen und Blendarkaden (Bild 261). Die kleinen quadratischen Räume in den Diagonalen dieser Mittelkuppel werden durch Pendentifs aus ähnlichen Ecksteinen gebildet (Bild 262 rückwärts); dabei entsteht eine Näherungsform zu dem „Türkischen Dreieck" unseres Typus 27.

27. Der Übergang aus einer quadratischen Kultstätte von Iliköl (Bild 126) durch das auf dem Kopf stehende Segment eines Kegelmantels unmittelbar in den Grundkreis einer Kuppel bedeutet nicht nur innerhalb der vor-islamischen indischen Kunst, sondern in der Baugeschichte überhaupt die nächste Annäherung an das sphärische Pendentif. Nach dem Grabungsbefund ist diese Lehmziegel-Ruine jünger als die – erste – Hängekuppel und die – zweite – Pendentif-Kuppel der Hagia Sophia. Es ist unwahrscheinlich, daß diese vollkommenste byzantinische Lösung der Überführung eines Quadrats in den Kreis ein direktes Vorbild für den buddhistischen Bau geboten hat. Eher möchte man die Form von Iliköl für eine selbständige, gelungene Weiterentwicklung der oben beschriebenen Stufen-Pendentifs von Sanghao (Bild 35, 36) oder Bilot (Bild 130) halten. Sie hat weder in Zentral-Asien noch in Nordwest-Indien zu einer Weiterentwicklung der Kuppel geführt, wurde aber mit Zwickeln aus übereck-gestellten Steinen oder Steinbalken oder stukkierten Nischen oft besonders abwechslungsreich gestaltet und gehört in den Beispielen von Bilot (Bild 130), Malot (Bild 131), Firozabad (Bild 208), Hazrat Panduah (Bild 215), Delhi-Purana Qalʿa (Bild 221) und Bansberia (Bild 262 rückwärts) auch zu unserem Typus 26.

Diese Bauform scheint die Anregung für eine typische Übergangslösung islamischer Baukunst des Turan und der Türkei geliefert zu haben. Hier verwandelte man das Quadrat durch das Türkische Dreieck, also durch eine auf den Kopf gestellte Pyramide mit dreieckiger Basis, in ein Oktogon als Ausgangspunkt für die weitere Überführung zum Kuppelrund. Im Prinzip stellte man auf diese Weise schon im antiken Syrien, nämlich im Torbau von Lattakieh (289: 75 f. u. fig. 30; 241: fig. 10), den Übergang aus einem Rechteck in ein Polygon her. Aber zu einer typischen Kunstform, zur Gestaltung und Ausschmückung eines Raumes, nützten besonders die turanischen (20: Abb. 12) und seldschukischen (4: Abb. 9) Baumeister das Türkische Dreieck (111:37). Aus diesen Kulturkreisen wurde das struktiv-dekorative Element während der früh-islamischen, besonders aber seit der Mogul-Zeit (291:176, 180) wieder an indische Bauleute vermittelt (Bild 63, 64, 65, 176). In den Lehmziegelbauten von Afghanisch-Sistan kann man die Überlieferung dieser Bauform von Mittelalter (92: Bild 237) bis zur Gegenwart (92: Bild 91) verfolgen.

28. In den gleichen Kunstlandschaften des Vorderen Orients, in denen das Quadrat durch Zwickel aus vorkragenden Steinschichten in das Rund überführt wurde, trat etwa zur gleichen Zeit erstmals die entwicklungsgeschichtlich so bedeutende Übergangslösung durch sphärische

Dreiecke auf (54: I 308; 241:26). Diese mathematisch reinste Form einer Verbindung zwischen Würfel und Halbkugel gilt als Erbe griechischer, euklidischer Naturwissenschaft und wurde zur Grundlage für die byzantinischen Großgewölbe-Bauten (126:251). Die technischen Erkenntnisse dienten ein Jahrtausend später als sicheres Gerüst für islamische Raumschöpfungen (76:32). Die Idee der Hänge- und Pendentif-Kuppeln kann durch Schüler des Sinān, des größten osmanischen Baumeisters selbst (35:103) oder durch die politischen und wirtschaftlichen Beziehungen mit ihren kulturellen Kontakten zwischen dem Reich am Bosporus und Südwest-Indien (25:78) an die indo-islamische Kunst vermittelt worden sein.

Außerdem wurden schon im früh-islamischen Iran Räume nicht nur durch Trompen-Kuppeln, sondern gelegentlich (92: Bild 218) auch durch Hänge- und Pendentif-Kuppeln eingewölbt (64: 78). Auch durch diese Bauten können Konstruktionsformen mit sphärischen Dreiecken in Indien bekannt geworden sein.

Ob Hänge- und Pendentif-Kuppeln als reine Nutzform dienen, oder durch Netzmuster verziert in einheimische indische dekorative Systeme eingehen oder schließlich in künstlerisch fein ausgewogenem Verhältnis marmorne Mogul-Bauten abschließen – stets stellen sie als Entlehnungen aus einem fremden Kunstkreis Ausnahmelösungen dar.

Während im Vorderen Orient und im Iran Pendentifkuppeln große Räume überspannten, erheben sie sich im indo-islamischen Bereich nur über Kammern von bescheidenen Ausmaßen.

Delhi-Nizamuddin, Moschee des Ḫān-i Ǧahān. Ein viereckiger Raum (Bild 179 vordere Kammer) wird durch sphärische Dreiecke in eine flache Kuppel übergeleitet.

Agra, Fort, Perl-Moschee. Über schlanken Zackenbogen-Stellungen leiten Pendentifs in eine Marmorkuppel mit Lotus-geschmückter Kalotte (Bild 238).

Konnagar, Śiva-Tempel. Aus einem Mauerquadrat leiten sphärische Dreiecke, die durch Stuckmuster umrissen sind, in eine Halbkugel über (Bild 266).

29. In Ost-Iran, in Chorasan und im Grenzgebiet zwischen dem iranischen und afghanischen Sistan ist besonders das Trompengewölbe verbreitet (92: Bild 89, 141, 142, 210, 211, 215, 256, 257). Es gilt nach Diez (64:78) als Vorform der Trompenkuppel: „Trompengewölbe (im Gegensatz zur Trompenkuppel) . . . jene besonders in Chorasan fast einzig verwandte Wölbung aus Lehm- oder gebrannten Ziegeln . . . direkt auf dem Mauerquadrat. Man überwölbt die vier Mauerecken mit bogenförmigen Ziegelschichten, bis diese sich in den Mitten der vier Seiten schneiden und Nähte bilden. Da die in den vier Eckpunkten wurzelnden Radien dieser vier Kreisbögen immer größer werden, verflachen die Kurven immer mehr, die Schneidewinkel werden immer geringer, bis sie zuletzt fast 180° bilden und als horizontale Ringe den Abschluß herbeiführen . . . Mit großer Wahrscheinlichkeit . . . Ursprung der Trompenkuppel . . .“.

Creswell (54: II 117 fig. 117) nimmt in seiner Studie über die Entstehung und Verbreitung der vor-islamischen Trompen-Kuppel (278:9) die Erfindung und planmäßige Ausbildung dieser Bauform in sasanidischen Iran an. Godards Vermutung (116:260 n. 6), daß konische Trompen schon von arsakidischen und parthischen Baumeistern verwandt worden waren, scheint durch die kürzlich wieder eröffneten Grabungen am Kōh-i Khwājā eine Bestätigung zu finden. Nach den Untersuchungen von Krencker und Naumann kannte man in Syrien zu Beginn des 5. Jh. n.Chr. nicht nur das Pendentif als Steinbau-Form, sondern auch in der Mitte desselben Jahrhunderts eine besonders gut hergestellte Trompe von vermutlich älterer ägyptischer, mesopotamischer und persischer Tradition (163:17).

In Baktrien legte I. T. Krouglikova bei kürzlich begonnenen Ausgrabungen am Delberjin-Tepe quadratische Räume mit Lehmziegelkuppeln über Stufentrompen aus den ersten Jahrhunderten unserer Zeitrechnung frei.

Auf sasanidische Anregungen gehen die Trompen in den Lehmziegelbauten von Baktrien, z.B.

in Qunduz (Bild 123) und von Turfan (14:I 153; 64: 80), z.B. in Chotscho (Bild 66, 67), zurück.

Die Form der „sasanidischen Stufentrompe" aus vorkragenden Schichten dauert z.B. in Afghanistan von den buddhistischen Höhlen in Bamiyan (113:55) bis zu Lehmziegelwölbungen in sistanischen Wachttürmen islamischer Zeit fort (92: Bild 98).

Im 15. Jahrhundert, als im Iran und im übrigen islamischen Orient keine Trompen des sasanidischen, mathematisch nicht eindeutig bestimmten Typus mehr konstruiert wurden, und als die Trompe im rechteckigen Rahmenfeld das Raumbild von Moscheen und Gräbern bestimmen sollte, lebten an islamischen Bauten Indiens nochmals „Sasanidische Trompen" in Stufenform fort, die z.B. in Ahmedabad einerseits Quadrate durch Rahmenfelder in das Achteck leiten (Bild 189 rückwärtiger Raum links), aber andererseits polygonale Räume auf altertümliche Weise direkt in das Kuppelrund führen (Bild 189 vorderer Raum oben + hinterer Raum Mitte).

Schließlich gehören Kielbogentrompen, die aus einem Quadrat direkt in den Kreis als Ausgang für eine Kuppel vermitteln, zu den altindischen Formen, die in der islamischen Baukunst des 19. Jahrhunderts in Lucknow wieder auflebten (Bild 340).

30. Im islamischen Iran und den östlich angrenzenden Ländern sind Gräber und Moscheen besonders durch die reiche Ausbildung der Kuppel über Trompen in rechteckigen Nischen gekennzeichnet (149:V 204; 64:78). In früh-islamischen Bauten von Turan und Iran wurde die mathematisch nicht exakte sasanidische Trompen-Kuppel durch die islamische mit ihren klaren geometrischen Verhältnissen ersetzt (116:264; 240:6 u. fig. 2).

Diese neue Bauform beruht nicht nur auf besseren, klareren technischen Vorstellungen, sondern bietet auch andere künstlerische Möglichkeiten: Räume durch schichtweise übereinandergesetzte Polygone im Sinne geometrischer Reihen zu schließen, die Übergänge empirisch immer neuartig und mit unendlichen Variationen zu gestalten, die Raumschale plastisch herauszumodellieren (143:I 16–18). Es ist wohl kein Zufall, daß diese Bauweise den bildnerisch besonders begabten Indern, die an das Übereinanderschichten des Baustoffes seit altersher gewöhnt waren, vor allem zugesagt hat, und daß sie nicht nur zur Leitform der iranischen, sondern auch der indo-islamischen Kuppelbau-Kunst geworden ist (s.o.S. 106).

Die Trompe war eine Erfindung sasanidischer Bauleute (s.o.S. 105) und erfuhr in islamischer Zeit durch die Umrahmung mit einem rechteckigen Feld ihre technische und künstlerische Vervollkommnung. So gestalteten z.B. die Bauschulen des islamischen Sistan im einfachen Lehmziegel abwechslungsreiche Formen von rechteckigen, stehenden, vorgekragten Rahmen mit Trompen (92: Bild 46, 114, 209, 224, 230). Die voll entwickelte Form diente indischen Baumeistern als neue Möglichkeit zur Gliederung von Räumen und Massen, sowohl für islamische Bauaufgaben als auch für neue Gestalten des Hindu-Tempels.

Delhi, Grab des Šams ud-dīn Īltutmiš (Bild 168 linker Bildrand Mitte). Der Würfel wird durch eine kielbogenförmige Trompe mit windschiefer Laibung in einem rechteckigen Rahmen in das Oktogon verwandelt (291:180). Die Trompe ist auf altindische Weise durch eine Viertelkugel aus Ringschichten gebildet (Bild 167).

Delhi, Grab des Balban. (25:15 + pl. 101, 1). Erstmals wird auf indischem Boden ein Würfel durch viertelkugelartige, radial konstruierte Trompen auf Eckplatte in rechteckigem Rahmen in das Achteck als Übergang für eine Kuppel verwandelt (Bild 170).

Delhi-Nizamuddin, Ǧamā'at Ḫāna masǧid. Mehrfach abgetreppte Kielbogen-Trompen in Rechteckfeldern verwandeln ein Quadrat in ein Achteck und weiter durch Eckplatten in Polygone als Näherungsform zum Grundkreis der Kuppel (Bild 175).

Delhi-Tughlaqabad, Grab des Ġiyāṯ ud-dīn. Doppelgeschossige Kielbogen-Trompen und Eckbrücken stellen den Übergang aus dem Quadrat in das Oktogon her (Bild 68, 69).

Ahmedabad, Grab des Darya Ḫān. Die Verwandlung des Quadrats in das gleichseitige Achteck

(Bild 77) erfolgt durch mehrfach abgetreppte Trompen in Rechteck-Feldern, die des Achteck in das Sechzehneck durch flache Trompen-Nischen (Bild 189).

Gulbarga, Freitags-Moschee. Außergewöhnlich reich verzierte Trompen auf Konsol-Steinen vermitteln aus dem Quadrat in das Oktogon (Bild 70, 71, 206).

Mandu, Grab des Hōšang. Bögen mit windschiefer Laibung und gerader Aufmauerung erzeugen über dem Grundquadrat ein regelmäßiges Achteck (Bild 202).

Tatta, Grab des Ǧām Niẓām ud-dīn Samā'. Das Quadrat wird durch Trompen aus vorkragenden und zur Kielbogenform geglätteten Steinen in ein Achteck, dieses in ein Sechzehneck verwandelt (Bild 193).

Benares, Arhai-din-kā-jhomprā-Moschee. Ein quadratischer Mittelraum wird durch Eckbrücken mit Kielbogentrompen in das Oktogon und dieses durch Konsolsteine in das Sechzehneck als Basis einer Kuppel übergeleitet (Bild 199).

Chanderi, Šāhzādi kā Rauża. Ein hohes, zweigeschossiges Mauerquadrat wird durch Trompen aus drei übereinander vorkragenden Schichten von radial konstruierten Kielbögen über großen dreieckigen Platten in das Achteck übergeleitet. Die weitere Vermittlung in das Sechzehneck und Zweiunddreißigeck als Näherungsform für das Kuppelrund erfolgt durch dreieckige Steinplatten (Bild 196).

Bidar, Grab des Sulṭan Aḥmad Šāh al-Wālī Bahmanī (306: pl. 74). Eine quadratische Grabkammer wird durch Trompen in ein Achteck und dieses durch dreieckige Platten in ein Sechzehneck als Grundlage einer Kuppel übergeleitet (Bild 72).

Bidar, Ruine vom Grabe des Sulṭan Humāyūn Bahmanī (306: pl. 78). Ein Quadrat wird durch Kielbogentrompen in ein Achteck und dieses durch übereck-gesetzte Steine in ein Sechzehneck verwandelt (Bild 210).

Delhi-Humayunpur, Grab des Šihāb ud-dīn Tāǧ Ḫān (256:205; 299: Abb. 178). Bei dem zweigeschossigen Bau erfolgt die Überleitung aus dem Quadrat durch Trompen in das Oktogon und durch kleinere Trompen auf Konsolen in ein Sechzehneck aus einer Abfolge gleich hoher rechteckiger Nischen. Dann wird durch einen mehrstufigen Kämpfer auf Konsolen in den Grundkreis der Kuppel vermittelt. Diese ist durch eine Rosette im Scheitel und sich schneidende, rotbemalte Stuckbänder verputzt. Außen wird der Bau durch einen schweren, gut erhaltenen und reich verzierten āmalaka-Stein bekrönt (Bild 73, 74).

Delhi, Purāṇa Qal'a, Moschee des Šīr Ḫān Sūr. In einem mehrgeschossigen Zentralraum wird die Mauer des Grundquadrats durch Kielbogentrompen in ein Achteck verwandelt. Dieses wird durch dreieckige Steinplatten auf Konsolsteinen in eine sechzehneckige Zone mit Öffnung einiger rechteckiger Felder übergeleitet (Bild 220).

Panipat, Mittelkuppel der Bābur-Moschee. Die Verwandlung des Quadrats in das Achteck erfolgt durch abgetreppte Kielbogen-Nischen mit reicher dekorativer Ausgestaltung (Bild 216).

Fatehpur Sikri, Freitags-Moschee. Der quadratische Hauptraum wird durch Kielbogen-Trompen in Rechteckfeldern überbrückt, sodaß ein gleichseitiges Achteck entsteht (vgl. Lit. 260).

Golkonda, Grab des Muḥammad Qulī Quṭb Šāh. Nischen mit Kielbogen-Öffnungen und Trompen dienen als Übergang aus einem quadratischen Erdgeschoß in eine offene, achteckige Galerie, welche die Basis für ein Polygon über einem Rippenzwickelnetz bietet (Bild 317).

Tatta, Freitags-Moschee. Das Quadrat wird durch Nischen mit Kielbogen-Trompen in ein Achteck als Näherung zum Kreis verwandelt (Bild 242).

Hyderabad/Sind, Grab des Ġulam. Tiefe, von Zackenbögen begrenzte Trichter vermitteln aus dem Quadrat in ein achteckiges Zwischengeschoß (Bild 335).

Bijapur, Grab von Šāh Nawāz Ḫān. Der quadratische Mittelraum wird durch Kielbogenbrücken mit Trompen aus Stichkappen und Sternmustern zunächst in ein zweigeschossiges Achteck, dann durch Stichkappen und ein Rippenzwickelnetz in ein mehrfach abgetrepptes Polygon als Grundlage eines schachtartigen Zylinders mit Kuppelabschluß überführt (Bild 305, 306).

Jammu, Raghunātha Mandira. Ein quadratisches garbhagṛha wird durch eine zackenbogige, hochrechteckige Trompenbrücke mit reicher dekorativer Unterteilung in das Achteck, dieses durch Lotus-geschmückte Varianten von Pendentifs in den Grundkreis einer Kuppel verwandelt (Bild 337). Dieses Gewölbe ist außen durch ein śikhara des nordindischen Tempelstils ummantelt (Bild 336).

31. In den Wohnhäusern (92: Bild 239) und Kultstätten des islamischen Iran und Sistan wurden aus Kombinationen von Trompen und Pendentifs viele schmuckreiche Übergänge zwischen Quadrat und Oktogon gebildet (279: 1121, 1252; 242: fig. 4, 9; 244: fig. 139, 142, 146). Diese Anregungen steigerten die Erfindungsgabe indischer Steinmetzen und Ziegelleger, Stukkateure und Maler, auf einem verhältnismäßig einfachen struktiven Grundgerüst immer prachtvollere Bauglieder zu bilden. Wie im Iran (116: fig. 240, 241) entstehen häufig über Trompen oder Pendentifs Polygone als Grundlage von Raumschalen, die ohne neue Bauaufnahmen nicht immer eindeutig als Gußdecke, Klosterkuppel oder radial konstruierte Kuppel anzusprechen sind. Einige Raum- und Schmuckformen an hinduistischen Heiligtümern stellen Verbindungen einheimischer Kragebauweisen mit islamischen Trompen und Pendentifs dar.

Delhi, ʿAlā-i Darwāza. Ein würfelförmiger Raum wird durch kielbogenförmige Hufeisenbogen-Trompen und durch mehrfach abgetreppte Konsolen zwischen den Trompen und Blendarkaden in ein Polygon als Grundlage für eine Kuppel überführt (Bild 177).

Ahmedabad, Moschee des Siddi Sayyīd. Über einem Quadrat aus vier Stützbogenstellungen lastet auf einer Kombination von Pendentifs und Trompen eine flache Kuppel (Bild 78 Mitte).

Ahmedabad, Grab des Darya H̱ān. Der zentrale Raum (Bild 77, 189 rückwärts) wird durch rechteckig gerahmte, gestufte Kielbogentrompen in ein Achteck, dieses durch gestufte „Sasanidische Trompen“ direkt in den Grundkreis eines Zylinders und eine in Kragschichten ansetzende, dann in radialen Fugen schließende Kuppel verwandelt. Die umgebenden Kammern sind durch verkleinerte Wiederholungen der Mittelkuppel eingewölbt (Bild 189 vorn).

Mandu, Moschee des Malik Muġīṯ. Im Eingangsportal lasten über Kielbögen aus krummen Steinbohlen mit gerader Aufmauerung mehrere vorkragende Ringschichten als Überleitung zu einer Kuppel in radialen Lagerfugen (Bild 201).

Mandu, Ǧahāz Maḥall. Quadratische Kammern werden durch Verbindungen aus Trompen und Pendentifs in Kuppeln oder Zeltdächer überführt (Bild 204).

Firozabad/Bhima, „Türkisches Bad“. Auf den Schenkeln einer Kielbogen-Blendarchitektur vor den Mauern eines Quadrats sitzen Baldachin-Trompen als Zwischenglied zum Achteck (Bild 209).

Chhota Panduah, Moschee. Zackenbogen-Trompen mit angrenzenden gekehlten Pendentifs leiten aus einem quadratischen Erdgeschoß direkt in den Grundkreis der Kuppel (Bild 214).

Mandu, Gada Šāhs Haus. An den Ecken eines Quadrats stehen Stichkappen mit ansteigender Scheitellinie; über ihren Schenkeln bleiben Restflächen eines Sterngewölbes, die durch eine Art übergreifende Stichkappe zusammengefaßt werden (Bild 229).

Tatta, Dabgir-Moschee. Aus einem Quadrat vermitteln kielbogige gekehlte Trompen, Pendentifs aus übereck-gestellten Steinen und kielbogenförmige Blendarkaden in den Grundkreis einer Kuppel (Bild 228).

Lahore, Mittelraum der Moschee der Mariam Zamānī. Kielbogige Trompen mit Fächergewölben, Stalaktiten und gekehlte Pendentifs verwandeln das Grundquadrat in ein Polygon als Ausgangspunkt eines Sterngewölbes (Bild 234).

Sikandarah, Grab des Akbar. Als Abschluß einer Abfolge von drei Terrassen wird ein Kuppelbau vermutet (Bild 79). Eine quadratische Krypta ist durch Trompen mit sphärischen Zwischenstücken in eine Kuppel von kielbogenförmigem Querschnitt verwandelt. Auf den Terrassen stehen vierstützige Pavillons, von denen einige durch den Wechsel von Trompen und Pendentifs in eine radiale Kuppel überführt werden, während andere in eine Kuppel aus krummen Steinbohlen leiten (Bild 80, 231).

Tatta, Freitagsmoschee. Im īvān leiten gekehlte Pendentifs aus dem Rechteck in einen sternförmigen Grundriß als Basis einer Halbkugel. In den Trompennischen des Hauptraums (Bild 242) wechseln Trompen und gekehlte Pendentifs bei der Überleitung in ein mehrfach gestuftes Zackenpolygon.

Delhi, Freitagsmoschee. Über der Mittelkuppel führen reich verzierte Trompen und pendentifartige Zwischenstücke aus dem Quadrat in den Grundkreis einer Kuppel mit dekorativ aufgelegten Rippenmustern (Bild 235).

Bansberia, Ananta-Vāsudeva-Tempel. Ein quadratisches garbhagṛha wird durch den Wechsel von Kielbogentrompen und kielbogigen Arkaden mit Füllung durch übereck-gestellte Backsteine in den Grundkreis der Kuppel verwandelt (Bild 261).

Maluti, Hindu-Tempel. Die Überleitung eines Quadrats in das Oktogon als Ausgangspunkt für eine Kuppel erfolgt durch gekehlte Pendentifs mit gerader Aufmauerung (Bild 269).

Besonders reich sind die Bau- und Schmuckformen in Bijapur. An der Kuppel des Gol Gumbaz vermitteln Rippennetze aus dem Viereck in das Achteck (Bild 304). Am Nau Gumbaz (Bild 302) wird ein zentraler quadratischer Stützenraum mit gekehlten Pendentifs und gerader Aufmauerung in ein Achteck übergeleitet (Bild 303). In anderen Beispielen bildet ein Netz von gekehlten Pendentifs die Grundlage für Polygon (Bild 301) und schachtförmig aufsteigende Kuppel. Gekehlte Pendentifs dieser Art können eine flache Kuppel stützen (Bild 81), eine Rippenkuppel innerhalb einer Baugruppe tragen (Bild 88 unten rechts; Bild 90 unten rechts) oder zu einem zylinderartigen Schacht mit Kuppelabschluß führen (Bild 84 oben). Diese Form wird auch zu einem Teil von vielgestaltigen Lösungen an Flachdecken (Bild 11) oder Kuppelkompositionen (Bild 82, 83).

Delhi, Grab des Safdar Jung. Solche reiche Schmuckformen finden ihre Fortsetzung in späteren Beispielen der indo-islamischen Baukunst. Folgen von Korbbogen-Trompen und Restflächen von Zwickeln leiten in ein Stalaktitengewölbe über (Bild 105, 329).

Hyderabad, Grab des Ġulām Šāh Kalhōra (Bild 335). Gezackte Kielbogennischen mit Stalaktitenfüllung und gerader Aufmauerung stellen den Übergang aus dem Quadrat in ein Oktogon her. Darüber vermitteln Kielbogen-Trompen und durch Fenster geöffnete kielbogige Blendarkaden mit Füllung durch dekorative Rippenzwickelnetze in den Grundkreis der Kuppel.

32. Im Iran bildete man schon im 11. Jahrhundert ein Wölbschema aus, in dem über quadratischem Grundriß Rippen rechtwinklig zur Mauer aufstiegen, sich überschnitten und den Grundkreis der Kuppel trugen (215:133). Wie bei der einfachen Bauform des „Türkischen Dreiecks" (s.o.S. 110) beobachten wir auch in der vielgestaltigen Schmuckform des Rippenzwickelnetzes im islamischen Afghanisch-Sistan eine Überlieferung von der mittelalterlichen (92: Bild 113) bis zur neueren Zeit (92:Bild 255). Die Inder übernahmen auch dieses System aus dem östlichen Iran (291:181), und zwar als strukturelle Grundlage für Großgewölbe an islamischen Kultstätten wie der Freitags-Moschee von Bijapur (Bild 297) und auch als Schmuck für Bauten einheimischer Religionsgemeinschaften wie an einem Hindu-Tempel von Brindaban (Bild 252).

Der Einfluß der iranischen Technik ist nach Yazdani besonders deutlich in Bidar (Bild 212). Unter Bābur wirkten neben den iranischen auch turanische Formen auf indo-islamische Kultstätten ein (Bild 217). Sein Sohn und Nachfolger Humāyūn pflegte politische und künstlerische Beziehungen vorwiegend zum Iran (Bild 218). Struktive und dekorative Systeme aus Rippenzwickeln wurden von den drei großen Mogul-Bauherrn nach iranischer Art neben den üblichen einheimischen indischen Bauformen (s.o.S. 11) verwendet: in den Bauten des Akbar, des Ǧahāngīr (Bild 79, 230, 233) und des Šāh Ǧahān (Bild 242).

Mogul-zeitliches Handwerk nützten die Hindu-Baumeister für den außergewöhnlichen Govind

Deo in Brindaban, wo sich überkreuzende Bögen ein Quadrat in einen Kreis verwandeln, der dem Vierungsquadrat einbeschrieben ist und eine Kuppel trägt (Bild 45, 252).

In den Bauten von Bijapur bemerken wir häufig Gerüste aus sich kreuzenden Bögen, über denen gerade Aufmauerungen und andere Bauformen in den Grundkreis für eine Kuppel überleiten (Bild 90, 306, 308, 310, 311).

Reiche Verbindungen von Bau- und Schmuckformen erfand man später auch im islamischen Dekkhan (Bild 314, 315, 317, 325) und in einer neueren islamischen Kultstätte von Lucknow (Bild 338).

33 + 34. Morgen- und abendländische Baumeister alter und neuer Zeit suchten häufig in Kuppelbauten zwei künstlerische Ziele zu verbinden: eine Kultstätte in harmonischen Proportionen zu überwölben und zugleich im Landschaftsbild äußerlich turmartig zu betonen (90:389). Dabei gelangten im 17. und 18. Jahrhundert führende europäische Architekten und indo-islamische Bauschulen unabhängig voneinander zu ähnlich komplizierten Mehr-Gewölbe-Bauten. Im Orient scheint die Überlieferung dieser außergewöhnlichen Bauweise um die Mitte des 1. Jahrtausends an buddhistischen Lehmziegelbauten von Turfan zu beginnen.

Räumlich voneinander getrennte Tonnengewölbe wurden im Höhlen- und Freibau für die buddhistische Klosteranlage von Bäzäklik geschaffen (Bild 125). Eine verwandte Raumfolge ist von anderen Lehmziegelgewölben aus Turfan bekannt: Soweit es die Skizze des Ausgräbers erkennen läßt, erhob sich am stūpa z von Chotscho im Untergeschoß über einem Kreiszylinder eine flache Kuppel; darüber saß ein hoher zylinderartiger Tambour mit flacher Kalotte (Bild 93). Von ähnlicher äußerer Gestalt, aber von grundsätzlich verschiedener Innenraumwirkung muß der stūpa A am selben Ort gewesen sein (Bild 85–87), wenn wir die Faustskizze des Entdeckers richtig deuten. In der Mitte einer Folge von quadratischen und achteckigen Terrassen erhob sich über einem Kreiszylinder eine Halbkugel mit offener Kalotte. Auf der achteckigen Ummantelung dieser Anlage ruhte ein Tambour mit einer Kuppel, deren ebenfalls ausgesparter Scheitel in der Achse der unteren Kuppelöffnung lag.

Bild 93
Chotcho, stūpa z, Mitte des 1. Jahrtausends, Skizze der Ausgräber

An anderen frühen und mittelalterlichen Bauten der einheimischen indischen Religionsgemeinschaften werden übereinandergesetzte Kuppeln mit oder ohne Öffnung der unteren Kalotte nicht weiter verwendet. Doch scheinen altindische übereinandergesetzte Gewölbe mit Trennung der Raumschalen zusammen mit anderen orientalischen Überlieferungen zur Entstehung islamischer übereinandergesetzter Kuppeln mit räumlicher Trennung beigetragen zu haben.

Creswell und Monneret erklären die islamische Doppelkuppel aus mehreren Vorbildern: aus islamischen Holzbauten und aus den felsgehauenen stūpas in Gestalt übereinandergetürmter Halbkugeln in der „Apsis" der caitya-Höhlen. Monneret interpretiert so stūpa A von Chotscho (Bild 87) und chinesische Pagoden (198:318 fig. 4) und die Kunstform der persisch-tīmūridischen Doppelkuppel vorwiegend von alt-indischen Quellen her. Creswell (46:152) nimmt diese Überlieferung nur indirekt an und meint, daß Tīmūr unter dem Eindruck der Tuġluq-Architektur von Delhi indische Steinmetzen zur Neugestaltung seiner Residenz nach Samarkand verschleppt habe. Hier hätten die Inder mit syrischen Kriegsgefangenen gemeinsam die berühmten übereinandergesetzten Backstein-Zwiebelkuppeln auf Geheiß des Tīmūr selbst gebaut, der eine Nachahmung der hölzernen Doppelkuppel der Freitags-Moschee von Damaskus wünschte. Es ist daran zu erinnern, daß bereits im spät-antiken Syrien übereinandergesetzte Kuppeln aus Holz bestanden haben können (90:390; 163:21).

Während dieser Zeit schufen islamische Baumeister in Turan, in Iran (303:60 u. pl. 103–105) und unter iranischem Einfluß auch in Ägypten (19:78; 135:Franz-Pascha Abb. 158; 139:273, 327) aus künstlerischen Gründen turmartige Baugestalten: eine flachere, innere Raumschale wird durch eine hohe und weithin sichtbare Kuppel gekrönt. Im tīmūridischen Turan (19:95–97; 221:178) entstand dann endgültig die Kunstform, welche über Ost-Iran und West-Afghanistan zum Vorbild für die Mogul-Bauten mit übereinandergesetzten Kuppeln wurde.

Unabhängig von dieser Sonderentwicklung spannte man innere und äußere Schalen aus verschiedenen Gründen; im Stufenhaus des Rāja Birbal in Fatehpur Sikri (Bild 44) dienen sie z.B. zum „rein praktischen" Zweck der Isolierung (235:38).

Solche zweischaligen Kuppeln sind meist von bescheidenerem Ausmaß: z.B. in Sasaram (Bild 75, 76 – niedrige Kuppelräume beiderseits des Hauptgrabes), in einer Moschee von Lahore (Bild 97) und in dem massigen, kuppelförmig geschlossenen Bauteil über einer Moschee in Bijapur (Bild 81).

Dagegen wird ein weiter, hoher und heller Innenraum mit einem Abschluß durch eine gewölbte Raumschale besonders an mogul-zeitlichen Kultbauten durch eine darüber gesetzte, konstruktiv selbständige Kuppel als Blickfang bekrönt.

Vom Typus 34 kennen wir außer dem frühen buddhistischen Beispiel aus Chotscho (Bild 93) eine Reihe reich geschmückter Bauten aus dem islamischen Indien.

Delhi, Grab des Humāyūn. Ein Achteck schließt mit einer flachen Kuppel, über der ein selbständiger Bauteil mit einer Raumschale von kielbogigem Querschnitt sitzt (Bild 94, 218).

Golkonda, Grab der Hayāt Bakšī Begum. Ein quadratisches Erdgeschoß schließt mit einer flachen Kalotte (Bild 319); die Grundmauern der Konstruktion sind zu einem Achteck ummantelt, das eine weit ausladende Lotus-Kuppel mit hohem, schmuckreichem Aufbau trägt (Bild 318).

Agra, Tāǧ Maḥall (20:105–109). Der achteckige Mittelraum des Grabes schließt mit einer Kuppel von halbkreisförmigem Querschnitt (Bild 99 Nr. 3). Auf den Grundmauern der Konstruktion lastet ein hoher Kreiszylinder (Bild 96) mit einer Kuppel von kielbogenartigem Querschnitt und radialen Lagerfugen (Bild 241).

Aurangabad, Grab der Rābi'a Daurānī. Ein quadratischer Raum wird durch eine flache innere und eine steile äußere Kuppelschale bedeckt (Bild 98).

Delhi, Grab des Safdar Jung. Ein quadratischer Mittelraum wird durch eine flache innere Kuppel abgeschlossen (Bild 329). Darüber erhebt sich als selbständiger Bau eine Lotus-Kuppel in Zwiebel-

Bild 94
Delhi-Humayunpur, Grab des Humāyūn, vollendet durch seine Frau 1564, Schnitt

form. Sie wird durch eine flache Kuppelschale unterteilt, über der aus einer Arkaden-Stellung die obere Kuppel aufsteigt (Bild 330). Deren Umriß beherrscht die Landschaft, während die Kuppel über dem Erdgeschoß und die angrenzenden Räume unter einem Flachdach verborgen sind (Bild 105).

Delhi, Freitags-Moschee (Bild 95). Über der Mittelkuppel (Bild 235) erhebt sich ein Kreiszylinder mit Zwiebelkuppel (Bild 236).

Kurnool, Grab des 'Abd ul-Wahhāb. Hier wurden die unteren Räume durch verschiedene einfache (Bild 325 Hintergrund) und komplizierte (Bild 325 Vordergrund) Gewölbe abgeschlossen; darüber steigt eine Zwiebelkuppel mit Lotusschmuck auf (Bild 324 links).

So suchte man handwerkliche und künstlerische Lösungen, innerhalb eines Baukörpers zwei gewölbte Räume in der Vertikale zu komponieren und dabei nur die Schale des unteren Gewölbes dem Blick freizugeben. Das früheste mir bekannte Beispiel stammt aus dem buddhistischen Chotscho (Bild 93). Nach der Weiterentwicklung des Typus im islamischen Vorderen Orient diente diese Baugestalt an indo-islamischen Gräbern und Moscheen als Grundlage für weitere Bereicherungen (Bild 94). In demselben Chotscho fand man ebenfalls um die Mitte des 1. Jahrtausends eine andere Möglichkeit, Raum und Körper enger miteinander zu verbinden, indem man die untere Kuppel in der Kalotte schnitt und den Blick in die obere, den Bau begrenzende Raumschale weiter führte (Bild 85–87). Beispiele solcher Raumverschränkung sind uns im Abendland aus barocken Bauten (90:390), gar nicht aus dem islamischen Vorderen Orient, Iran oder Turan, jedoch wieder aus dem islamischen Indien und weiterhin aus späten hinduistischen Bauten bekannt. Im Gegensatz zu den lichtdurchfluteten Kuppelräumen des Abendlands verlieren sich die Raumschalen indo-islamischer Bauten über einem hohen Schacht im Dunkel. Es überwiegt ein künstlerischer Eindruck, der möglicherweise wiederum aus altindischen Höhlenvorstellungen stammt (s.o.S. 7).

Beispiele des Typus 33 sind am besten bekannt aus der indo-islamischen Residenz von Bijapur (Bild 84, 88–91, 120, 121, 300, 301, 305–308). Die Baugestalt wurde in weiteren mohammedanischen Kultstätten etwa von Golkonda (Bild 316, 317) oder Arcot (Bild 322, 323) überliefert. Schließlich machten sich auch hinduistische Baumeister diese höhlenartige Raumform zunutze: ein Kuppelschacht wird in Maluti durch einen bengalisch geschweiften Zeltturm (Bild 267, 269) und in Jammu durch einen nordindischen śikhara (Bild 336, 337) ummantelt.

Bild 95
Delhi, Freitagsmoschee, 1644–58, West-Ost-Schnitt der Mittelkuppel

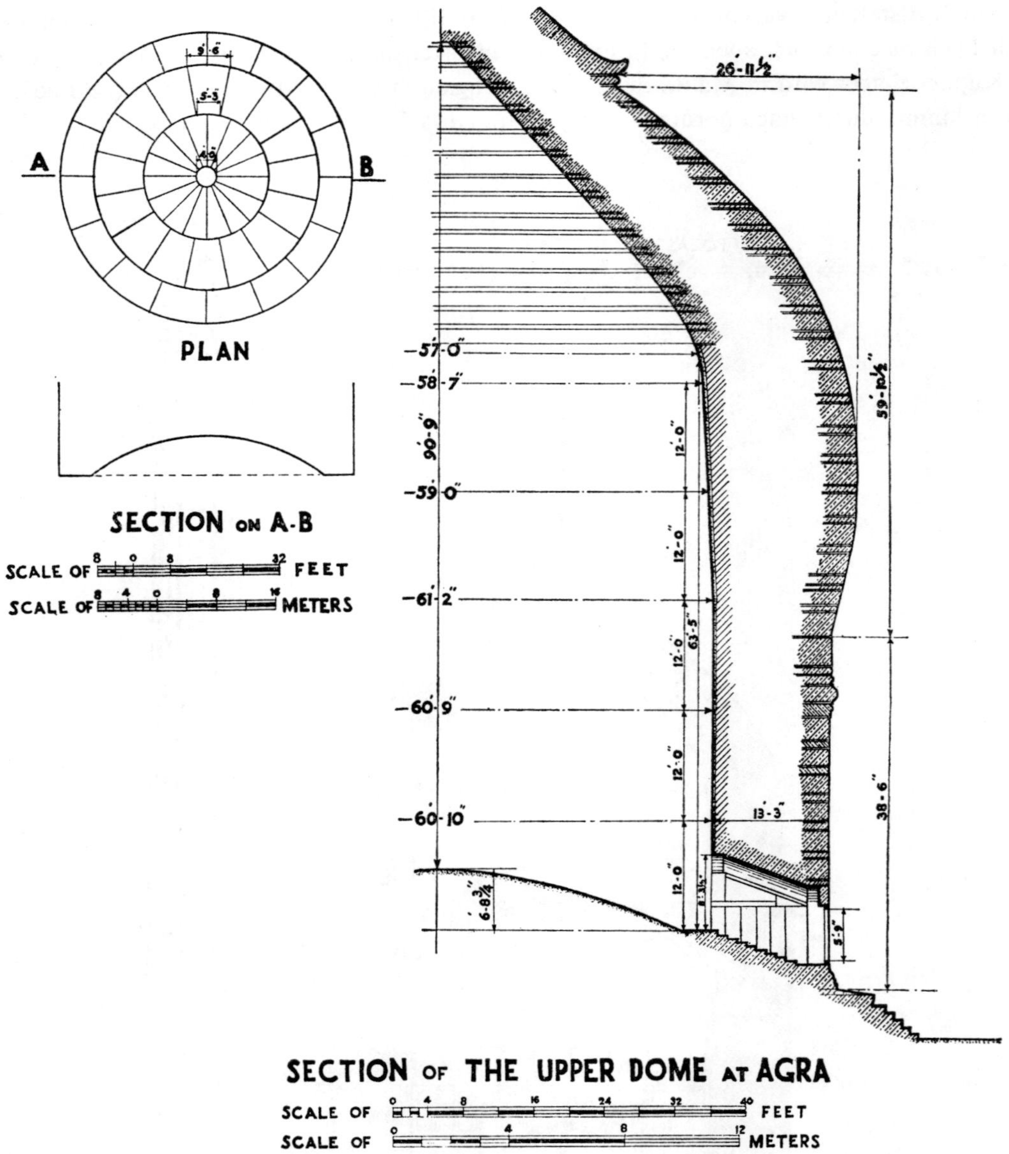

Bild 96
Agra, Tāğ Maḥall, 1634, Schnitt durch die obere Kuppel

In den stark zerstörten, entwicklungsgeschichtlich wahrscheinlich wichtigen Lehmziegelbauten von Afghanisch-Sistan beobachteten meine Mitarbeiter und ich Grundformen der gegensätzlichen künstlerischen Ausdrucksweisen innerhalb einer heute entlegenen Baugruppe (92: Bild 43, 50, 207): Turmbauten aus einer Folge von übereinandergesetzten Gewölben ähnlich dem Typus 34 (92: Bild 44, 45) und Kuppeln über einem schachtförmig aufsteigendem Turmraum (92: Bild 48, 49) wie beim Typus 33.

E

Nach Eliade erweckt die Betrachtung des Himmelsgewölbes selbst eine religiöse Erfahrung im Menschen (72:38). Mit der Konstruktion einer monumentalen Kuppel suchte der Baumeister diesen Eindruck nachzubilden. Im gesamten Bereich der eurasischen Kunst (149: I 196; V 205) hat man durch Kuppelbauten den Tag- oder Nachthimmel dargestellt. In der Übersetzung des Mānasāra wird der terminus technicus „lupā" oder „lūpā" folgendermaßen wiedergegeben: „A sloping and an projecting member of the entablature, etc., representing a continued pentroof; it is made below the cupola, and its ends are placed as it were suspended from the architrave and reaching the stalk of the lotus below. Slope or breadth (Mānasāra 30, 135)". Für alle diese Glieder, welche also einen Raum nach oben abzuschließen hatten, finden sich Mānasāra 18, 177–184 zahlreiche spezielle Bezeichnungen (1: VII 444), darunter mehrere Synonyma für „Himmel" oder „Luftraum", wie z.B. ananta, antarikṣa, ambara, gagana, vihāyas.

Die Kuppel, mit radialen Lagerfugen und in rundbogigem Querschnitt konstruiert, vermittelt am deutlichsten das optische Bild des halbkugelförmig, glockenartig über die Erdscheibe gespannten Himmels. In der römischen Antike bewältigte man offenbar zunächst die neuen technischen Probleme dieser Raumform, ehe man sie zum künstlerischen Ausdruck (162:194), zum Abbild der Himmelskuppel (172:9) nutzte (s.o.S. 8). Etwa gleichzeitig, in spät-parthischer oder früh-sasanidischer Zeit, führten alt-iranische Vorstellungen vom Himmel zur Entstehung von Kuppelbauten (302:21). Antikes (267:225) und iranisches (149: I 196 u. V 205) Handwerk diente den buddhistischen Mönchen von Gandhara und Turfan dazu, niedrige Räume von Tempeln mit Kuppeln zu überspannen, deren Bemalung die Idee des Himmels verdeutlichte.

Indische Überlieferungen und fremde Anregungen verbanden sich in den Gebieten der west-östlichen Mischkultur; aus Ruinen müssen wir uns heute eine Vorstellung von der kosmographischen Bedeutung von Freibauten und Höhlen machen. Ein alt-indisches Symbol für die Welt-Schöpfung, ein riesiger Lotus, schmückt in der Höhle von Haibak die Kalotte über einem Kreiszylinder, einer Baugestalt, die auch im Gandhara-Land seit früher Zeit verbreitet war (24: pl. 18). Über den buddhistischen Klosterzellen, Versammlungshallen und Kulthöhlen von Bamiyan wechseln Nachahmungen von zentralasiatischen Laternendecken, sasanidischen Trompen-Kuppeln und Sechseckmustern in der Art des Bacchus-Tempels von Baalbek (130:47). Als eine Bauform, welche den Übergang von der irdischen zur himmlischen Welt symbolisiert, hat man schon die Kammern von Takht-i Bahi (Bild 122) betrachtet, in denen über einem rechteckigen Raum ausgekehlte Schieferplatten eine Öffnung gegen einen darüber befindlichen runden Raum bilden (267:229); architektonisch deutlicher wurde diese Idee in einem Lehmziegelbau von Turfan gestaltet (Bild 85–87). Schließlich können im nordwest-indischen Grenzland Kompositionen aus Bogen + Giebel oder Kuppel + Pyramidendach (152:59) wie in der römischen Antike den Himmel (147:20) bedeutet haben (Bild 1, 33, 60).

Dies sind die frühesten Freibauten mit erhaltenen oder rekonstruierbaren Kuppeln im Bereich der „expressionistischen" (167: S. XIII) altindischen Kunst, für deren Wertschätzung wir häufig noch die rechte Sehweise entwickeln müssen – z.B. um die Bedeutung ehemals symbolischer alt-asiatischer Gewölbeformen als wesentlichen künstlerischen Teil indo-islamischer Massenbauten

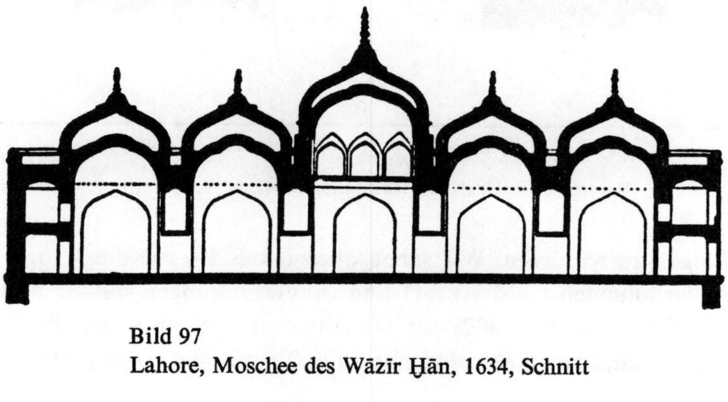

Bild 97
Lahore, Moschee des Wāzīr Ḫān, 1634, Schnitt

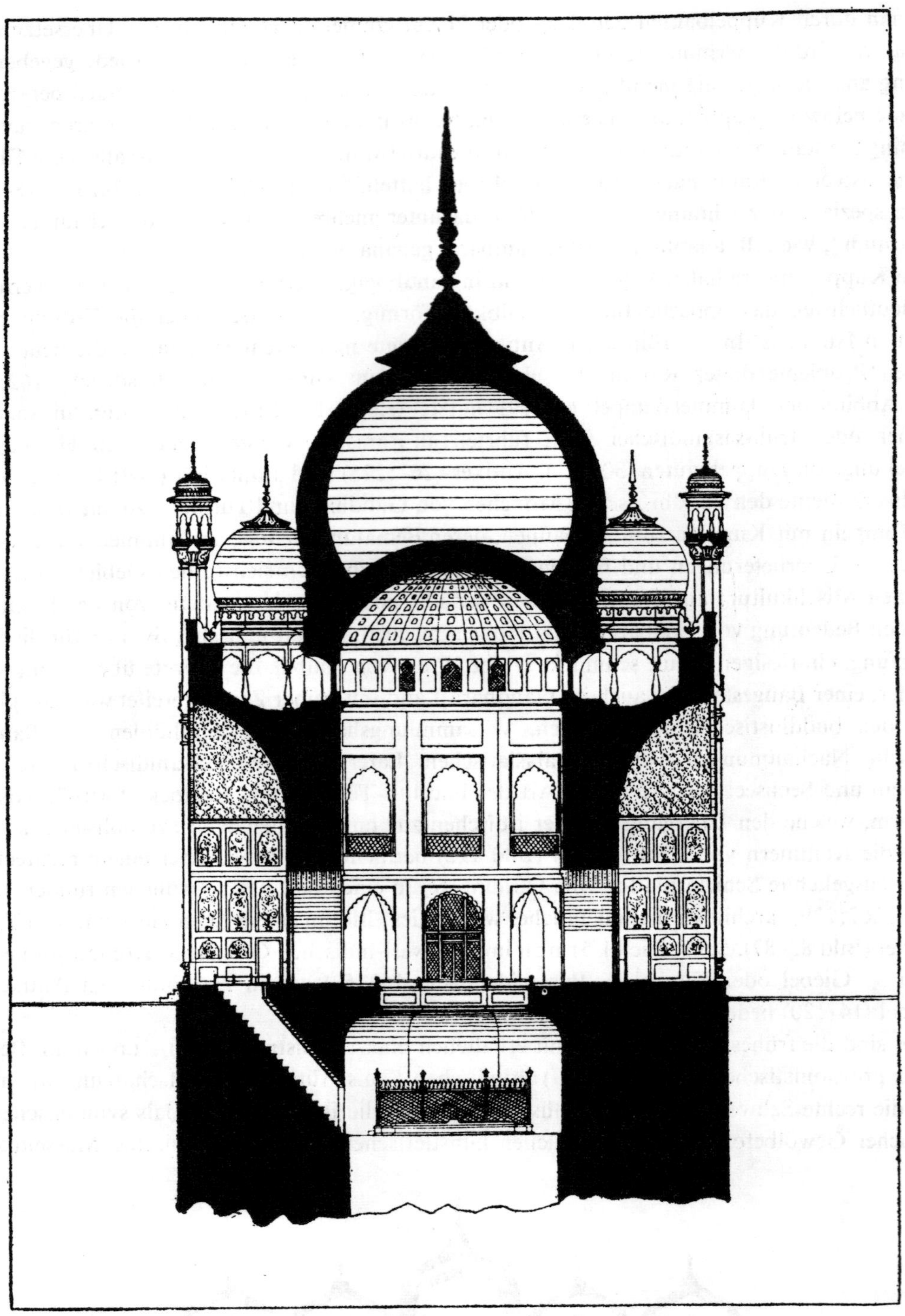

Bild 98
Aurangabad, Grab der Rābiʿa Daurānī, 1710, Schnitt

und Raumschöpfungen zu würdigen. Wir sahen oben (s.o.S. 9), wie die Kuppel allein (Bild 88), in zahlreichen Wiederholungen (Bild 70, 71) und in Verbindungen mit Bauformen der Tonne (Bild 268) oder des Zeltdachs (Bild 302) zur Hoheitsform in Sakral- und Profanbauten wurde.

Smith beobachtet an indischen Gebäuden eine lange Tradition des kosmischen Hauses (258:80) und verfolgt die Ideen von Himmelsbildern aus der Mittelmeerwelt bis zu indo-islamischen Großbauten (257:188). Wilber (303:64) schließt an seine Darstellung iranischer Kuppelkonstruktion die Überlegung an, daß die Umayyaden (206:41) und ʿAbbāsiden mit der Bauform der Kuppel aus der spät-antiken Welt auch ihre Bedeutung als Himmel übernahmen, und daß ein Kuppelbau seit dem frühen Islam die weltliche und geistliche Macht auch dann bezeichnet, wenn in der arabischen und persischen Theologie und Philosophie im Gegensatz zum antiken und früh-christlichen Schrifttum der symbolische Wert der Kuppel nicht ausdrücklich hervorgehoben wird. Schroeder (248:100) merkt zu diesem Buch an, daß z.B. das Bild vom gestirnten Himmel durch viele Kuppel-Moscheen beabsichtigt gewesen sei. Pope (217:385) setzt Kühnels Beobachtungen fort, daß im Morgenland die Betrachtung des Tag- und Nachthimmels nicht nur aus praktischen Gründen zur Herstellung von Karten und Kalendern nötig war, sondern daß man auch durch astrologische Spekulationen sich die kosmischen Kräfte günstig zu stimmen wünschte und mit der Errichtung von Kuppelbauten über dem Quadrat das Bild von Himmel und Erde darstellen wollte.

Schließlich kann man nach Tolstov (284:76) in der Kuppel auch eine Monumentalisierung des halbkugelförmigen Nomadenzeltes sehen; diese vorübergehende Unterkunft hat ja für Wanderhirten und Reiternomaden nicht nur einen naheliegenden Nutzen, sondern auch einen kultischen Wert als Bild des Himmels oder der Welt. In Zentral-Asien sieht man noch heute die Sommerhäuser der Halbnomaden bei ihren Feldern dorfartig gruppiert. Die schwarzen Zelte der Hirten-Nomaden findet man bald nahe den festen Siedlungen, mit deren Einwohnern Tauschhandel getrieben wird, bald bei den Steppen-Oasen als rasch errichtete und rasch wieder abgebrochene Stadt. Der Gesamteindruck gleicht bisweilen dem jener lehmziegelnen „Kuppelmeere persischer Wüstenstädte" (64: 78 u. Abb. 103).

k) MEHRGESCHOSSIGE NUTZ- UND KULTANLAGEN

35. Stockwerk- und Turmbauten: Flachdecken oder zum Flachdach abgeglichene Gewölbe (Bild 99 Nr. 7) tragen weitere flachgedeckte (Bild 99 Nr. 5), durch Kragekonstruktionen abgeschlossene (Bild 17) oder gewölbte (Bild 105) Geschosse, die Verkehrslast aufnehmen.

A

Während man im einfachen indischen Haus, im altindischen Tempel und in den frühislamischen Kultstätten Indiens einen ebenerdigen Raum flach oder gewölbt abschloß, und die Form der Flachdecke z.B. in Aihole (Bild 132), des Kragebaus z.B. in Ranakpur (Bild 246 Kuppeln A – C) oder der Kuppel z.B. in Golkonda (Bild 318) auch im Außenbau zum Ausdruck brachte, setzte man in den späteren indischen und islamischen Palästen, in den sogenannten nachmittelalterlichen Riesentempeln und in späteren islamischen Gräbern flach eingedeckte oder überwölbte Nutz- oder Kulträume in der Ebene aneinander und in der Höhe übereinander: unmittelbar z.B. in Fatehpur Sikri am Dīwān-i Ḫāṣṣ (Bild 99 Nr. 4) oder in zurückspringenden Geschossen, z.B. am selben Ort im Pañc Maḥall (Bild 99 Nr. 5). Dabei wurden alle bisher beschriebenen Bauweisen 1–34 miteinander verbunden. Die Kammern und Hallen sämtlicher Geschosse wurden oder werden entweder dauernd bewohnt wie im Schloß von Datia (Bild 101), während bestimmter Zeiten zu Kulthandlungen betreten wie im Tempel von Conjeeveram (Bild 8) oder gelegentlich zur Kontrolle und Reparatur des Gebäudes besucht, z.B. in den gopuras von Chidambaram (Bild 136, 137) oder Madura (Bild 17).

B

Bisher sind mir nur für alt-indische Stockwerkbauten (Bild 17) Bezeichnungen aus dem ein-

Größenvergleich 1: 1000

1 Pantheon in Rom
2 Gol Gumbaz in Bijapur
3 Taj Mahal in Agra
4 Diwan-i-Khas in Fathepur Sikri
5 Panch Mahal in Fathepur Sikri
6 Haus des Raja Birbal in Fathepur Sikri
7 Grabmal des Itimud-ud-daula in Agra

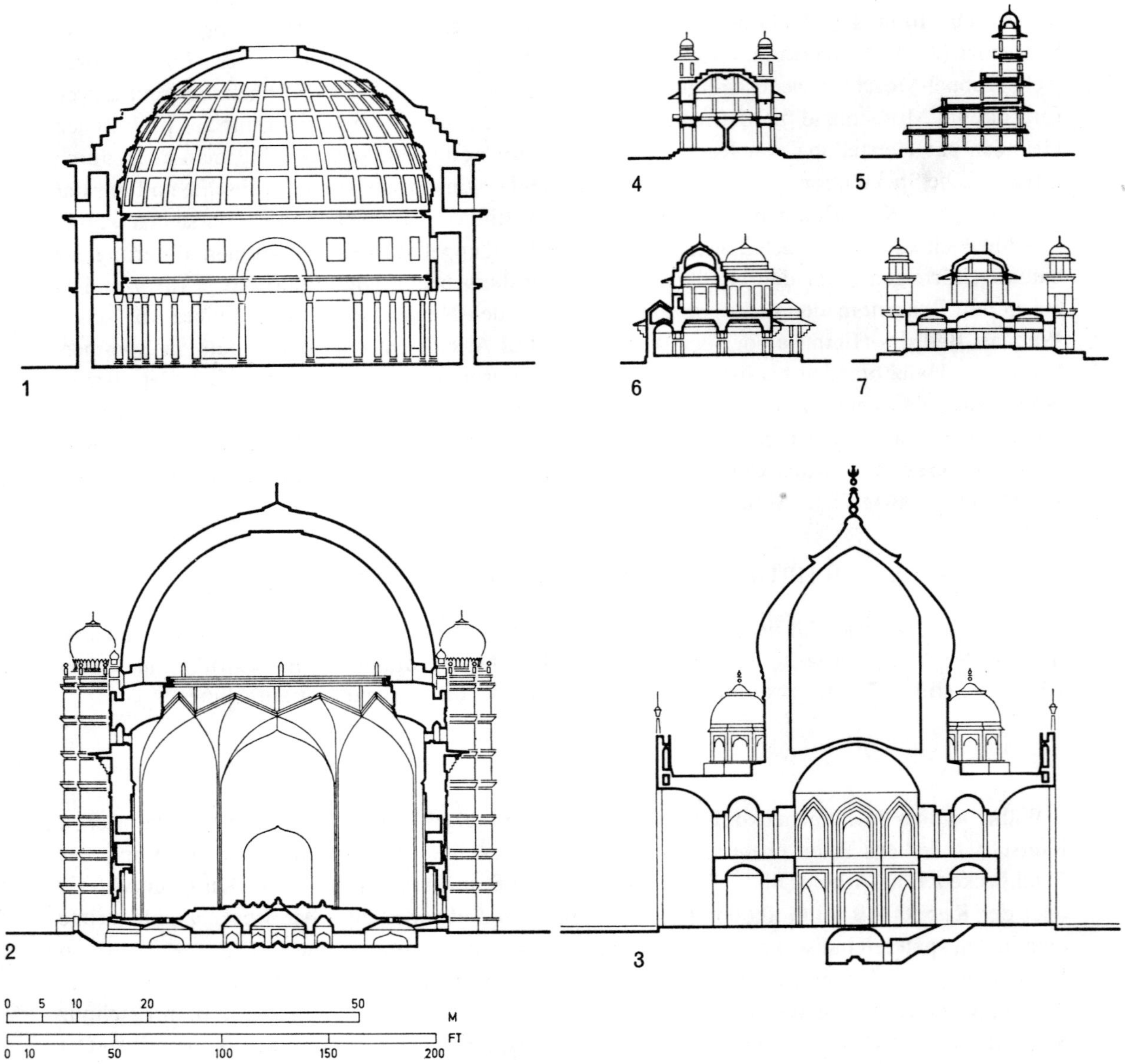

Bild 99
Querschnitt und Größenvergleich des Pantheons und verschiedener indo-islamischer Wohn- und Kultbauten

Nr. 2 Bijapur, sogen. Gol Gumbaz
Nr. 3 Agra, Tāğ Maḥall
Nr. 4 Fatehpur Sikri, Dīwan-i ḫāṣṣ
Nr. 5 Fatehpur Sikri, Pañc Maḥall
Nr. 6 Fatehpur Sikri, Rāja Birbals Haus
Nr. 7 Agra, Grab des I'timād ud-Daula

Süd-Nord-Schnitt durch den Kuppelbau (im doppelten Maßstab der Grundrisse).

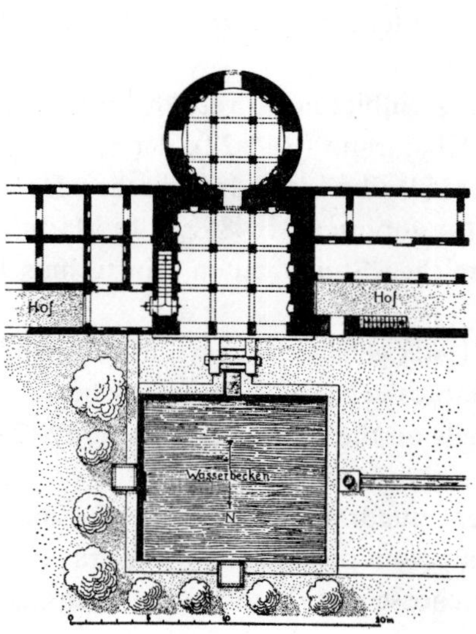

Erdgeschoss

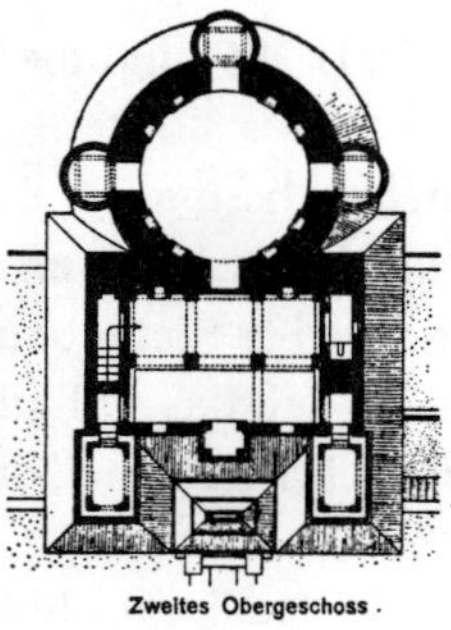

Zweites Obergeschoss.

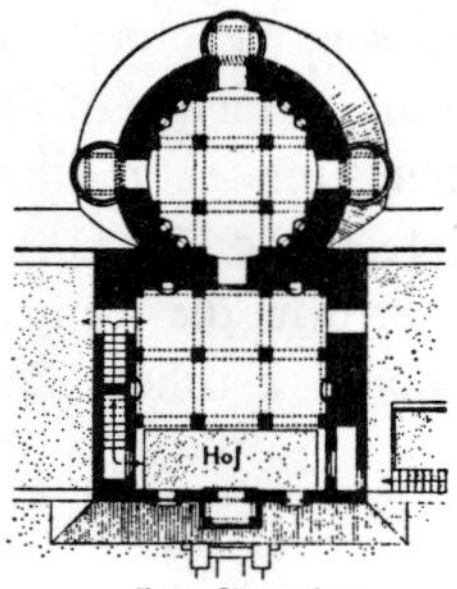

Erstes Obergeschoss

Bild 100
Udaipur, Insel Jag Mandir, Gul Maḥall, 1623, Grundriß und Schnitt

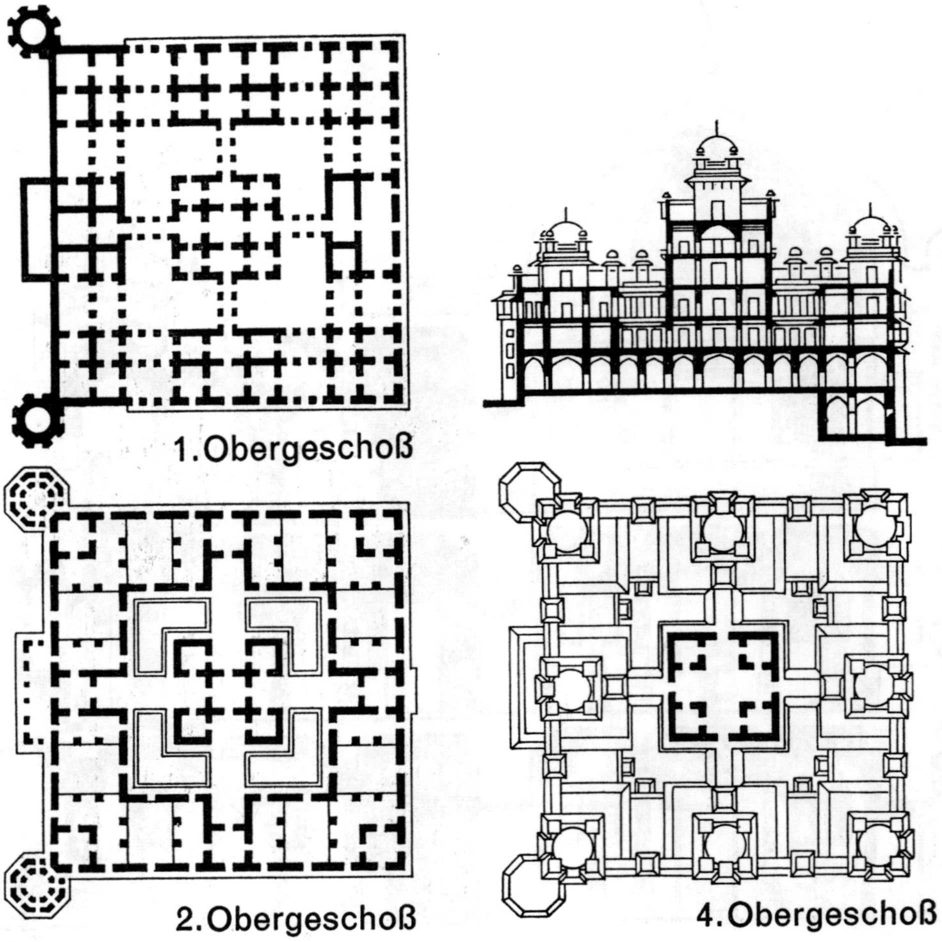

Bild 101
Datia, Palast des Bīr Singh Deo, Anfang 17. Jh., Schnitt und Grundrisse des 1., 2. und 4. Obergeschosses

heimischen Schrifttum bekannt geworden. Aus Geschossen „bhūmi" waren die legendären Götterpaläste der Epen (1: VII 385) und die Türme des mittelalterlichen Tempels (160:203, 205) zusammengesetzt.

Aus diesen Bauteilen bestanden der kurvenförmig einbiegende, vertikal aufstrebende Turm śikhara über dem nordindischen Tempel, z.B. von Khajuraho (Bild 22), der terrassenförmig geschichtete, pyramidenartige Stufenbau vimāna (272:254) über dem dravidischen Heiligtum, z.B. von Tanjore (Bild 133) und das südindische Tempeltor gopura (231:48) z.B. in Madura (Bild 17). Im archäologischen Schrifttum heißen die symbolreichen Stufenbauten rein technisch „étages" oder „staged roof".

Den Turm über dem Heiligtum hat Marchal (191:41) genauer untersucht; aus einfachen Beispielen von „remplissage de blocs" sind die „chambres séparées" unseres Schema zusammengesetzt. Brown sah im „principle of the repeating cells on the śikhara and gopura" (24:110) eine Grundform indischer Architektur.

Kürzlich bestätigte Harle (136:18), daß über dem quadratischen garbhagṛha und über dem breitrechteckigen Torturm die künstlerische Gestalt von prāsāda und gopura auf denselben technischen Grundlagen beruhen. Die oberen Geschosse der Tore bestehen aus „... hollow towers . . . the pyramidal shape . . . achieved by constant corbelling". In Sanskrit und Tamil fand er den Ausdruck „ālinda" (136:150) für die flachgedeckten Korridore in diesen Tortürmen.

C

Erst aus neueren Bauaufnahmen (290:88, 151) erfahren wir, wie Turm- und Stockwerksbauten des nordindischen śikhara über quadratischem Grundriß (Bild 16) und des südindischen gopura über breitrechteckigem Grundriß (Bild 17) aus einzelnen Einheiten von Kammern mit Abschluß durch waagerechten Sturz oder Kragebau zusammengesetzt sind.

Über das statische Verhalten in gewaltigen Massenbauten wie in einem Stockwerk-Turm über

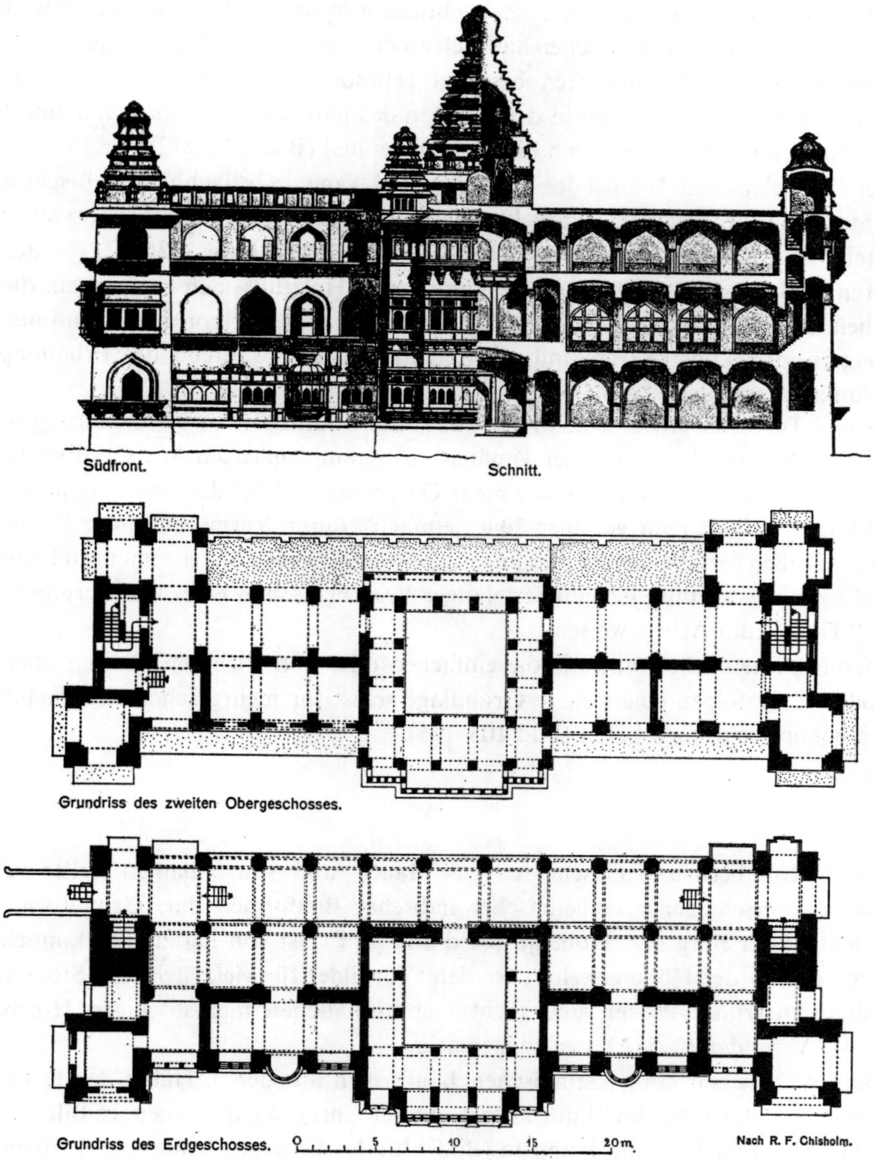

Bild 102
Chandragiri, Palast, Anfang des 17. Jh., Schnitt und Grundriß des Erdgeschosses und des 2. Obergeschosses

dem garbhagṛha eines Tempels in Khajuraho (Bild 22) oder wie in den Geschossen über einem Coḷa-gopura (Bild 136) besitzen wir noch keine technischen Daten.

In den süd-indischen vimānas (Bild 133 rückwärts) und nord-indischen śikharas (Bild 106) scheinen die schweren Steinmassen von Geschoß zu Geschoß vorwiegend vertikalen Druck auszuüben.

An süd-indischen gopuras (Bild 292 rückwärts) studierte ich Baueinheiten aus waagerechtem Sturz im granitenen Unterbau und aus Backstein-Mörtel-Kombinationen in den darüber aufsteigenden, zurückgesetzten Geschossen (Bild 137, 296); neben der typischen Überkragung von Kammern und Gängen bemerkte ich ausnahmsweise tonnengewölbte Bauteile (94:54). Unter- und Oberbau sah ich durch zusätzliche Hilfskonstruktionen aus Holzankern und eisernen Klammern zu einer konstruktiven Einheit zusammengefaßt, die im Ganzen vor allem vertikalen Druck ausübte (93:78). Harle verwertete diese Beobachtungen in seiner Monographie über die gopuras von Chidambaram (136:48). Inzwischen habe ich an den gopuras von Vijayanagar die Vorstellung vom Kräftespiel in diesen Bauwerken bestätigt gefunden. Einzelheiten wie kielbogenförmige Gewölbe aus krummen Steinbohlen in den Gängen des Pampāpati-Tempels und eine Backstein-Holzbalken-Struktur veröffentliche ich hier zum erstenmal (Bild 271, 272).

Auch der Doppelapsiden-Tempel des Viṣṇu Anantaśayana im benachbarten Hospet besteht aus einem rechteckigen Unterbau und zurückgesetzten Obergeschossen in einer Kragekonstruktion aus Backstein und Mörtel. Hier bestätigt sich eine Beobachtung Harles (136:22) von den gopuras: häufig waren nicht nur hölzerne Anker, sondern ganze Holzfußböden eingezogen, die vielleicht die Sicherheit des Bauwerks erhöhen sollten, jetzt aber nicht mehr vorhanden und nur nach den alten Auflagern zu rekonstruieren sind, aber möglicherweise während der Erbauungszeit eine statische Funktion erfüllten (s.o.S. 15).

Tempel- und Tortürme stellen einen Höhepunkt der traditionellen, auf Erfahrung beruhenden Bauweisen dar. Bei der Steigerung der vimānas zu pyramidenartigen Massen über Kultbauten, bei der Erhöhung der gopuras um immer mehr Geschosse und bei der immer steileren Aufgipfelung der śikharas schritt man gefühlsmäßig „einfach“ durch Vermehrung der Bauglieder vom Kleinen zum Großen fort. Bei der Bewältigung der oft ungeheuren Baustoffmengen besteht wohl in der planmäßigen Auswertung jahrhundertelanger Versuche schon eine Annäherung an „wissenschaftliche“ Denk- und Arbeitsweisen.

An späteren Bauten sehen wir, wie die einfachen oder komplizierten Decken über einzelnen Räumen oder Raumfolgen eine sichere Grundlage selbst für mehrgeschossige Flachdachbauten oder Gewölbekonstruktionen boten (Bild 103–105).

D

Folgen von Kammern und Geschossen aus Mauer- und Stützenbauten stellen selbständige Kombinationen verschiedener einheimischer indischer Bauformen dar. Grundformen wie die Stützenhallen auf der Burg von Mohenjo Daro und im Palast von Pāṭaliputra konnten jederzeit in der Ebene und in der Höhe erweitert werden. Vorbilder für viele steinerne Stockwerkbauten dürften häufig in früh-indischen und nicht mehr erhaltenen mehrstöckigen Holzbauten mit Terrassen und Veranden (265:201) zu suchen sein.

Bei außergewöhnlichen nordwestindischen Bauformen aus der 2. Hälfte des 1. Jahrtausends kann man mit den letzten Nachwirkungen spät-antiker Anregungen rechnen. In Bilot werden „unindische“ Tonnen (Bild 128) und Kuppeln (Bild 130) des Untergeschosses durch einen typischen nordindischen śikhara-Turm (Bild 129) ummantelt. Dieser stellt wiederum eine Besonderheit in der mittelalterlichen nordindischen Baukunst dar; er ist außen durch eine Treppe und im Mauerverband durch steigende Tonnen betretbar. Grabtürme von Palmyra wurden aus drei bis vier

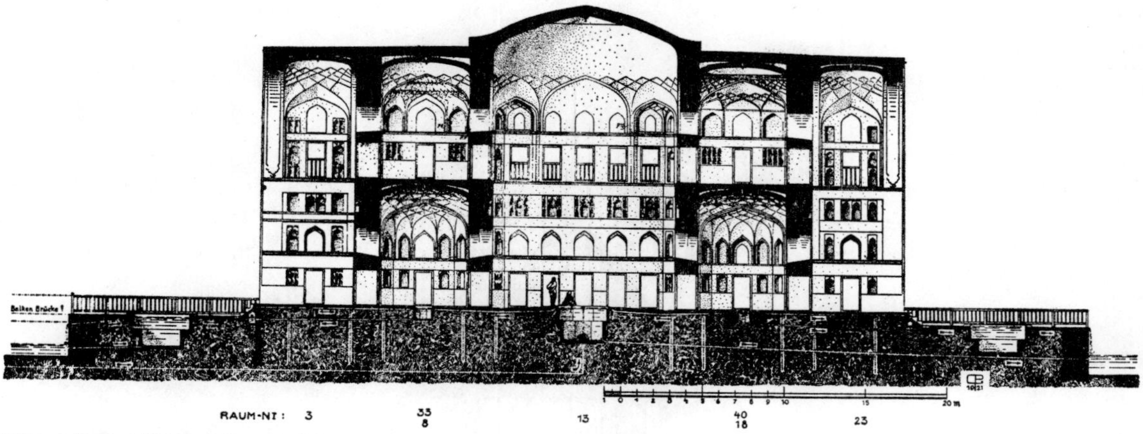

Mittelschnitt Nord-Süd, Ansicht gegen Ost.

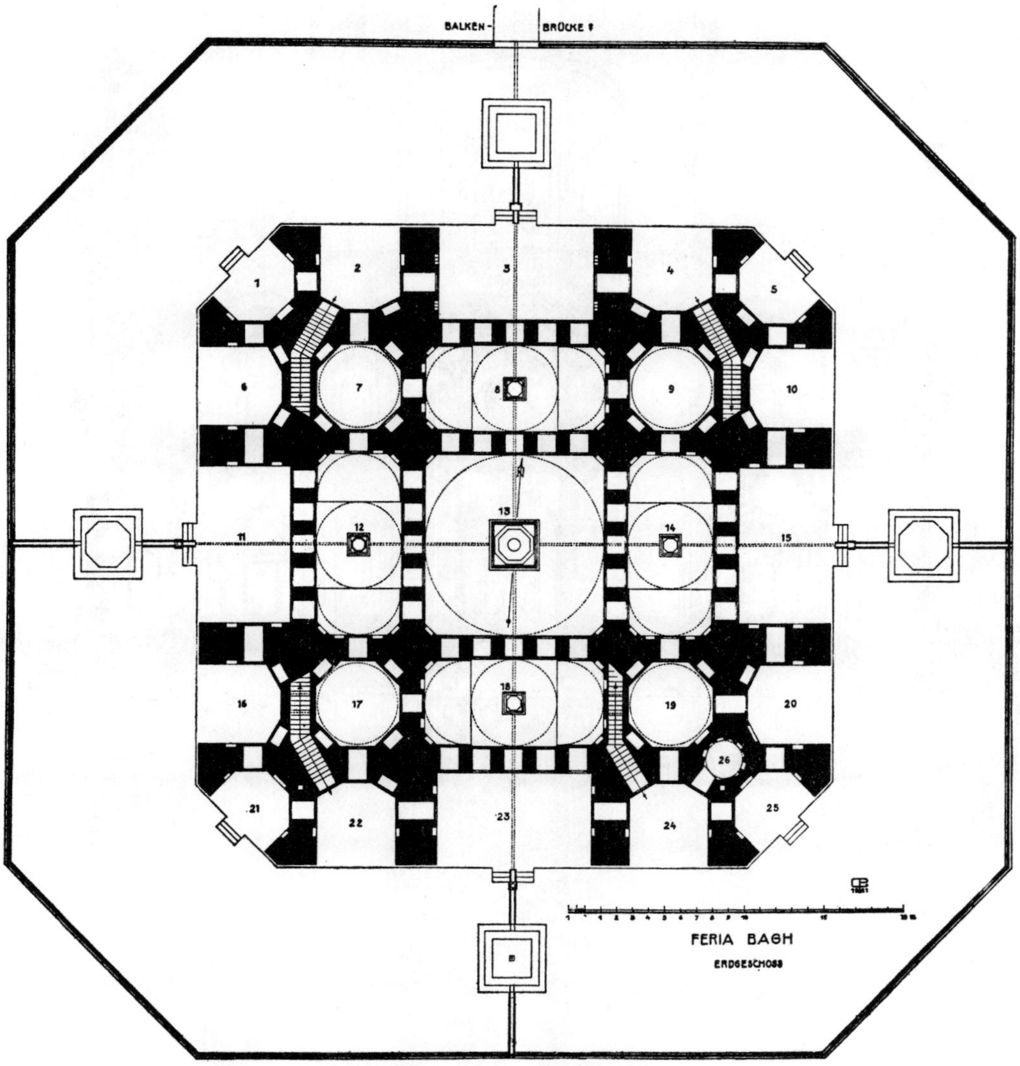

Grundriss des Erdgeschosses.

Aufn. C. Preusser.

Bild 103 und 104
Feria Bagh, Ruine eines Bāradārī, Mitte 17. Jh., Schnitt (103), Grundriß (104)

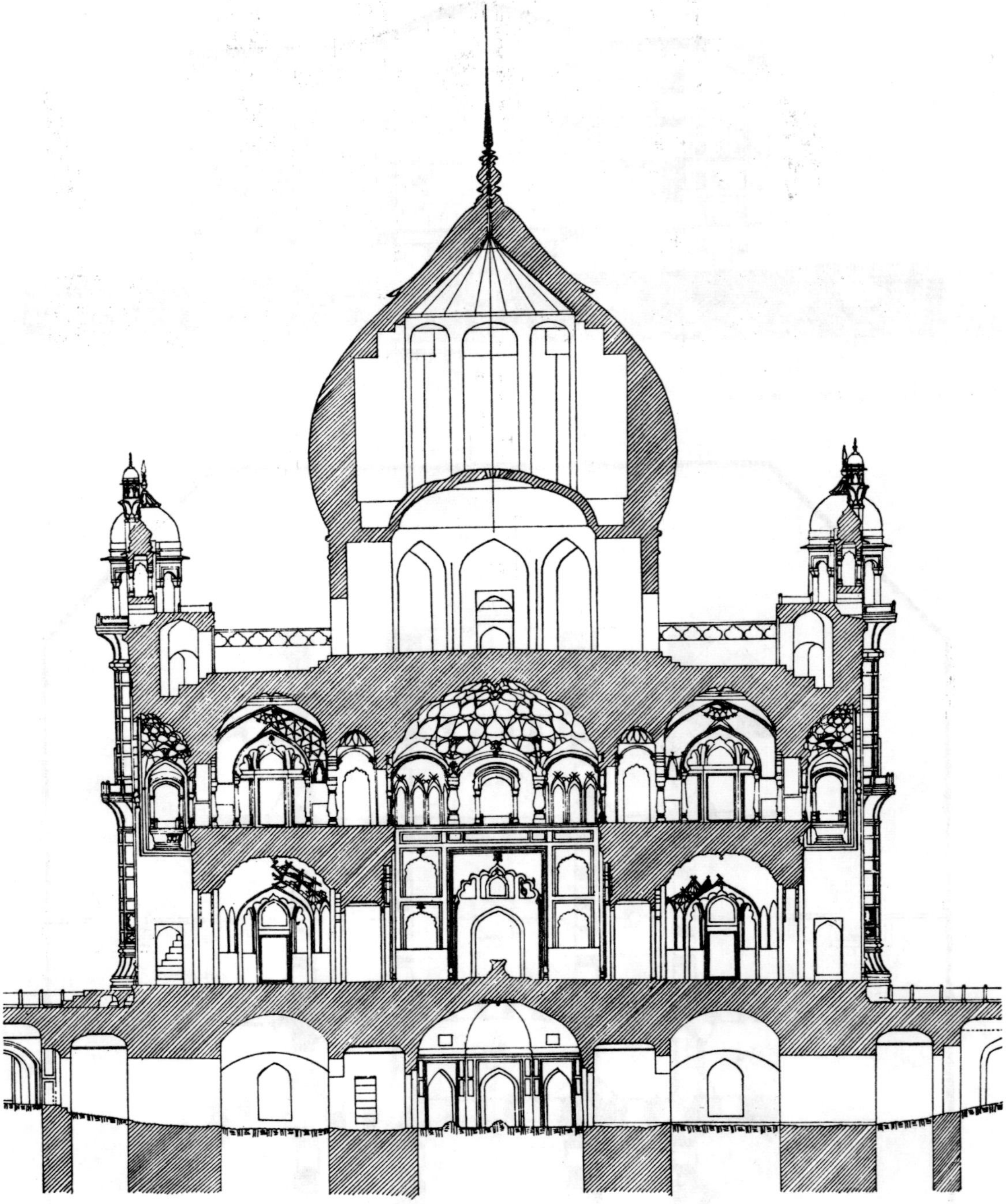

Bild 105
Delhi, Grab des Safdar Jung (1739–1753), Schnitt

Geschossen übereinandergesetzter quadratischer Kammern mit Hausteinkuppeln konstruiert (208:60, 79). Nach allem, was wir gegenwärtig über die Wirkung palmyrenischer Kunst auf die Bildformen von Gandhara und Kashmir wissen (121:162), dürfen wir auch annehmen, daß Bauformen zeitweise die Entwicklung indischer Kultstätten angeregt haben.

Unabhängig von diesen Mischformen des nordwestlichen Grenzgebiets verlief die Entwicklung des einheimischen Tempelbaues in der frühen und mittelalterlichen Kunst.

Der „einfache" Kern nordindischer śikharas wurde in mittelalterlichen Bauten von Orissa (Bild 106), Khajuraho (Bild 22) und Gujarat (Bild 245) äußerlich um viele Varianten bereichert. Auch bei Neu- und Umbauten der neuesten Zeit dient dasselbe Gerüst von Zellen und Stockwerken als Skelett für die symbolischen Türme (Bild 346).

Kramrisch (160:155) weist darauf hin, wie beim Vaikuṇṭha Perumal in Conjeeveram die Kultkammer mit dem Flachdach (Bild 8) innerhalb des Aufbaus wiederholt wird. In den Tempeln der frühen (Bild 132) und späteren Cāḷukya-Zeit erheben sich niedrige Geschosse über dem garbhagṛha. Die Würfel des mauerumzogenen garbhagṛha und der säulenreichen maṇḍapas werden im Heiligtum von Kulpak (Bild 149) aneinandergereiht und übereinandergestaffelt; dieselben Bauprinzipien wandte man bei der Anlage von Tiefbrunnen an. In mittel-indischen Schulen dienten Elemente aus Säulen mit waagerechtem Sturz als Vorhallen, Balkons und struktives Gerüst für Geschoßbauten (Bild 22). Die Steinmetzen von Gujarat errichteten nacheinander Nutzbauten (93: Abb. 42), Tempel (Bild 245) und Moscheen (Bild 9) aus einer Addition von Stützenbauten in der Ebene und in der Höhe. In den Profan- und Sakralbauten von Vijayanagar werden besonders lange Granitbalken zu gut proportionierten Geschossen zusammengefügt (Bild 270). Diese handwerklichen Überlieferungen waren wohl indisches Allgemeingut, als sie unter dem Bauherrn Akbar am Pañc Maḥall von Fatehpur Sikri zu einer vollendeten künstlerischen Lösung des Stufenbaus genützt wurden (Bild 99 Nr. 5).

Die Kunst des gopura beginnt unter den frühen Coḷas und erreichte in Konstruktion und Form einen Höhepunkt in der Spätzeit dieser Dynastie (Bild 136, 137). Wo immer im Draviḍa-Land alte Tempelanlagen um Neubauten erweitert oder wo neue Heiligtümer (Bild 17) gestiftet wurden, wuchsen auch gopuras immer höher empor: in Vijayanagar und unter den Nāyyaks (Bild 270, 272).

E

Nach unseren einleitenden Bemerkungen über die Vorstellungen der Inder in früher und in islamischer Zeit vom Stufenbau der Welt (235:93), von den Geschossen des Himmels (194:38) und von den Stufen, die zur Erlösung führen (102:72), dürfen wir in den wohl abgewogenen Stockwerkbauten hinduistischer und jinistischer Kultstätten und auch in den Palästen von Mogul-Residenzen Abbilder des gestuften Kosmos sehen. Während aller Perioden, in denen solche Steinkonstruktionen entstanden, wohnten die Inder in mehrgeschossigen hölzernen Pfostenhäusern, die ja mit ihrer praktischen Bedeutung als Wohnstätte ebenfalls den symbolischen Sinn einer Nachahmung des Welt-Bilds hatten und als Zimmermannswerk dem Steinmetzen zum Vorbild dienten (s.o.S. 16).

Auch die terrassenartig zurückgesetzten Schichten der gopuras wurden als Bilder des gestuften Welt-Alls verstanden. Die Modelle indischer Wohnhäuser in den bilderreichen Galerien „meinen" die Wohnungen der Götter, welche in den Nischen dieser Miniatur-Architektur oft dargestellt sind. Das Ost-gopura von Chidambaram gilt nach einer süd-indischen Inschrift als Meru – den westlichen Torbau dieses Tempels schmücken astronomische und astrologische Symbole (136: 116; 269:64).

Wenn die indischen Baumeister mit dem einfachen waagerechten Sturz Sinnbilder der Höhle und des Himmels gestalteten, so drückten sie durch die stockwerkartigen Zusammensetzungen von Einheiten aus waagerechtem Sturz und Überkragung die Vorstellungen vom gestuften Kosmos und dem Welt-Berg künstlerisch vollendet aus. Die verschiedenen technischen Möglichkeiten sind ohne Belang für den hohen symbolischen Wert des Baues (160:148).

Waagerecht gelagerte, sich verjüngende Steinschichten bestimmen die monumentale Wirkung der massiven südindischen vimānas. Das vimāna als Götterfahrzeug wird in der dravidischen Kultur noch heute durch Holzkonstruktionen abgebildet. In den Epen heißt der Palast der Götter, in der späteren Hindu-Baukunst der Palast des Königs vimāna: der Repräsentant der Götter auf der Erde wohnt in oder unter einem Stufenbau von sakraler Bedeutung.

In den nord-indischen śikharas schufen die Steinmetzen vertikale Massenbauten. Das Bild des Welt-Bergs wird besonders realistisch durch wahre Steingebirge nachgeahmt, die sich über den Tempeln Mittel- und Nordwest-Indiens erheben. In Khajuraho wachsen berggipfelartige Steinmassen von den Vorräumen über die Versammlungshalle zum Turm über dem Allerheiligsten an; in Girnar steigen über dem sternförmigen Grundriß des garbhagṛha immer größer werdende Türme rings um den Zentralturm auf.

Mehrgeschossige Paläste (Bild 331) bieten einen angenehmen Aufenthalt für die verschiedenen Tages- und Jahreszeiten. „Erhöht“ durch Turmbauten (Bild 102) bezeichnen sie die weltliche Macht und die kultische Bedeutung des Königtums. In Stufentürmen neuerer hinduistischer (Bild 294) und islamischer (Bild 99 Nr. 5) Residenzen lebt der alte kosmologische Sinn des orientalischen Stockwerkbaus fort.

IV

HISTORISCH-TOPOGRAPHISCHE NOTIZEN ZUR ÜBERSICHTS-LISTE S. 182: BEVORZUGTE HANDWERKLICHE MITTEL UND BESONDERE KÜNSTLERISCHE MÖGLICHKEITEN IN HERVORRAGENDEN KUNSTLANDSCHAFTEN UND UNTER FÜHRENDEN DYNASTIEN

Wir haben in Teil II von der altindischen Bildwelt und von Arbeitsweisen der Bauschulen gehört, die bestimmte religiöse Bilder in dauerhaftem Stoff zu gestalten und vor allem im oberen Abschluß von Wohn- und Kulträumen auszudrücken hatten. In Teil III haben wir die Entstehung hauptsächlicher Bauweisen für Decken, Dächer und Gewölbe in altindischer und ihre Wandlungen in islamischer Zeit betrachtet und ihre endgültige Umformung bis zu neuesten Bauten indischer Auftraggeber verfolgt. Wir fragen uns nun, was uns die Beschäftigung mit einem Teilgebiet der indischen und islamischen Baugeschichte Neues zum Verständnis der indischen Kunst überhaupt lehrt. Dazu überschauen wir nun die bevorzugten handwerklichen Mittel und alle darauf beruhenden künstlerischen Möglichkeiten nach den hervorragenden Kunstlandschaften und Dynastien.

a) FESTUNGEN UND KULTBAUTEN IN DEN NORDWESTINDISCHEN UND ZENTRALASIATISCHEN GRENZGEBIETEN VON DEN KUṢĀṆAS BIS ZU DEN HINDU ŠĀHIS

Sie sind durch Frühformen des einheimischen Kragebaus (Bild 20), durch Spätformen mittelmeerländischer, zentralasiatischer und iranischer (Bild 123) Herkunft und durch Sonderformen in der Erfindung von Wölbungen (Bild 85–87) gekennzeichnet.

1. Gandhara, Baktrien, Turfan, 1.–8. Jahrhundert

In den Schiefersteinbrüchen des Gandhara-Landes wurden Platten für den Kragebau rechteckig behauen (Bild 122), kurvig abgearbeitet (Bild 122: Kammer rechts; Bild 14, 15) oder halbrund ausgesägt (Bild 122: Übergangszone in den beiden Kammern links). Schieferplatten schichtete man in trockenem Verband halbkugelförmig über dem Kreis (Bild 31–34) und über dem Quadrat (Bild 35, 36). Die Bauschulen von Baktrien und Turfan bildeten aus Lehmziegeln radiale Tonnengewölbe (Bild 51), Kuppeln über dem Kreis (Bild 118) und über dem Quadrat mit der „Sasanidischen Trompe" (Bild 66), also Formen, die einerseits in der antiken oder iranischen Welt schon eine lange Überlieferung hatten und andrerseits in den Bergen des Hindukusch oder im Löß der Turfan-Oase (Bild 125) aus Wohn- und Kulthöhlen bekannt waren. Gleichzeitig erfanden sie Baugestalten wie das „Türkische Dreieck" als Übergang vom Würfel zur Halbkugel (Bild 126) und übereinandergesetzte Kuppeln mit (Bild 87) oder ohne (Bild 93) Öffnung der unteren Kalotte.

2. Kashmir und Nordwest-Pakistan, 7.–10. Jahrhundert

Basalt, Granit und Kalkstein wurden im Norden und Nordwesten auf einheimische Weise halbkugelartig ausgehöhlt (Bild 127), im śikhara in trockenem Verband übereinander geschichtet (Bild 128), zu eckigen Blöcken für eine Laternendecke zurechtgehauen (Bild 20) oder als Pyramidendach über flachen Decken und radial konstruierten Kuppeln (Bild 60) verlegt. Wahrscheinlich regten gleichzeitig die Überlieferungen zentralasiatischer Bauschulen und die Erfahrungen mittelmeerländischer Wanderkünstler die Inder dazu an, denselben Stein über einer rechteckigen Eingangshalle als Tonne (Bild 128) und über einem quadratischen Kultraum in einzeln sichtbaren (Bild 119) oder zum „Türkischen Dreieck“ abgeglichenen (Bild 130, 131) Stufen zu wölben.

b) TEMPEL DER HINDUS, BUDDHISTEN UND JAINAS VON DER GUPTA-ZEIT BIS ZUR ISLAMISCHEN EROBERUNG

Sie verdanken die künstlerische Gestalt des Innen- und Außenbaus ausschließlich einheimischen handwerklichen Mitteln, nämlich der Eindeckung durch einen einzigen flachen (Bild 143) oder ausgehöhlten (Bild 156) Stein, dem Abschluß eines Raumes durch waagerecht verlegte Steinbalken (Bild 141) und der Überkragung (Bild 47, 106, 161). Über dem Rechteck und dem Halbkreis wurden die Formen der Tonne und der Viertelkugel durch vorkragende Backsteine gebildet (Bild 21: links); radial konstruierte Tonnen der Gupta-Zeit (Bild 52) gehören zu den Ausnahmen und vermutlich zu Nachwirkungen fremder Einflüsse in der nordindischen Kultur des mittleren 1. Jahrtausends.

3. Gupta-Zeit und frühe Cāḷukya-Zeit, etwa 350–750

Wie auf vielen Gebieten des geistigen Lebens bemerken wir auch in der Baukunst von Guptazeitlichen Kultstätten das Fortleben älterer, außerindischer Formen und die Neuprägung von zukunftsweisenden Baugestalten. So gibt es die Raumform der Tonne am Tempel von Bhitargaon (Bild 52) in einer Konstruktion aus radialen Lagerfugen, dagegen über dem rechteckigen Kultraum von Ter (Bild 21: links) in einem Bau aus vorkragenden Backsteinschichten, also in einer Technik, die von nun an die mittelalterliche indische Architektur mitbestimmen sollte (s.o.S. 39). Auch im Cāḷukya-Gebiet bestehen bei der Schöpfung des indischen Tempels urtümliche Formen wie die Eindeckung einer Kultbild-Kammer auf dem Dach eines Tempels durch eine einzige Steinplatte (Bild 132 oben) neben den neuen Grundformen für den Abschluß von garbhagṛha und maṇḍapa, also den waagerecht verlegten Steinbalken (Bild 132: besonders vorderer Bildrand).

4. Pallava- und Coḷa-Zeit, etwa 650–1050

Unter den Pallavas begann man im südindischen Dravida-Land aus waagerechtem Sturz mit zurückspringenden Geschossen Stockwerke für den gestuften Kultbau des vimāna zu errichten (Bild 8). Von der Coḷa-Zeit an wurden immer größere Tortürme, gopuras, aus vorkragenden Steinschichten entworfen (Bild 137).

5. Spätere Cāḷukyas im Dekkhan und in Mysore, etwa 1000–1300

In den mittelindischen Landschaften, die nach den Sanskrit-Lehrbüchern über den Tempelbau als vesara-Land, „Gegend eines Mischstils“ beschrieben werden, gestaltete man unter den späteren Cāḷukyas Tempeltürme teils nach nordindischer und teils nach südindischer Weise. Besonders abwechslungsreiche Formen fand man für die Decken über den quadratischen maṇḍapas. Aus den überlieferten Mitteln – flachen Decksteinen, waagerechten Stürzen und Laternendecken – komponierten die Steinmetzen halbkugelartige Decken. In ihnen wurden einmal kosmologisch bedeutungsvolle Muster der Lotus-gefüllten Neun-Felder-Decke aus einer ebenen Steinplatte (Bild 144) in eine räumliche Auffassung (Bild 145) übertragen und andrerseits Götterbilder, vor allem der acht Welthüter, auf einem einzigen Reliefstein (Bild 142, 143) oder an einer Kassettendecke (Bild 141) oder an mehrschichtigen, sich verjüngenden Kragekonstruktionen dargestellt (Bild 139, 140). Ein quadratischer Raum wird durch vier dreieckige Verbindungsglieder in die rechtwinklig zurückspringenden Schichten einer „Laternenkuppel" (Bild 150) oder in den kreisrund ausgehauenen Schichtenring einer Halbkugel (Bild 147) oder schließlich in eine mehrfach unterschnittene Raumform (Bild 146) überführt, die in der künstlerischen Gestalt den etwa gleichzeitig, aber unabhängig entstandenen, über radialen Lagerfugen konstruierten Stalaktiten-Gewölben vorderorientalischer islamischer Kultstätten ähnelt.

6. Orissa, etwa 800–1300

Unter den nordindischen Landschaften des sogenannten Nagara-Stils – mit dem steil aufstrebenden Tempelturm śikhara als Leitform – nimmt Orissa eine Sonderstellung ein. Während der Turm über dem garbhagṛha (Bild 16, 106) im wesentlichen von derselben vertikalen Tendenz beherrscht wird wie die zeitgenössischen Türme des übrigen Nordindien (Bild 22), unterscheiden sich die Tempel von Orissa im Inneren von denen in Gujarat, Bundelkhand und Rajasthan. In den letztgenannten Landschaften betritt man das dunkle garbhagṛha durch weiträumige, säulenreiche maṇḍapas (Bild 161); in Orissa dagegen sind alle maṇḍapas durch gewaltige Kragebauten abgeschlossen (Bild 16). Die quadratische Zelle unter dem Tempelturm ist entweder flach gedeckt und durch eine hohe Kragekonstruktion des śikhara betont (Bild 16: Hauptturm) oder als durchgehender Bau durch Kragschichten abgeschlossen (Bild 152). Die Kultzelle kann auch durch einen Kragebau bedeckt werden, der zur Flachdecke abgeglichen wird; darüber erhebt sich ein weiterer Schacht aus Kragsteinen (Bild 16: Nebentürme, Bild 106). Es fehlen die plastisch reich ausgestatteten maṇḍapa-Decken, die wir aus dem Dekkhan oder aus Gujarat kennen. Die schwer lastende Kragestruktur über allen Räumen des Tempels (Bild 154) und ihre Widerspiegelung in den stufenförmigen Terrassen des maṇḍapa-Daches (Bild 16) verleihen diesem Regionalstil eine besondere künstlerische Einheitlichkeit viele Jahrhunderte hindurch.

7. Mittelindien, Gujarat und Nordindien, etwa 900–1200

Die Tempel in den übrigen nordindischen Kunstlandschaften bestehen aus steinernen Bergen über dunklem garbhagṛha (Bild 22), verschiedenartig eingedeckten Korridoren und Folgen von mehrstützigen, hohen Hallen, nämlich den Versammlungsräumen maṇḍapa. Deren künstlerischer Gesamteindruck beruht auf den mehrfachen Ringschichten, die mit reichem bildhauerischem geometrischem, vegetabilischem, zoomorphem oder anthropomorphem Schmuck sich kuppelförmig über dem Raum erheben (Bild 159). Wenn diese Ringschichtenkuppel mit weiteren handwerklichen Mitteln des Kragebaus wie der Laternendecke (Bild 158) oder mit Raumabschlüssen aus krummen Steinbohlen (Bild 166) verbunden wird, entsteht die größtmögliche Annäherung der vorislamischen nordindischen Kunst an die Raumform der Kuppel (Bild 157, 159).

c) PROFANE UND SAKRALE BAUTEN DES FRÜHEN ISLAM IN DER HAUPTSTADT UND IN DEN ZUERST BESETZTEN PROVINZEN MIT ZAHLREICHEN SPOLIEN ALTINDISCHER TEMPEL

Zunächst wurden die oberen Abschlüsse von Moscheen und Gräbern aus Spolien in den meisten überlieferten einheimischen frühmittelalterlichen Techniken, nämlich aus flachen Decksteinen (Bild 190), waagerechtem Sturz (Bild 190), Laternendecke (Bild 197), Ringschichtendecke (Bild 185), gebogenen Steinbohlen (Bild 173) und kombinierten Decken (Bild 186) errichtet. Vor allem die Form der Ringschichtendecke scheint von den islamischen Auftraggebern genau so wie die gewohnte vorderorientalische, radial konstruierte Halbkugel für die bedeutungsvolle Kuppelform (s.o.S. 52) über Gräbern und Moscheen geschätzt und daher auch später weiterhin aus frisch gebrochenem Stein hergestellt worden zu sein (Bild 29, 191). Gleichzeitig baute man über Moscheen und Gräbern der islamischen Eroberer Kuppeln in radialen Lagerfugen. Deren Form schloß nur gelegentlich an altindische Überlieferungen an (Bild 171), ging in Ausnahmefällen auf die altiranische, sasanidische Überlieferung zurück (Bild 189), und leitete sich in den meisten Beispielen der Trompen in rechteckigen Nischen von vorderorientalischen islamischen Vorbildern her (Bild 170, 193).

8. Ġoriden, Ḫilǧis und Tuġluqs, etwa 1200–1400

Auf Grund der ersten genaueren Nachrichten aus Sistan vermutete Diez in dieser indo-iranischen Grenzlandschaft die Überlieferung alt-orientalischer und die Entstehung neuer islamischer Gewölbeformen (64:62). Bei unseren kürzlich begonnenen Aufnahmen von Lehmziegelruinen in Afghanisch-Sistan beobachteten wir Gewölbe verschiedenartiger Technik aus ġaznavidischer, ġoridischer und tīmūridischer Zeit (s.o.S. 111): z.B. frühe Formen der Tonne (92: Bild 40, 112, 205, 206) und des Trompengewölbes (92: Bild 44, 45, 210, 211, 215), und Übergangslösungen im „Türkischen Dreieck“ (92: Bild 237), in der Pendentif-Kuppel (92: Bild 218), in der Trompenkuppel (92: Bild 98, 114, 224, 225), in Rippenzwickelnetzen (92: Bild 113) und in Doppelgewölben (92: Bild 43, 44, 207). Die halbwüstenartigen, durch künstliche Bewässerung bewohnbar gemachten Gebiete Sistans wurden zeitweise von den Ġoriden beherrscht, die aus den mittelafghanischen Bergländern her zur Eroberung Indiens aufbrachen und Spolien indischer Haustein-Tempel in Afghanistan zu Moscheen zusammensetzen ließen (Bild 173, 174).

In den Bauten, die sich die islamischen Eroberer Indiens in der Hauptstadt Delhi und den ersten weiteren Regierungsmittelpunkten des Nordens, also in Ajmer, Daulatabad oder Multan errichten ließen, bemerken wir einen außerordentlichen Reichtum handwerklicher Mittel. Eine künstlerische Einheit von Außenbau (Bild 168) und Innenraumgestaltung (Bild 169) erreichte man zunächst mit den herkömmlichen, einheimischen mittelalterlichen Methoden. In trockenem Verband geschichtete ringartige (Bild 172) Decken von kuppelförmiger Raumwirkung wurden von indischen Steinmetzen aus Spolien hinduistischer oder jinistischer Tempel für islamische Aufträge neu verwertet. – Dagegen dienten technische Mittel, die bisher für die Wohn- und Kultstätten Indiens noch nicht verwendet worden waren, aber in der späteren Antike und im islamischen Vorderen Orient schon zu großartigen Raumlösungen geführt hatten, jetzt zunächst zu verschiedenen Nutzbauten. Für Abschlüsse kleiner, niedriger Kammern in Korridoren der Moscheen und Burgen sind erstmals Beispiele von Gußdecken (Bild 181), Klostergewölben (Bild 182, 183), Muldengewölben (Bild 180), Kreuzgewölben (Bild 57, 58) und Pendentifkuppeln (Bild 179) nachweisbar. – In dieser Zeit beginnt die indo-islamische Überlieferung der Kuppel über dem Quadrat. An der künstlerischen Erscheinung sind altindische Schmuckformen und vorderorientalische Konstruktionsmethoden in gleicher Weise beteiligt. Die Überleitung aus dem Quadrat in den Grundkreis der Kuppel bewerkstelligte man wie an vor-islamischen indischen Kultstätten (Bild 126, 130, 131) ausnahmsweise durch reiche, einheimische Schmuckformen wie den Wechsel von übereck-gestellten Steinwürfeln und langen Steinbalken (Bild 171) oder eine Abgleichung dieser Pendentif-artigen Konstruktion zum „Türkischen Dreieck“ (Bild 176). – Für die zukünftige Entwicklung sind aber die frühesten Gräber und Toranlagen in Delhi entscheidend, bei denen Trompen in rechteckigen Nischen den Übergang vom Würfel zur Halbkugel herstellen. Am Grabe des Īltutmiš (Bild 168: Mitte des linken Bildrandes), gestorben 1236, ist das Kugelsegment in der Kielbogen-Trompe (Bild 167) mit Fragmenten von reich verzierten, vorkragenden Ringschichten altindischer Überlieferung gefüllt. Indische Steinschneider hieben Trompenbögen aus kurvigen Steinbohlen zurecht und brachten in diesem Rahmen einen kräftigen, plastischen Schmuck unter, konnten aber unklare Hinterschneidungen beim Übergang vom Quadrat zum Oktogon durch windschiefe Laibungen nicht vermeiden. Am Grabe des Balban wurde dagegen um 1280 erstmals auf indischem Boden ein würfelförmiger Raum durch viertelkugelartige, radial konstruierte Trompen auf Eckplatten innerhalb des rechteckigen Rahmens in das geometrisch genau bestimmte Achteck als Grundlage für eine Kuppel verwandelt (Bild 170). Der Raum ist schmucklos, aber von klaren stereometrischen Verhältnissen und damit der Ausgangspunkt für alle späteren Bauten, die erneut mit zusätzlichen struktiven und dekorativen Elementen, nunmehr islamischer Herkunft, verziert werden sollten. Als besonders prachtvolle Beispiele nennen wir das Tor in der Anlage des ʿAlā ud-dīn (Bild 177), 1296–1316, und den Hauptraum im Ǧamāʿat Ḫāna masǧid (Bild 175), wahrscheinlich vor 1325.

9. Gujarat und Sindh, etwa 1200–1500

In Nordwest-Indien dauerten die mittelalterlichen einheimischen Überlieferungen von Ringschichtendecken aus Spolien (Bild 188) oder neuen Konstruktionen (Bild 191) und von kuppelförmigen Kragekonstruktionen, ebenfalls aus Fragmenten von altindischen Bauten (Bild 186) oder aus frisch gebrochenem Stein (Bild 187) fort. Zugleich konstruierte man radiale Kuppeln über Gräbern und Moscheen der neuen Herrscher. Den Übergang aus dem Würfel in den Grundkreis für eine Halbkugel erreichte man nur ausnahmsweise auf die alt-iranische, und schon an vorislamischen indischen Bauten (Bild 67, 123) geübte Technik der „Sasanidischen Trompe“ (Bild 189). Vielmehr schloß man an die vorderorientalische islamische Entwicklung der Trompe in rechteckigen Nischen an (Bild 193) und erfand rasch zahlreiche neue Schmuckformen für die Übergangszonen (Bild 78, 187).

10. Šarqī-Dynastie, etwa 1350–1450

Unter den Šārqīs verwendeten namentlich bekannte Hindu-Steinmetzen (s.o.S. 10) Platten mit symbolischen maṇḍalas erneut als Decken im Obergeschoß über kleinen Kammern von Moscheen (Bild 197). Mit neuem Baustoff konstruierten sie auf altertümliche Weise Laternendecken über niedrigen Korridoren der Moscheen (Bild 198). Mit dem gleichen Geschick wölbten sie ausgedehnte und hohe Hallen durch Tonnen (Bild 53) und Kuppeln über Trompen in eckigen Rahmenfeldern (Bild 199) ein.

11. Malwa, etwa 1400–1550

In Malwa dienten Spolien hinduistischer und jinistischer Kultstätten für Moscheen mit Bauteilen aus flachen Decksteinen, waagerechtem Sturz und Laternendecken (Bild 200). Wie unter den Tugluqs (Bild 57, 58) baute man aus Kreuzgewölben vor allem niedrige Nutzräume (Bild 205). Kunstvolle Raumformen entstanden dagegen über würfelförmigen Kultstätten, die durch Trompen in rechteckigen Nischen in die Halbkugel übergeleitet wurden (Bild 196). Dazu traten verschiedene dekorative Bereicherungen im Innenbau (Bild 201), denen im Äußeren schmuck- und kontrastreiche Kompositionen aus Kuppeln vorderorientalischer Herkunft und Turmformen einheimischer Überlieferung entsprachen (Bild 204). Bögen vorderorientalischer Herkunft (Bild 203) trugen eine Flachdecke indischer Überlieferung (Bild 107) in einer Halle von Mandu (s.o.S. 28).

12. Dekkhan, etwa 1300–1450

Islamische Bauten des Dekkhan wurden zum geringeren Teil von indischen Steinmetzschulen in der hergebrachten Technik des waagerechten Sturzes über Kielbögen (Bild 207) ausgeführt, und überwiegend unter Anregung durch namentlich bekannte Baumeister aus dem Iran (s.o.S. 11) in den dort üblichen Wölbeformen der Tonne (Bild 211) und der Kuppel über Trompennischen

(Bild 206), verschiedenen dekorativen Zwischenlösungen (Bild 209) oder Rippenzwickeln (Bild 212) entworfen.

13. Bengalen, etwa 1250–1400

Bengalen nimmt mit den islamischen Bauten des Mittelalters und später mit den backsteinernen Hindu-Tempeln (Bild 113) eine Sonderstellung ein. Man bevorzugte Bauformen, in denen sich das bengalische Dach auf der Grundlage des aufwärtsgebogenen Bambusstabes in Backstein übertragen ließ, z.B. über einem langrechteckigen Raum in der Gestalt einer aufgewölbten Kielbogentonne (Bild 54, 55). Bei der Überleitung des Würfels in den Grundkreis für eine Kuppel wählte man gleichzeitig altertümliche Formen der übereck-gesetzten Steinwürfel in der Gestalt des Pendentifs oder „Türkischen Dreiecks“ (Bild 215) und neuartige Kombinationen aus Trompen und Pendentifs (Bild 214).

d) DIE ZEIT DER FRÜHEN MOGUL-HERRSCHER UND DES AFGHANISCHEN INTERREGNUMS IN NORDINDIEN

Diese Epoche war durch die Übernahme turanischer und iranischer Wölbebaukunst gekennzeichnet.

14. Bābur und Humāyūn, 1526–1556

Der Gründer des Mogul-Reiches, Bābur, hat in seiner Autobiographie die Hindu-Bauweise mit ihrer Überdeckung von Kammern geringer Spannweite beschrieben; seine Baumeister haben den Kuppelbau über Trompen islamisch-turanischer Tradition bevorzugt (Bild 216, 217). Sein Sohn Humāyūn lernte in der Emigration am persischen Königshof iranische Raumkunst kennen. Deren ästhetische Ideale suchte er genau so wie diejenige der persischen Hofmalerei nach seiner Rückkehr in die Kunstschulen Indiens einzuführen. Sie wurden u.a. in seinem Grab in Delhi (Bild 94, 218) verwirklicht, wo die übereinandergesetzten Gewölbe sicherlich direkt mit der turanischen und iranischen Architektur und nicht mit deren altindischen Vorläufern (Bild 93, 125) in Verbindung stehen (s.o.S. 117).

15. Lodis und Sūris, 1451–1545

Auch unter den Lodis und Sūris gehen Kuppelformen wie die mit dem Übergang durch Trompennischen (Bild 220) deutlich auf Vorbilder aus dem islamischen Orient, und Übergänge durch Kragsteinschichten (Bild 221) oder das „Türkische Dreieck“ (Bild 63, 64) wahrscheinlich auf die beispielhaften Vorbilder an indo-islamischen Bauten (Bild 171, 176) und nicht auf deren altindische Urbilder (Bild 130, 131) zurück.

e) NORDINDISCHE PALÄSTE, GRÄBER UND MOSCHEEN UNTER DEN DREI GROSSEN MOGUL-HERRSCHERN

Diese Prunkbauten bezeugen in der Verbindung mit der umgebenden Landschaft, im Verhältnis zur Stadtplanung, in Grund- und Aufriß, in vielen Einzelheiten des Wandschmucks und auch in den Formen der Decken, Dächer und Gewölbe einen fruchtbaren Ausgleich zwischen altindischen und neueren islamischen Bauweisen.

16. Akbar, 1556–1605

Akbar hatte sich die geistige Annäherung zwischen dem eroberten Hindustan und den neuen islamischen Machthabern zum politischen und religiösen Programm gemacht. In der Hofkunst förderte er in gleicher Weise indische Malschulen und persische Meister, indische Steinmetzen mit ihren Bauformen des monolithen Decksteins (Bild 224), des waagerechten Sturzes, und mit ihren Überlieferungen, aus mächtigen, krumm zugehauenen Steinbohlen verschiedenartige flache Decken (Bild 225) und gewölbte (Bild 223) und kuppelförmige (Bild 226) Raumabschlüsse zu gestalten. Desgleichen blühte unter ihm die Kunst des altindischen mehrgeschossigen Flachdachhauses (Bild 99 Nr. 5). Zugleich vergab Akbar Aufträge an diejenigen Baumeister, die im Zusammenhang mit alter oder neuer turanischer und iranischer Kunst Kuppeln über dem „Türkischen Dreieck“ (Bild 65), über Trompennischen, über verschiedenen Schmuckformen (Bild 228, 229) und über Rippenzwickelnetzen entwarfen und auch Raumschalen doppelt übereinander wölbten (Bild 44).

17. Ǧahāngīr, 1605–1627

Sein Sohn und Nachfolger Ǧahāngīr ließ ebenfalls Hindu-Steinmetzen die Freiheit, Stufenbauten (Bild 79) mit althergebrachten Laternendecken und Kuppelformen aus gebogenen Steinbohlen (Bild 231) zu verzieren. Gleichzeitig wurden radiale Gewölbe und Kuppeln konstruiert. Bei der allmählichen Wendung zum iranischen Geschmack überwog schließlich letztere Bauweise in reichen dekorativen Ausgestaltungen der Übergangszone zwischen Quadrat und Kreis (Bild 234), besonders in der beliebten Form des Rippenzwickelnetzes (Bild 230, 233).

18. Šāh Ǧahān, 1627–1658

Der letzte der künstlerisch interessierten Mogul-Herrscher, Šāh Ǧahān, ließ in der Tradition seiner Vorgänger Flachdecken im einheimischen Handwerk des waagerechten Sturzes (Bild 238: Raum rechts rückwärts) und der Steinplattendecke an T-Trägern (Bild 240) spannen. Den Hindu-Bauschulen dienten gebogene Steinbohlen jetzt zum Abschluß von Spiegelgewölbe-artigen Pavillons (Bild 237: rechts und links). Die Zweckform des bengalischen Daches mit aufgebogenem First aus Bambusstäben wurde zur marmornen Schmuckform in der Hofkunst und im Anschluß daran ein beliebtes Zierstück der gesamten späteren indo-islamischen Kunst (Bild 237: Mitte). Die Kenntnis der vorderorientalischen islamischen Baukunst nützte man zu stereometrisch klaren und zugleich geschmackvoll verzierten Lösungen für den Übergang aus dem Würfel in die Halbkugel durch Pendentifs (Bild 238), Trompennischen (Bild 242: Mitte, unterer Bildrand), Verbindung von Trompe mit Pendentif (Bild 235) und Rippenzwickelnetz. Prunkvolle Moscheen und Gräber mit übereinandergesetzten Kuppeln leiten sich wahrscheinlich nicht von altindischen Erfindungen (Bild 93), sondern von den zeitgenössischen iranischen Großgewölben her. Die Technik, kleinere Raumschalen übereinander zu wölben, übte man von Akbar (Bild 44) bis Šāh Ǧahan (Bild 97). Jetzt nützte man diese Methode, um über weiten und hohen, harmonisch proportionierten Innenräumen (Bild 235) selbständige Zwiebelkuppeln zu errichten (Bild 96, 236, 241) und mit diesen den Bau im Stadtbild zu betonen (Bild 95, 99 Nr. 3). Während die technischen Erfahrungen iranischer Bauschulen verwertet sind, wirken künstlerische Schöpfungen der frühen symbolischen indischen Kunst in der Lotus-Dekoration des unteren Innenraums (Bild 235) und der plastischen Verzierung der oberen Kuppel (Bild 95) deutlich nach.

f) JINISTISCHE UND HINDUISTISCHE KULT- UND RESIDENZBAUTEN VOM 15.–18. JAHRHUNDERT

Diese Anlagen gründen sich in gleicher Weise auf die tausendjährigen einheimischen Gewohnheiten der monolithen Steinplatte (Bild 249), des waagerechten Sturzes (Bild 250), der Kragekonstruktionen (Bild 269), der Laternendecke unter einem Steindach (Bild 289–291) oder der Ringschichtendecke (Bild 111, 248) und auf die radialen Gewölbe, die im Lauf des letzten halben

Jahrtausends aus den islamischen Ländern eingeführt worden waren, wie das Muldengewölbe (Bild 293), das Spiegelgewölbe (Bild 286), das Kreuzgewölbe (Bild 244), die Pendentifkuppel (Bild 266) oder die Kuppel über einer Zone aus Trompen und Pendentifs (Bild 259).

19. Nordindien, 15.–17. Jahrhundert

In den nordindischen Landschaften, wo die Hindus zuerst mit dem Islam zusammenstießen und auch zuerst zu einer zeitweisen geistigen Berührung mit den Angehörigen des andern Glaubens gelangten, ist das Bild der Baukunst am buntesten aus einheimischen und fremden Elementen gemischt. In Hindu-Tempeln und Palästen von hinduistischen Herrschern verwendet man weiterhin kunstvoll verzierte Steinbalken als Abschluß von kleinen Räumen (Bild 249), den waagerechten Sturz zum Abschluß mehrstöckiger Bauten (Bild 101), die Kragekonstruktion (Bild 257) und die Laternendecke (Bild 247) zur Überbrückung geringerer Abmessungen und die Ringschichtendecke (Bild 245, 248) als Bekrönung für geräumige Hallen. Das altindische Handwerk, mit kurvig zugehauenen Steinbohlen Kammern und Gänge in verschiedenen Formen abzuschließen (Bild 166), hatte unter den drei großen Mogul-Herrschern eine besondere künstlerische Ausgestaltung erfahren (Bild 225, 230, 237) und wurde jetzt in diesem Stil zu Kielbogentonnenförmigen (Bild 251) und Pendentifkuppel-artigen (Bild 252) Raumlösungen genützt. Über der Haupthalle eines Tempels wurde es zur Grundlage einer kombinierten Kragekonstruktion mit Ringschichtendecken über einer Folge von Spiegelgewölben (Bild 258). In einer Vorhalle derselben hinduistischen Kultstätte stellten wahrscheinlich dieselben Baumeister den Übergang aus dem Quadrat in eine schmuckreiche Verbindung von Kielbogentrompen und Pendentifs in den Grundkreis einer Radialkuppel her (Bild 259). Trompen in rechteckigen Feldern (Bild 255) rein vorderorientalischer Herkunft wurden in einem andern Hindu-Tempel durch altindische Kragekonstruktionen nach oben fortgesetzt, um ein Quadrat in ein Polygon als Näherungsform zum Kuppelkreis zu verwandeln.

20. Bengalen, 16.–18. Jahrhundert

Wie die frühislamische Kunst Bengalens (Bild 54, 55) unter den indo-islamischen Stilen, so nimmt auch die neuere hinduistische Backstein-Bauweise unter den einheimischen nordindischen Schulen eine Sonderstellung ein. Von den altindischen handwerklichen Grundformen findet nur gelegentlich die Kragekonstruktion Anwendung (Bild 269). Sie liegt unter Turmdächern (Bild 260, 267) altindischer (Bild 33) oder iranischer Abstammung (Türbe, s.o.S. 8) genau so verborgen wie die un-indische Pendentifkuppel, die in der rein geometrischen Gestalt auftritt (Bild 266) oder durch verschiedene dekorative Elemente wie Überecksteine verziert, aber auch verunklärt sein kann (Bild 262: rückwärtiger Raum). Die meisten Bauformen stellen Übertragungen biegsamer Bambuskonstruktionen in kleinformatige Backsteinanlagen dar: so erhebt sich das Klostergewölbe über geschweiften Gesimsen (Bild 264: die beiden Wächterhäuschen beiderseits des Eingangstors), so stellt die Leitform, das „Bengalische Dach“, eine Verwandlung der Kielbogentonne in eine Struktur mit aufwärts gebogenen Firstlinien dar (Bild 113, 260, 263).

21. Dravida-Land, 16.–18. Jahrhundert

Das spät-dravidische Großreich von Vijayanagar leistete jahrhundertelang dem Vordringen des Islam nach Südindien Widerstand und verhinderte das Eindringen fremder Bauformen. Auch nach dem Sieg der Mohammedaner kam es hier nicht zu einer derart engen künstlerischen Durchdringung von indischer und islamischer Architektur wie im Norden. Der Tempelbau ist wie 1000 Jahre zuvor von Konstruktionen im waagerechten Sturz (Bild 270, 285), von Kragebauweisen (Bild 272, 277) und von der Laternendecke (Bild 289–291, 288) bestimmt. Dazu treten als regionale Besonderheit die ebenen Decken aus Steinbalken an T-Trägern (Bild 108, 270, 274). Für Zweckbauten im profanen Bereich macht man sich auch Erfahrungen des Gußschalen-Baus zunutze, der seit dem Beginn der Islamisierung im Norden (Bild 181) Eingang nach Indien gefunden hatte. Man schloß damit quadratische Räume über islamischen Kielbögen entweder in flacher Gestalt (Bild 279), vielleicht im Sinne altindischer ebener Decken, oder über Pendentif-artigen Gußkonstruktionen in der Art einer flachen Kuppel vorderorientalischen Stiles ab (Bild 280). Ein prunkvoller mehrgeschossiger Hindu-Palast setzte sich aus quadratischen Räumen mit Decken aus waagerechtem Sturz oder mit Gußdecken über Kielbogenöffnungen zusammen und ist in der Mitte durch eine Gußschalenkuppel bekrönt, die von einer Art śikhara ummantelt wird (Bild 102). Schließlich gelang es bedeutenden, uns namentlich nicht überlieferten Hindu-Baumeistern, Gewölbe, die an islamischen Bauten Nordindiens zu einfachen Zwecklösungen oder zum Abschluß von Räumen geringer Spannweite erfunden worden waren (Bild 180, 232), über dravidischen Tempelhallen und Fürstensitzen zu großartigen, raumbildenden Muldengewölben (Bild 292, 293) oder Spiegeldecken (Bild 286) zu steigern. Wie wir einleitend sahen, wählten auch die Inder für Bauaufgaben in benachbarten Kultstätten gleichzeitig ganz verschiedene Bauweisen zu unterschiedlichen künstlerischen Wirkungen aus (s.o.S. 2). Maṇḍapas dravidischer Tempel des 16. Jahrhunderts konnte man in der Überlieferung der Fels- und Höhlenbauweise mit schwer lastenden Granitblöcken abschließen wie in Vijayanagar (Bild 274) oder durch wuchtige Gewölbe bekrönen wie in Chidambaram (Bild 293).

g) ISLAMISCHE RESIDENZ- UND SAKRALBAUTEN DES 16. UND 17. JAHRHUNDERTS IM SÜDLICHEN UND ÖSTLICHEN INDIEN

Diese ausgedehnten Anlagen gründeten sich mit ihren mächtigen steinernen Flachdächern, urtümlichen Kragekonstruktionen (Bild 19) oder Gußschalen (Bild 304, 312) auf die handwerklichen Gepflogenheiten des vorislamischen Südindien und mit den Trompennischen (Bild 304, 317), Rippenzwickelnetzen (Bild 308, 315) oder mehrschaligen Kuppelgewölben (Bild 81, 318, 319) auf raumkünstlerische Lösungen der nordindischen islamischen Kunst. Altindische Raumvorstellungen und die sichere Technik indo-islamischer Wölbekunst mögen gemeinsam zu den Sonderformen von Kuppeln über schachtförmigen Räumen (Bild 120, 317) und voneinander getrennten übereinandergesetzten Kuppeln (Bild 81, 319) geführt haben. Die Maurer schufen naturgemäß mit den überlieferten altindischen Methoden schwer lastende Flachdecken (Bild 84 unten; Bild 298); einheimische künstlerische Ideale scheinen sie aber auch in Wölbebauten verwirklicht zu haben, wo sie nicht die Eleganz der Mogul-Hofkunst anstrebten, sondern gedrungene kompakte Bauten errichteten (Bild 84 oben + Bild 299).

22. Bijapur, 1558–1672

Die Residenz Bijapur nimmt unter den ʿĀdil-Šāhi-Herrschern für anderthalb Jahrhunderte eine besondere künstlerische Stellung ein. Während der einfache waagerechte Sturz, der die Grundlage für alle süd- und südwestindischen Hindu-Kultbauten gewesen war, an den Palästen und Moscheen dieser Stadt kein stilbildendes Element wurde, diente seine komplizierte Weitergestaltung als Kassettendecke (Bild 11) und kombinierte Kragekonstruktion zu schmuckreichen Abschlüssen für Wohnanlagen. In Vijayanagar waren Gußschalen flach (Bild 279) oder gewölbt (Bild 280) über Nutzbauten konstruiert worden. Aus Vijayanagar geflohene Handwerker (s.o.S. 13) hatten mit anderen dravidischen Überlieferungen wohl auch das praktische Handwerk der Gußmauerung mit in die neue islamische Residenz gebracht und hier zur Kunstform im Inneren von Kultbauten gesteigert (Bild 311). Es ist nicht nachweisbar, aber nach anderen Beispielen von Fortleben und Wiederaufleben indischer Bauformen möglich, daß auch eine Sonderlösung islamischer Kultstätten von Bijapur, nämlich die schachtförmige Überhöhung eines Raumes und ihr Abschluß durch eine Kuppel (Bild 88 oben, 89, 91 links, 92, 120, 121, 301, 305, 306, 308, 310) auf altindische Heiligtümer (Bild 85–87, 267) zurückgeht.

Während in frühen Kuppeln über dem Quadrat Rippenzwickel einen struktiv klaren Übergang darstellten (Bild 297), herrschten zwischen den polygonalen und kreisrunden Schichten der zylinderartigen Räume die dekorativen Rippenzwickelnetze vor (Bild 306, 308). Ohne Vorläufer und ohne Nachfolge im indischen oder islamischen Bauwesen sind aber die zweigeschossigen Moscheen und Gräber, bei denen sich ein solcher überkuppelter Zylinder als selbständiger Raum auf einem flach abgeschlossenen Erdgeschoß erhebt (Bild 84, 88, 90). Im Landschafts- und Stadtbild ziehen die Baugruppen mit Kuppeln und flachen Decken (Bild 90, 306) den Blick von weither auf sich. Die unteren Geschosse werden durch massige Konstruktionen aus flachen (Bild 298) oder leicht aufgewölbten (Bild 311) Raumschalen beherrscht. Erst im Obergeschoß befindet sich der Besucher unter der Kuppel selbst (Bild 90; Bild 84, 299).

23. Der weitere Dekkhan und Bengalen bis zum Tode Aurangzebs 1707

Auch für die späteren islamischen Bauherren im Dekkhan und in Bengalen entwarfen indische Architekten nur selten Wohn- und Verehrungsstätten, in denen auf die einheimischen Überlieferungen dieser alten Kunstlandschaften Bezug genommen wurde. Kragekonstruktionen (Bild 19, 320) haben eine weit zurückreichende Geschichte auf indischem Boden; Gußschalen (Bild 115, 116) leiten sich vermutlich von den nächstgelegenen Beispielen aus Vijayanagar und Bijapur her. Wie in Vijayanagar dienten Gußdecken zum Abschluß von Nutzbauten (Bild 312), und wie in Bijapur errichtete man in dieser Technik flache Schalen mit nur geringem Stich über feierlichen Kult- und Prunkräumen (Bild 313). Die aufgewölbte Kielbogentonne ist aus dem bengalischen Kultbau gelöst und zu einem selbständigen Zierstück geworden (Bild 321). Hohe Kuppeln über dem Quadrat, die einen schachtartigen Einheitsraum ummanteln und in der Übergangszone zwischen Polygon und Kreis durch Rippenzwickelnetze verziert sind (Bild 316, 317), standen mit der südlichen Residenz von Bijapur in Verbindung. An die Mogul-Hofkunst Nordindiens (Bild 94, 99 Nr. 3) schlossen dagegen die Baukomplexe mit übereinandergesetzten Kuppeln an (Bild 98, 324 rechts).

h) PROFAN- UND SAKRALBAUTEN SÄMTLICHER RELIGIONSGEMEINSCHAFTEN UND HERRSCHERHÄUSER NEUERER ZEIT

Sie können mit allen überhaupt möglichen handwerklichen Mitteln der Flachdecken-Konstruktion und der Einwölbung errichtet werden, und zeigen dabei zwei scheinbar widersprüchliche Erscheinungen. Einerseits forderten weltliche und priesterliche Bauherren für bestimmte Aufträge verbindliche, durch eine mehr als tausendjährige Wiederholung als glückbringend und ausdrucksstark verbürgte Formen: z.B. über dem maṇḍapa des Hindu-Tempels die Ringschichtendecke (Bild 30, 346) oder über dem Grab eines islamischen Herrschers die Kuppel (Bild 105, 322, 323). Dabei werden gelegentlich in einfachen, volkstümlichen Bauten uralte Mittel sinnvoll im gewohnten Zusammenhang weiter verwendet, über hinduistischen Heiligtümern etwa die steinerne Deckplatte (Bild 344) und in Orissa die typische Kragekonstruktion dieser Kunstprovinz (Bild 352). Aber andrerseits liehen sich Hindus und Buddhisten um die Mitte des ersten Jahrtausends n.Chr. in den nordwestlichen Grenzgebieten der indischen Kultur Bau- und Schmuckformen aus Nachbarländern, übernahmen die erobernden Mohammedaner ab 1200 von der einheimischen indischen Tempelbaukunst wesentliche Anregungen für die Decken und Gewölbe ihrer Gräber und Moscheen, und tauschten nun nach einem halben Jahrtausend des Zusammenlebens Einheimische und heimisch Gewordene ihre eigentümlichen Bauweisen ohne Rücksicht auf ihre ursprüngliche, festgelegte Bedeutung miteinander aus. Häufig stehen die Bauformen – etwa der waagerechte Sturz, die Überkragung (Bild 350), das Muldengewölbe und das Kreuzgewölbe (Bild 351) – ohne konstruktiven und symbolischen Sinn zusammenhanglos nebeneinander. In Ausnahmefällen wird die Vielfalt der Dekoration in komplizierten Gewölbeformen zu einem harmonischen Raumeindruck zusammengefaßt (Bild 105). Bauten seit dem Beginn des 18. Jahrhunderts sind von der Forschung bisher nur selten berücksichtigt worden, bezeugen keine neuen Raumschöpfungen und kaum künstlerische Wandlungen, sagen aber einiges zur Geschichte der jüngeren Dynastien aus:

24. Von 1707 bis zur Gründung des Archaeological Survey of India 1861

Nordindische Lokalfürsten stifteten einen Viṣṇu-Tempel und ließen die Baumeister Formen ganz verschiedener Herkunft verwenden. Śikharas des mittelalterlichen Typus bekrönen in ungewöhnlicher, sechseckiger Brechung eine Eingangshalle mit einer Spiegeldecke (Bild 336 links) und ummanteln auf dem gewohnten quadratischen Grundriß (Bild 336 rechts) eine radial konstruierte Kuppel über reich verzierten Trompennischen islamischen Stils (Bild 337). Ein Nawab wählte für sein Grab eine Kuppel, in deren Umriß und Bekrönung die Form des massiven buddhistischen stūpas nachgeahmt wird (Bild 339), während die Überleitung aus dem Quadrat direkt in den Kreis durch Trompen erfolgt (Bild 340); ihre unklare struktive Form erinnert an die sasanidischen Beispiele (s.o.S. 86), die Begrenzungslinie stammt vom vorderorientalischen islamischen Kielbogen. Das maṇḍapa eines Hindu-Tempels wurde als radiale Tonne mit Kassettenschmuck gestaltet (Bild 328) – offenbar durch Kassettentonnen portugiesischer Kirchen in der Provinz Goa und nicht durch ähnliche Bau- und Schmuckformen des zeitlich und landschaftlich weit entfernten Gandhara und Kashmir angeregt. Die Kapelle einer Kirche in der Landschaft Goa an der Südwestküste Indiens ist durch ein Klostergewölbe geschlossen (Bild 327), das sich „struktiv nicht bedingt" über Eckplatten auf Konsolen erhebt, wie sie im südlichen Indien unter den Cāḷukyas für kombinierte Kragekonstruktionen und später in Nordindien als Übergang zu Trompennischen islamischer Kultstätten nötig waren.

25. Seit 1861

Ein neues maṇḍapa in einem traditionsreichen dravidischen Tempel erhielt über dem landesüblichen waagerechten Sturz als Abschluß eine flache Tonne (Bild 347); die un-indische Bauform bot Platz für zeitgenössische Darstellungen aus den hinduistischen Epen. Maṇḍapas an einem neugegründeten südindischen Tempel haben Raumabschlüsse aus dem altindischen waagerechten Sturz und Kragebau, aber auch aus Muldengewölben (Bild 350) und Kreuzgewölben (Bild 351). An einem Sikh-Tempel unseres Jahrhunderts schafft ein Spiegelgewölbe, wie es erst unter den islamischen Herrschern in Indien bekannt wurde, Raum für mythologische Darstellungen im vorislamischen Stil (Bild 353). Um 1950 entstand in Rajgir, in der Nachbarschaft alter buddhistischer, hinduistischer und jinistischer Kultstätten, ein Jaina-Tempel, dessen quadratischer Grundriß in den Kreis als Ausgangspunkt für eine Faltkuppel nach vorderorientalischen, islamischen Vorbildern durch den Wechsel von Trompen und Pendentifs übergeleitet wurde (Bild 355).

V

ZUSAMMENFASSUNG: EINHEIT DER INDO-ISLAMISCHEN BAUKUNST. DURCHDRINGUNG MITTELMEERLÄNDISCHER KUNSTFORMEN, ALTINDISCHER MASSENBAUTEN UND ISLAMISCHER KUPPELRÄUME

Zu den Überlieferungen der indischen Kunst gehört es nicht nur, daß man in Maurerwerkstätten und in Lehrschriften kanonische Bauformen von einer Generation an die andere vermittelte, sondern auch, daß man sich Erfindungen benachbarter Kulturen aneignete und durch eigene Schöpfungen diese Nachbarn zu immer weiterem geistigem Austausch anregte. Ein Hindu-Tempel von Bilot steht in seiner Anlage als Doppelheiligtum auf einer Terrasse (Bild 129), in der Gliederung der Wände durch eine Nischenarchitektur und im Umriß des Turms über dem Heiligtum (Bild 128) in festem Zusammenhang mit allen Vorschriften für den nordindischen Kultort. Aber während an diesem von der Gupta-Zeit bis zum Mittelalter das garbhagṛha durch eine flache Decke geschlossen wurde, hat man hier an der westlichen Grenze Indiens auf Grund Jahrhunderte alter Verbindungen mit der mittelmeerländischen Kunst den Hauptkultraum durch eine radial konstruierte Kuppel bekrönt (Bild 130). Der wohlproportionierte Innenraum, die klaren tektonischen Verhältnisse der Überleitung in das schmucklose Kuppelrund (Bild 130), die harmonische Eingliederung der fremdländischen Tonnenstruktur über der Eingangshalle in ein Baugefüge einheimischer Tempelbaukunst (Bild 128) und die Komposition der Baumassen auf der Terrasse im Verband der alten Festungsstadt (Bild 129) haben zu einer Würdigung durch die orientalische Kunstgeschichte geführt (59: V 88; 176:6). Goetz hat die Betrachtung künstlerischer Wechselwirkungen von der Gandhara-Gupta-Zeit und ihren Nachwirkungen (121:180, 263) auf das Studium der indo-islamischen Wanderkünstler (120:252), weiterhin der nach-Mogul-Baukunst (123:81) und schließlich der Gegenwart (122:248) ausgedehnt.

Die Durchdringung indischer und islamischer Bauformen etwa unter Akbar wird allgemein als Ausdruck außergewöhnlicher künstlerischer Schöpfungskraft anerkannt (291:54). Aber Bauten aus der Zeit nach den drei großen Mogul-Herrschern werden im allgemeinen nicht in die Betrachtung der indischen Kunst einbezogen. Wir haben jedoch gesehen (s.o.S. 10), daß erst von dieser Zeit an etwa Nachrichten über die bisher mehr oder weniger anonymen Baumeister zu erhalten sind, die uns auch zum Verständnis der gesamten indischen Kunst helfen. Heute kann man nicht nur mit indischen Ingenieuren westlicher Ausbildung, sondern auch mit Nachfolgern mittelalterlicher Baumeisterkasten sprechen und biographisches Material über die Schöpfer traditioneller Bauformen sammeln. Grundsätzlich darf man von diesen Beobachtungen der Gegenwart auf das Bauwesen im Altertum rückschließen. Altindische Baugestalten wie die Ringschichtendecke über dem maṇḍapa oder der Stufenturm über dem garbhagṛha werden zwar noch heute durch indische Gelehrte und Baumeister als Vorlagen für Neubauten überliefert (Bild 25, 26, 30, 345, 346), aber der Kunsthistoriker vermißt an einem nordindischen śikhara des 19. Jahrhunderts (Bild 336) die Ausgewogenheit und Geschlossenheit des Vorbildes (Bild 162). Desgleichen dürften die meisten abendländischen Betrachter einen frühislamischen, trotz reicher Dekoration von klaren mathematischen Verhältnissen beherrschten Kuppelraum (Bild 175) einem weit späteren (Bild 105) vorziehen, für den der Zeitgeschmack die Fülle aller verfügbaren Schmuckmittel und nicht zuletzt das Prunken mit barocken Säulenformen (Bild 329) und Fensteröffnungen nach der Art klassizistischer Kuppeln (Bild 340) forderte. Wenn man jedoch am Hindu-Tempel von Jammu (Bild 336, 337) unter der Menge der „damals notwendigen" Zierformen das handwerkliche Grundgerüst ermittelt, so kommt man wie bei dem ein Jahrtausend älteren Bau von Bilot (Bild 128–130) zu derselben Komposition: Eingangsraum durch Gewölbe abgeschlossen und selbständigen Zierturm bekrönt (Bild 336 links); quadratischer Hauptkultraum von radial konstruierter Kuppel abgeschlossen (Bild 337) und außen durch einen Turm in Kragebauweise ummantelt (Bild 336 rechts).

Wir verwerten nun im Sinne von Eliade Beobachtungen aus dem einleitenden Teil II über traditionelle symbolische Bauformen und handwerkliche Gewohnheiten der Gilden oder Kasten. In Teil III haben wir Längsschnitte durch die Entstehung und Wandlung technischer Methoden für flache und gewölbte Raumabschlüsse gelegt. Im zusammenfassenden Teil IV wiesen wir in Querschnitten auf hervorragende künstlerische Möglichkeiten hin, zu denen die praktischen Erfahrungen im Außenbau und Innenraum an Tempeln, Moscheen und Palästen genützt wurden. Nun suchen wir schließlich die Überlieferung indischer Kunst an einigen Baugestalten zu fassen. Dabei beobachten wir eine Einheit der altindischen Bildwelt, ihrer Umsetzung in islamische Raumformen und deren Rückwirkung auf die neueren indischen Kultbauten.

Nach Eliade (72:450) können Symbole, die zeitweise in Vergessenheit gerieten, plötzlich wieder Bedeutung erlangen. Burckhardt will auch nicht-Nachprüfbares in die Gesamtbetrachtung mit einbeziehen (27:9). Für den Fragenkreis unserer Kapitel über die west-östliche Durchdringung in Gandhara, Turfan und Kashmir kann man mit Fink vermuten, daß in der Formentradition nicht nur Werkstatt-Überlieferung, sondern auch der Prüfung entzogene Diskontinuitäten des geistigen Bestandes wirksam sind (84:34). Beobachtungen über Wechselwirkungen zwischen alt-iranischer und indischer oder islamischer und indischer Kunst mögen zugleich als Beitrag zur „Lückenforschung" nach Erdmann gelten (75:21): außer-iranische Denkmäler schließen Lücken in dem Bild, das wir uns von einem iranischen Bautypus bisher nur aufgrund vereinzelter Denkmäler in diesem Lande machen konnten. Ein immer wiederkehrendes geschichtliches Phänomen, nämlich die Übernahme von feststehenden Begriffen und Formen durch neue Religionsgemeinschaften und Kulturträger, hat Ettinghausen (77:9) am besonderen Beispiel des Islam erläutert, der sich u.a. aus christlichen, zoroastrischen, indischen und chinesischen Schöpfungen die für sich wesentlichen Formen auswählte; für uns engt sich dies auf die Untersuchung ein, welche iranischen und indischen Formen von Decken und Gewölben als Bauweise und als symbolisch bedeutungsvoller Schmuck im indo-islamischen Zeitalter verwendet wurden.

Dabei ergänzen sich oft die Beobachtungen der Architekten und der Symbolforscher. Zu Waetzoldts Bemerkungen über die Darstellung der Architekturgeschichte durch Techniker (292: II 167) kann man sagen, daß letztere auf dem Gebiet der orientalischen Bauforschung sich besonders bemüht haben, das Wechselverhältnis zwischen konstruktiver Notwendigkeit, symbolischer Bedeutung und künstlerischer Form zu erfassen, etwa W. Andrae und O. Reuther. Man findet z.B. in der Bibliographie einer Gemeinschaftsarbeit von jungen Architekten (15: Anhang) Hinweise auf grundlegende geistesgeschichtliche Werke von Lützeler und v. Kaschnitz-Weinberg. Bei der islamischen Baukunst des Iran wurde darauf aufmerksam gemacht, daß eine naturwissenschaftlich exakte Beschreibung der Konstruktion die geistesgeschichtliche Würdigung von Kultstätten und Palästen nicht ausschließe (248:99; 215:136; 217:379), sondern gerade die Möglichkeit biete, die emotionellen Wurzeln dieser Schöpfungen zu begreifen. Dies gilt in gleichem und vielleicht noch stärkerem Maße für Indien.

Der Architekt Hamlin nimmt in seiner Bibliographie kritisch Stellung zu Veröffentlichungen über indische und weitere orientalische Baukunst, in denen mehr vom Symbolgehalt der Formen als von ihrer struktiven Begründung die Rede ist; aber bei der Würdigung der indischen Kunst geht er selbst von der kultischen Bedeutung ihrer Formensprache aus (133:S. VII, S. 399). Volwahsen hat kürzlich Kultbauten der Buddhisten, Hindus und Jainas nach technischen, mathematischen, statischen Gesichtspunkten neu aufgenommen (290:51, 88, 151) und gerade dabei völlig neue Einsichten in die religiösen Grundlagen der Kunst Indiens gewonnen (290:5, 44, 138). In seiner Darstellung der indo-islamischen Baukunst hat Volwahsen nach exakter Aufnahme von Moscheen und Gräbern bestätigt, daß die iranisch-islamische Architektur bei ihrer ausgeprägten struktiven Eigenart auch die Symbolik des Hinduismus widerspiegelt (291:184).

Eine Überlieferung der indischen Kunst sehe ich auch darin, daß wuchtige Steinbauformen, die für garbhagṛha und maṇḍapa des frühen Tempels erfunden worden waren, als Handwerk später im islamischen Zeitalter fortlebten, aber jetzt zur Verwirklichung anderer künstlerischer Ziele dienten, nämlich steinerne Decken als leichten, frei schwebenden Raumabschluß zu verstehen. T-Träger als Aufhängevorrichtung für Steine lasten z.B. schwer über dunklen steinernen Kammern des Hindu-Heiligtums (Bild 274), sind aber an islamischen Residenzen (Bild 239) hinter Platten verborgen, die eine luftige und lichtdurchflutete Halle abschließen (s.o.S. 34). Oder: die „Laternendecke“ stammt von hohen, schlanken Stützenbauten und leichten, aufgelösten Raumabschlüssen der Holzarchitektur. Indische Handwerker übertrugen sie zunächst nach einheimischen Gewohnheiten in berg- und höhlenartige Aufhäufungen von Steinmassen über buddhistischen (Bild 160), jinistischen (Bild 288) und hinduistischen (Bild 150) Kultstätten. Aber für islamische Auftraggeber fanden sie eine ganz andere Art, die „Laternendecke“ als inneren Abschluß geräumiger, hoher und heller Stützenbauten zu konstruieren (Bild 184, 198) – womit sie möglicherweise sich der hölzernen Urform wieder näherten (s.o.S. 42). Die technischen Mittel und die ästhetischen Ideale des islamischen Zeitalters brachten also für manche überlieferten altindischen Bauformen erst die vollkommene künstlerische Einheit von Masse und Raum.

Zur Überlieferung indischer Kunst gehört es auch, daß man handwerkliche Kenntnisse je nach dem Zweck der Bauten, für die sie erfordert wurden, künstlerisch ganz verschiedenartig nützte (s.o.S. 7). Die Pendentifkuppel überspannte bei Byzantinern und Osmanen weite und hohe und gut beleuchtete Kulträume (s.o.S. 111). An frühislamischen Moscheen Nordindiens diente dieser mathematisch vollendete Übergang zwischen Quadrat und Kreis nur für einfache, kleine Räume (Bild 179). Erst ein halbes Jahrtausend später zogen indo-islamische Baumeister und Bildhauer künstlerische Folgerungen aus dieser Form, die sie zu Kabinettstücken der kleinformatigen, zierlichen lichterfüllten Marmor-Zier-Architektur gebrauchten (Bild 238). Aber gleichzeitig verwendeten bengalische Bauschulen diese Form, mit der man Räume zu schaffen und zu gliedern vermag, an garbhagṛhas von Hindu-Tempeln wiederum auf traditionelle Weise als Teil schwer lastender, höhlenartiger Backsteinmassen (Bild 261, 262, 266).

In andern Fällen aber steigerten indische Baumeister eine Konstruktionsweise islamischer Überlieferung erst an späteren Hindu-Heiligtümern zur künstlerischen Vollendung in der Übereinstimmung von Baumasse und Raumform. So bildeten krumme Steinbohlen besonders an den Bauten von Akbars Hof ein schmuckloses Gerüst der Decken und Dächer (Bild 222). Gleichzeitige und spätere Hindu-Tempel wurden in außergewöhnlichen Formen unter Anregung durch diese indo-islamische Bauschule entworfen. Mit gekurvten, unverzierten Steinbalken überdeckte man vier Kreuzarme des Govind Deo in Brindaban (Bild 251) und schuf dabei neuartige Raumbilder der kielbogenförmigen Tonne. Gebogene Steinbohlen bilden auch ein struktiv einfaches Grundgerüst für ein maṇḍapa in Amber (Bild 258); aber darüber erheben sich in luftiger Höhe über einer hohen, weiten Halle Folgen von Ringschichtendecken und kombinierten Kragekonstruktionen, die an den älteren nordindischen Tempeln niedrigere und engere Räume abschlossen. Nicht nur den von altersher vertrauten Bauweisen des Schichtens und Überkragens gewann man so in islamischer Zeit zur kultischen Erhöhung des Hindu-Tempels neue künstlerische Möglichkeiten ab, sondern auch Wölbformen, Ableitungen von der Tonne mit radialen Lagerfugen bezog man jetzt in den Sakralbau ein. Das Muldengewölbe (s.o.S. 82) diente in der frühislamischen Architektur als rein praktischer, anspruchsloser Abschluß von kleinen Kammern (Bild 180). Aber über den Tausend-Pfeiler-maṇḍapas der Nāyyak-Zeit wurde diese Zweckform zur raumschaffenden Kunstform gesteigert (Bild 292, 293).

Zum Schluß wollen wir an vier Beispielpaaren Überlieferungen indischer Kunst untersuchen und zeigen, wie die altindische, plastische Massenbauweise durch die Begegnung mit der islamischen Raumkunst zur künstlerischen Erfüllung uralter Gedanken befähigt wurde: als man das magische Diagramm maṇḍala, die Neun-Felder-Decke, den stūpa und den Tempelturm śikhara mit der Kuppelform verband.

a) MAṆḌALA UND KUPPEL

Der Inkreis des Quadrates dient in der frühen indischen Kunst häufig zur Darstellung des symbolischen, kreisrunden Lotus (s.o.S. 7) in einem quadratischen Deckenfeld, sei es im Verband einer Neun-Felder-Decke (Bild 144) oder als ebenes Schlußglied in einer Laternendecke (Bild 20). Etwa gleichzeitig mit dem letztgenannten Beispiel aus Kashmir oder vielleicht schon früher entstanden in Turfan Lehmziegelbauten, bei denen aus dem Würfel „Sasanidische Trompen“ (171:6 + Taf. 70) oder „Türkische Dreiecke“ (Bild 126) direkt in den Grundkreis für eine Halbkugel führten. Wahrscheinlich ohne Zusammenhang mit diesen frühen Kuppellösungen, aber angeregt durch die islamischen Großgewölbebauten auf indischem Boden errichteten etwa 1 Jahrtausend später indische Bauschulen Kuppeln über Pendentifs (Bild 266), über dem Wechsel von Pendentifs und Trompen (Bild 261) und über dem „Türkischen Dreieck“ (Bild 262: rückwärtiger Raum). Die Projektion aller dieser Raumformen in die Ebene ergibt einen dem Quadrat einbeschriebenen Kreis (Bild 56).

An altindischen und indo-islamischen Sakral- und Profanbauten finden wir häufig den Inkreis des Quadrates als bildhauerischen Schmuck ebener Decken oder als Grundriß halbkugeliger Raumformen. Es scheint, als ob man ein kosmologisches maṇḍala aus Kreis und Quadrat, das zuerst in ebenen Steinplatten nachweisbar ist, unter Anregung durch fremde Kunstkreise, wo man kosmologische Bilder mit der Raumform der Kuppel gestaltete, aus der zweiten in die dritte Dimension übertragen habe. Auch diese ursprünglich altindische symbolische Bauform wurde später zu einer indo-islamischen Schmuckweise (s.o.S. 16). Wir beobachten wiederum eine Fülle handwerklicher Mittel und künstlerischer Möglichkeiten.

Erstens: Die gesamte Decke ist flach. – In Bauweise 1 wird einer ebenen quadratischen Steinfläche ein Kreis einbeschrieben (Bild 249). Die Verbindung zwischen Quadrat und Kreis besteht aus einem rechtwinkligen, gleichschenkligen Dreieck, wobei die Hypothenuse durch einen Viertelkreisbogen ersetzt ist, der die Katheten tangiert. Der Flächeninhalt ist gleich ein Viertel des Quadrats minus ein Viertel des einbeschriebenen Kreises. Dieses Verbindungsstück wird häufig durch glückbringende, symbolische oder rein schmückende altindische Zeichen gefüllt, z.B. durch den Kreis tragende Atlanten (93:Taf. 87) oder durch kīrtimukha, ein stilisiertes „Gesicht des Ruhmes“ (Bild 249). Nach indischer Überlieferung wird auch dieses Muster multipliziert: in der Neun-Felder-Decke (s.o.S. 18) über dem maṇḍapa eines Hindu-Tempels (Bild 144) und in einer Vielzahl von Feldern in einem Palast der Mogul-Zeit (Bild 224). Das Motiv dient auch gelegentlich als ebener Abschluß in der Laternendecke (Bild 20, 160). – Der Inkreis des Quadrats wird in der Bauweise 3 durch die Kanten waagerecht verlegter Steinbalken überschnitten (Bild 276). – Künstlerisch geschlossen wirkt das Motiv besonders in der Bauweise 4, der Kassettendecke, wo es 9 Quadrate einer Neun-Felder-Decke schmückt (Bild 144, 145).

Zweitens: Das rechtwinklige, gleichschenklige Dreieck mit der Hypothenuse des Viertelkreisbogens ist wiederum flach, vermittelt aber aus einem Würfel in den Grundkreis eines halbkugelförmigen Monoliths oder Kragebaus. – Die Bauweise 2 ist in Payar deutlich (Bild 1–3, 127). Aus einem riesigen Steinblock sind ebene Übergangsglieder und eine Halbkugel gehauen. – Laternendecken, Bauweise 8, enthalten als Schlußstück nicht nur ebene maṇḍalas wie das oben genannte Beispiel von Sanchi (Bild 160), sondern auch monolithe Blöcke in der Art des gerade beschriebenen Ortes Payar. In Mulki-Bappanada (Bild 288) erhebt sich die Halbkugel eines Lotus über vier Dreiecken mit Viertelkreis-Hypothenusen und den üblichen Gliedern der Laternendecke mit gleichschenkligen, rechtwinkligen Dreiecken. In Bhatkal (Bild 289–291) ist ein flaches Kugelsegment vielgestaltig verziert. Es vertritt die Stelle, die sonst in der Mitte der aṣṭadikpālas eine hinduistische Hauptgottheit wie in Balagamve (Bild 143) einnimmt. – Eine Ringschichtendecke, Bauweise 9, steigt über besonders reich geschmückten plastischen Eckgliedern von Khajuraho auf (Bild 159). – Ein außergewöhnliches Beispiel ist in der Bauweise 11 überliefert. In den Schieferbauten von Takht-i Bahi hat man zwischen den rechteckigen Kulträumen und den Kragekonstruktionen in der Gestalt überhöhter Kuppeln rechteckige, gleichschenklige Schieferplatten gespannt, aus denen die Hypothenuse in der Form eines Viertelkreisbogens ausgesägt wurde (Bild 122). – Die kombinierte Kragekonstruktion, Bauweise 16, führte auch in dieser Sonderform des Quadrat-Kreis-Musters zu schmuckreichen Beispielen wie etwa in Abu (Bild 161). Während die Raumlösung von Takht-i Bahi (Bild 122) im Gandhara-Land mit spät-antiken Experimenten in Zusammenhang stehen kann, stellen die Versuche von Khajuraho (Bild 159) und Abu (Bild 161) einheimische indische Näherungsformen zur Kuppelgestalt dar, deren radiale Konstruktionen aber Übergänge von höheren statischen Qualitäten erfordern.

Drittens: Aus dem Würfel vermitteln räumliche Gebilde in den Grundkreis einer Kuppel mit radialen Lagerfugen. – Die Bauweise des Türkischen Dreiecks, unsere Nr. 27, ist in der Ruine von Iliköl (Bild 126) in technischer Reinheit überliefert, und im heutigen Hindu-Tempel von Bansberia (Bild 56, 262: rückwärtiger Raum) durch den Wechsel von Stuckringen und übereck-gestellten Backsteinen mit Schmuck bereichert, jedoch konstruktiv nicht verunklärt worden. Ein auf den Kopf gestelltes Segment eines Kegelmantels vermittelt in beiden Fällen aus einem Würfel direkt in den Grundkreis der Halbkugel. – Die selteneren Formen des Pendentifs in der indo-islamischen Baukunst (Bild 179, 238, 266) haben wir oben in der Bauweise 28 besprochen (s.o.S. 110). – Auch in der „Sasanidischen Trompenkuppel", Bauweise 29, haben wir einen direkten Übergang aus dem Quadrat in den Kreis kennen gelernt: an einem frühen Beispiel in der Nachfolge iranischer Überlieferung (Bild 67) und an einem späteren Nachfahren der indo-islamischen Baukunst (Bild 189, 340). – Unter den zahlreichen dekorativen Verbindungen des Typus 31 interessiert hier diejenige, welche über den Scheiteln von Trompen, pendentifartigen Zwischenstücken und Blendarkaden ebenfalls aus dem Quadrat unmittelbar in den Kreis als Ausgang einer Radialkuppel führt: schmucklos über Kielbögen in Rajgir (Bild 355), um den landesüblichen Backsteinschmuck bereichert wiederum in Bansberia (Bild 261).

Viertens: Aus einem Würfel vermitteln räumliche Gebilde in den Grundkreis einer Gußschale. – Beispiele der Bauweise 17 gehören einerseits handwerklich zu den „monolithen" Raumabschlüssen, insofern eine Bruchstein-Mörtel-Schale als einheitliche Masse wirkt, doch wird andrerseits gelegentlich ein künstlerischer Eindruck der Hemisphäre gesucht, wenn ein Kugelsegment auf Pendentifs über einem würfelförmigen Raum lastet (Bild 181).

Von diesen vier dekorativen und struktiven Variationen des Inkreises muß man handwerklich zwar die verschiedenen polygonalen Näherungsformen zum Kreise unterscheiden, doch gehören diese alle künstlerisch zu den altindischen und indo-islamischen Raumlösungen, bei denen eine Figur von Quadrat und Kreis aus der Ebene in den Raum übertragen werden sollte. Die Folge Quadrat – Polygon – Kreis beobachten wir z.B. in den Bauweisen 3 (Bild 224), 9 (Bild 157), 11

(Bild 35, 36), 15 (Bild 231), 16 (Bild 147), 26 (Bild 62, 131) und vor allem in der Bauweise 30, der Trompennische, die wir wegen ihrer schichtweisen Überkragung und Häufung von Polygonen als typisch indischen Beitrag zur islamischen Kuppel beschrieben (s.o.S. 112). Von der Ikonologie her sind aber alle diese verschiedenartigen einfachen handwerklichen Konstruktionen und kunstreichen Raumschöpfungen gleichwertig:

In verschiedenen Kunstlandschaften des Westens und Ostens begann man etwa gleichzeitig und möglicherweise im geistigen Austausch miteinander, Abbilder des Kosmos von ebenen, mit Kompositionen aus Quadrat, Kreis, astrologischen Zeichen und Himmelsgottheiten bemalten oder skulptierten Decken in räumliche Konstruktionen zu übertragen – in der römischen Kunst (172: vgl. u.a. fig. 25), im frühen Islam (206:41), in Ostasien (267:227) und Indien (Bild 20). Bei kuṣāṇazeitlichen, reich mit kosmologischen Figuren verzierten āyāgapaṭas (s.o.S. 7) bildet eine geometrisch einfache Kombination aus Kreis und Quadrat etwa den Kern einer symbolischen Darstellung, vergleichbar mit einer monolithen Deckplatte über einem Korridor des Jaina-Tempels von Ranakpur (Bild 249). Hier enthält ein zentrales maṇḍala eine figürliche Komposition, wie sie als Mittelpunkt vieler samatala-vitāna-Decken zu finden ist (202: fig. 7, fig. 12, fig. 13). Zwickel vermitteln zu einem Quadrat. Dieses wird durch einen Kreis und ein weiteres Quadrat umschrieben – die Zwickel sind mit dem bekannten kīrtimukha-Muster (202: fig. 12) gefüllt. Vier Dreiecke mit kiṃnara-Paaren stellen den Übergang zum quadratischen Deckenfeld her.

Während des Jahrtausends, das zwischen dem āyāgapata der Kuṣāṇa-Zeit (93: Taf. 87) und der Decke von Ranakpur liegt, hatten Inder mit verschiedenen einheimischen Bauweisen begonnen, das Bild von Quadrat und Kreis in Raumformen zu übersetzen. In Payar (Bild 1–3, 127) werden die schon beschriebenen (s.o.S. 148) ebenen Übergangsflächen zwischen Quadrat und Kreis genau so wie die Übergangszonen des āyāgapata (s.o.S. 7) durch Figuren verziert, welche das Rund stützen. Die Atlanten-artigen Mischwesen des āyāgapata stammen aus der frühindischen, durch altorientalische und mittelmeerländische Motive bereicherten Plastik. In Pandrethan, örtlich und zeitlich nahe dem gerade genannten Heiligtum von Payar, füllen wiederum fliegende Gottheiten die Dreiecksfelder am Ansatz einer Laternendecke (Bild 20) und verleihen der räumlichen Kragekonstruktion mit dem zentralen Lotus kosmologische Bedeutung (267:228). Geflügelte und fliegende menschliche Wesen stützen den Kreis der monolithen Halbkugel von Payar (Bild 127), wie in Pendentifs antiker Bauten mit Kuppeln aus radialen Lagerfugen Vögel das Himmelsgewölbe tragen (172: Fig. 55, Fig. 56). Der Reliefschmuck von Payar und Pandrethan bietet einen weiteren Hinweis auf die Herkunft der Kunstformen aus dem Westen, z.B. aus dem sasanidischen Iran: Die Füllung der Kreise zwischen Kämpfer und Kuppel durch Bänder mit Kugeln (Bild 20, 127) ist in Stuck und Malerei der Sasaniden bei Kreisen im Quadrat zu beobachten (108: Fig. 232 rechts, Fig. 239 links). Eine ähnliche Komposition finden wir auch in der frühesten mittelalterlichen Kunst von Gujarat (202: Fig. 1).

Zwischen der Cāḷukya-Zeit und der islamischen Eroberung unternahmen Angehörige der indischen Steinmetzkasten verschiedene Versuche, über quadratischen Kult- und Versammlungsräumen die Form des halbkugeligen Himmelsgewölbes in Kragebauweisen wiederzugeben. Sie bauten maṇḍalas über ebenen Dreiecken mit Kuppeln voller Hängezapfen (Bild 161) oder sie verwandelten ein Quadrat durch gleichschenklige dreieckige Steinplatten mit Lotusschmuck in ein Achteck, aus dem sie durch weitere Zwischenglieder in einen Steinring als Ausgangspunkt für eine Ringschichtenkuppel überleiteten (Bild 147). Den Übergang aus dem Quadrat in den Kreis verlegten sie in die dritte Ebene einer Laternendecke (Bild 288). Am Palast eines Hindu-Fürsten vermittelten sie aus einem hohen quadratischen Raum durch Eckplatten in das Achteck, durch weitere Bauglieder dieser Art in das Sechzehneck, auf dem dann eine Gußmörtel-Kuppel ruht (Bild 243).

Wir sahen oben (s.o.S. 140), daß Hindu-Baumeister völlig neuartige Anregungen des frühislamischen Gewölbebaus aufgriffen und aus Muldengewölben (Bild 293), Spiegelgewölben (Bild 286) und Kreuzgewölben (Bild 244) wirkungsvolle Abschlüsse für Tempel und Residenzhallen schufen. Um so verständlicher erscheint es uns, daß die indischen Handwerkerzünfte nach der Begegnung mit vorderorientalischen und iranischen Baumeistern nicht nur für mohammedanische Auftraggeber Indiens Kuppeln in radialen Lagerfugen konstruierten, sondern diese technisch vollendete Form auch für hinduistische und jinistische Aufgaben verwendeten. Eine Ringschichtendecke (Bild 111, 248) oder eine kombinierte Kragekonstruktion (Bild 26, 147) zeigt im Grundriß der einzelnen Schichten eine große Übereinstimmung mit der radialen Kuppel über Trompennischen (Bild 175, 196, 220). Im indo-islamischen Kuppelbau schichtete man mehrere Polygone übereinander (s.o.S. 112), um eine Näherungslösung zum Kreis zu erreichen. Dabei gelangte man in den islamischen Kuppeln über dem Quadrat mit Übergängen aus Trompen in rechteckigen Feldern vom zweiten, also dem achteckigen Geschoß durch überkragende Schichten von gleichschenkligen Dreiecken und weiter von gleichschenkligen Dreiecken, die ein Kreisbogen tangiert, genau so in den Grundkreis für eine radiale Kuppel (Bild 196) wie über dem quadratischen Tempelraum durch eben solche Zwischenglieder zum ersten Kreis, zum maṇḍala der Ringschichtenkuppel (Bild 147).

Folgerichtig nützten indische Baumeister neuerer Zeit die modernsten technischen Errungenschaften der radial konstruierten Kuppel für maṇḍalas über einem geräumigen würfelförmigen Heiligtum der einheimischen Glaubensgemeinschaften: in Jammu (Bild 337) und Rajgir (Bild 355). Dieser letztgenannte Raum ist auch von außen als Kuppel mit dekorativ aufgesetzten Stegen, nach dem Vorbild einer islamischen Faltkuppel, zu erkennen (95: fig. 5 linker Bildrand). Dagegen wird die Trompenkuppel von Jammu, die über einem achteckigen Geschoß durch gleichschenklige Dreiecke mit Kreisbogen-Tangente in den Grundkreis überführt wird (Bild 337) – ähnlich wie Kragekonstruktionen von Abu in der ersten Bauschicht (Bild 161) oder von Somnathpur in der zweiten Schicht (Bild 147) – von einem viereckigen Turm in der Tradition des śikhara ummantelt (Bild 336). Wie der Grundriß, so scheint mir auch der Querschnitt dieses späten Tempels den Endpunkt einer fast zweitausendjährigen Entwicklung zu bedeuten, die wir in Abschnitt d untersuchen wollen (s.u.S. 153).

b) NEUN-FELDER-DECKE, NEUN-FELDER-GRUNDRISS UND KUPPEL

Die Aufgliederung einer quadratischen Flachdecke in neun gleich große quadratische Felder oder in ein beherrschendes Mittelquadrat, vier kleinere Eckquadrate und vier Rechtecke im Achsenkreuz diente zur Darstellung des Kosmos (s.o.S. 7). In diesen neun Feldern bildete man gern die neun Planeten ab, also die navagrahas, welche in Zeiten von Not und Gefahr besonders verehrt wurden und noch heute den Hindus heilig sind (7:429). Die gleiche Bedeutung mißt man den acht Welt-Hütern, den aṣṭadikpālas bei. Im Mittelfeld sitzt eine der Hauptgottheiten des hinduistischen Pantheon, und die übrigen Felder sind den Göttern über die vier Haupt- und die vier Nebenhimmelsrichtungen zugeteilt (155: Einl. 34). Besonders über maṇḍapas des Dekkhan (51:106, 137, 150) sehen wir z.B. Śiva umgeben von Feldern mit den Reliefs des Indra auf dem Elefanten im Osten, Agni auf dem Widder im Südosten, Yama auf dem Büffel im Süden, Nirṛti auf den Schultern eines Menschen im Südwesten, Varuṇa auf dem Fabeltier makara im Westen, Vāyu auf der Gazelle im Nordwesten, Kubera auf einem Pferd im Norden und Īśāna auf dem Bullen im Nordosten (Bild 143). Die Bilder dieser Wächter der Himmelsrichtungen können die Wände der Tempel schmücken. Sinnvoll sind sie besonders in der Deckenzone. Die Vorstellung vom Himmel wird umso deutlicher, je mehr die Decke eine gestufte oder gewölbte Form annimmt (Bild 291).

Die Aufteilung eines Quadrates in der Weise, daß ein wiederum quadratischer Mittelraum entsteht, ergibt notwendig einen Grundriß von neun gleich oder verschieden großen Raumeinheiten. Diese geometrischen Figuren entsprechen den Grundkombinationen der oben geschilderten Neun-Felder-Decke (s.o.S. 7). Wir haben nun zu betrachten, wie diese Grundriß- und Deckengestaltungen im Außenbau einmal durch einen (Bild 260) oder durch fünf (100: Abb. 275) turmartige Aufsätze, ein andermal durch eine (96:426) oder fünf (122:206) Kuppeln bekrönt wurden. Die Haupt- und Nebenkuppeln traten entweder als solche direkt in Erscheinung (Bild 302), wurden durch Türme überhöht (Bild 264) oder blieben unter einem einheitlichen Dach verborgen (Bild 40 rechts unten).

In der pañcāyatana pūjā wurden 5 Steine als Symbol für das Wesen der 5 Hauptgötter verehrt; für diese Form des Synkretismus fand man schon im frühen Mittelalter eine besondere Bauform der pañcāyatana-Tempelgruppe (7:542; 161:200, 218, 255; 145: III 502): 4 kleinere Tempel an den Ecken einer Terrasse (24:252) oder in den Ecken eines mauerumfriedeten heiligen Bezirks (9:9) umgeben einen zentralen Turm-Tempel. In diesem „Schrein der 5 Edelsteine", pañcaratna, einem Symbol für das fünfköpfige Śiva-liṅga oder für die 5 Elemente Erde, Wasser, Luft, Feuer, Äther sah Havell nicht nur die Anregung zu indischen Baukomplexen aus 5 Türmen, sondern auch das Vorbild für indo-islamische Gräber und Moscheen, bei denen ein Würfel durch eine Mittelkuppel und 4 kleinere Nebenkuppeln über den Ecken bekrönt wird (141:22, 158).

An buddhistischen Kultstätten von Gandhara und Turfan können ein Kuppelbau von vier Säulen oder ein Turmbau von vier Turmstümpfen umgeben werden (100: Abb. 209, 275, 281).

Die Gruppierung eines beherrschenden Turm-Tempels mit vier untergeordneten Türmchen entspringt sicherlich altindischer Überlieferung. Gegenüber Havell hat aber Creswell (54: II 369) darauf aufmerksam gemacht, daß schon im frühislamischen Zeitalter aus Turan und Iran Baugestalten des Würfels mit einer Mittelkuppel und vier Nebenkuppeln bekannt sind. Das älteste Beispiel scheint aus Khuzara, 40 km südlich von Buchara zu stammen.

In der spät-sasanidischen Zeit war eine Bauform endgültig ausgebildet (279: I 556 u. fig. 161a, b), die auf Islam, Christentum und indische Kultur eine nachhaltige Wirkung haben sollte: ein Quadrat, in dessen Mitte vier Stützen ein kleineres, mit einer Hauptkuppel überdecktes Quadrat bilden; in den Diagonalen werden vier Eckräume durch kleinere Kuppeln, im Achsenkreuz vier Langrechteckräume durch Tonnen überwölbt (248: Abb. 18). Smith (257:194) hat Überlieferungen dieser Raum- und Körperform in der byzantinischen Architektur verfolgt. Nach Grabar (127:39 u. 52) wurde am umayyadischen Pavillon dieser Fünf-Kuppel-Typus ausgebildet, der wie andere alt-iranische und vorderorientalische Schöpfungen die Kunst der Nachbarländer beeinflußte und nicht nur die Baumeister der früh-islamischen Gräber und Moscheen, sondern auch die Erbauer der Kreuzkuppelkirche anregte (vgl. Schrifttumsnachweise bei 96:425 und 127:52).

Im Übergang vom buddhistischen, hinduistischen und jinistischen Indien zu den indo-islamischen Epochen scheint es nun so, als ob das Neun-Felder-Schema, das den Grundriß für die pañcayātana-Tempelgruppe und das Gerüst für bildreiche Flachdecken im Tempel (Bild 142–145) abgab, ein beliebter Ausgangspunkt für Raumkonstruktionen mit altindischen Abschlüssen im Kragebau-System oder mit Gewölben und Kuppeln islamischer Überlieferung geworden sei (96: 426). Etwa ein Jahrtausend nach den frühesten reich skulptierten Decken entstand in Vijayanagar ein flacher Raumabschluß aus neun Feldern, dessen zentraler Lotus im Achsenkreuz von kleineren Lotus-Mustern umgeben ist, während die Felder in den Diagonalen mit dem Stufenkreuz, das schon seit den Industal-Siegeln bekannt ist, geschmückt wird (Bild 276). Das Gerüst einer solchen Neun-Felder-Decke diente am selben Ort zur Konstruktion einer Flachdecke (Bild 283); als Abschluß eines Übergeschosses sehen wir ein ähnliches System auch in Bijapur (Bild 117). In dieser islamischen Residenz, die Steinmetzen des untergegangenen Reiches von Vijayanagar neue Beschäftigung bot, beobachten wir aber auch alte hinduistische Muster als Schmuck von Flachdecken.

In Bijapur hat das Erdgeschoß des Mihtarī Maḥall eine Deckenkomposition aus neun Feldern mit quadratischem Mittelstück in sparrenartiger Konstruktion, vier flache Eckkuppeln über Trompenbaldachinen und vier Spiegeldecken (Bild 11). Im Obergeschoß sind neun gleich große Quadrate in waagerechtem Sturz und Spiegeldecken mit Lotusmustern geschlossen; das mittelste Feld ist nochmals in neun gleich große Felder mit Lotusmustern unterteilt. Die geometrische Form dieser Deckeneinteilung kehrt im Grundriß des Nau Gumbaz wieder; als Überdeckung wurden gewählt: eine große Mittelkuppel und vier kleinere Eckkuppeln sowie vier Pyramidendächer über den verbleibenden quadratischen Räumen (Bild 302).

Bei einer Grundform des bengalischen Ziegeltempels wird ein griechisches Kreuz von einem Quadrat ummantelt (Bild 56). Die Vierung ist mit einer Trompenkuppel eingewölbt (Bild 261), die außen nicht in Erscheinung tritt, sondern durch einen achteckigen Tambour mit einem Kegeldach betont wird (Bild 260). Die vier quadratischen Resträume in den Ecken der Kreuzbalken werden durch abgetreppte Schichten in eine Kuppel (Bild 262) übergeführt, die ebenfalls von außen nicht zu erkennen ist; über ihr hängen Dachkehlen, die sich aus der Durchdringung von Tonnensegmenten ergeben. Die vier verbleibenden Rechteckräume sind mit lotrechten Ringtonnen überwölbt (Bild 263). Den gleichen Grundriß und die gleiche Einwölbung hat ein anderer mehrgeschossiger Typus Bengalens. Er unterscheidet sich im Äußeren von dem eben genannten dadurch, daß über der Mittelkuppel ein quadratischer Bau mit pyramidenförmig abgestuftem Turm in der Art eines nord-indischen śikhara sitzt und daß auf den vier Ecken sich Miniaturen dieses Bauteils befinden (Bild 264).

Indo-islamische Lusthäuser und Wasserpavillons, Bārādarīs, sind häufig über Neun-Felder-Grundriß mit Kuppeln konstruiert (235: Taf. 171 unten links) oder durch quadratische Räume in den Diagonalen und langrechteckige im Achsenkreuz zu einem größeren Quadrat erweitert (235: Taf. 172 unten rechts). Es können auch Neun-Felder-Kompositionen in quadratischen und runden Räumen aneinanderstoßen (235: Taf. 117). Besonders reich wurde ein Bau von Feria Bagh (Bild 103, 104) entworfen: eine quadratische Terrasse mit abgeschrägten Ecken nimmt im Zentrum ein Gebäude des gleichen Grundrisses auf. Dieser birgt in der Mitte einen quadratischen Raum, dessen Kuppel im Achsenkreuz von langrechteckigen und in den Diagonalen von überkuppelten Achtecken umlagert wird. Die Einwölbung der langrechteckigen Räume besteht aus einer Kuppel in der Mitte, die seitlich von Halbkuppeln widerlagert wird. Man bemerkt in der Baugestalt dieser vier, im Achsenkreuz um die Mittelkuppel gelegenen Räume eine Ähnlichkeit mit dem Wölbesystem der Hagia Sophia und ihrer Nachahmungen in islamischer Zeit (64: Abb. 179) in Istanbul. Bauten auf quadratischem Grundriß mit der Einteilung in neun Felder können auf verschiedenartige Weise eingedeckt oder überwölbt sein und nach außen in Erscheinung treten. Ein Grab in Dacca ist durch Kragekonstruktionen über dem Quadrat oder dem Langrechteck in späterer islamischer Zeit auf altindische Weise abgeschlossen worden und wird im Mittelteil durch einen Aufbau in der Art eines stūpa betont (Bild 18, 19). In einer Halle der Lodi-Zeit wird die Mittelkuppel in der Diagonale durch kleinere Kuppeln und im Achsenkreuz durch Muldengewölbe widerlagert – die gesamte, noch durch gewölbte Vorhallen bereicherte Komposition liegt unter einem einheitlichen Flachdach verborgen (Bild 40: rechts). Im Erdgeschoß eines dreigeschossigen Palastes in Udaipur gelangt man über einen quadratischen, durch vier Stützen in neun flachgedeckte Abteilungen gegliederten Vorbau in einen runden, wiederum durch vier Stützen geteilten Raum; die Neun-Raum-Anlagen gehen durch alle drei Geschosse hindurch, wobei der Vorbau auf seinem quadratischen Grundriß in einer offenen Halle endet, während der Bau über dem kreisrunden Grundriß im Obergeschoß mit einer Kuppel abgeschlossen wird (Bild 100).

Das Schloß des Bir Singh in Datia (235: Taf. 106) hat einen quadratischen Kernbau, der in neun gleich große Quadrate geteilt ist, durch sämtliche Geschosse der riesigen Anlage aufsteigt und schließlich über der Dachzone durch einen massiven Kuppelhelm auf dem mittelsten Quadrat bekrönt wird (Bild 101). Noch in der neueren süd-indischen Holzbaukunst werden Decken in neun Felder geteilt (158: pl. 3, 4).

c) STŪPA UND KUPPEL

Der stūpa ist gewöhnlich ein massiver, halbkugeliger Reliquienhügel. In einer besonders ausgeprägten Form wie dem Borobodur bedeutet er das größte maṇḍala des Buddhismus überhaupt (194:41). Die massive Halbkugel wurde gelegentlich durch Konstruktionen der Freibau-Technik unterteilt (211:25) oder durch Bildnischen und Schatzkammern teilweise ausgehöhlt (8:255; 170: III 18). Aber nur in Lehmziegelbauten Zentralasiens hat es jahrhundertelang eine Tradition von stūpas aus Fünf-Turm-Kompositionen (100: Abb. 275) und von räumlichen stūpas nach dem Muster sasanidischer Trompenkuppel-Bauten (Bild 67) oder mit übereinandergesetzten Gewölben (Bild 85–87, 93) gegeben (129:111).

Das Bild des stūpa bot in weit späterer Zeit nochmals die Anregung zu außergewöhnlichen Bauten des islamischen Nordindiens. Einmal wurden die symbolischen Abschlüsse von Massivbauten wie dem buddhistischen stūpa auf hölzernen Moscheen Kashmirs als Zier angebracht (122:206, 188:270). Zum andern bildet diese Folge von harmika und chattra über einem doppelten Lotus die schwere Bekrönung eines Kuppelgrabes von stūpa-förmigem Umriß in Lucknow (Bild 339). „Moderne" pseudo-klassizistische Schmuckformen umgeben eine Kielbogentrompe, die nach altsasanidischem Vorbild das Quadrat direkt in den Grundkreis der Kuppel überleitet (Bild 340). Kürzlich hat man nahe den Ausgrabungen buddhistischer Heiligtümer bei dem afghanischen Dorf Hadda eine Moschee errichtet, deren Minarett mit einer Miniaturkuppel in der Form eines buddhistischen stūpas bekrönt wurde.

d) ŚIKHARA UND KUPPEL

Zu den turmartigen Schmuckformen altindischer Tradition auf neueren hölzernen islamischen Kultbauten Kashmirs (s.o.S. 143) gehörte auch eine Umgestaltung des śikhara (122:206). Diese mittelalterliche indische Turmform diente in späterer indo-islamischer Zeit auch gelegentlich zur Ummantelung von überkuppelten Räumen. So betrachten wir zum Schluß Verbindungen zwischen verschiedenen indischen und fremden Turm- und Kuppelformen: den Typus der Türbe und Beispiele von halbkugelförmigen Abschlüssen über schachtartigen Räumen.

Aus dem nordwestindischen Grenzland sind einräumige, würfelförmige Kultstätten mit halbkugeliger Bekrönung und Ummantelung durch eine Spielform des Zeltdachs bekannt (Bild 1, 33, 122). Ihr Querschnitt ergibt Bogen + Dreiecksgiebel; diese Komposition hatte möglicherweise wie in der Antike die Bedeutung des Himmels (s.o.S. 8). Eine ähnliche Verbindung von radialer Kuppel wahrscheinlich mittelmeerländischer Konstruktion (s.o.S. 104) mit einem Turm beobachteten wir in Bilot (s.o.S. 56): der quadratische, überkuppelte Raum (Bild 130) liegt unter einem nordindischen śikhara verborgen (Bild 129). Diese außergewöhnliche Baugestalt kann wiederum antiken Anregungen entstammen (s.o.S. 139) oder eine Fortbildung der Bauten aus Gandhara (Bild 33) und Kashmir (Bild 1) – mit ihren Beziehungen zur Mittelmeerkultur – in der mittelalterlichen hinduistischen Tempelbaukunst sein. Kultbauten ähnlichen Querschnitts von Kuppel und Zeltdach entstanden etwa gleichzeitig mit den Beispielen aus Gandhara und Kashmir in armenischen Kirchen (238:236 fig. 219) und etwa gleichzeitig mit der Baugruppe von Bilot in den vorderorientalischen islamischen Türben (164:70; 206:155). Beim gegenwärtigen Stand der Forschung wage ich nicht zu entscheiden, ob spät-antike Vorbilder, ihre altindische Umformung oder die islamische Türbe (206: Plan XXXVI) einige Kuppel-Turm-Verbindungen im hinduistischen Kult- und Wohnbau der 2. Hälfte des 2. Jahrtausends anregten. Diese Baugestalten gehören zu den wenigen indo-islamischen, bei denen eine Raumschale durch ein gesondertes Dach geschützt wird (s.o.S. 6). In Chandragiri sitzt auf der Mitte des Daches ein überkuppeltes Polygon, das von einem schmuckreichen Aufbau aus südindischem vimāna und nordindischem śikhara ummantelt wird (Bild 102). Das garbhagṛha des Tempels von Bansberia (Bild 56) wird durch eine radiale Backsteinkuppel abgeschlossen (Bild 261); darüber erhebt sich ein achteckiger Turm mit aufgebogenen Gesimsen und Kegeldach (Bild 260). Der Querschnitt ergibt eine Art Türbe-Form (206: Plan XXXVI). Dagegen wird später der Kern eines śikhara-Tempels von Typus Bilot (s.o.S. 39) gewissermaßen zum Gerüst des Hindu-Tempels von Jammu (s.o.S. 119): eine Kuppel über dem Quadrat (Bild 337) ist durch eine neuzeitliche Variante des altertümlichen nordindischen śikhara umgeben (Bild 336 rechts). Schließlich mag man sich fragen, ob indo-islamische Bauten mit räumlich voneinander getrennten, übereinandergesetzten Kuppeln (Bild 99 Nr. 3) auf eine frühe Bauform von Turfan (Bild 93) zurückgehen, in der vermuteten Weise (s.o.S. 117) von zeitgenössischen turanischen und iranischen Vorbildern abhängig sind oder eine Umwandlung des Türbe-Typus darstellen, wobei das Turmdach über der unteren Kuppel durch eine obere Kuppel im Sinne des hoch-osmanischen Stils ersetzt ist (206: 182).

Auch bei einer anderen außergewöhnlichen indo-islamischen Komposition von Kuppelraum und Turmkörper nennen wir die anderthalb Jahrtausend älteren verwandten Baugestalten ohne die Absicht, landschaftlich und zeitlich weit gespannte Verbindungen herzustellen, sondern nur, um zunächst neuen Anschauungsstoff zur Frage der Formentradition bereit zu stellen (s.o.S. 6). Über dem quadratischen Mittelraum von Balo (Bild 14, 15) erhob sich ein dunkler Schacht mit dem halbkuppelförmigen Abschluß aus einer Kragebauweise. In Chotscho (Bild 85–87) stieg über einem Kreisgrundriß eine Lehmziegelkuppel auf, durch deren geöffnete Kalotte man in eine andere Kuppel über hochgezogenem Tambour sah. Solche durchgehende Einheitsräume innerhalb von Türmen, die wir im Türbe-Typus in Kuppel + Zeltdach zerlegt sahen, wählten indische Baumeister wiederum in der zweiten Hälfte des 2. Jahrtausends für verschiedene Aufgaben.

Ein quadratisches garbhagṛha eines Hindu-Tempels im bengalischen Maluti wird durch Trompen mit gerader Aufmauerung in eine sich verjüngende achteckige Kragekonstruktion übergeleitet (Bild 269) und von einem hohen, schlanken Turm über aufgebogenen Gesimsen bekrönt (Bild 267: höchster Turm in der rechten Bildhälfte). Dieser kann als eine lokale Variante des geschweiften Zeltdachs oder des nordindischen śikhara etwa der Spätform von Jammu (Bild 336) erklärt werden.

Besonders künstlerische Raumlösungen fanden die Baumeister von Bijapur über quadratischen oder oktagonalen Grundrissen in engen und hohen, durch Türen und Fenster genügend erleuchteten (Bild 301, 308) zylindrischen Gebilden mit Zwiebelkuppel-Endung. In einigen Fällen steigt ein Schacht vom Erdboden bis zur Kalotte ohne Unterbrechung auf (Bild 88, 310), wie in Balo (Bild 14, 15). In anderen wird der röhrenförmige Hohlraum durch eine untere Kuppel mit weit geöffnetem Kuppelauge (Bild 84, 91, 121, 307, 308) wie in Chotscho (Bild 85–87) gegliedert.

SCHLUSSWORT

Von der Kuṣāṇa-Zeit, also etwa vom 1. Jh. n.Chr. an, sind Kultbauten des Buddhismus, Hinduismus und Jinismus erhalten, in deren Grundriß und Baugestalt religiöse Symbole ausgedrückt wurden. Die weltgeschichtlichen Verbindungen dieser Epoche ermöglichten Begegnungen mit dem mittelmeerländischen Kulturkreis. Anregungen, die aus westlichen Bauschulen nach Indien gelangten, wurden bald und gründlich in die einheimische Formenwelt einverleibt und indisiert; dagegen ist keine Wirkung indischer Bauweisen auf die Länder der Antike nachweisbar. Anders war es in dem geschichtlichen Abschnitt, der mit der Eroberung Indiens durch den Islam Ende des 12. Jh. begann: auf die Wohn- und Kultbauten der Eroberer in den besetzten Provinzen wirkten einheimische indische Kunstformen in vielfältiger Weise konstruktiv und dekorativ ein; zugleich nützten die Bauschulen und Kultstätten während der Jahrhunderte islamischer Herrschaft, besonders von der Mitte des 2. Jahrtausends an, die neuen technischen Möglichkeiten des Gewölbebaus und besonders die Kunst des Kuppelbaus, welche die Baumeister der neuen Herren aus dem Vorderen Orient nach Indien einführten. Ein Himmels-Symbol, ein magisches Diagramm, ein zweidimensionales maṇḍala aus der Komposition von Quadrat und Kreis (Bild 249) konnte auf altindische Weise durch Kragebaukonstruktionen verräumlicht werden (Bild 147, 159, 161); später erfaßte man es aber auch durch die islamische Trompenkuppel mit ihrem konventionellen Übergang vom Quadrat zum Kreis (Bild 355). Das kosmische Symbol der Neun-Felder-Decke (Bild 143–145) spiegelte am altindischen Tempel einen kanonischen Grundrißplan wider; auf einem solchen Grundriß aus neun rechteckigen Feldern konstruierte man später Kombinationen aus gewölbten Raumeinheiten für islamische Residenzen (Bild 302) und Hindu-Tempel (Bild 56, 260–263). Der stūpa, seiner Bestimmung nach ein massives Mal, wurde in Sonderformen an den Grenzen der altindischen Kultur als Kuppelraum gestaltet (Bild 67, 87, 123, 126); Umriß und Raumwirkung später islamischer Kultbauten scheinen auf diese frühe Bauform Bezug zu nehmen (Bild 339, 340). Der mittelmeerländische Gedanke, durch die Abfolge von Kuppel und Zeltdach eine Himmelssphäre anzudeuten, wurde in der griechisch-asiatischen Mischkunst von Gandhara (Bild 33, 34), Kashmir (Bild 1–3, 127) und verwandten Landschaften mit frühindischen Tempeln (Bild 128–131) in schweren, gedrungenen, monolithen oder monolithisch wirkenden Massenbauten ausgedrückt; die Leichtigkeit und raumbildende Fähigkeit des islamischen Kuppelbaus hat man in einem späten nordindischen Turmtempel (Bild 336) dazu genützt, innerhalb eines śikhara, der ein Jahrtausend lang als Massenbau das Bild altindischer Tempelgruppen geprägt hatte, einen Kultraum hoch, hell und luftig zu überkuppeln (Bild 337).

In den vorislamischen Jahrhunderten bestimmten einheimische Bauformen die Erscheinung des mittelalterlichen indischen Tempels: die Kultkammer mit dem Götterbild, das „Schoß-Haus" garbhagṛha (s.o.S. 8) bestand aus einer dunklen, höhlenartigen Kammer, die durch Türme in Schicht- oder Kragebauweise südindischer (Bild 8) oder nordindischer (Bild 6) Art wie von einem Berg überdeckt wurde; vor dieser Zelle versammelten sich die Tempelbesucher in einer Halle, die in Südindien gewöhnlich mit einer schweren Balkenkonstruktion (Bild 134), in Nordindien meist mit einer geräumigen Decke in der üblichen Kragekonstruktion (Bild 159) ihren Abschluß fand. Bau- und Schmuckformen, die man in dieser Zeit ausnahmsweise der Mittelmeerwelt entlehnte, dienten ebenfalls zur Gestaltung von Räumen begrenzten Ausmaßes mit einem nur wenig erleuchteten Inneren (Bild 60, 130, 131). Im islamischen Zeitalter lernte man die künstlerische Wirkung hoher und heller Hallen kennen, über denen radial konstruierte Gewölbe, vor allem Tonnen und Kuppeln, weite Räume überspannten. Einheimische indische Baumeister verarbeiteten dieses neue künstlerische Erlebnis in vielfacher Gestalt, indem sie gelegentlich altindische Steintechnik für neuartige räumliche Lösungen verwendeten, gelegentlich die „modernen" Mittel der radialen Wölbung zu Bauten altindischen Charakters nutzten, gelegentlich aber mit den „echten" Wölbkonstruktionen auch über indischen Kultstätten weitgespannte Gewölbe errichteten. In Brindaban (Bild 45) baute man über vier Kreuzarmen Tonnen (Bild 251) und über der Vierung eine Kuppel (Bild 252) in der einheimischen Weise mit kurvig zugehauenen Steinbohlen und erzielte dabei für ein maṇḍapa eine bisher unerreichte räumliche Wirkung; auch in Amber (Bild 258) schuf man auf diese Weise eine hohe Tempelhalle. Radial konstruierte Tonnengewölbe ließen Luft und Licht in kleinere Vorhallen des Tempels von Bansberia (Bild 262, 263) und in ein riesiges maṇḍapa von Chidambaram (Bild 292). Die bengalischen Baumeister konstruierten auch die „echte" Kuppel, jedoch über engen und dunklen Räumen, die ganz den Charakter des altindischen garbhagṛha bewahrten (Bild 261); sie errichteten über diesem Kernteil des Hindu-Tempels Miniatur-Türme, die entweder vom altindischen śikhara abgeleitet sind (Bild 264) oder als Turmdach über einer Kuppel (Bild 260) auf altindische Vorbilder (Bild 33) oder auf die iranische Türbe (s.o.S. 8) zurückgehen. In Jammu entwarf man über dem garbhagṛha eine hohe, weiträumige „typisch islamische“ Trompenkuppel (Bild 337), die nach außen durch einen śikhara-Turm in der einheimischen, nordindischen Weise ummantelt wird (Bild 336). Die altertümliche, als Bild des Berges (s.o.S. 8) bedeutungsvolle Bau- und Schmuckform des Tempelturms schützt ein Inneres, das durch eine zeitgemäße, islamische Kuppel-Bauform gestaltet ist, aber mit den neuen künstlerischen Errungenschaften weiterhin die überlieferte Bedeutungsform, nämlich die der Höhle, ausdrückt.

Ähnlich haben wir schon bei Studium übereinandergesetzter Kuppeln mit Öffnung der unteren Gewölbeschale (s.o.S. 118) beobachtet, daß in späteren indo-islamischen Großgewölbebauten ein höhlenartiger Charakter des Innenraums erhalten blieb. Ein stūpa in Turfan war in einer Sonderform buddhistischer Bauweise räumlich gestaltet und öffnete sich mit einem Kuppelauge gegen einen darüberliegenden gewölbten Raum (Bild 87). Ein Jahrtausend später konstruierten Baumeister von Bijapur islamische Kultstätten von ähnlichem Querschnitt (Bild 91, 121). Aber diese komplizierten Folgen von Gewölben sind keine luftigen, lichtdurchfluteten Gebilde wie vergleichbare Konstruktionen im abendländischen Barock oder im islamischen Iran (64: Abb. 120, 180), sondern führen den Blick durch einen immer dunkler werdenden Schacht in die Kuppelrundung (Bild 306–308).

Decken, Dächer und Gewölbe indischer und indo-islamischer Kultstätten und Wohnbauten zeigen also zahlreiche Beispiele handwerklicher und künstlerischer Durchdringung an sich gegensätzlicher Bauweisen und Denkformen. Gewissermaßen unabhängig von den geschichtlichen Ereignissen steigerten sich Überlieferungen altindischer Massenbauten mit ihrer reichen Bildwelt und islamischer Raumlösungen mit ihrer abstrakten Schmuckweise gegenseitig zu neuartigen Bauformen. Kuppelräume, wie sie an Moscheen zuerst Gestalt gewannen (Bild 175), prägten später das Innere von Tempeln (Bild 337); der Umriß, der für das massive Mal des stūpa kanonisch geworden war (Bild 67), wurde später auf einen islamischen Grabbau übertragen (Bild 339).

ANHANG

SCHRIFTTUMSNACHWEIS

1 Acharya, P. K.: Mānasāra series. London usw.
V: Architecture of Mānasāra. Ill. of architectural and sculptural objects. With a synopsis. 1933.
VI: Hindu architecture in India and abroad. 1946.
VII: An encyclopaedia of Hindu architecture. 1946.
2 Agrawala, R. C.: Khajuraho of Rajasthan, the temple of Ambikā at Jagat. Arts Asiatiques 10, 1964.
3 Andrae, W.: Die ionische Säule, Bauform oder Symbol? Berlin 1933.
4 Aslanapa, O.: Edirné de Osmanli Devri Abidelerli. Istanbul 1949.
5 Bandmann, G.: Mittelalterliche Architektur als Bedeutungsträger. Berlin 1951.
6 Bandopadhyay, A. K.: Bankudar Mandir. Calcutta 1964.
7 Banerjea, J. N.: The development of Hindu iconography. Calcutta 2.ed. 1956.
8 Bareau, A.: La construction et le culte des stūpa d'après le Vinayapiṭaka. Bulletin de l'École Française d'Extrême-Orient 50, 1960/2.
9 Barrett, D.: Mukhaligam temples. – M. G. Dikshit: Sirpur & Rajim temples. Bombay 1960.
10 Batley, C.: The design development of Indian architecture. London repr. 1954.
11 Benoit, F.: L'architecture. L'Orient. Médiéval et Moderne. Paris 1912.
12 Berlowitz, A.: Der Verstoß gegen die allgemein anerkannten Regeln der Baukunst. Berlin 1915. (Braunschweiger TH Diss.)
13 Bhattacharya, T.: A study on Vāstuvidyā or canons of Indian architecture. Patna 1947.
14 Bissing, F. W. Frhr. v.: Kunstforschung oder Kunstwissenschaft? Eine Auseinandersetzung mit der Arbeitsweise Josef Strzygowskis. München 1950/51.
15 Bössenroth, R. mit W. Hoepfner u. S. Jeder: Kuppelbau. Übungsarbeit am Lehrstuhl für Baukonstruktion Prof. Hermkes TU Berlin. Blaupausen-Ms. Berlin 1962.
16 Boner, A. and Sadāśiva Rath Śarmā with Rajendra Prasād Dās: New light on the Sun Temple of Konārka. Four unpublished manuscripts relating to construction, history and ritual of this temple, transl. into English and annotated. Varanasi 1972.
17 Bosch, F. D. K.: The golden germ. An introduction to Indian symbolism. Ed. J. W. de Jong and F. B. J. Kuiper. 's-Gravenhage 1960.
18 Bose, N. K.: Canons of Orissan architecture. Calcutta 1932.
19 Brandenburg, D.: Samarkand. Studien zur islamischen Baukunst in Uzbekistan (Zentralasien). Berlin 1972.
20 Brandenburg, D.: Der Tāj Mahal in Agra. Eine Studie zur Baukunst des Islam in Indien. Berlin 1969.
21 Briggs, M. S.: A history of technology. Oxford II 1956.
22 Brown, D. F.: The arcuated lintel and its symbolic interpretation. American Journal of Archaeology 46, 1942.
23 Brown, P.: The architecture of Kashmir. Hindu and Buddhist. Mārg 8, 1954/5, Nr. 2.
24 Brown, P.: Indian architecture. Buddhist and Hindu periods. Bombay 3.ed. 1956.
25 Brown, P.: Indian architecture. The Islamic period. Bombay 3. ed. um 1950. (= Text u. Ill. wie 2. Aufl., verm. um Anh. v. 50 Taf.)
26 Brown, W. N.: The Jaina temple room in the Metropolitan Museum of Art. Journal of the Indian Society of Oriental Art 17, 1949.
27 Burckhardt, T.: Die Lehre vom Symbol in den großen Überlieferungen des Ostens und des Westens. Symbolon. Jahrbuch für Symbolforschung 3, 1962.
28 Burgess, J. u. H. Cousens: The architectural antiquities of Northern Gujarat. More especially of the districts included in the Baroda State. London 1903.
29 Burgess, J.: The Muhammadan architecture of Ahmadabad. Pt I. A.D. 1412 to 1520. London 1900.
30 Burgess, J.: On the Muhammadan architecture of Bharoch, Cambay, Dholka, Champanir, and Mahmudabad in Gujarat. London 1896.

31 Burgess, J.: Report on the antiquities of Kâthiâwâḍ and Kachh, being the result of the 2. season's operations of the Archaeological Survey of Western India, 1874–75. London 1876.

32 Bussagli, M.: Osservazioni sulla persistenza delle forme ellenistiche nell'arte del Gandhara. Rivista dell' istituto naz. d'Archeologia e Storia dell'arte N.S. 5/6, 1956/57.

33 Butler, H. C.: Early churches in Syria. Fourth to seventh centuries. Ed. and compl. by E. B. Smith. Princeton, N.J. 1929.

34 Chaghtai, M. A.: A family of great Mughal architects. Islamic Culture 11, 1937.

35 Chaghtai, M. A.: Le Tadj Mahal d'Agra (Inde). Histoire et description. Bruxelles 1938.

36 Chakravarti, M. M.: Bengali temples and their general characteristics. Journal and Proceedings of the Asiatic Society of Bengal 5, 1909.

37 Childe, G.: What happened in history. A study of the rise and decline of cultural and moral values in the Old World up to the fall of the Roman Empire. Repr. Harmondsworth 1960.

38 Chisholm, R. F.: The old palace of Chandragiri. The Indian Antiquary 12, 1883.

39 Choisy, A.: L'art de bâtir chez les Byzantins. Paris 1883.

40 Choisy, A.: Histoire de l'architecture. 2 vols. Paris 1954 (urspr. 1899).

41 Cohn-Wiener, E.: Turan. Islamische Baukunst in Mittelasien. Berlin 1930.

42 Combaz, G.: L'Inde et l'Orient classique. 2 vols. Paris 1937.

43 Coomaraswamy, A. K.: Early Indian architecture. Eastern Art. I: 2, 1930; II: 3, 1931.

44 Coomaraswamy, A. K.: Geschichte der indischen und indonesischen Kunst. Aus d. Engl. v. H. Goetz. Leipzig 1927.

45 Coomaraswamy, A. K.: Indian architectural terms. Journal of the American Oriental Society 48, 1928.

46 Coomaraswamy, A. K.: Pāli kaṇṇikā = circular roof plate. Journal of the American Oriental Society 50, 1930.

47 Coomaraswamy, A. K.: Symbolism of the dome. Indian Historical Quarterly 14, 1938.

48 Cousens, H.: The antiquities of Sind with historical outline. Calcutta 1929.

49 Cousens, H.: The architectural antiquities of Western India. London 1926.

50 Cousens, H.: Bījāpūr and its architectural remains. With an historic outline of the ʿĀdil Shāhi dynasty. Bombay 1916.

51 Cousens, H.: The Chālukyan architecture of the Kanarese districts. Calcutta 1926.

52 Cousens, H.: The medieval temples of the Dakkhan. Calcutta 1931.

53 Cousens, H.: Somanātha and other mediaeval temples in Kāthiāwād. Calcutta 1931.

54 Creswell, K. A. C.: Early Muslim architecture. Oxford. I: Umayyads. A.D. 622–750. 1932. (Darin: F. Saxl: The Zodiac of Quṣayr ʿAmra. Transl. fr. German by R. Wind.) II: ʿAbbāsids, Early Umayyads at Cordova, Aghlabids, Tūlūnids, and Samānids. 1940.

55 Creswell, K. A. C.: Indian domes of Persian origin. The Asiatic Review N.S. 5, 1914.

56 Creswell, K. A. C.: The origin of the Persian double dome. The Burlington Magazine 24, 1913/14.

57 Creswell, K. A. C.: The vaulting system of the Hindola Mahal at Mandu. The Indian Antiquary 47, 1918.

58 Cüppers, H.: Vorformen des Ciboriums. Bonner Jahrbücher 163, 1963.

59 Cunningham, A.: Archaeological Survey of India Reports. Calcutta.
IV. Report for the year 1871–72. Delhi by J. D. Beglar. Agra by A. C. L. Carllyle. 1874.
V. Report for the year 1872–73. 1875.
XIV. Report of a tour in the Punjab in 1878–79. 1882.
XV. Report of a tour in Bihar and Bengal in 1879–80 from Patna to Sunargaon. 1882.

60 Delbrueck, R.: Hellenistische Bauten in Latium. Strassburg I 1970, II 1912.

61 Dictionnaire archéologique des techniques. Paris I 1963.

62 Diez, E.: Indian influence on Persian art and culture. Eastern Art 1, 1927/28.

63 Diez, E.: Die Kunst Indiens. Berlin 1925.

64 Diez, E.: Die Kunst der islamischen Völker. Berlin 1915.

65 Döhring, K.: Buddhistische Tempelanlagen in Siam. Bd 1 Text; Bd 2–3 Taf. Berlin 1920.

66 Dowson, J.: A classical disctionary of Hindu mythology and religion, geography, history and literatūre. London, 9. ed. 1957.

67 Dunbar, R.: Puri and its environs. A handbook. Calcutta 1913.

68 Durm, J.: Die Kuppelgräber von Pantikapaion. Jahreshefte des Österreichischen Archäologischen Institutes 10, 1970.

69 Dyggve, E.: Archäologie und Statik. Jahreshefte des Österreichischen Archäologischen Institutes 43, 1956–58.

70 Eckardt, A.: Geschichte der koreanischen Kunst. Leipzig 1929.

71 Eliade, M.: Centre du monde, temple, maison. In: Le symbolisme cosmique des monuments religieux. Actes de la conférence ... ISMEO ... Musée Guimet. Roma 1957.

72 Eliade, M.: Patterns in comparative religion. Transl. by R. Sheed. London usw. 1958.

73 Encyclopaedia of religion and ethics. Edinburgh 2. ed. IV 1935; VII 1940; VIII 1930; IX 1930; XI 1934; XII 1934.
Cosmogony and cosmology, Indian (H. Jacobi);
Indian Buddhism, architecture (A. A. MacDonell);
Lotus, Egypt (W. M. F. Petrie);
Lotus, India (A. A. MacDonell);
Lotus, Buddhism (L. A. Waddell);
Saints and martyrs, Muhammadan in India (T. W. Arnold);
Symbolism, Hindu (A. S. Geden);
Symbolism, Muslim (D. S. Margoliouth).

74 Erdmann, K.: Der Bogen. Eine Studie zur Geschichte der Architektur. Jahrbuch für Kunstwissenschaft 6, 1929. (Hamburger Diss. 1927.)

75 Erdmann, K.: Lückenforschung im iranischen Kunstkreis. Kunst des Orients 1, 1950.

76 Erdmann, K.: Die Moscheen Istanbuls. Die Karawane 1963.

77 Ettinghausen, R.: Comments on the nature of Islamic art and its symbols. In: International Islamic Colloquium. Lahore 1960.

78 Excavation at Kausambi, District Allahabad. In: Indian Archaeology, a Review, 1957–58.

79 Fabri, C.: An introduction to Indian architecture. London 1963.

80 Farhang-i-Istihat-i-Peshewaran or a Dictionary of the technical terms used in the various crafts. Delhi 1945.

81 Fergusson, J.: Architecture at Beejapoor, an ancient Mahometan capital in the Bombay presidency, phot. from drawings by P. D. Hart, A. Cumming and native draftsmen, and on the spot by Biggs and Loch. With an histor. and descriptive memoir by M. Taylor. London 1866.

82 Fergusson, J.: History of Indian and Eastern architecture. Rev. and ed. with add. J. Burgess: Indian architecture; R. Ph. Spiers: Eastern architecture. 2 vols. London 1910.

83 Finegan, J.: The archaeology of world religions. The background of primitivism, Zoroastrianism, Hinduism, Jinism, Buddhism, Confucianism, Taoism, Shinto, Islam, and Sikhism. Princeton, N.J. 1952.

84 Fink, J.: Die Kuppel über dem Viereck. Ursprung und Gestalt. Freiburg i.Br. usw. 1958.

85 Fischer, K.: The art of Bengal temples with bent eaves. In: Summaries of papers submitted to the 17th session of the All-India Oriental Conference. Ahmedabad 1953.

86 Fischer, K.: Bengal brick temples; early Near Eastern and mediaeval Hindu traditions during the Indo-Islamic period. Seminary of the American Academy at Benares 1967, Masch.-Autogr.

87 Fischer, K.: Caves and temples of the Jains. Aliganj 1956.

88 Fischer, K.: Celestial symbolism in a late mediaeval Jaina temple. Jain Journal, January 1970.

89 Fischer, K.: Firozabad on the Bhima and its environs. Islamic Culture 29, 1955, Nr. 4. S. 246–255, Sonderdruck zählt S. 1–10.

90 Fischer, K.: Form und Bedeutung indischer und islamischer „Doppelkuppeln". Kunstchronik 21, 1968.

91 Fischer, K.: Indo-Iranian contacts as revealed by mudbrick architecture from Afghanistan. Oriental Art 12, 1966.

92 Fischer, K.: Lehmziegelwölbungen in Südwest-Afghanistan. In: Nimruz. Archäologische Landesaufnahme in Südwest-Afghanistan. Band 2, Tafeln, Karten, Pläne. Bonn 1974. (Mit Bauaufnahmen und Rekonstruktionen von M. Klinkott und stereophotogrammetrischen Aufnahmen und Auswertungen von L. Mauelshagen).

93 Fischer, K.: Schöpfungen indischer Kunst. Von den frühesten Bauten und Bildern bis zum mittelalterlichen Tempel. Köln 2. Aufl. 1961.

94 Fischer, K.: Some discoveries in Indian art. Transactions of the Archaeological Society of South India 1, 1955.

95 Fischer, K.: Some examples of mutual Hindu Muslim architectural influences. Indo-Iranica 8, 1954, Nr. 1.

96 Fischer, K.: Der spät-sassanidische Feuertempel-Typus im Obergeschoß eines Lehmziegelturmes in Afghanisch-Seistan und die indo-islamische Baukunst. Festschrift für Wilhelm Eilers. Wiesbaden 1967.

97 Fischer, K.: Unbekannte Werke indischer Kunst. (Tagungsber.) Zeitschrift der Deutschen Morgenländischen Gesellschaft 105 (N.F. 30), 1955.

98 Fitzgerald, W. R., H. T. Prinsep u.a.: Extracts from official records, with the descriptive details regarding the new Nizamut Palace of Moorshedabad erected by Colonel D. MacLeod. Journal of the Asiatic Society of Bengal 8, 1839.

99 Foucher, A.: L'art gréco-bouddhique du Gandhâra. Étude sur les origines de l'influence classique de l'Inde et de l'Extrême-Orient. 2 vols. Paris 1905–51.

100 Franz, H. G.: Buddhistische Kunst Indiens. Leipzig 1965.

101 Frédéric, L.: L'Inde. Ses temples, ses sculptures. Paris 1959.

102 Frey, D.: Grundlegung zu einer vergleichenden Kunstwissenschaft. Raum und Zeit in der Kunst der afrikanisch-eurasischen Hochkulturen. Wien 1949.

103 Frey, D.: Kunstwissenschaftliche Grundfragen. Prolegomena zu einer Kunstphilosophie. Wien 1946.
104 Frye, R. N.: Notes on the history of architecture in Afghanistan. Ars Islamica 11/12, 1946.
105 Führer, A.: The Sharqi architecture of Jaunpur, with notes on Zafarabad, Sahet-Mahet and other places in the North Western provinces and Oudh. With drawings and architectural descriptions by E. W. Smith. Ed. by J. Burgess. Calcutta 1889.
106 Gangoly, O. C.: The art of the Chandelas. Text with descriptions. Ed. by A. Goswami. Calcutta usw. 1957.
107 Ganguly, M. M.: Orissa and her remains – ancient and mediaeval – (District Puri). With an introd. by J. G. Woodroffe. Calcutta 1912.
108 Ghirshman, R.: Iran. Parthes et Sassanides. Paris 1962.
109 Ghose, B.: Primitive Indian architecture. Journal of the Indian Society of Oriental Art 17, 1949.
110 Glück, H.: Östlicher Kuppelbau, Renaissance und St. Peter. Monatshefte für Kunstwissenschaft 12, 1919.
111 Glück, H.: Probleme des Wölbungsbaus. I: Die Bäder Konstantinopels, Aufnahmen, Beschreibungen und historische Erläuterungen. Wien 1921.
112 Glück, H.: Strzygowskis „Baukunst der Armenier" und das Problem der orientalischen Wölbung. (= Zu E. Herzfelds Bespr.) Wasmuths Monatshefte für Baukunst (Anh.: Archiv für Geschichte und Aesthetik der Architektur) 4, 1919/20.
113 Godard, A., Y. Godard u. J. Hackin: Les antiquités bouddhiques de Bamiyan. Paris 1928.
114 Godard, A.: L'art de l'Iran. Paris 1962.
115 Godard, A.: Les tours de Ladjim et de Reget. Āt̲h̲ār-é-Īrān 1, 1936.
116 Godard, A.: Voûtes iraniennes. Āt̲h̲ār-é-Īrān 4, 1949.
117 Goetz, H.: The art and architecture of Bikaner State. Oxford 1950.
118 Goetz, H.: Bilderatlas zur Kulturgeschichte Indiens in der Grossmoghulzeit. Berlin 1930.
119 Goetz, H.: Das Emigrantenproblem in der indischen-Kunstgeschichte. (Tagungsber.) Zeitschrift der Deutschen Morgenländischen Gesellschaft 111 (N.F. 36), 1962.
120 Goetz, H.: The fall of Vijayanagar and the nationalization of Muslim art in Dakhan. Journal of Indian History 19, 1940.
121 Goetz, H.: Imperial Rome and the genesis of classic Indian art. East and West 10, 1959.
122 Goetz, H.: Indien. 5 Jahrtausende indischer Kunst. Baden-Baden 1959.
123 Goetz, H.: Late Indian architecture. Acta Orientalia 18, 1940.
124 Goetz, H.: Sher Shah's mausoleum at Sasaram. Ars Islamica 5, 1938.
125 Goetz, H.: Studies in the history and art of Kashmir and the Indian Himalaya. Wiesbaden 1969.
126 Gosset, A.: Les coupoles d'Orient et d'Occident. Étude historique, théorique et pratique accompagnée de 26 planches gravées sur acier & de plus de 70 vignettes dans le texte. Paris 1889.
127 Grabar, A.: Le succès des arts orientaux à la cour byzantine sous les Macédoniens. Münchner Jahrbuch der Bildenden Kunst 3. F., 2, 1951.
128 Grünwedel, A.: Altbuddhistische Kultstätten in Chinesisch-Turkestan. Kgl. Preuss. Turfan-Expedition. Berlin 1912.
129 Grünwedel, A.: Bericht über archäologische Arbeiten in Idikutschari und Umgebung im Winter 1902–1903. München 1905.
130 Hackin, J. u. R. Hackin: Bamian. Führer zu den buddhistischen Höhlenklöstern und Kolossalstatuen. Paris 1939.
131 Hackin, J.: Nouvelles recherches archéologiques à Bâmiyân. Avec la collab. de J. Carl. Paris 1933.
132 Haibak and Kashmir-Smast. Buddhist cave temples in Afghanistan and Pakistan, surveyed in 1960. Ed. by S. Mizuno. (Jap. u. Engl.) Kyoto 1962.
133 Hamlin, T.: Architecture through the ages. New York rev.ed. 1953.
134 Hampi ruins. Annual Report of the Archaeological Survey of India, Southern Circle, 1912–13.
135 Handbuch der Architektur. Darmstadt u.a.O.
I 1, 2 – Th. Landsberg, Die Statik der Hochbaukonstruktionen, 4. Aufl. 1909.
II 1 – J. Durm, Die Baukunst der Griechen, 2. Aufl. 1892.
– Idem 3. Aufl. 1910.
II 2 – J. Durm, Die Baukunst der Etrusker. Die Baukunst der Römer, 2. Aufl. 1905.
II 3, 1 – H. Holtzinger, Die altchristliche und byzantinische Baukunst, 2. Aufl. 1899.
II 3, 2 – J. Franz-Pascha, Die Baukunst des Islam, 1887.
136 Harle, J.C.: Temple gateways of South India. The architecture and iconography of the Cidambaram gopuras. Pref.: W. Cohn. Oxford 1963.
137 Hart, F.: Kunst und Technik der Wölbung. München 1965.
138 Hautecoeur, L.: De la trompe aux „mukarnas". Gazette des Beaux-Arts 73, 1931.
139 Hautecoeur, L. u. G. Wiet: Les mosquées du Caire. 2 vols. Paris 1932.

140 Hautecoeur, L.: Mystique et architecture. Symbolisme du cercle et de la coupole. Paris 1954.

141 Havell, E. B.: Indian architecture. Its psychology, structure and history from the first Muhammadan invasion to the present day. London 1913.

142 Heinrich, E.: Schilf und Lehm. Ein Beitrag zur Baugeschichte der Sumerer. Berlin 1934.

143 Herzfeld, E.: Damascus: studies in architecture. Ars Islamica I: 9, 1942; II: 10, 1943; III: 11/12, 1946; IV: 12/13, 1948.

144 Hess, F.: Steinverbände und Gewölbebau aus künstlichen Steinen. Mit e. Anh. v. K. Sattler: Der Leichtgewölbebau. München 1948.

145 The History and culture of the Indian people. Bombay. (Beiträge verschiedener indischer Archäologen, Historiker, Soziologen usw., hinduistischer, mohammedanischer usw. Herkunft. Aufsätze über Baukunst von S. K. Sarasvati.) III: The classical age. 1954. V: The struggle for empire. 1957. VI: The Delhi sultanate. 1960.

146 Hoech, G. Th.: Die Eingliederung Indiens in die Geschichte der Baukunst. Leipzig 1922.

147 Hommel, P.: Giebel und Himmel. Istanbuler Mitteilungen 6, 1955.

148 Hutten, J. H.: Caste in India. Its nature, function and origins. Cambridge 1946.

149 Illustrierte Weltkunstgeschichte in fünf Bänden. Zürich usw. 1959–1960. (J. Wiesner: Die Kunst des Alten Orients. Eurasische Kunst in Steppenraum und Waldgebiet. – W. Speiser: Ostasiatische Kunst. – E. Diez: Indische Kunst. Islamische Kunst.)

150 Jayaswal, K. P.: A voussoir from Pataliputra. In: Proceedings and transactions of the 2. Oriental Conference . . . Calcutta 1922.

151 Jouveau-Dubreuil, G.: Archéologie du sud de l'Inde. I: Architecture. II: Iconographie. Paris 1914.

152 Kak, R. C.: Ancient monuments of Kashmir. With a forew. by F. Younghusband and an introd. by A. Foucher. London 1933.

153 Kaschnitz-Weinberg, G. v.: Die Grundlagen der antiken Kunst. Frankfurt a.M. I: Die mittelmeerischen Grundlagen der antiken Kunst. 1944. II: Die eurasischen Grundlagen der antiken Kunst. Aus dem Nachlaß veröff. Ms. bearb. v. I. Parlasca. 1961.

154 Kaschnitz-Weinberg, G. von: Vergleichende Studien zur italisch-römischen Struktur. Römische Mitteilungen 59, 1944.

155 Kirfel, W.: Die Kosmographie der Inder nach den Quellen dargestellt. Bonn usw. 1920.

156 Kirfel, W.: Symbolik des Hinduismus und des Jinismus. Stuttgart 1959.

157 Klas, F.: Handwerkliche Hinweise zum Errichten von Radfenstern, schmückenden Giebeln und Ziegelgewölben. Wiesbaden um 1963. = Ziegel. Arbeitsblätter 6.

158 Kramrisch, S.: Drāviḍa and Kerala in the art of Travancore. Ascona 2. Aufl. 1961.

159 Kramrisch, S.: The four-cornered citadel of the gods. Journal of the American Oriental Society 75, 1955.

160 Kramrisch, S.: The walls of Orissan temples. Journal of the Indian Society of Oriental Art 15, 1947.

161 Kramrisch, S.: The Hindu temple. 2 vols. Calcutta 1946.

162 Krencker, D.: Zur Entwicklung des Kuppelbaus. Archäologischer Anzeiger 1930.

163 Krencker, D.: Die Wallfahrtskirche des Simeon Stylites in Kal'at Sim'ân. Mit einem Beitr. von R. Naumann. Berlin 1939.

164 Kühnel, E.: Die Kunst des Islam. Stuttgart 1962.

165 Langenegger, F.: Beiträge zur Kenntnis der Baukunst des Irâq (heutiges Babylonien). Bautechnik, Baukonstruktionen und Aussehen der Baugegenstände unter teilweiser Bezugnahme auf die Baukunst der Vergangenheit des Landes sowie auf die gesamte Baukunst des Islam. Dresden 1911. (Dresdener TH Diss.)

166 Langlotz, E.: Zur Entstehung der Pendentif-Kuppel. In: Festschrift für Carl Weickert. Berlin 1955.

167 La Roche, E.: Indische Baukunst. Unter Mitw. v. A. Sarasin. Mit e. Geleitw. v. H. Wölfflin u. e. Literaturverz. v. E. Gratzl. 6 Bde. München 1921–22.

168 Le Coq, A. A. v.: Auf Hellas Spuren in Ost-Turkistan. (Bereichte und Abenteuer der 2. u. 3. deutschen Turfan-Exp.) Leipzig 1926.

169 Le Coq, A. A. v.: Bilderatlas zur Kunst und Kulturgeschichte Mittel-Asiens. Berlin 1925.

170 Le Coq, A. A. v.: Die buddhistische Spätantike in Mittelasien. Ergebnisse der Kgl. Preuss. Turfan-Expeditionen. Berlin.

1. Plastik. 1922. 2. Die manichaeischen Miniaturen. 1923. 3. Die Wandmalereien. 1924. 4. Atlas zur Wandmalerei. 1924. 5. Neue Bildwerke. 1926. 6. Neue Bildwerke. (Le Coq u. E. Waldschmidt) 2. 1928. 7. Neue Bildwerke. (Bearb. v. E. Waldschmidt. Mit Geleitw. v. O. Kümmel, H. Lüders u. F. Sarre.) 3. 1933.

171 Le Coq, A. A. v.: Chotscho. Facs.-Wiedergaben d. wichtigsten Funde der 1. Kgl. Preuss. Expedition nach Turfan in Ost-Turkistan. Im Auftr. d. Generalverw. d. Kgl. Museen aus Mitteln d. Baessler-Inst. hrsg. Berlin 1913.

172 Lehmann, K.: The dome of heaven. The Art Bulletin 27, 1945.

173 Lehrbuch des Hochbaus. 3.–8. Aufl. II: Die Elemente der Baukunst, Bauformenlehre, Gewölbebau usw. Bearbs. v. J. u. R. Durm. Leipzig 1926.
174 Lenzen, H. J.: Architektur der Partherzeit und ihre Brückenstellung zwischen der Architektur des Westens und des Ostens. In: Festschrift für Carl Weickert. Berlin 1955.
175 Lömpel, H.: Die monumentale Tonne in der Architektur. München 1913. (TH Diss.)
176 Lohuizen-de Leeuw, J. E. van: An ancient Hindu temple in Eastern Afghanistan. Oriental Art 5, 1959.
177 Longhurst, H.: Hampi ruins. Described and illustrated. Madras 1917.
178 Losch, H.: Sources of Śrī Kumāras Śilparatna. Annals of the Bhandarkar Oriental Research Institute 31, 1951.
179 Lützeler, H.: Die Auffassung der Kunst bei den Naturvölkern. In: Konkrete Vernunft. Festschrift für Erich Rothacker. Bonn 1958.
180 Lützeler, H.: Bildwörterbuch der Kunst. Mit 1050 Zeichn. v. Th. Siering. Bonn, 2. Aufl. 1962.
181 Lützeler, H.: Vom Sinn der Bauformen. Der Weg der abendländischen Architektur. Freiburg 4. Aufl. 1957.
182 Lützeler, H. Weltgeschichte der Kunst. Gütersloh 1959.
183 McCune, E.: The arts of Korea. An illustrated history. Tokyo etc. 1962.
184 Macku, A.: Grundlagen für das Studium der Baugeschichte. Wien 1947.
185 Macku, A.: Um eine Normung der Zeichnung von Gewölbegrundrissen. Alte und Neue Kunst 1, 1952.
186 Maitra, A. K.: Note on a voussoir from Pataliputra. In: Proceedings and transactions of the 2. Oriental Conference . . . Calcutta 1922.
187 Majumdar, B. P.: Iron industry in Northern India on the eve of Turko-Afghan conquests. Indian Culture 14, 1947.
188 Mangat-Rai, M.: Wooden mosques of Kashmir. Oriental Art 13, 1967.
189 Mansel, A. M.: Trakya – Kirklareli. Kubbeli Mezarlari ve Sahte Kubbe ve Kemer problemi. Mit dt. Ausz.: Die Kuppelgräber von Kirklareli in Thrakien und das Problem der „falschen" Kuppeln und Gewölbe. Ankara 1943.
190 Marçais, G.: Binā'. In: The Encyclopaedia of Islam, new ed. Leiden I 1960.
191 Marchal, H.: L'architecture comparée dans l'Inde et l'Extrême-Orient. Avec une préf. de R. Grousset. Paris 1944.
192 Mate, M. S.: Maratha architecture (1650 A.D. to 1850 A.D.) Poona 1959.
193 Mayer, L. A.: Islamic architects and their works. Genève 1956.
194 Mensching, G.: Buddhistische Symbolik. Gotha 1929.
195 Meyer, P.: Europäische Kunstgeschichte. Zürich. I: 1947; II: 1948.
196 Mitra, R. L.: The antiquities of Orissa. Calcutta I: 1875; II: 1880.
197 Mittag, M.: Baukonstruktionslehre. Gütersloh 6. Aufl. 1955.
198 Mitterwallner, G. von: Chaul. Eine unerforschte Stadt an der Westküste Indiens. Berlin 1964.
199 Monneret de Villard, U.: Sull'origine della doppia cupola persiana. Architettura e arti decorative 1, 1921.
200 Mythologie asiatique illustrée. Paris 1928.
201 Nadvi, S. S.: The family of engineers who built the Taj Mahal and the Delhi fort. The Journal of the Bihar Research Society 34, 1948, parts 1 & 2.
202 Nanavati, J. M., u. M. A. Dhaky: The ceilings in the temples of Gujarat. Baroda 1963. = Bulletin of the Baroda Museum and Picture Gallery 16–17.
203 Naqvi, S. A. A.: Sultān Ghāri, Delhi. Ancient India 3, 1947.
204 Nazim, M.: Bijapur inscriptions. Delhi 1936.
205 Oelmann, F.: Hilani und Liwanhaus. Bonner Jahrbücher 127, 1922.
206 Otto-Dorn, K.: Die Kunst des Islam. Baden-Baden 1964.
207 Page, J. A.: An historical memoir on the Qutb. Calcutta 1926.
208 Palmyra. Ergebnisse der Expeditionen von 1902–1917. Hrsg. von Th. Wiegand. (Darin Kap. IX: Die Nekropolen, v. C. Watzinger u. K. Wulzinger; Kap. X: Zur Geschichte des Grabturms, v. C. Watzinger.) Berlin 1932.
209 Panigrahi, K. C.: Archaeological remains at Bhubaneswar. Calcutta usw. 1961.
210 Pape, U.: Die Organisation der Kreuzgewölbe. Braunschweig 1961.
211 Paranavitana, S.: The stūpa in Ceylon. Colombo 1946.
212 Parmentier, H.: L'art architectural hindou dans l'Inde et en Extrême-Orient. Paris 1948.
213 Parmentier, H.: La construction dans l'architecture Khmère classique. Bulletin de l'École d'Extrême-Orient 35, 1935.
214 Perrot, G. u. Ch. Chipiez: Histoire de l'art dans l'antiquité. Paris II: Chaldée et Assyrie. 1884. V: Perse. Phryge, Lyde et Carie. Lycie. 1890.
215 Pope, A. U.: Iranian and Armenian contributions to the beginnings of Gothic architecture. The Armenian Quarterly 1, 1946.

216 Pope, A. U.: Possible Iranian contributions to the beginnings of Gothic architecture. In: Beiträge zur Kunstgeschichte Asiens. In memoriam Ernst Diez. Hrsg. v. O. Aslanapa. Istanbul 1963.
217 Pope, A. U.: Scientific method and cultural studies. In: Aus der Welt des Islam. Festschrift für Ernst Kühnel zum 75. Geburtstag am 26.10.1957. Berlin 1959.
218 Pope, A. U.: Some interrelations between Persian and Indian architecture. Journal of the Indian Society of Oriental Art N.S. 9, 1935.
219 Preservation of monuments. Monuments of national importance. Assam. Indian Archaeology, a Review, 1957–58.
220 Probst-Biraben, J.-H.: Symbolisme des arts plastiques de l'Occident et du Proche-Orient. Études Traditionelles 40, 1935.
221 Pugachenkova, G. A.: 'Ishrat-khāneh and Ak-Saray, two Timurid mausoleums in Samarkand. Ars Orientalis 5, 1963.
222 Pugačenkova, G. A.: Puti razvitija architektury južnogo Turkmenistana pory rabovladenija i feodalizma. Moskva 1958. = Trudy južno-turkmenistanskoj archeologičeskoj kompleksnoj ekspedicii 6.
223 Rahim, M. A.: History of the Afghans in India A.D. 1545–1631. Karachi 1961.
224 Rāmacandra Kaulācāra: Śilpa Prakāśa. Transl. by A. Boner and S. R. Śarmā. Leiden 1966.
225 Ramachandran, T. N.: Preservation of monuments. Ancient India 9, 1953.
226 Rambach, P., u. V. de Golish: Indische Tempel und Götterbilder. Neun Jahrhunderte verkannter indischer Kunst. V.–XIII. Jahrhundert. (Aus. d. Franz.) Biberach um 1954.
227 Rave, W.: Das Domikalgewölbe. Deutsche Kunst und Denkmalpflege 1955.
228 Rave, W.: Trompe und Zwickel. In: Festschrift für Hans Jantzen. Berlin 1951.
229 Raverty, H. G.: Thesaurus of English and Hindūstānī technical terms used in building and other useful arts. Hertford 1859.
230 Ray, A.: Villages, towns and secular buildings in ancient India c. 150 B.C. – c. 350 A.D. Calcutta 1964.
231 Raz, R.: Essay on the architecture of the Hindus. (Darin: Vorw. v. Captain Harkness u. Briefw. d. Verf. mit R. Clarke 1827/28). London 1834.
232 Réau, L.: Dictionnaire polyglotte des termes d'art et d'archéologie. Paris 1953.
233 Reuther, H.: Der Gewölbebau des Islam in Agypten. In: D. Brandenburg, Islamische Baukunst in Agypten, Berlin 1966.
234 Reuther, H.: Die Wölbformen im mainfränkischen Sakralbau von 1660 bis um 1720. Zeitschrift für Kunstgeschichte 18, 1955.
235 Reuther, O.: Indische Paläste und Wohnhäuser. Mit Beitr. von C. Preusser u. F. Wetzel. Berlin 1925.
236 Reuther, O.: Das Wohnhaus in Bagdad und anderen Städten des Irak. Berlin 1910. (Dresdener TH Diss. = Beiträge zur Bauwissenschaft 16.)
237 Rice, D. T.: Iranian influences in the Caucasus. Proceedings of the Iran Society 2, 1938.
238 Rice, T. T.: Ancient arts of Central Asia. London 1965.
239 Rohlfs, G.: Primitive Kuppelbauten in Europa. München 1957.
240 Rosintal, J.: L'origine des stalactites de l'architecture orientale. Paris 1938.
241 Rosintal, J.: Pendentifs, trompes et stalactites dans l'architecture orientale. Paris 1928.
242 Rosintal, J.: Le réseau, forme intermédiaire perse inconnue jusqu'à présent. Paris 1937.
243 Rowland, B.: The art and architecture of India. Buddhist. Hindu. Jain. Harmondsworth 1956. = The Pelican History of Art.
244 Rumpler, M.: La coupole dans l'architecture byzantine et musulmane. Strasbourg 1956.
245 Sahni, D. R.: Pre-Muhammadan monuments of Kashmir. Annual Report of the Archaeological Survey of India 1915/16.
246 Saraswati, S. K.: Glimpses of Mughal architecture. Introd. with hist. analysis by J. Sarkar. Ed. by A. Goswamy. Calcutta 1953.
247 Schaeder, H. H.: Der Mensch in Orient und Okzident. Grundzüge einer eurasischen Geschichte. Hrsg. v. G. Schaeder unter Mitarb. v. K. H. Hansen u. einer Einl. v. E. Schulin. München 1960.
248 Schippmann, K.: Die iranischen Feuerheiligtümer. Berlin 1971.
249 Schroeder, E.: Scientific description of art. (Zu: Wilber, Architecture of Islamic Iran.) Journal of Near Eastern Studies 15, 1956.
250 Seckel, D.: Die buddhistische Kunst Ostasiens. Stuttgart 1957.
251 Sedlmayr, H.: Architektur als abbildende Kunst. In: Epochen und Werke. Wien usw. 1960.
252 Sedlmayr, H.: Die Entstehung der Kathedrale. Zürich 1950.
253 Sedlmayr, H.: Das erste mittelalterliche Architektursystem. Kunstwissenschaftliche Forschungen 2, 1933.
254 Shih, H.-y.: I-nan and related tombs. Artibus Asiae 22, 1959.
255 Shukla, D. N.: Vāstu-Sāstra. 1: Hindu science of architecture. (With espec. reference to Bhoja's Samarañgana-

Sūtradhāra.) Engineering, town-planning, civil architecture, palace architecture, temple architecture and an anthology of Vāstu-lakṣaṇas. Chandigarh 1960.

256 Siraju'l-Islam, M.: The Lodi phase of Indo-Islamic architecture. Berlin 1960. (FU-Diss.)

257 Smith, E. B.: Architectural symbolism of Imperial Rome and the middle ages. Princeton, N.J. 1956. Bes. § VIII: The conclusions and their Islamic implication.

258 Smith, E. B.: The dome. A study in the history of ideas. Princeton, N.J. 1950.

259 Smith, E. W.: Akbar's tomb, Sikandarah, near Agra. Allahabad 1909.

260 Smith, E. W.: The Moghul architecture of Fatehpur-Sikri, described and ill. 4 vols. Allahabad 1894–98.

261 Smith, M. B.: Material for a corpus of early Iranian Islamic-architecture. I: Masdjid-i Djum'a, Demāwend. II: Manar and Masdjid, Barsīān (Iṣfāhān). Ars Islamica 2, 1935, u. 4, 1937.

262 Snigula, W. F.: Indische Konstruktionen. Übungsarbeit am Lehrstuhl für Baugeschichte Prof. Heinrich, TU Berlin. Ms 1964.

263 Soeder, H.: Urformen der abendländischen Baukunst in Italien und dem Alpenraum. Köln 1964.

264 Sohrmann, J.: Die altindische Säule. Dresden 1906.

265 Sommer, K.: Die konstruktiven Grundlagen des Bogens in Dach und Giebel der alt-indischen Baukunst. Architectura 1, 1933.

266 Sompurā, P. O.: Dīpārnava. Prabhas Pattan 1960.

267 Soper, A. C.: The dome of heaven in Asia. The Art Bulletin 29, 1947.

268 Soper, A. C.: Northern Liang and Northern Wei in Kansu. Artibus Asiae 21, 1958.

269 Speiser, W.: Baukunst des Ostens. Von der Zeitenwende bis zum 19. Jahrhundert. Essen 1964.

270 Speiser, W.: Vorderasiatische Kunst. Berlin 1952.

271 Spies, O.: Orientalische Kultureinflüsse im Abendland. Braunschweig 1949.

272 Srinivasan, P. R.: Types of South Indian vimānas. Artibus Asiae 21, 1958.

273 Stein, M. A.: An archaeological tour in upper Swat and adjacent hill tracts. Calcutta 1930.

274 Stein, M. A.: Serindia. Detailed report on exploration in Central Asia and Westernmost China. 5 vols. Oxford 1921.

275 Stein, M. A.: Takht-i-Bahi. Annual Report of the Archaeological Survey of India, Frontier Circle, 1911–12.

276 Stein, R. A.: Architecture et pensée religieuse en Extrême-Orient. Arts asiatiques 4, 1957.

277 Straub, H.: Die Geschichte der Bauingenieurkunst. Ein Überblick von d. Antike bis in die Neuzeit. Basel 1949.

278 Strzygowski, J.: Die persische Trompenkuppel. Zeitschrift für die Geschichte der Architektur 3, 1909/10.

279 A survey of Persian art from prehistoric times to the present. Ed.: A. U. Pope, Ph. Ackerman. London usw.
I. 1938. Parthian architecture. A) O. Reuther, History. – Sāsānian architecture. A) O. Reuther, History. – Ph. Ackerman, Some problems of early iconography.
II. 1939. The architecture of the Islamic period. B) E. Diez, The principles and types. C) E. Schroeder, Standing monuments of the first period. F) E. Schroeder, The Seljūq period. H) A. U. Pope, The 14th century. K) Tīmūrid architecture. a) R. Byron, General trends. b) A. U. Pope u. Ph. Ackerman, Typical monuments. N) J. Rosintal u. E. Schroeder, Squinches, pendentifs and stalactites.
IV. 1938. Plates.

280 Tabakāt-i-Nāsirī: A general history of the Muhammadan dynasties of Asia, including Hindustān, from A.H. 194 (810 A.D.) to A.H. 658 (1260 A.D.) and the irruption of the infidel Mughals into Islām by the Maulānā, Minhāj-ud-Din, Abu-'Umar-i-Usmān. Transl. from the orig. Persian ms. by H. G. Raverty. London 1881. = Bibliotheca indica. Asiat. Soc. of Bengal 78. Index: Calcutta 1897.

281 Terechova, N. N.: Pogrebal'nye konstrukcii epochi Chan' v Kitae. Sovetskaja Archeologija 1959, No 3.

282 Thunnissen, H. J. W.: Gewelven. Hun constructie en toepassing in de historische en hedendaagse bouwkunst. Amsterdam 1950.

283 Tolstov, A. P.: Auf den Spuren der altchoresmischen Kultur. Übertr. v. O. Mehlitz. Berlin 1953.

284 Tolstov, S. P.: Les Scythes de l'Aral et le Khorezm. Iranica Antiqua 1, 1961.

285 Tucci, G.: The theory and practice of the Maṇḍala. With spec. ref. to the modern psychology of the subconscious. Transl. fr. It. by A. H. Boodrick. London 1961.

286 Vats, M. S.: Repairs at Agra and Fatehpur Sīkrī: 1944–49. Ancient India 6, 1950.

287 Vats, M. S.: Repairs to the Tāj Mahal. Ancient India 1, 1946.

288 Viollet-le-Duc, E. E.: Dictionnaire raisonné de l'architecture française du XIe au XVIe siècle. Paris IV 1868.

289 Vogué, E. M. de & W. H. Waddington: Syrie centrale. Architecture civile et religieuse du 1–7 siècle. 2 vols. Paris 1865–77.

290 Volwahsen, A.: Indien. Bauten der Hindus, Buddhisten und Jains. München 1968.

291 Volwahsen, A.: Islamisches Indien. München 1969.

292 Waetzoldt, W.: Deutsche Kunsthistoriker. Leipzig I 1921; II 1924.

293 Waldschmidt, E.: Wundertätige Mönche in der ostturkistanischen Hīnayāna-Kunst. Ostasiatische Zeitschrift 16, 1930.
294 Ward-Perkins, J. B.: The Italian element in late Roman and early medieval architecture. London 1947. = Annual Italian Lectures of the British Academy. Proceedings Brit. Acad. 33.
295 Ward-Perkins, J. B.: The shrine of St. Menas in the Maryût. Papers of the British School at Rome 17 (N.S. 4), 1949.
296 Ware, D. and B. Beatty: A short dictionary of architecture including some common building terms. London 2. ed. 1953.
297 Wasmuths Lexikon der Baukunst. Berlin I 1929; II 1930; III 1931; IV 1932; V 1937.
„Indien" und einzelne Stätten der indischen und indo-islamischen Kunst: O. Reuther;
„Koreanische Baukunst": O. Kümmel;
„Ecktrichter", „Kuppel" usw.: L. Adler;
„Armenien", „Feuertempel", auch „Ecktrichter": J. Strzygowski;
„Kreuzkuppelkirche": W. Zaloziecky;
Weitere anonyme Beiträge zu technischen Einzelfragen.
298 Watson, W.: Archaeology in China. London 1960.
299 Wetzel, F.: Islamische Grabbauten in Indien aus der Zeit der Soldatenkaiser 1320–1540. Mit einer Kartenskizze von Alt-Delhi und 350 Abb. auf 83 Taf. u. im Text. Leipzig 1919.
300 Wheeler, M.: Five thousand years of Pakistan. An archaeological outline. London 1950.
301 Wheeler, M.: Iran and India in pre-Islamic times. With an appendix by S. Piggott. Ancient India 4, 1947/48.
302 Widengren, G.: Aspetti simbolici dei templi e luoghi di culto del vicino Oriente antico. Numen 7, 1960.
303 Wilber, D. N.: The architecture of Islamic Iran. The Il Khanid period. Princeton, N.J. 1955.
304 Woolley, C. L.: Ur excavations. II: The royal cemetery. A report on the predynastic and Sargonid graves excavated 1926 and 1931. 2 vols. London 1934.
305 Wu, N. I. (Wu No-sun): Architektur der Chinesen und Inder. Stadt der Menschen, der Berg Gottes und das Reich der Unsterblichen. In deutschsprach. Fassg. von H. Kuntze. Ravensburg 1963.
306 Yazdani, G.: Bidar. Its history and monuments. London 1947.
307 Yazdani, G.: Fine arts. London usw. 1952. = History of the Deccan I 8.
308 Yazdani, G.: Survey of important monuments of Mandu. Marg 12, 1959, Nr. 3.
309 Zannas, E.: Khajuraho. With a hist. introd. by J. Auboyer. 's-Gravenhage 1960.
310 Zestovki, P.: Esquisses architecturales de l'Afghanistan. Vallée de Bâmiyan. Afghanistan 3, 1948, Nr 2.

REGISTER

KUNSTLANDSCHAFTEN UND -ORTE

„*(Bild x 1)*“ usw. = Bildnachweise der Übersichtsliste nach Landschaften

ABU Vimala Vasahīs Tempel (Bild 161) 7, 48, 50, 66, 68, 134, 135, 148, 155
ADŽINA TEPE 72
AFGHANISTAN 1, 12, 42, 45, 51, 91, 110–112, 117, 138, 153
AFZALPUR Afżal Ḫāns Grab (Bild 311) 80, 82, 116, 141, 142, 149
AGRA
— Burg
— Anguri Bāġ mit Beṅgali Maḥall (Bild 237) 19, 21, 61, 63, 76, 79, 139, 140
— Ǧahāngīri Maḥall (Bild 43) 8, 63, 64
— Ḫāṣṣ Maḥall (Bild 239 240) 32–35, 139, 146
— Perl-Moschee (Bild 238) 8, 9, 16, 19, 85, 96, 111, 139, 146, 148
— Grab des I'timād ud-Daula (Bild 99 Nr. 7, 232) 80, 82, 123, 124, 141
— 'Īdgāh (Bild 12 33, 70
— Tāǧ Maḥall (Bild 96, 99 Nr. 3, 241) 11, 18, 20, 21, 95, 97, 102, 103, 117, 120, 124, 139, 142, 154
ÄGYPTEN
— Altägyptische Kunst 1, 111
— Frühchristliche Kunst 2, 91, 109, 111
— Islamische Kunst 12, 103, 117
AHMEDABAD
— Freitagsmoschee (Bild 9, 188) 8, 9, 20, 25, 30, 47, 48, 131, 137
— Grab des Darya Ḫān (Bild 77, 189) 8, 9, 12, 87, 97, 112–114, 136, 137, 148
— Moschee des Aḥmad Šāh (Bild 190) 8, 12, 24, 27, 48, 136
— Moschee des Siddi Sayyid (Bild 78, 187) 51, 65, 68, 93, 97, 98, 114, 137
— Rauża (= Grab) der Rānī Sipārī (Bild 29) 1, 48, 50, 53, 136
AIHOLE
— Jaina-Tempel (Bild 132) 6, 12, 24, 25, 27, 29, 123, 131, 134
— Lāḍh Khan (Bild 41) 60
— Tempel Nr. 9 26, 60
AJANTA 60
AJMER (Bild 172) 4, 45, 48, 50, 66, 68, 136
ALAMPUR (Bild 148) 7, 18, 27, 30, 31
ALAYARKOVIL 82
AMARAVATI 81
AMBER (Bild 258, 259) 18, 63, 68, 140, 146, 155
ANAK 43
ARCOT (Bild 322, 323) 119, 142
ARMENIEN 1, 2, 42, 59, 60, 153
ASSAM 79
AURANGABAD
— Grab der Rābi'a Daurānī (Bild 98) 21, 117, 122, 142
— Grab eines Unbekannten (Bild 321) 19, 76, 79, 142
AVADAYARKOVIL (Bild 284) 27, 29, 68

BAALBEK 121
BADAMI (Bild 5) 25, 26
BAGDAD 12
BAKTRIEN *(Bild x 1)* 103, 111, 133
BALAGAMVE (Bild 143) 7, 10, 24, 25, 134, 135, 148, 150, 151, 155
BALANDI 55
BALO (Bild 14, 15) 35, 36, 60, 90, 133, 154
BAMIYAN 42, 43, 65, 91, 112, 121
BANGLA DESH 4 (s. auch Karte der Kunststätten)
BANSBERIA (Bild 56, 113, 260–263) 60, 61, 76, 78, 79, 84, 110, 115, 138, 140, 146–148, 151, 152, 154, 155
BÄZÄKLIK (Bild 125) 2, 7, 15, 72, 73, 89, 90, 97, 125, 133, 138
BELEVI 43
BELUR (Bild 138) 27, 66
BENARES (Bild 199) 113, 137
BENGALEN (Frühislamische Bauten *Bild x 13*, nachmittelalterliche hinduistische Backsteinbauten *Bild x 20*, spätislamische Bauten *Bild x 23)* 6, 8, 19, 34, 38, 40, 60, 61, 76, 78–81, 83, 119, 138, 140, 142, 146, 152, 155
BETLADA (Bild 344) 7, 23, 34, 142
BHARHUT 106
BHATKAL (Bild 289–91) 6, 7, 10, 40, 42–44, 57, 61, 139, 140, 148, 150
BHITARGAON (Bild 52) 71, 73, 74, 134

BHUVANESHVAR
— Brahmeśvara (Bild 16) 8, 10, 20, 22, 35–37, 40, 127, 135
— Paraśurāmeśvara (Bild 153) 56
— Vaital Deul 75
BIDAR 16, 69, 95
— Grab des Sulṭān Aḥmad Šāh al-Wāli Bahmanī (Bild 72) 92, 113
— Grab des Sulṭān Humāyūn Bahmanī (Bild 210) 15, 84, 87, 110, 113
— Grab des Sulṭān Kalīmullāh Bahmanī (Bild 38, 39) 58
— Madrasa des Maḥmūd Gāwān (Bild 211) 12, 72, 74, 138
— Grab des ʿAlī Barīd (Bild 212) 115, 138
BIJAPUR (*Bild x 22*) 3, 11, 13, 16, 17, 70, 82, 95, 141, 142
— Aṇḍa masǧid (Bild 88) 90, 104, 115, 118, 122, 142, 154
— Freitagsmoschee (Bild 297) 11, 87, 94, 99, 115, 142
— Gol Gumbaz (Bild 99 Nr. 2, 304) 17, 18, 71, 90, 94, 98, 115, 124, 141
— Grab des Ḥaǧǧī Ḥasan (Bild 300, 301) 115, 142, 154
— Grab eines Unbekannten, sogen. „Ruine 40“ (Bild 120, 309, 310) 88, 94, 116, 141, 142, 154
— Grab und Moschee des Šāh Nawāz Ḫān (Bild 305, 306) 86, 88, 113, 114, 116, 142, 156
— (Ruine beim) Grab des Hażrat Šaiḫ Ḥamīd Qādirī (Bild 89) 20–22, 105, 118, 142
— Ibrāhīm Rauża (Bild 84, 117, 298, 299) 3, 8, 13, 18, 20–22, 31, 32, 69, 70, 89, 102, 115, 118, 141, 151, 154
— Jod Gumbaz (Bild 92, 121, 308) 1, 2, 9, 12, 20, 22, 89, 94, 103, 108, 116, 118, 141, 142, 154, 156
— Mihtar Maḥall (Bild 11) 8, 13, 18, 32, 68, 82, 115, 141, 152
— Moschee des Hażrat Sayyid ʿAlī Šahīd Pīr (Bild 91, 307) 74, 89, 107, 118, 142, 154, 156
— Moschee und Grab des Bātula Ḫān (Bild 90) 81, 106, 115, 116, 118, 142
— Moschee des Iḫlāṣ Ḫān (Bild 81) 87, 100, 115, 117, 141
— „Moschee 231“ (Bild 82, 83) 101, 115
— Nau Gumbaz (Bild 302, 303) 6, 9, 61, 90, 93, 115, 122, 151, 152, 155
BILOT (Bild 62, 128–130) 2, 4, 39, 56, 73, 85, 86, 109, 110, 128, 134, 138, 144, 145, 149, 153–155
BOROBODUR 153
BRINDABAN
— Govind Deo (Bild 45, 250–252) 10, 18, 19, 27, 63–65, 100, 115, 116, 139, 140, 146, 155
— Jugal Kishore (Bild 255) 140
BROACH (Bild 186) 8, 48, 50, 65, 68, 136, 137
BURDWAN
— Jor Baṅgla (Bild 265) 6, 21, 22, 76, 78
— Plantage Kanchannagore (Bild 268) 9, 21, 80, 122
BURMA s. Hinterindien

CAMBAY (Bild 184, 185) 8, 12, 27, 43, 48, 50, 136, 146
CAPE COMORIN (Bild 285) 27, 56, 140
CHAMPANIR (Bild 42, 192) 8, 9, 12, 20, 30, 48, 61–63
CHANDERI
— Kušk Maḥall (Bild 195) 6, 29, 56
— Šāhzadi ka Rauża (Bild 196) 84, 87, 113, 137, 150
CHANDRAGIRI (Bild 102) 14, 70, 71, 127, 132, 141, 154
CHARKOTLAI (Bild 31, 32) 2, 52, 55, 56, 133
CHAUKHANDI (Bild 191) 12, 48, 50, 136, 137
CHEZARLA 39
CHHOTA PANDUAH (Bild 214) 87, 114, 138
CHIDAMBARAM
— Ost-gopura der Çola-Zeit (Bild 136, 137) 40, 123, 128, 131, 134
— Gopura-Neubau der Nāyyak-Zeit (Bild 292 links) 8, 14, 128
— Sahasra-stambha-maṇḍapa (Bild 292 rechts, 293) 1, 12, 18, 19, 21, 22, 27, 80–82, 84, 140, 141, 147, 150, 155
— Neueres maṇḍapa (Bild 347) 27, 72, 74, 75, 143
CHINA s. Ostasien
CHITORGARH (Bild 243) 19, 69–71, 82, 149
CHORASAN 72, 111
CHOTSCHO
— Stūpa A (Bild 85–87) 2, 6, 9, 15, 22, 89, 94, 101, 103, 116–118, 133, 142, 153–155
— Stūpa z (Bild 93) 2, 6, 101, 116–118, 133, 138, 139, 153, 154
— Stūpa O (Bild 67) 2, 6, 12, 88, 90, 112, 137, 148, 153, 155, 156
— Kloster (Bild 66) 15, 86, 87, 91, 98, 112, 133
— Stadtmauer (Bild 51) 6, 71–73, 133 (vgl. ähnliche Position von Gewölben an einer Stadtmauer im islamischen Sistan nach *Lit. 92: Bild 244, 245*)
CONJEEVERAM (Bild 8, 135) 2, 6, 7, 10, 25, 26, 29, 123, 131, 134, 155

DACCA (Bild 18, 19) 4, 35, 36, 39, 40, 141, 142, 152
DAMASKUS 117
DAULATABAD 13, 136
— Ruine der Tuġluq-Zeit (Bild 180) 19, 82, 136, 141, 147
— Ruine der Niẓam-Šāhī-Zeit (Bild 320) 6, 36, 38, 40, 56, 60, 142
DEKKHAN (Bauten der späteren Cāḷukya-Zeit *Bild x 5*, frühislamische Bauten *Bild x 12*, spätere islamische Bauten *Bild x 23*) 11–14, 16, 29, 62, 66, 75, 81, 116, 134, 137, 142, 150
DELBERJIN TEPE 111
DELHI 11, 13, 42, 136
— Spolien mittelalterlicher Tempel (Bild 168, 169) 12, 13, 27, 29, 47, 48, 50, 136
— Wohnbauten
— ʿAlā ud-dīn, madrasa (Bild 171) 24, 90, 109, 110, 136, 138
— — Torbau (Bild 177) 114, 137 (vgl. ähnliche Hufeisenbogentrompen aus Lehmziegel in Afghanisch-Sistan nach *Lit. 92: Bild 181, 230, 238 u. Anm. 805–807*)
— Bara Khumba (Bild 40) 59, 82, 151, 152
— Chausath Khumba (Bild 233) 4, 115, 139

— Firuzabad (Bild 57, 58, 182, 183) 70, 80–83, 136, 137
— Hauż-i ḫāṣṣ, Erster Stützenpavillon (Bild 27, 28) 48, 51
— — Zweiter Stützenpavillon (Bild 48, 49) 6, 67
— Moscheen
— Freitagsmoschee (Bild 95, 235, 236) 2, 18, 20, 21, 89, 90, 102, 115, 118, 119, 139
— Ğamā ʿat Ḫāna (Bild 175, 176) 18, 19, 85, 110, 112, 136–138, 145, 150, 156
— Ḫān-i Ğahān (Bild 179, 181) 2, 16, 19, 70, 111, 136, 141, 146, 148
— Purāna Qalʿa (Bild 220, 221) 12, 19, 86, 90, 110, 113, 138, 150
— Gräber
— Balban (Bild 170) 12, 16, 19, 112, 136, 137 (vgl. ähnliche viertelkugelartige Trompen in Lehmziegeln im islamischen Sistan nach *Lit. 92: Bild 225*)
— Ġiyāṯ ud-dīn Tuġluq Šāh I. (Bild 68, 69) 21, 86, 88, 98, 112
— Humāyūn (Bild 94, 218) 20, 21, 84, 103, 108, 115, 117, 118, 138, 142
— Īltutmiš (Bild 167, 168) 4, 48, 63, 68, 112, 136,
— ʿIsā Ḫān 82
— Safdar Jung (Bild 105, 329, 330) 2, 82, 102, 115, 117, 118, 123, 128, 130, 142, 143, 150
— Šihāb ud-dīn Tāğ Ḫān (Bild 73, 74) 20, 92–94, 113
DIG (Bild 13, 331–333) 34, 35, 79, 132

ELEPHANTA 81
ERNAKULAM-MATTANCHERI (Bild 349) 6, 57
ETRURIEN 109
EURASIEN 1, 56, 57, 104, 120

FATEHPUR SIKRI 8, 61, 63, 64
— Badšāhī Darwāza 62, 63
— Buland Darwāza (Bild 225) 18, 61, 63, 139, 140
— Dīwān-i ḫāṣṣ (Bild 99 Nr. 4, 227) 63, 123, 124
— Freitagsmoschee (Bild 65, 226) 6, 8, 9, 16, 21, 22, 62, 85, 87, 110, 13, 139
— Jod Bhais Palast, Wächterhaus (Bild 112, 222, 223) 1, 61, 63, 139, 146
— Pañc Maḥall (Bild 99 Nr. 5) 8, 123, 124, 131, 132, 139
— Rāja Birbals Haus (Bild 44, 99 Nr. 6, 224) 24, 25, 63, 64, 117, 124, 139, 147, 148
FERIA BAGH (Bild 103, 104) 128, 129, 152
FIROZABAD / BHIMA
— Darbārhalle (Bild 207) 29, 137
— Sogen. „Türkisches Bad“ oder „Küche“ (Bild 208, 209) 75, 110, 114, 138

GADAG (Bild 46, 47) 65, 67, 68, 134
GANDHARA (*Bild x 1*) 2, 6, 9, 12, 18, 43, 53, 60, 61, 73, 75, 103, 106, 108, 109, 121, 131, 133, 143–145, 148, 151, 153 (vgl. auch „Bauherren, Baumeister, Bauschulen“ s.v. ANTIKE)
GAUR (Perspektive Bild 55 im Gewölbeschema der Mittelachse abweichend vom Grundriß Bild 54) 77, 78, 138
GIRNAR (Bild 23, 162, 163) 1, 11, 46, 47, 132, 144
GOA 143
GOBARDHAN (Bild 253, 254) 27, 107
GOL-I SAFED 5
GOLKONDA 81
— Festung, underirdisches Magazin (Bild 116, 312) 2, 69, 141, 142
— Grab der Hayāt Bakšī Begum (Bild 318, 319) 1, 117, 123, 141
— Grab des Muḥammad Qulī Quṭb Šāh (Bild 316, 317) 1, 113, 116, 119, 141, 142
GOP (Bild 164) 40
GRIECHENLAND s. „Bauherren, Baumeister, Bauschulen“ s.v. ANTIKE
GUJARAT (Mittelalterlicher Tempelbau *Bild x 7*, Frühislamische Kunst *Bild x 9*) 11, 24, 25, 31, 38, 46, 48, 65, 131, 135, 137, 149
GULBARGA (Bild 70, 71, 206) 11, 21, 89, 113, 122, 138
GUNIYAR (Bild 33, 34) 6, 8, 18, 52, 55, 56, 121, 133, 140, 153, 155
GWALIOR, Palast 10, 31, 61
— Satteldach (Bild 37) 27, 56, 58
— Kreuzgewölbe (Bild 244) 19, 83, 140, 150
GYARASPUR
— Viṣṇu-Tempel (Bild 155) 24, 25
— Maladevi-Mandir (Bild 156) 24, 134

HADDA 153
HAIBAK 121
HALEBID
— Hoysaleśvara-Tempel (Bild 139) 66, 135
— Jaina-Tempel (Bild 140) 66, 134, 135
HALIKARNASS 43
HARAHALLI (Bild 144) 7, 24, 25, 135, 147, 151, 155
HAURAN 28
HAZRAT PANDUAH (Bild 215) 74, 84, 90, 110, 111, 138
HERAT 14, 93, 102
HINDUKUSCH 73, 133
HINTERINDIEN 38
HOSPET 128
HUMCHA (Bild 141) 1, 7, 10, 18, 27, 30, 31, 135
HYDERABAD/Dekkhan (heute Andhra Pradesh) 81
— Čār Minār (Bild 313) 19, 70, 142
— Mekka-Moschee (Bild 314, 315) 82, 116, 141
HYDERABAD/Sindh (Bild 334, 335) 82, 113, 115

ILIKÖL (Bild 126) 2, 82, 90, 91, 110, 133, 136, 147, 148, 155
INAN 43
INDIEN
— Tempel, stūpas, Klöster s. „Bauherren, Baumeister, Bauschulen“ s.v. BUDDHISMUS, HINDUISMUS, JINISMUS und „Handwerk und Kunst“ s.v. DRAVIDA, NAGARA, VESARA und s.v. STŪPA, TEMPEL

— Moscheen, Gräber s. „Bauherren, Baumeister, Bauschulen" s.v. ISLAMISCHE BAUKUNST INDIENS und „Handwerk und Kunst" s.v. GRAB, MOSCHEE
INDUSTAL 151
IRAK 81
IRAN 2, 8, 11, 12, 16, 19, 21, 28, 52, 59, 68, 72, 73, 79, 81, 90, 91, 98, 103–107, 109, 111, 112, 114, 115, 117, 118, 121, 123, 136–139, 140, 146, 148–151, 154, 156
ISTANBUL Hagia Sophia s. „Bauherren, Baumeister, Bauschulen" s.v. BYZANTINISCHE KUNST
ITALIENISCHE LANDBAUWEISE MIT RINGSCHICHTENKUPPELN 47

JAGESHVAR 40
JAJPUR (Bild 352) 40, 142
JAMMU (Bild 336, 337) 1, 4, 6, 12, 21, 90, 114, 119, 143–145, 150, 154–156
JAUNPUR
— Freitagsmoschee (Bild 53, 197) 24, 43, 71, 73, 75, 136, 137
— Lal-Darwāza-Moschee (Bild 198) 10, 12, 42, 137, 146

KABUL 12
KALNA (Bild 264) 21, 79–81, 83, 140, 151, 152, 155
KANDAHAR 11
KASHMIR *(Bild x 2)* 2, 18, 20, 28, 31, 53, 54, 56, 60, 61, 73, 75, 109, 131, 134, 143, 145, 147, 153, 155
KASHMIR-SMAST 56
KERTSCH 109
KHAJURAHO 43, 48, 132
— Caturbhuja (Bild 157) 68, 135, 148
— Dūlādeo (Bild 158) 40, 43, 135
— Kandarīya Mahādeva (Bild 22, 159) 13, 45, 47, 126, 128, 131, 135, 148, 155
KHUZARA 151
KLEINASIEN 12, 41, 43, 55, 106, 110
KOH-I KHWAJA 111
KONARAK (Bild 154) 16, 24, 27, 40, 135
KONNAGAR (Bild 266) 19, 85, 97, 111, 140, 146–148
KOREA 41, 43
KTESIPHON Ṭāq-i Kisrā 15, 73
KULPAK (Bild 149) 6, 27, 131
KURNOOL (Bild 115, 324–326) 17, 21, 69, 70, 74, 116, 118, 142,
KURTKALE 43

LAHORE
— Moschee der Mariam Zamānī (Bild 234) 4, 114, 139
— Moschee des Wāzīr Ḫān (Bild 97) 95, 117, 121, 139
LARWAND (Bild 173, 174) 4, 12, 51, 63, 68, 136 (vgl. zu dieser kürzlich entdeckten Ruine: *Klimburg*, *Du*, *Juni 1960; Fischer*, *Zentralasiatische Studien 3*, *1969*; *Scarcia*, *East and West 23*, *1973*)
LATTAKIEH 110
LUCKNOW
— Grab des Ġazi ud-dīn Haidar (Bild 339, 340) 21, 86, 112, 143, 145, 148, 153, 155, 156
— Imāmbāṛa (Bild 50, 338) 2, 71, 116

MADURA
— Mīnākṣī-Tempel (Bild 17) 8, 11, 14, 36, 39, 40, 123, 126, 127, 131
— Palast des Tirumala Nāyyak (Bild 286) 81, 82, 84, 140, 141, 150
MAHABALIPURAM 81
MAHENDRAGIRI 40
MAHOBA 48
MAIBANG 78
MAJIRA MANDIRA (Bild 353) 82, 84, 143
MALOT (Bild 119, 131) 56, 84, 85, 90, 109, 110, 134
MALUTI (Bild 267, 269) 35, 36, 40, 61, 87, 95, 115, 119, 136, 138–140, 142, 149, 154, 155
MALWA *(Bild x 11)* 29, 137
MANDOR (Bild 341) 48
MANDSCHURISCHE BAUTEN 68
MANDU
— Residenz der islamischen Herrscher von Malwa *(Bild x 11)*
— Ǧahāz Maḥall (Bild 204) 18, 61, 114, 137
— Grab des Hōšang Šāh (Bild 202) 11, 113
— Hindolā Maḥall (Bild 107, 203) 1, 25, 28, 29, 137
— Moschee des Dilāwar Ḫān (Bild 200) 12, 24, 27, 40, 43, 137
— Moschee des Malik Muġīṯ (Bild 201) 114, 137
— Palast der Rupmatī (Bild 205) 19, 80, 82, 137
— Baukunst der Akbar-Zeit (Bild 229) 114, 139
MATHURA 81
MESOPOTAMIEN s. „Bauherren, Baumeister, Bauschulen" s.v. ALTVORDERORIENTALISCHE BAUKUNST
MIRAN 54, 56
MITTELINDISCHE MITTELALTERLICHE TEMPELBAUKUNST s. *Bild x 7*
MITTELMEERLÄNDER s. „Bauherren, Baumeister, Bauschulen" s.v. ANTIKE
MOHENJO DARO 38, 128
MUDABIDRI (Bild 287) 6, 57
MUKHALINGAM
— Mukhalingeśvara 75
— Someśvara (Bild 106, 152) 7, 8, 11, 12, 20, 35, 40, 128, 131, 134, 135
MULKI-BAPPANADA (Bild 288) 7, 9, 40, 42–44, 140, 146, 148, 149
MULTAN (Bild 178) 84, 107, 108, 136
MURSHIDABAD 34
MYLASA 43
MYSORE Cāḷukaya-Tempel *(Bild x 5)* 134

NAGANATHA (Bild 134) 1, 155
NARASAMANGALAM (Bild 142) 7, 24, 25, 27, 30, 135, 151
NARVE (Bild 328) 73, 143
NEPAL 61
NIMRUZ s. SISTAN
NISA 15, 43, 44, 56, 74, 106
NORDINDIEN
— Mittelalterlicher Tempelbau = *Bild x 7*

— Nachmittelalterlicher Kult- und Palastbau = *Bild x 19*

ORISSA (Mittelalterlicher Tempelbau nach Lehrbüchern in Orīya und nachmittelalterliche Kultstätten in der Gouṛiya-Bauweise = *Bild x 6*) 11, 13, 38, 40, 79, 131, 135, 142
OSIA (Bild 166) 18, 63, 135, 140
OSTASIEN 1, 4, 43, 60, 65, 66, 117, 145, 149

PADMANABHAPURAM (Bild 348) 6, 27, 57, 61
PAHARPUR 4
PAKISTAN 1, 4 (Vorislamische Hindutempel = *Bild x2*; Bauten islamischer Zeit = s. Karte der Kunststätten)
PALMYRA 128, 131
PANDRETHAN (Bild 20) 20, 40, 41, 43, 44, 133, 134, 147, 149
PANIPAT (Bild 216, 217) 16, 18, 97, 113, 115, 138
PATADKAL, PATTADAKAL 5, 10, 27
PATAN (Bild 354 = Aufnahme während der Errichtung der Ringschichtendecke 1953) 11, 48
PATANCHERU (Bild 110, 150) 15, 40, 42, 43, 135, 146
PATNA, PĀṬALIPUTRA (Bild 342, 343) 21, 107
PAYAR (Bild 1–3, 127) 1, 8, 18, 23–25, 60, 121, 134, 148, 149, 153, 155
PEKING 68
PERALAM (Bild 350, 351) 25, 27, 40, 82, 83, 143
PERGAMON 42, 43
PORTUGIESISCHE KIRCHEN IN INDIEN 73, 143
PURI 40

QAZVIN 11
QUNDUZ (Bild 123) 2, 4, 86, 90, 91, 112, 133, 137, 155

RAJASTHAN 24, 135
RAJGIR (Bild 355) 2, 21, 143, 148, 150, 155
RANAKPUR, RANPUR (Bild 111, 245–249) 4, 6–10, 15, 20, 24, 27, 44, 45, 47, 48, 50, 123, 131, 139, 140, 147, 149, 150, 155 (Hierzu *Fischer, Lit. 87, 88* und „*aarp*“ = *Art and Archaeology Research Papers 4, 1973*)
RATANPUR (Bild 256, 257) 40, 56, 61, 140
RODA 66
ROM
— Römische Baukunst s. „Bauherren, Baumeister, Bauschulen“ s.v. ANTIKE
— Pantheon (Bild 99 Nr. 1) 9, 15, 56, 106

SAMALAJI 66
SAMARKAND 93, 101, 102, 117
SANCHI
— Bauten auf Reliefs des stūpa I 106
— Mittelalterliche Tempel (Bild 160) 15, 43, 44, 146–148
SANGHAO (Bild 35, 36) 1, 52, 56, 57, 90, 110, 133, 149
SARKHEJ 38
SASARAM
— Grab des Ḥasan Ḫān Sūr (Bild 75, 76) 6, 8, 21, 92, 95, 96, 117
— Grab des Šāh Sūr
— Hauptkuppelbau (Bild 219) 11, 108
— Wächterhaus (Bild 63, 64) 6, 86, 91, 110, 138
SASWAD (Bild 10) 27, 31
SENGYMA ‘UZ 75
SHAHPUR (Bild 213) 1, 69, 70
SHAR-I ZOHAK (Bild 118, 124) 1, 2, 4, 6, 84, 97, 106, 133
SHRINAGAR (Bild 59–61) 84, 85, 106, 121, 134, 155
SIKANDARAH, SIKANDRA (Bild 79, 80, 230, 231) 8, 19, 44, 45, 63, 94, 99, 114, 115, 139, 140, 149
SINDH (*Bild x 9*) 137
SISTAN (Sakastana, Nimruz, Land am Unterlauf und Delta des Hilmend in Afghanistan und Iran) 2, 5, 72, 82, 106, 111, 112, 114, 115, 120, 136
SOMNATH, SOMANĀTHA-PATTAN
— Pārśvanātha-Tempel (Bild 24, 165) 25, 27, 29, 47, 48, 51
— Sonnentempel (vgl. zuletzt *Taddei, East and West 23, 1973, 103 Anm. 40*)
— Ruine des Mittelalters (Bild 25, 26) 27, 47, 49, 50, 144, 150
— Entwurf einer Ringschichtendecke für den Wiederaufbau (1960, nach Lit. 266) durch den Baumeister P. O. Sompurā (Bild 30) 11, 48, 54, 142, 144
— Baumeister P. O. Sompurā bei einem Referat über den Neubau 1967 (Bild 345) 11, 48, 144
— Neubau ab 1954 (Bild 346) 2, 10, 48, 131, 142, 144
SOMNATHPUR (Bild 145–147) 7, 9, 17, 20, 22, 27, 65–68, 82, 135, 147, 149, 150, 151, 155
SUMER s. „Bauherren, Baumeister, Bauschulen“ s.v. ALTVORDERORIENTALISCHE BAUKUNST
SUNAK (Bild 6) 26, 27, 155
SYRIEN 28, 52
— Frühchristliche Bauten 109–111
— Islam, Kriegsgefangene 117

TAJIKISTAN 72
TAKHT-I BAHI (Bild 122) 2, 9, 24, 38, 39, 52, 56, 82, 108, 121, 133, 148
TANJORE
— Tempel (Bild 133) 4, 14, 25, 39, 90, 126, 128
— Palast (Bild 294–296) 42, 44, 71, 74, 128, 132
TATTA 20
— Dabgir-Moschee (Bild 228) 114, 139
— Freitagsmoschee (Bild 242) 113, 115, 139
— Grab des Ǧām Niẓām ud-dīn Samā (Bild 193) 84, 87, 113, 136, 137
TER
— Trivikrama (Bild 21) 39, 40, 43, 44, 56, 134
— Uttareśvara (Bild 151) 36, 40
THANA (Bild 327) 80, 82, 143
TIRUNALLA 82
TUN-HUANG 42, 43

TURAN 2, 12, 19, 94, 98, 109, 110, 112, 115, 117, 118, 138, 139, 151, 154
TURFAN 6, 9, 12, 13, 15, 42, 43, 53, 56, 90, 91, 101, 103, 105, 109, 112, 116, 121, 133, 147, 151, 154, 156
TÜRKEI s. KLEINASIEN

UCH (Bild 194) 108
UDAIPUR (Bild 100) 79, 106, 125, 152
UDAYAGIRI (Bild 4) 7, 25, 26, 29
UR 109

VAYAD (Bild) 25, 26, 28
VIJAYANAGAR 2, 3, 13, 16, 31–33, 69–71, 81, 140–142
— Acyutarāya-Tempel (Bild 270) 1, 14, 27, 33, 34, 40, 131, 140, 141
— Candraśekhara-Tempel (Bild 277) 14, 38, 40, 140
— Jaina-Tempel (Bild 278) 26
— Lotus-Maḥall (Bild 281–283) 31, 40, 151
— Pampāpati-Svāmin-Tempel (Bild 271, 272) 1, 3, 14, 40, 63, 128, 131, 140
— Pattabhirāma-Tempel 34
— Ragunātha-Tempel (Bild 108, 109, 273, 274) 27, 32–35, 141, 146
— Vitthalasvāmin- oder Viṭhoba-Tempel (Bild 275, 276) 7, 27, 29, 34, 68, 147, 151
— Zenana-Gelände
  — Wächterhaus (Bild 114, 279) 3, 7, 13, 17, 19, 69–71, 141
  — Pavillon (Bild 280) 6, 13, 17, 70, 71, 141

WARANGAL 29

ZENTRALASIEN 2, 42, 52, 56, 66, 73, 110, 121, 123, 133, 134, 153

BAUHERREN, BAUMEISTER, BAUSCHULEN

„*(Bild x 1)*“ usw. = Bildnachweis der Übersichtsliste nach Dynastien

'ABBĀSIDEN 123
ĀCĀRYA 13
'ĀDIL ŠĀHI *(Bild x 22)* 141
AḤMAD Sohn des Luṭf Allāh 11
AKBAR Akbar-Stil *(Bild x 16)* 10, 16, 18, 21, 24, 44, 61, 63, 64, 115, 138, 139, 144, 146
ALIWĀL ḪĀN 11
ALTVORDERORIENTALISCHE BAUKUNST Assyrien, Babylonien, Mesopotamien, Sumer 1, 2, 14, 16, 21, 28, 36, 38, 73, 81, 92, 103, 109, 111, 136, 146, 149
ANTIKE Griechische und römische Baukunst in den Ländern am westlichen und östlichen Mittelmeer 1, 2, 8, 12, 14, 16, 17, 19, 21, 25, 31, 38, 39, 41, 43, 56, 61, 66, 69, 73–75, 81, 90, 103, 104, 109, 110, 117, 121, 123, 128, 133, 134, 136, 144, 148, 149, 153–155
ARABISCHES SCHRIFTTUM UND BAUKUNST 123
ARSAKIDEN 111
ASSYRISCHE KUNST s. ALTVORDERORIENTALISCHE BAUKUNST
AṬ-TAYYĀN 14
AUDUMBARA-MÜNZEN 81
AURANGZEB *(Bild x 23)* 40, 142

BĀBUR *(Bild x 14)* 11, 115, 138
BAHMANĪ *(Bild x 12)* 11
BALBAN 137
BANNĀ' 14
BARĪD *(Bild x 12)* Tafel 25
BAUHERR 10, 51, 102
BAUKOSTEN 11, 14
BAUMEISTER s. KÜNSTLER
BIR SINGH 152
BUDDHISMUS 1, 2, 4, 6, 7, 9, 12, 16, 21, 29, 39, 43, 44, 60, 72, 75, 90, 91, 105, 106, 108, 110, 116–118, 121, 134, 142, 143, 146, 151, 153, 154, 156
BYZANTINISCHE KUNST 15, 16, 70, 101, 109–111, 151, 152

CĀḶUKYAS (Frühe: *Bild x 3*, Späte: *Bild x 5*) 16, 20, 24, 60, 131, 134, 143, 149
CHRISTLICHES SCHRIFTTUM UND BAUKUNST 103, 109, 123, 145, 151
COḶAS *(Bild x 4)* 14, 128, 131, 134

EUKLID 16, 111

ǦAHĀNGĪR *(Bild x 17)* 115, 139
ĠAZNAVIDEN 136
GONDOPHARES 12
ĠORIDEN *(Bild x 8)* 63, 136
GOUṚIYA 76 (s. auch „Kunstlandschaften und- orte“ s.v. ORISSA)
GOVIND DAS 10
GUPTAS *(Bild x 3)* 24, 26, 32, 39, 40, 43, 53, 56, 69, 73, 134, 144

HAN 1
ḪILǦIS *(Bild x 8)* 136
HINDUISMUS 1, 2, 4, 6, 7, 9, 11–13, 18–21, 24, 27, 29, 31–33, 40, 43, 48, 52, 61, 63, 64, 66, 68, 70, 73–75, 78, 79, 81, 83, 84, 90, 109, 112, 114, 115, 118, 119, 131, 132, 134, 136, 138–155
HINDU ŠĀHI *(Bild x 2)* 133
HL. THOMAS 12
HŌŠANG ŠĀH 11
HOYSALAS *(Bild x 5)* 66
HUMĀYŪN BAHMANĪ 15
HUMĀYŪN Sohn des Bābur *(Bild x 14)* 115, 138

ĪLTUTMIŠ 48, 68, 136
ISA 11

ISLAM Baukunst im Vorderen Orient 10, 12, 13, 18, 21, 27, 28, 30, 59, 70, 72, 73, 81, 90, 91, 94, 101, 103, 106, 107, 109, 110–112, 114, 117, 118, 136–141, 143, 146, 149, 150–155

ISLAMISCHE BAUKUNST INDIENS 1–4, 6–12, 14–20, 24, 25, 27, 29, 32–35, 38, 40, 44, 45, 47, 48, 50–52, 56, 66–70, 73–75, 79, 81, 82, 84, 90, 92, 94, 96, 97, 101, 105, 106, 109–112, 115–118, 121, 132, 135–148, 150–156

JINISMUS 1, 2, 4, 6, 7, 9, 21, 24, 27, 29, 44, 48, 50–52, 66, 131, 134, 136, 139, 143, 146, 149, 150, 151, 154

JŪSUF 11

KĀMĀṬṬĪ 14

KAMAU 10

KÜNSTLER, HANDWERKER, BAUMEISTER 10–14, 51
— Übertragung von Bauformen durch Flüchtlinge 13, 70, 141
— Übertragung von Bauformen durch Kriegsgefangene 12, 13, 101, 117
— Schöpferisches Verhalten zur anonymen Überlieferung 10
— Erbliche Handwerkerschulen, Kastengliederung 12
— Priesterarchitektur 13, 51
— Übertritt altindischer Kasten zum Islam 12
— Wanderkünstler innerhalb Indiens 11, 144
— Wanderkünstler innerhalb Eurasiens 12, 144
— Nachrichten über Baumeister 10, 144
— Porträts von Baumeistern 10
— Handwerkermarken 10
— Abfassung von Baulehrbüchern durch Priesterarchitekten usw.: vgl. *Lit. 1, 13, 16, 18, 161, 224, 231, 255, 266, 272*

KUṢĀṆAS Kushano-sasanidische Zeit *(Bild x 1)* 1, 7, 12, 96, 133, 149, 154

LODIS *(Bild x 15)* 21, 59, 82, 138, 152

LUṬF ALLĀH 11

MALIK SANDAL 11

MALIK YĀQŪT DĀBULĪ 11

MĀN SINGH 65, 82

MAURYAS 63, 72, 89

MIʿMĀR 13, 14

MISTIRI 14

MOGULZEIT *(Bild x 16–18)* 8, 12, 14, 16, 19, 21, 64, 79, 82, 94, 95, 110, 111, 115, 117, 131, 138–140, 147

MOHANDESĀN 14

MUʿALLIM 14

MUḤAMMAD TUĠLUQ 13

MUHANDIS 14

NABATÄER 28

NĀYYAKS *(Bild x 21)* 71, 82, 84, 131, 147

ORĪYA 38 (s. auch „Kunstlandschaften und -orte" s.v. ORISSA)

OSMANISCHE BAUKUNST 19, 101, 111, 154

PALLAVAS *(Bild x 4)* 134

PARTHISCHE KUNST 8, 15, 28, 43, 44, 56, 74, 91, 106, 111, 121

PERSISCHES SCHRIFTTUM UND BAUKUNST 123

QUṬB ŠĀHI *(Bild x 23)* 81

RAFIʿ 11

RĀJA BIRBAL 64

RĀM 11

RŪMĪ 11

RŪPAKĀRA 13

SAFDAR JUNG 82

ŠĀH ĞAHĀN *(Bild x 18)* 11, 14, 79, 115, 139

ṢĀḤIB 14

ŠĀH SŪR 11

SALĀT 10

ŠARQĪ *(Bild x 10)* 137

SASANIDISCHE KUNST 8, 12, 14, 15, 72, 73, 91, 96, 111, 112, 121, 136, 149, 151

SELDSCHUKEN 110

SIKH 82, 84, 143

ŚILPIN 13

SINĀN 11, 111

SKYTHEN 53, 106

SOLANKI 66

SOMPURĀ 10

ŚRĪ GUNDA 10

STHĀPAKA, STHAPATI 13

SŪRI *(Bild x 15)* 138

SŪTRADHĀRA 13

TAKṢAKA 13

TĪMŪRIDEN 95, 101, 102, 117, 136

TUĠLUQS *(Bild x 8)* 68, 81, 82, 117, 136, 137

UMAYYADEN 123, 151

USTĀD 14

VARDHAKIN 13

VISADRU 10

HANDWERK UND KUNST

„(Bild x...)" = Bildnachweis der handwerklichen Überlieferungen bes. bei der Gestaltung des Tempelturms in Süd-, Mittel-, und Nordindien. – *„(Bild y 1)"* usw. = Bildnachweis typischer Freibauformen

ABBILDENDE KUNST s. ARCHITEKTUR ALS ABBILDENDE KUNST

ABENDLÄNDISCHE BAUKUNST
— Berührung mit Indien im Altertum s. „Bauherren, Baumeister, Bauschulen" s.v. ANTIKE und BYZANTINISCHE KUNST
— Berührung mit Indien in neuerer Zeit 73, 83 (s. auch BAROCK, GOTIK, KIRCHENBAU, KLASSIZISMUS, RENAISSANCE)

ABHÄNGLING s. HÄNGEZAPFEN

ACHTECK-GRUNDRISS
— Kragebauweise 66–68
— Kuppelbauweise 86, 87, 91, 107–110, 112–117, 137, 150, 152, 154

ĀLINDA 127

ĀMALAKA 8, 9, 20–22, 75, 78, 79, 81, 84, 90, 113

AMBARA 121

ANANTA 121

AṆḌA symbolische Eiform 6, 9

ANKER (Hölzerne oder eiserne Ring- oder Zuganker) 15, 40, 73, 128

ANTARIKṢA 121

APSIDENBAUTEN 53, 56, 62, 72, 109, 117, 118

ARCHITEKTUR ALS ABBILDENDE KUNST 6, 8, 89, 90 (s. auch HIMMEL, KOSMOGRAMM, SYMBOLIK)

AṢṬADIKPĀLA 7, 10, 25, 44, 51, 52, 148, 150 (vgl. zuletzt *G. Michell, The regents of the directions of space – a set of sculptural panels from Alampur, aarp 4, 1973*)

ASTROLOGIE, ASTRONOMIE 9, 44, 68, 75, 131, 144

ATLANT 147, 149

AUFGEWÖLBTE KIELBOGENTONNE *(Bild y 19)* 76, 82, 138, 142

AUFLAST 18, 22, 38, 42, 47, 55

AUSHÖHLUNG EINES STEINBLOCKS *(Bild y 2)* 23–25, 40, 134

AUSSENKREISKUPPEL 91

ĀYĀGAPATA 7, 149

BACKSTEIN 2, 6, 13–17, 19, 35, 38, 60, 69, 73, 76, 78, 105, 110, 115, 128, 138, 146, 148, 152, 154

BALDACHIN 8, 35, 38

BALDACHIN-TROMPE 93, 114

BAMBUS-KONSTRUKTION s. HOLZBAUWEISE

BANGALDAR s. BENGALISCHES DACH

BĀRĀDARĪ 152

BAROCK 2, 15, 18, 78, 118, 145, 156

BASILIKA 58

BAUSTOFF 14, 16, 17 (s. auch BACKSTEIN, BRUCHSTEIN, HAUSTEIN, HOLZBAUWEISE, LEHMZIEGEL)

BAZAR 98

BEDEUTUNG VON BAUFORMEN s. ARCHITEKTUR ALS ABBILDENDE KUNST

BENGALISCHES DACH (Bangaldar, Bangali Chatri, Beṅgali Maḥall, Bungla, Jor Baṅgla) 76, 80, 139, 140 *(Bild x 13, x 20)*

BERG Symbolik des indischen Stufenbaues, Bedeutung des Tempelturms als mystischer Weltberg Kailāsa, Mandara oder Meru 8, 61, 131, 132, 155, 156

BHADRA 38

BHŪMI 126

BINDERBOGEN 25

BLENDARCHITEKTUR s. PUTZ

BÖHMISCHE GEWÖLBE, BÖHMISCHE KAPPE 78, 91

BOGEN 12, 15, 19, 25, 29, 36, 37, 40, 91, 121

BOGENKREUZUNG 94

BOGEN MIT GERADER AUFMAUERUNG 28, 29

BRUCHSTEIN 2, 6, 19, 69

BRÜCKE 40

BRUNNEN 131

BURG s. FESTUNG

BYZANTINERKUPPEL 91

CAITYA, CAITYABOGEN, CAITYAHALLE, CAITYAHÖHLE 16, 19, 39, 60, 75, 117

CHATRI, CHATTRA, EHRENSCHIRM 80, 153

CHRISTLICHE BAUKUNST INDIENS 82

DACH als Schutz von Wohn- und Kulträumen *(Bild y 12–14)* 1, 3, 6, 9, 40, 41, 56–64, 79, 133, 138, 139, 146, 153, 154, 156, (s. auch FLACHDACH)

DACHFORM IN ÜBEREINSTIMMUNG MIT DER RAUMSCHALE s. ÜBEREINSTIMMUNG VON INNEN- UND AUSSENBAU

DACHPLATTE s. KAṆṆIKĀ – MAṆḌALA

DECKE Meist flacher Abschluß von Wohn- und Kulträumen und mit der Dachform übereinstimmend 57, 61, 64–66, 69, 74, 133, 138, 141, 145–147, 156 (s. auch FLACHDACH, FLACHDECKE)

DECKSTEIN s. FLACHDECKE

DIKPĀLA s. AṢṬADIKPĀLA

DOLMEN 26

DOPPELGEWÖLBE 136

DOPPELSCHALENKUPPEL 63, 95, 101, 117, 139

DRAVIDA *(Bild x 4, 21)* 19, 27, 32, 34, 35, 39, 41, 44, 63, 70, 74, 75, 80–82, 131, 132, 134, 140, 141, 143

DRUCK Drucklast, Druckwirkung, vertikale Belastung 15–17, 21, 24, 26, 34, 38, 47, 66, 69–71, 73, 78, 81, 97, 98, 128

DRUCKLINIE s. RESULTIERENDE

ECKBRÜCKE Eckkonsole, Ecksteine, dreieckige Platten und übereckgestellte Steine als Überleitung aus dem Quadrat in das Oktogon bei Kragebauten oder Kuppeln *(Bild y 26)* 55, 84, 90, 108–110, 112, 113, 140, 143

EISERNE KLAMMERN, DÜBEL 128

EISKELLER 106
ENTLASTUNGSKONSTRUKTIONEN 102
ERDE Kosmisches Bild der Erdscheibe 90, 121, 123
ERFAHRUNG Empirisches Verhalten, gefühlsmäßiges Entwerfen 14–17

FÄCHERGEWÖLBE 114
FÄCHERKONSOLE 91
„FALSCHES GEWÖLBE" s. KRAGEBAUWEISE
FALTKUPPEL 143, 150
FELSAUSHÖHLUNG, FELSBILDNEREI s. HÖHLENBAU
FESTUNGSBAU 3, 79, 136, 144
FEUERTEMPEL s. IRANISCHES FEUERHEILIGTUM
FIRST 76, 79, 80
FLACHDACH 47, 50, 51, 63, 68, 69, 74, 117, 123, 131, 141, 151, 152
FLACHDECKE Flacher Deckstein, Deckplatte, waagerechtes Steinplattendach, waagerecht verlegte Steinbalken *(Bild y 1)* 1–4, 6, 7, 9–11, 13, 14, 17, 20–27, 29, 33–35, 40, 41, 43, 51, 55, 56, 60, 62, 70, 71, 76, 78–80, 115, 134, 135, 137, 139, 141, 142, 144, 147, 150
FLACHKUPPEL 69, 97, 141
FLACHTONNE 75
FREIBAU Gegensatz zu HÖHLENBAU und MASSIVBAUWEISE 2, 3, 12, 13, 15, 19, 26, 38, 39, 66, 116, 121
FREILIEGENDE DECKEN UND GEWÖLBE Nicht durch Dächer geschützt 6, 18
FÜNF-KUPPEL-BAU 151
FÜNF-TURM-BAU 153

GAJAPṚṢṬHA 72
GAJATĀLU 66
GALA-KŪṬA 90
GAMĀ 38
GAGANA 121
GARBHAGṚHA 6, 8, 14, 19, 24–27, 29, 32, 38–41, 79, 80, 83, 95, 114, 115, 126, 128, 131, 132, 134, 135, 144, 146, 154–156
GARUḌA 75
GEBOGENE STEINBOHLEN Krumme Steinplatten *(Bild y 15)* 8, 9, 12, 18, 30, 61, 63, 66, 68, 82, 114, 115, 128, 135–137, 139, 140, 146, 155
GESCHOSSBAUWEISE s. STOCKWERKBAUTEN
GESTIRNBILDER s. ASTROLOGIE
GEWÖLBE Radialkonstruktionen, Wölbungstechnik 1–7, 9–12, 15–18, 20, 21, 25, 27, 36–38, 40, 42, 52, 53, 55, 61, 62, 69–73, 75, 76, 78, 79, 81, 112, 123, 128, 133, 136, 138–142, 145, 147, 150, 151, 155, 156
GIEBEL 121
GOPURA 1, 8, 11, 14, 40, 63, 75, 123, 126–128, 131, 134
GOTIK 2, 15, 17, 18
GÖTTERFAHRZEUG 79, 132
GRAB Grabkammer, Grabhügel, Grabturm, Kuppelgrab 3, 6, 8, 10, 12, 15, 21, 22, 38, 43, 52, 59, 66, 82, 97, 107, 109, 112, 118, 123, 135–139, 142, 146, 151, 153
GRIECHISCHER-KREUZ-GRUNDRISS 19, 101, 152
GUMBAZ, GUNBAD 61, 90
GURT, GURTBOGENDECKE 18, 73, 75, 76 (s. auch WINDSCHIEFE LAIBUNG)
GUSSMAUERWERK Gußdecke, Gußgewölbe, Gußplatte, Gußschale, massiv gegossene Raumschale *(Bild y 17)* 3, 8, 16–19, 31, 34, 47, 63, 69–71, 114, 136, 141, 142, 148, 149

HALBKUGEL als Symbol für Himmel über Erdscheibe 121, 123
HALBKUPPEL 101
HALBTONNE 62
HALLENBAUTEN Säulenhalle, sahasra-stambhamaṇḍapa (Tafel 46) 27, 41, 69, 135, 137, 140, 146, 150, 152, 154, 155
HANDWERKER s. „Bauherren, Baumeister, Bauschulen" s.v. KÜNSTLER
HANDWERKERMARKEN s. STEINMETZZEICHEN
HÄNGEKUPPEL 78, 91, 97, 110, 111
HÄNGEZAPFEN Abhängling, Schlußring, Schlußstein 9, 15, 17, 20–22, 46, 47, 52, 66–68, 149
HARMIKA 153
HAUS s. WOHNHAUSBAU
HAUSTEIN 2, 6, 13, 14, 17, 42, 69, 105
HILFSKONSTRUKTIONEN 17, 18, 101–103
HIMMEL Abbildung des Himmels-Gewölbes durch Bauformen, Himmels-Symbolik durch Malerei und Bildhauerei 7–9, 13, 18, 25, 44, 51, 52, 56, 61, 64, 68, 75, 79, 83, 84, 90, 120, 121, 123, 131, 149, 150, 153, 155 (s. auch KUPPEL)
HINDŪSTĀNĪ Bezeichnungen von Handwerkern 13, 14, 90
HÖHLENBAU Felsaushöhlung, Felsbildnerei, Höhlentempel, Symbolik der „Welthöhle" 2, 4, 6, 7, 9, 12, 13, 16, 19, 24–26, 39–44, 53, 60, 62, 63, 65, 66, 75, 78, 83, 90, 91, 116–119, 121, 131, 133, 141, 146, 155, 156 (s. auch GARBHAGṚHA)
HOLZBAUWEISE Schreinerkunst, Zimmermannshandwerk, Nachahmung von Holzbauformen im Höhlen- und Freibau 2, 6, 9, 12–17, 19, 31, 34, 39, 40, 42, 43, 46, 47, 51, 52, 57–63, 66, 73, 75, 76, 78, 89, 106, 117, 128, 131, 132, 146, 153
HOLZPFOSTEN Auf der unteren Kuppel mehrschaliger Gewölbe 101, 102
HUFEISENBOGEN 19
HUFEISENBOGEN-TROMPE 114 (vgl. ähnliche Lehmziegel-Bauformen im islamischen Afghanisch-Sistan nach *Lit. 92: Bild 181, 230, 238*)

IKONOGRAPHIE, IKONOLOGIE 26, 52, 149 (s. auch SYMBOLIK)
ILLUSIONISMUS 20
INNENKREISKUPPEL 91
INNENRAUM s. RAUMWIRKUNG
IRANISCHES FEUERHEILIGTUM Im Fünf-Kuppel-Typus der spätsasanidischen Form 79, 151–153
ĪVĀN Īvān-Hofhaus 5, 72, 74, 75, 115

JOR BAṆGLA s. BENGALISCHES DACH und „Kunstlandschaften und -orte" s.v. BURDWAN

KAILĀSA s. BERG
KALAŚA 9, 20, 21, 81, 84, 90
KALKMÖRTEL 2, 14 70
KALPALATĀ 42
KALYĀṆA-MAṆḌAPA 34
KAMALODBHAVA 66
KAṆṆIKĀ-MAṆḌALA 9, 16, 62
KAṆṬAKA 66
KARṆADARDARIKĀ 46
KARṆIKA 46
KAROṬAKA 46
KASSETTIERUNG
— Flachdecke (*Bild y 4)* 7, 8, 18, 30–32, 41, 60, 70, 135, 141, 143, 147
— Tonne 73, 74, 76, 143
— Kuppel 55, 74, 106
KASTEN Zünfte, Gilden 145 (s. auch „Bauherren, Baumeister, Bauschulen" s.v. KÜNSTLER)
KEGELDACH (*Bild y 13)* 51, 56–61, 152, 154
KIELBOGEN 61, 103, 109, 114, 117, 137, 141, 143, 148
KIELBOGENBRÜCKE 113
KIELBOGENTONNE 62–64, 75, 82, 140, 146
KIELBOGENTROMPE 19, 48, 63, 73, 113–115, 136, 153
KIṂNARA 149
KIOSK 35
KIRCHENBAU 3, 73, 82, 143, 153
KĪRTIMUKHA 147, 148
KLASSIZISMUS 145
KLOSTERBAU 3
KLOSTERGEWÖLBE (*Bild y 20)* 8, 36, 38, 62, 63, 66, 80–83, 136, 143
KLOSTERKUPPEL (Bild *y 20)* 21, 62, 63, 80–82, 84, 114
KÖNIGTUM 132
KONSOLSTEIN 113 (vgl. auch *Bild y 26*)
KORBBOGENTROMPE 115
KORRIDOR 32
KOSMOGRAMM Kosmologische Bedeutung altindischer Bauten, Kosmogonie, Kosmographie 7, 9, 10, 13, 18, 25, 32, 44, 56, 61, 68, 79, 121–123, 131, 132, 134, 147, 149, 150, 155
KRÄFTESPIEL IM BAUWERK s. RESULTIERENDE und STATIK
KRAGEBAUWEISE Kragschichten-Konstruktionen, Abschluß von Räumen durch vorkragende, überkragende Hau- oder Backsteine, sogen. „Falsches Gewölbe" *(Bild y 7)* 1–3, 7–9, 11, 12, 17, 18, 20, 22, 25, 32–45, 47, 48, 51–56, 65–68, 72, 73, 80, 82–84, 90, 103, 104, 106, 108–110, 113, 123, 127, 128, 132–135, 137
KRAGSTEINSCHICHTEN Vermittlung zwischen rechteckigem Grundriß und kuppelförmigem Raumabschluß *(Bild y 26)* 107, 138–143, 145, 146, 148–152, 154, 155
KRAGSTEINKUPPEL Gegensatz zur radial konstruierten Kuppel 47, 51, 52
KRAGSTEINZWICKEL 12
KREIS 84
KREISZYLINDER 84, 97, 106, 107, 116–118, 121
KREUZGRATGEWÖLBE, KREUZRIPPENGEWÖLBE *(Bild y 23)* 19, 80–83, 136, 137, 140, 143, 150
KREUZKUPPELKIRCHE 151
KRÜPPELWALMDACH *(Bild y 14)* 57
KRUMME STEINBALKEN s. GEBOGENE STEINBOHLEN
KṢIPTA VITĀNA 38
KṢIPTOTKṢIPTA 66
KUDAI-KALLU 25
KUGELGEWÖLBE 56
KUGELTROMPE 92
KUMBHA 90
KÜNSTLERISCHE ZIELE INDISCHER UND ISLAMISCHER BAUMEISTER s. MASSENBAUTEN u. RAUMWIRKUNG
KUPPEL
— Halbkugelgestalt als Himmels-Symbol oder profane Hoheitsform 8, 9, 122, 147–154
— Megalithische und monolithische Kuppelformen 89, 90
— Kuppelform in altindischen Ringschichtendecken *(Bild y 9)* 45, 51, 52 und Kragekonstruktionen über dem Kreis *(Bild y 10)* oder Rechteck *(Bild y 11)* 52–56 und in verschiedenen Bauweisen aus gebogenen Steinbohlen 63–66
— Aus radialen Lagerfugen konstruiert *(Bild y 24–33)* 1–3, 6–20, 30, 36, 40, 56, 58–61, 64, 65, 68–71, 74–76, 78–80, 82–123, 136–139, 142–156 (s. auch LOTUS-KUPPEL, PATHANEN-KUPPEL, ZWIEBEL-KUPPEL, ZYLINDER-KUPPEL)
KUPPEL-GRAB 21
KUPPEL-MOSCHEE 123
KUPPEL-TURM-VERBINDUNGEN 153
KUPPEL-ZELTDACH-VERBINDUNGEN 60, 61
KURSI 94

LAHARA, LAHARĪ BHŪMI, LAHARĪ TALA 38
LATERNENDECKE, LATERNENKUPPEL *(Bild y 8)* 7, 9–12, 15, 40, 42–44, 51, 58, 61, 68, 90, 121, 134–137, 139, 140, 146–149
LEHMMÖRTEL 2
LEHMZIEGEL Luft- oder sonnengetrockneter ziegelförmig geschnittener Lehm 2, 5–7, 69, 72, 73, 75, 76, 82, 90, 91, 101, 105, 106, 110–112, 120, 121, 133, 153, 154
LEHRGERÜST 63
LEITLINIE s. RESULTIERENDE
LICHTEINFALL, LICHTZUFUHR Erleuchtung des Innenraums 9, 15, 42–44
LOKAPĀLA s. AṢṬADIKPĀLA
LOTRECHTE RINGTONNE 76, 78, 79
LOTUS, LOTUS-KOSMOLOGIE, LOTUS-SYMBOLIK, PADMA, MAHĀPADMA 7–9, 17, 20–22, 29, 44, 47, 66, 67, 84, 111, 114, 117, 118, 121, 135, 139, 147–149, 151–153
LOTUS-KUPPEL 9, 97
LUFTRAUM Himmelssymbolik 121
LUPĀ, LŪPĀ 121

Magazin s. Vorratsbau
Magisches Diagramm 7, 155
Mānasāra 11, 121 (s. auch *Lit. 1*)
Maṇḍala 7, 16, 44, 52, 61, 68, 84, 147–150, 153, 155
Mandara s. Berg
Mandāraka 66
Maṇḍapa 1, 7, 20, 24–27, 32, 35, 40, 41, 45–47, 51, 63, 66, 73–75, 79–84, 97, 131, 134–135, 137, 141–144, 146, 147, 150, 155
Marmor 19, 79
Massenbauten Altindische Komposition der Baumassen, Aufgipfelung von Steinbergen 2, 3, 6, 11, 14, 15, 21, 26, 38, 127, 128, 132, 144, 146–148, 155, 156
Massivbauweise 55, 79, 89, 90, 153, 155
Materialverschwendung 14
Mathematische Schulung der Baumeister Naturwissenschaftliche Kenntnisse 11, 14–16, 111, 128
Mauerwerk 1, 101
Megalithkultur 24, 26, 89
Mehrgeschossige Bauten s. Stockwerkbauten
Mehrschalige Gewölbe *(Bild y 34)* 20, 22, 89, 104, 116 (s. auch Doppelgewölbe, Doppelschalenkuppel, Übereinandergesetzte Kuppeln)
Meru s. Berg
Miniatur-Architektur 10, 131, 155
Mittelkraft s. Resultierende
Monolithische Bauweise 7, 16, 17, 75, 78, 88, 90, 107, 139, 148, 149, 155
Mörtel Mörtelschutzschicht 2, 17, 19, 33, 36, 38, 47, 48, 56, 60, 63, 69, 70, 76, 78, 97, 98, 101, 103, 128, 148
Moschee 3, 6, 8, 10, 12, 22, 24, 25, 27, 29, 43, 52, 61, 63, 68, 73, 76, 81, 97, 109, 112, 118, 131, 135–139, 141, 142, 145, 146, 151, 153, 156
Muldengewölbe *(Bild y 21)* 19, 21, 74, 80–82, 84, 136, 140, 141, 143, 147, 150, 152
Multiplizierung von Bauformen 3, 147
Muqarnaṣ Stalaktiten, Zwergnischenreihen *(Bild y 26)* 67, 90, 91, 109, 114, 115, 135

Nachahmung Bedeutung von Bauformen als Abbildung oder Wiederholung
— Weltschöpfung 6, 7, 131
— Hölzernes Wohnhaus: Vorbild für Steinkonstruktionen indischer Tempel und indo-islamischer Wohnstätten 6, 9, 13, 16
— Weltbild: durch Tempel und Paläste nach dem Vorbild des Wohnhauses nachgeahmt 79, 131
— Eiform als Symbol der Weltschöpfung 6, 9
— Felsgehauene Kultstätten: im Freibau wiederholt 16, 121
Nagara *(Bild x 3, 6, 7, 19)* 135
Navagraha 150
Neun-Felder-Decke 7, 8, 17, 18, 25, 32, 42, 51, 66, 67, 135, 147, 150–153, 155
Neun-Felder-Grundriss 150–153
Nomadismus 61
Nomadenzelt 74, 123

Oasen 123
Offener Dachstuhl 60

Padmamandāraka 66
Padmaśilā 20, 47
Palast Altindische und islamische Residenzbaukunst 3, 6, 10–12, 25, 44, 57, 61, 68, 73, 76, 79, 82, 123, 132, 138, 139–141, 145–147, 149–151, 155
Pañcaratna 79, 151
Pañcāyatana Pūjā 151
Parallelogram der Kräfte s. Resultierende
Pāṭa 38
Pathanenkuppel 97
Pavillon-Bauweise 8
Pendentifkuppel 1, 8, 16, 19, 52, 64, 70, 85, 87, 91, 93, 97, 100, 106, 109–111, 114, 115, 136, 138–141, 143, 147–149
Pendentif-Trompen-Verbindung *(Bild y 31)* 87, 92, 114
Pfostenhaus 131
Pida Deul 38
Pirhā 38
Planeten 150
Platte 69
Platzlgewölbe 76, 78
Polygon Vieleckiger Grundriß als Grundlage für
— Kragekonstruktionen 66
— Klosterkuppeln 80
— Radial konstruierte Kuppeln *(Bild y 25)* 84, 107, 110, 112–115, 148–150, 154
Poṭala 38
Prachchhādana 46
Prāsāda 126
Prozessionswagen 76
Pseudo-Box-Ceiling 31
Pultdach *(Bild y 12)* 56–61
Putz Angeputzte Bau- und Schmuckformen, gemalte oder anstuckierte Rippen, Blendarchitektur, Stuckierung, dekorative Weiterführung der Struktur, Verschleierung des struktiven Gerüsts 20, 81–83, 92, 94, 99, 103, 110, 111, 113–115
Pyramidendach 8, 18, 20, 56–61, 81
Pyramidenstumpf 81, 121, 134, 152

Radialkonstruktion s. Gewölbe, Kuppel
Rauchabzug 15, 43
Raumverschränkung 118
Raumwirkung Innenraumgestaltung, Einheit von Struktur und Dekoration, Entsprechung von Funktion und Proportion (Raumschale und Dachform s. Übereinstimmung von Innenraum und Aussenbau) 2, 14, 18, 19, 33–35, 40, 52, 60, 62, 63, 70, 71, 78, 81, 82, 95, 107, 111, 114, 117, 118, 120, 122, 136, 138, 139, 141–143, 145–149, 151, 154, 156
Regeneinfall 9
Renaissance 74
Residenzbauten s. Palast

RESULTIERENDE Drucklinie, Leitlinie, Mittelkraft, Parallelogramm der Kräfte 15, 18
RINGANKER 15, 20, 102, 103
RINGGEWÖLBE 53
RINGSCHICHTENDECKE, RINGSCHICHTENKUPPEL *(Bild y 9)* 7–13, 17, 20, 21, 29, 30, 45–48, 50–52, 56, 64, 66, 68, 90, 112, 135–137, 140, 142, 144, 146, 148, 150
RIPPEN 2, 12, 13, 18, 19, 51, 69, 70, 75, 81, 98, 101
— Aus Holz gearbeitet 75
— s. auch PUTZ
RIPPENKUPPEL 8, 62, 115
RIPPENZWICKEL, RIPPENZWICKELNETZ *(Bild y 32)* 17, 19, 20, 84, 87–89, 94, 106, 108, 113, 115, 136, 138, 139, 141, 142
ROTATIONSZWICKEL 91
RUNDBAU, RUNDHAUS 89, 106
RUNDBOGEN 61

SABHĀ-PADMA-MANDĀRAKA 46
SAHASRA-STAMBHA-MAṆḌAPA s. HALLENBAUTEN und STÜTZENBAUTEN
SAMA-KṢIPTA VITĀNA 24
SAMATALA VITĀNA 25, 42, 66, 149
SANSKRIT
— Bauhandwerkliche Fachausdrücke 45, 59, 90, 127, 134
— Bezeichnungen für Handwerker 10, 13
SANDUKTSCHE 80
SAFĪRA 73
SASANIDISCHE TROMPENKUPPEL Auch: Nachleben in islamischer Baukunst *(Bild y 29)* 86, 91, 92, 98, 105, 111, 112, 114, 121, 133, 136, 147, 148, 153 (s. auch TROMPE)
SATTELDACH *(Bild y 12)* 6, 56–59, 61, 63
SCHACHTARTIG AUFSTEIGENDE RÄUME IN TURMBAUTEN
— Kragekonstruktionen 135
— Kuppelbauten *(Bild y 33)* 21, 88, 94, 104, 108, 114, 115, 118–120, 135, 141, 142, 153, 154, 156
SCHEITEL -Belastung, -Durchlastung, -Entlastung, -Öffnung 9, 15, 20, 21, 102, 116
SCHEITRECHTER STURZ 70
SCHICHTENRING 48, 68, 135
SCHILF 62, 72, 76
SCHLUSSRING Schlußstein s. Hängezapfen
SCHMUCKFORM Bereicherung und Verschleierung der Bauform s. PUTZ
SCHUB Schubkraft, Schubwirkung 15–20, 34, 38, 42, 60, 63, 66, 70, 73, 78, 97, 98, 101, 102
SCHUTZSCHICHT
— In Dachform 18
— Aus Mörtel 33
SCHWIMMZIEGEL 15
SECHZEHNECK
— Höhlenbau 65
— Kragekonstruktionen 66
— Radial konstruierte Kuppel 87, 108, 110, 113, 149
SENIJE 69
ŚIKHARA
— Nordindischer, aus Stockwerken zusammengesetzter oder kurvig einbiegender Tempelturm im Nagara-Land *(Bild x 2, 3, 6, 7)* 9, 10, 16, 20–22, 36, 39, 40, 75, 107, 114, 119, 126–128, 131, 132, 134, 135, 141, 143, 144, 147, 150, 155–156
— Südindische Form der monolithen Turmhaube im Dravida-Land *(Bild x 4, 21)* 81, 90
ŚILPAŚĀSTRA 11
SINNBILD Bedeutung der Bau- und Schmuckformen s. ARCHITEKTUR ALS ABBILDENDE KUNST, HIMMEL, SYMBOLIK
SPARRENDACH, SPARRENWERK 66, 68, 152
SPHÄRISCHES DREIECK 92, 109, 110
SPHÄRISCHE ZWISCHENSTÜCKE Übergang vom Würfel zur Halbkugel 114
SPIEGELDECKE, SPIEGELGEWÖLBE *(Bild y 22)* 40, 63, 68, 80–82, 84, 139–141, 143, 150, 152
SPITZBOGEN 38, 61
SPOLIEN *(vgl. Bild x 8–11)* 4, 7, 24, 27, 43, 47, 50, 63, 68, 135–137
SPORENKUPPEL 95
SPRENGWERKKONSTRUKTION 9, 59, 63, 65
SREFE 73
STADTBILD 138, 139, 142
STADTMAUER 80
STADTTOR 8, 9, 80
STALAKTITEN s. MUQARNAṢ
STATIK Kräftespiel im Bauwerk, Erfahrungen indischer und islamischer Bauschulen mit dem Gleichgewicht der Massenbauten und Gewölbekonstruktionen, mathematische Berechnung des Tragverhaltens 14–18, 24, 26, 31, 34, 38, 42, 47, 55, 59, 63, 66, 69, 73, 76, 81, 96–103
STEINBALKEN, STEINPLATTE s. FLACHDECKE
STEINBOHLEN s. GEBOGENE STEINBOHLEN
STEINMETZZEICHEN Handwerkermarke, Tamga 10
STERNGEWÖLBE 114
STERNGRUNDRISS 115, 132
STICHKAPPE 113, 114
STOCKWERKBAUTEN *(Bild y 35)* 2, 8, 45–48, 52, 70, 89, 123–132, 134, 139–141, 152
STOCKWERKTURM 39
STOFFGERECHT Werkgerechte Bearbeitung des Bausteins 17
STREBEBÖGEN, STREBEPFEILER 15
STREBEMAUER 73
STUCK s. PUTZ
STÜTZENBAUTEN 25, 115, 128, 131, 146, 152 (s. auch HALLENBAUTEN)
STÜTZENPAVILLON 68
STÜTZLINIE s. RESULTIERENDE
STUFENBAU Symbolik 126, 131, 132, 134, 135, 139, 150 (s. auch STOCKWERKBAUTEN)
STUFENKREUZ 106, 151
STUFENPENDENTIF 90, 109, 110

STUFENPYRAMIDE 63
STUFENTROMPE 111
STUFENTURM 80, 81, 144
STŪPA Stūpa-gṛha, stūpi, stūpikā 3, 6, 11, 12, 15, 21, 89, 90, 94, 117, 143, 147, 152, 155, 156
SUBSUMMIERENDE MASSENBAUTEN UND RAUMLÖSUNGEN 3
SVARGA-VILĀSA 84
SYMBOLIK DER BAUFORMEN Architektur als abbildende Kunst, Himmel, Höhlenbau, Kosmogramm (s.d.) 3, 18, 20–22, 44, 46, 47, 51, 52, 64, 86, 71, 74–76, 78–81, 123, 126, 131, 132, 137, 145, 147, 149, 153–155
— Mehrfache Bedeutung derselben Bauform 146

TAMBOUR-KUPPEL *(Bild y 33)* 18, 88, 94, 95, 101, 116, 152, 154
TAMIL 18
TAUSEND-PFEILER-HALLE s. HALLENBAUTEN (vgl. Tafel 46)
TEMPEL Buddhisten, Hindus, Jainas, Sikhs 3, 6, 8, 11–13, 18, 22, 34, 38, 43, 51, 52, 56, 65, 66, 68, 69, 73, 76, 79, 81, 103, 110, 113, 123, 126, 128, 131, 134, 136, 140, 134, 145, 146, 150, 151, 153–156
TEMPELTOR 11, 131
TEMPELTURM 9, 11, 13, 20, 81, 90, 134, 135, 156 (s. auch ŚIKHARA)
TEMPELWAGEN s. PROZESSIONSWAGEN
TERRASSENBAU 114, 126, 131, 135
TIERKREISBILDER 9
TONNE
— Kragebauweise 56, 134
— Radial konstruiert *(Bild y 18)* 2, 6–9, 12, 14, 15, 18, 31, 36, 39, 40, 60, 71–76, 80, 82, 84, 89, 97, 116, 122, 128, 133, 134, 136–138, 143, 147, 151, 152, 155
TOPI-KALLU 25, 89
TOR-SYMBOLIK 1, 131
TOR-TURM 8, 40, 63, 128
TRAUFENDACH 76, 79
— gekrümmt *(Bild y 19)* 80
TRICHTER 106
TRICHTERNISCHE 86, 87
TROCKENER VERBAND 2, 14, 26, 33, 36, 40, 63–65, 68, 69, 90, 133, 134, 136
TROMPE Indo-islamische Kuppel über rechteckigen Trompen-Nischen *(Bild y 30)* 1, 12, 19, 56, 67, 68, 84, 86, 87, 91, 93, 98, 100, 107, 180, 110–115, 136–141, 143, 145, 149, 150, 152, 154–156 (s. auch SASANIDISCHE TROMPENKUPPEL)
TROMPENBALDACHIN 152
TROMPENBOGEN 91
TROMPENBRÜCKE 114
TROMPENNISCHE s. TROMPE
TROMPE-PENDENTIF-VERBINDUNG *(Bild y 31)* 87, 92
TÜRBE 8, 140, 154, 155
TÜRKISCHES DREIECK *(Bild y 27)* 1, 2, 84, 91, 104, 110, 115, 133, 134, 136, 138, 139, 147, 148
TURM 36, 40, 74, 79, 83, 94, 95, 103, 116, 117, 120, 123, 127, 131, 132, 137, 140, 145, 151–541 (s. auch GOPURA, ŚIKHARA)
TURMDACH *(Bild y 13)* 56, 59–61, 154, 155
TURMTEMPEL 151, 155
TUMULUS 109

ÜBERDECKTER BAZAR 15
ÜBERECKBOGEN 92
ÜBERECKDECKTE 42
ÜBERECKGESTELLTE STEINE s. ECKBRÜCKE
ÜBERECKGEWÖLBE 47
ÜBEREINANDERGESETZTE KUPPELN *(Bild y 34)* 21, 96, 101, 102, 117, 133, 139–142, 154, 156
ÜBEREINSTIMMUNG Innenraum und Außenbau, Raumschale und Dachform 6, 61, 78, 79
ÜBERKRAGUNGSZWICKEL 91
URDU 13, 14, 90
UTKṢIPTA VITĀNA 65, 66

VERLORENE SCHALUNG 17, 18, 70
VERSCHLEIERUNG DER STRUKTUR DURCH DEKORATION s. PUTZ
VESARA *(Bild x 5)* 40
VIERTELKUGEL-TROMPE 112 (vgl. Bild 170 mit ähnlichen Lehmziegel-Bauformen in Sistan nach *Lit. 92: Bild 225 u. Textabb. L II*)
VIERUNDSECHZIGECK 88
VIHĀYAS 121
VIKARNA VITĀNA 66
VIMĀNA
— Stockwerkbau, Himmelspalast, häufig siebengeschossig 8
— Turm des südindischen Tempels über dem garbhagṛha 10, 128, 132, 134
— Legendärer, mehrgeschossiger Herrscherpalast 132
— Götterfahrzeug 132
— Stufenturm als Bekrönung nachmittelalterlicher südindischer Paläste 154
VORRATSBAU Magazin, Keller 3, 106, 107
VORSATZBLATT 91

WAAGERECHTE RINGTONNE 76
WAAGERECHTER STURZ *(Bild y 3)* 2, 7, 8, 17, 20, 25, 27, 29, 30, 34, 35, 52, 60, 61, 63, 65–68, 82, 127, 128, 131, 134, 136, 137, 139, 140, 141, 143, 152
WALMDACH *(Bild y 14)* 6, 57, 58, 60, 61
WASSERBAUTEN Wasserpavillons 34, 38, 152
WELTBILD, WELTGEBÄUDE Abbildung durch Bau- und Schmuckformen
— Weltachse 61
— Weltall (stufenförmig) 8, 131 (s. auch STOCKWERKBAUTEN, STUFENBAU)
— Weltberg s. BERG
— Weltei s. AṆḌA
— Weltentstehung aus dem Lotus s. LOTUS-KOSMOGONIE
— Welthöhle s. HÖHLENBAU
— Welthüter s. AṢṬADIKPĀLA

— Weltschöpfung durch Haus- und Tempelbau wiederholt s. NACHAHMUNG
WERKGERECHTE BEARBEITUNG DES BAUSTOFFES s. BAUSTOFF, STOFFGERECHT
WIDERLAGER 14, 15
WINDGÖTTER 75
WINDSCHIEFE LAIBUNG Gekrümmte Gurte 63, 68, 112, 137
WOHNHAUSBAU Abbild der Weltschöpfung, Vorbild für Tempel und Palast (s. auch NACHAHMUNG ...) 6, 13, 57, 61, 79, 106, 114, 122, 123, 131, 133, 136, 141, 142, 153

ZACKENBOGEN 35, 73, 79, 111, 113, 114
ZELT, ZELTDACH, ZELTORNAMENTIK, ZELTSYMBOLIK, ZELTTURM 6, 36, 40, 56–61, 74, 75, 114, 119, 122, 153–155
ZEMENTMÖRTEL 70
ZIEGEL s. BACKSTEIN
ZIERFORM Statt struktiv bedingter Bauform s. PUTZ
ZISTERNE 106
ZUGANKER 15, 81
ZUGFESTIGKEIT, ZUGSPANNUNG, ZUGWIRKUNG 15, 17, 21, 103
ZUGSTANGEN 102
ZÜNFTE s. „Bauherren, Baumeister, Bauschulen" s.v. KÜNSTLER
ZUSAMMENGESETZTE DECKEN IN TROCKENEM VERBAND *(Bild y 16)* 64–68
ZUSÄTZLICHE SICHERUNGEN s. HILFSKONSTRUKTIONEN
ZOROASTRISCHE LEHRE 145
ZWEISCHALIGE GEWÖLBE UND KUPPELN s. DOPPELGEWÖLBE, ÜBEREINANDERGESETZTE KUPPELN
ZWEIUNDDREISSIGECK 88, 108, 113
ZWERGNISCHENREIHE s. MUQARNAŞ
ZWIEBELKUPPEL 20, 21, 79, 103, 117, 118, 139, 154
ZYLINDERKUPPEL 95, 103, 142, 154

BILDNACHWEIS

In Klammer: laufende Nr. des Schrifttumsnachweises

Archaeological Survey of India: 95, 105
Batley (10): 92
Brown (24): 4, 8, 41, 55
Brown (25): 9, 40
Bruhn: 258, 259
Burgess-Cousens (28): 6, 7
Burgess (29): 29, 77, 78
Burgess (31): 23
Cousens (50): 11, 81–83
Cousens (51): 5, 46, 47, 88–91, 143, 144, 289–291
Cousens (53): 24–26
Cunningham (59 vol. XV): 18, 19
Deva, K.: The temples of Khajuraho in Central India. Ancient India 15, 1959: 22
Fergusson (82): 45, 50
Fischer: 56, 122–124, 127–132, 134–142, 145–172, 175–214, 216–225, 228–242, 245–257, 260–288, 292–303, 305–326, 329–338, 340–355
Foucher (99): 31–36
Grünwedel (128): 85–87
Grünwedel (129): 51, 66, 67, 93
Klinkott: 112, 114, 117, 120
Kohte: 106, 110, 111, 116, 118, 119, 121
La Roche (167): 97
Mate (192): 10
v. Mitterwallner: 327, 328
Museum für Indische Kunst, Berlin: 125, 126, 215
Powell: 173, 174
Reuther (235): 13, 43, 100, 102–104, 243, 244
Rowland (243): 20, 21, 52
Sahni (245): 1–3, 59–61
Smith (259): 80
Snigula: 107–109, 113, 115
Sompurā (266): 30
Sreenivasachar, P.: Aurangabad. Hyderabad-Deccan 1953: 98
Stein (273): 14, 15
Vats (286): 12, 96
Volwahsen (290): 16, 17
Volwahsen (291): 27, 28, 37, 42, 44, 53, 57, 58, 65, 70, 71, 79, 84, 94, 99, 101
Volwahsen: 133, 226, 227, 304
Wetzel (299): 48, 49, 63, 64, 72–76
Wheeler (300): 54, 62, 68, 69
Yazdani (306): 38, 39

ÜBERSICHTSLISTE Laufende Nummern der Bilder **Fett = Spolien** Bauweisen: Teil III → ↓ Landschaften und Dynastien: Teil IV	*1* *Flacher Deckstein*	*2* *Ausgehöhlter Steinblock*	*3* *Waagerechter Sturz*	*4* *Kassettendecke*	*5* *Steinbalken an steinernen T-Trägern*
1 *Gandhara, Baktrien, Turfan, 1.–8. Jh.*	122				
2 *Kashmir und Nordwest-Pakistan, 7.–10. Jh.*		1–3, 127			
3 *Gupta-Zeit und frühe Cāḷukya-Zeit, etwa 350–750*	132		4–6, 132, 134		
4 *Pallava- und Coḷa-Zeit, etwa 650–1050*			8, 133, 135		
5 *Spätere Cāḷukyas im Dekkhan und in Mysore, etwa 1000–1300*	142–144		138, 142, 145–149	141, 148	
6 *Orissa, etwa 800–1300*	154		153		
7 *Mittelindien, Gujarat und Nordindien, etwa 900–1200*	155	156	7, 24, 25, 155–157, 162, 165, 168		
8 *Ġoriden, Ḫilǧis und Tuġluqs, etwa 1200–1400*	**171**		**168**		
9 *Gujarat und Sindh, etwa 1200–1500*	**190**		9, 30, 42, **184, 190**		
10 *Šarqī-Dynastie, etwa 1350–1450*	**197**		198		
11 *Malwa, etwa 1400–1550*	**200**		107, **200**, 203		
12 *Dekkhan, etwa 1300–1450*			207		
13 *Bengalen, um 1250–1400*					
14 *Bābur und Humāyūn, 1526–1556*					
15 *Lodis und Sūris, 1451–1545*					
16 *Akbar, 1556–1605*	224		43, 99 Nr. 5, 224		
17 *Ǧahāngīr, 1605–1627*					
18 *Šāh Ǧahān, 1627–1658*			238		
19 *Nordindien, 15.–17. Jh.*	249		37, 100, 101, 245, 246, 249, 250, 253		
20 *Bengalen, 16.–18. Jh.*					
21 *Dravida-Land, 16.–18. Jh.*			102, 270, 274, 276, 278, 284, 285, 292	283	108, 109, 270, 273, 274
22 *Bijapur, 1558–1672*			11	11, 84, 298	
23 *Der weitere Dekkhan und Bengalen bis zum Tode Aurangzebs 1707*					
24 *Von 1707 bis zur Gründung des Archaeological Survey of India 1861*			10, 13		333
25 *Seit 1861*	344		344, 350		

6 *Marmorplatten an metallenen T-Trägern*	7 *Kragschichten über Rechteck oder Vieleck*	8 *„Laternen-decke"*	9 *Ringschichten-decke*	10 *Kuppelform über dem Kreis*	11 *Kuppelform über dem Quadrat*	12 *Pult- und Satteldach*
	14, 15, 122			31–34	35, 36, 122	
		20				
	21			21		
	133, 136, 137					
	151	21, 110, 150				
	16, 106, 152, 154					153
	164	158, 160	6, 22–26, 159, 163, 169			
			27, 28, **167–169**, **172**			
		184	9, 29, **185**, **186**, **188**, **190**, 191			
		197, 198				
		200				195
						222
12, 239, 240						
		247	111, 245, 246, 248			37
	269					
	17, 270, 272, 277, 282	288, 291, 295				285
	19, 320					
13, 332			341			
	350, 352		346, 354			

ÜBERSICHTSLISTE Laufende Nummern der Bilder **Fett = Spolien** Bauweisen: Teil III → ↓ Landschaften und Dynastien: Teil IV	*13* *Turm- und Kegeldach*	*14* *Walm- und Krüppelwalmdach*	*15* *Gebogene Steinbohlen*	*16* *Zusammengesetzte Decken*	*17* *Gußdecke, Gußschale*
1 Gandhara, Baktrien, Turfan, 1.–8. Jh.	33	122			
2 Kashmir und Nordwest-Pakistan, 7.–10. Jh.	1, 3				
3 Gupta-Zeit und frühe Cāḷukya-Zeit, etwa 350–750		41			
4 Pallava- und Coḷa-Zeit, etwa 650–1050					
5 Spätere Cāḷukyas im Dekkhan und in Mysore, etwa 1000–1300				46, 47, 138–140, 145–147	
6 Orissa, etwa 800–1300					
7 Mittelindien, Gujarat und Nordindien, etwa 900–1200			166	157, 161	
8 Ġoriden, Ḫilǧis und Tuġluqs, etwa 1200–1400	183		**167, 173**	48, 49, **167, 174**	57, 181
9 Gujarat und Sindh, etwa 1200–1500			42, 192	78, **186**, 187	
10 Šarqī-Dynastie, etwa 1350–1450					
11 Malwa, etwa 1400–1500	204				
12 Dekkhan, etwa 1300–1450	39, 209				213
13 Bengalen, um 1250–1400					
14 Bābur und Humāyūn, 1526–1556					
15 Lodis und Sūris, 1451–1545	40				
16 Akbar, 1556–1605			43, 44, 112, 223, 225–227		
17 Ǧahāngīr, 1605–1627			231		
18 Šāh Ǧahān, 1627–1658			237		
19 Nordindien, 15.–17. Jh.	256, 257		45, 251, 252, 258	258	243
20 Bengalen, 16.–18. Jh.	260, 267				
21 Dravida-Land, 16.–18. Jh.		287, 289, 290	271	275, 284	102, 114, 279, 280, 294, 295
22 Bijapur, 1558–1672	302			11	84, 99 Nr. 2, 298, 304, 311
23 Der weitere Dekkhan und Bengalen bis zum Tode Aurangzebs 1707	320, 322				103, 115, 116, 312, 313, 325, 326
24 Von 1707 bis zur Gründung des Archaeological Survey of India 1861	330, 336				50, 338
25 Seit 1861	349	348			347

18 Waagerechte Tonne	*19 Aufgewölbte Kielbogentonne*	*20 Klostergewölbe, Klosterkuppel*	*21 Muldengewölbe*	*22 Spiegeldecke, Spiegelgewölbe*	*23 Kreuzgrat- und Kreuzrippen-gewölbe*	*24 Kuppel über dem Kreis oder Kreiszylinder*
51, 125						118, 124
128						60
52						
		182	180		57, 58	
53						
					205	
211						
215	54, 55					
			40			
				232		
	237					
251					244	100, 254
	56, 113, 260, 262–265, 268	264, 268				
296			292, 293	286		
91		90		11		
	321	311		315		
328	331	105, 327	334	105		342, 343
			350	353	351	

ÜBERSICHTSLISTE Laufende Nummern der Bilder **Fett = Spolien** Bauweisen: Teil III → ↓ Landschaften und Dynastien: Teil IV	*25 Kuppel über dem Polygon*	*26 Kuppel über dem Quadrat und Eckplatten, Ecksteinen oder Kragsteinschichten*	*27 Kuppel über dem Quadrat und dem „Türkischen Dreieck"*	*28 Kuppel über dem Quadrat und Pendentifs*	*29 Kuppel über dem Quadrat und „Sasanidischen Trompen"*
1 *Gandhara, Baktrien Turfan,* 7.–8. Jh.			126		66, 67, 123
2 *Kashmir und Nordwest-Pakistan, 7.–10. Jh.*		62, 119, 130, 131	130, 131		
3 *Gupta-Zeit und frühe Cāḷukya-Zeit, etwa 350–750*					
4 *Pallava- und Coḷa-Zeit, etwa 650–1050*					
5 *Spätere Cāḷukyas im Dekkhan und in Mysore, etwa 1000–1300*					
6 *Orissa, etwa 800–1300*					
7 *Mittelindien, Gujarat und Nordindien, etwa 900–1200*					
8 *Ġoriden, Ḫilǧis und Tuġluqs, etwa 1200–1400*	178	**171**	176	179	
9 *Gujarat und Sindh, etwa 1200–1500*	194				189
10 *Šarqī-Dynastie, etwa 1350–1450*					
11 *Malwa, etwa 1400–1550*					
12 *Dekkhan, etwa 1300–1450*		208, 210	208		
13 *Bengalen, um 1250–1400*		215	215		
14 *Bābur und Humāyūn, 1526–1556*	218				
15 *Lodis und Sūris, 1451–1545*	75, 76, 219	221	63, 221		
16 *Akbar, 1556–1605*			65, 226		
17 *Ǧahāngīr, 1605–1627*					
18 *Šāh Ǧahān, 1627–1658*				238	
19 *Nordindien, 15.–17. Jh.*					
20 *Bengalen, 16.–18. Jh.*		261, 262	262	266	
21 *Dravida-Land, 16.–18. Jh.*					
22 *Bijapur, 1558–1672*	92, 121				
23 *Der weitere Dekkhan und Bengalen bis zum Tode Aurangzebs 1707*					
24 *Von 1707 bis zur Gründung des Archaeological Survey of India 1861*					340
25 *Seit 1861*					

30 Kuppel über dem Quadrat und Trompen in rechteckigen Nischen	*31 Kuppel über dem Quadrat und verschiedenartigen Verbindungen von Trompen und Pendentifs*	*32 Kuppel über dem Quadrat und Rippenzwickeln oder Rippenzwickelnetzen*	*33 Kuppel über schachtförmig überhöhtem Tambour*	*34 Mehrschalig abgeschlossene Gewölbe*	*35 Stockwerk- und Turmbauten*	
			87	87, 93, 125		
					128–130	
					5, 132	
					8, 133, 136, 137	
					149	
					106	
					7, 22	
68, 69, 167, 170, 175	177				57, 58	
77, 189, 193					9, 29, 42	
199					197	
196, 202	201				204	
70–72, 206, 210	209	212				
	214					
216		217, 218		94, 218		
73, 74, 220				75	40	
	228, 229	228		44	44, 99 Nr. 4–6	
	79, 80, 230, 234	79, 230, 233			79, 99 Nr. 7	
242	235, 242	242		95–97, 99 Nr. 3, 235, 236, 241		
	255, 259	252			100, 101, 245, 246	
	261, 269		267, 269			
					17, 102, 271, 272, 278, 281, 294	
306	11, 81–83, 88, 90, 301, 303, 304	90, 92, 99 Nr. 2, 297, 304, 306, 308, 310, 311	84, 88–92, 120, 121, 299–301, 307, 308, 310	84	84, 90, 298, 299	
317		315, 317, 325	316, 317, 322, 323	98, 318, 319, 324	103, 104	
335, 337	329, 335	329, 338	336, 337	105, 329	13, 105, 329	
	355				346	

TAFELÜBERSICHT

Tafel 1–3
Kragebauten (122), Gewölbe (123–126, 128–131), Höhlen (125) und ausgehöhlte Steinblöcke (127) in Turfan, Gandhara, Baktrien, Kashmir, in den Paropamisadai und in den Gebirgen beiderseits des mittleren Indus.

Tafel 4–12
Waagerechter Sturz (132–135, 138, 149), Kragebauten (136 und 137, 151, 152, 154, 164), kombinierte Kragekonstruktionen (139, 140, 145–147, 161, 165), Steinplatten (141–145, 154, 155), Kassettendecken (148), Pultdächer (153), ausgehöhlte Steinblöcke (156), Ringschichtendecken (157, 159, 161–163) und Laternendecken (158, 160) in früh- und hochmittelalterlichen Tempeln.

Tafel 13
Kurvig zugehauene Steinbalken am nordindischen Tempel des Mittelalters (166) und als Spolien an frühislamischen Bauten in Delhi (167). Waagerechter Sturz (168 Vordergrund, unterer Bildrand), Ringschichtendecken (169) unter Mörtelschutzschicht zur Halbkugel abgeglichen (168 Mitte des unteren Bildrands, vgl. auch Bild 111), Kragstein-Konstruktion für den Übergang vom Quadrat zum Kreis – vgl. auch Bild 119 – von mittelalterlichen nordindischen Tempeln als Spolien an frühislamischen Bauten von Delhi (171). – Erste radial konstruierte Trompenkuppel für ein indo-islamisches Bauwerk in Delhi (170). – Altindische Kragekonstruktion als Grundlage für altertümliche Übergange aus dem Würfel in die Halbkugel durch Stufenfolgen (171), ein Kragstein ähnlicher Konstruktion als Grundlage für neu entworfene Wölbungen (170). – Bild 168: Delhi-Lalkot, der Moschee-Bezirk Qūwat-ul-Islām, Blick vom obersten Geschoß des Quṭb-Mīnār nach Norden auf das Grab des Īltutmiš, gest. 1236 (Mitte des linken Bildrandes), auf den ersten Erweiterungsbau der Moschee 1210–1229 aus Spolien indischer Tempel (Mitte des unteren Bildrands) und auf den Stumpf eines unvollendeten Minaretts, um 1310 (oberer Bildrand rechts). Vgl. Page (Schrifttumsnachweis 207) pl. X, mit Hinweis auf Wiederverwendung altindischer Laternendecken und anderer Kragekonstruktionen S. 18; Brown (25) pl. II und Volwahsen (291) S. 13–20.

Tafel 14
Spolien nordindischer mittelalterlicher Tempel mit Ringschichtendecken (172) und kombinierten Kragekonstruktionen (174) in islamischen Kultstätten Indiens (172) und Afghanistans (173 und 174).

Tafel 15 und 16
Trompenkuppeln (175, 177), „Türkisches Dreieck" (176), Kuppel über dem Achteck (178), Pendentif-Kuppeln (179, 181), Muldengewölbe (180), Gußschalen (181) und Klostergewölbe (182) an frühislamischen Bauten Nordindiens und Pakistans.

Tafel 17–20
Spolien altindischer Tempel mit Laternendecken (184), Ringschichtendecken (185, 186 links, 188, 190 rechts, 191) waagerechter Sturz (186 rechts) und Steinplatten (190 links) an islamischen Kunststätten Nordwestindiens und Pakistan. Trompengewölbe in Haustein (187, 193, 196) oder Backstein (189, 194), Kuppel aus kurvig zugehauenen Steinbohlen (192) und Satteldächer (195) in islamischen Kult- und Wohnbauten Nordwestindiens und Pakistans.

Tafel 21
Altindische Flachdecken mit Steinplatten (197) oder Laternendecken (198) und vorderorientalische Trompenkuppeln (199) nordostindischer islamischer Kultstätten.

Tafel 22 und 23
Kombinierte Krage- und Gewölbekonstruktionen (200), Laternendecken (201), Trompenkuppeln (202), kielbogenförmige Binderbögen mit gerader Aufmauerung für flaches Steinplattendach (203), Zeltdächer (204) und Kreuzgewölbe (205) in der islamischen Residenz von Mandu.

Tafel 24 und 25
Trompenkuppeln (206), kielbogenförmige Binderbögen mit gerader Aufmauerung für Flachdach (207), Kuppel mit

Kragsteinschichten (208, 210), Verbindung von Trompe und Pendentif (209 rechts), Zeltdächer (209 links), Tonnen (211), Rippenzwickelnetz (212) und Gußdecke (213) im frühislamischen Dekkhan.

Tafel 26

Verbindung von Trompe und Pendentif (214), Tonne (215 Hintergrund: Schildwand vom Rest einer weitgespannten Tonne aus einer Backsteinkonstruktion) und eine Sonderform des „Türkischen Dreiecks" aus Kragsteinen und Steinwürfeln (215 links) im früh-islamischen Bengalen; Trompenkuppel (216), Rippenzwickelnetz (217 und 218) und Kuppel über dem Achteck (218) zu Beginn der Mogul-Zeit.

Tafel 27

Kuppel über dem Achteck (219), Trompenkuppel (220), „Türkisches Dreieck" (221) in Gräbern und Moscheen der Lodi- und Sūri-Zeit.

Tafel 28 und 29

Satteldächer (222), Bauten aus kurvig zugehauenen Steinbohlen (223, 225–227), waagerechter Sturz (224) und „Türkisches Dreieck" (226) in Akbars Residenz Fatehpur Sikri.

Tafel 30 und 31

Verschiedene Verbindungen von Trompen und Pendentifs (228, 229) in Bauten der Akbar-Zeit; Rippenzwickelnetz (230, 233), Trompenkuppel aus kurvig zugehauenen Steinbohlen (231), Verbindungen von Trompen und Pendentifs und Rippenzwickelnetz (234), Spiegeldecken (232) in Bauten aus der Zeit des Ǧahangir.

Tafel 32 und 33

Mehrschalige Kuppeln (235 und 236, 241), aufgewölbte Kielbogentonne (237 Mitte), Dächer aus kurvigen Steinbohlen (237 seitlich), Pendentifkuppel (238), Marmorplatten an T-Trägern (239 und 240), Verbindungen von Trompe und Pendentif (242) in den Bauten des Šāh Ǧahan.

Tafel 34 und 35

Gußschalen (243) und Kreuzgewölbe (244) an nordindischen Hindu-Residenzen; im Kragebau errichtete śikhara-Türme (245D, 246D), Ringschichtendecken (245, 246B = 248), Laternendecke (247), waagerechter Sturz und reich skulptierte Steinplatte (249) an einem nordindischen Jaina-Tempel.

Tafel 36 und 37

Waagerechter Sturz (250, 253), aus kurvig zugehauenen Steinbohlen errichtete Tonnen (251), Kuppeln über Rippenzwickelnetzen (252) und Spiegeldecken (258), Kuppel über dem Kreis in einem śikhara-Stumpf (254), Verbindungen aus Trompe und Pendentif (255, 259), Turmdach (256, 257) an nachmittelalterlichen nordindischen Hindu-Heiligtümern.

Tafel 38 und 39

Aufgewölbte Kielbogentonne (260, 262–265, 268), Turmdächer (260, 267), Verbindung von Trompe und Pendentif (261, 269), Miniaturform des śikhara-Turms (264), Pendentif-Kuppel (266), Klosterkuppel über aufgewölbten Traufen (264, 268) und Kragebaukonstruktion (269) am bengalischen Backstein-Tempel.

Tafel 40–43

Steinbalken an steinernen T-Trägern (270, 273 und 274), waagerechter Sturz (270, 274, 276, 278), Gänge aus kurvig zugehauenen Steinbohlen (271), Türme aus Kragekonstruktionen (270, 272, 277, 281 und 282), kombinierte Kragekonstruktionen (275), Kassettendecken (279, 283), Gußdecke (280) und mehrgeschossige Bauten (278, 281–283) in Vijayanagar.

Tafel 44–47

Waagerechter Sturz (284, 285 Mitte, 292), kombinierte Kragekonstruktion (284), Pultdächer (285 links), Spiegelgewölbe (286), Walmdächer (287, 289 und 290), Laternendecke (288, 290 und 291, 295), Muldengewölbe (292 rechts und 293), Gußdecken (294 und 295) und Tonne (296) in Wohn- und Kultbauten der Hindus während der nach-Vijayanagar-Zeit.

Tafel 48–51

Rippenzwickelnetz (297, 299, 301, 306–308, 310), Kassettendecke (298), übereinandergesetzte Gewölbe (298 und 299), Kuppel über schachtförmig hochgezogenem Tambour (300 und 301, 305 und 306, 307, 308, 309 und 310),

Pyramidendächer (302), Übergänge zwischen Trompe und Pendentif (303) und Gußschale (304) in der islamischen Residenz von Bijapur.

Tafel 52–55
Klosterkuppel (311), Gußdecken (312, 313, 323), Spiegelgewölbe (314), Spiegelgewölbe und Kuppel unter flacher Gußdecke (314 und 315), Rippenzwickelnetz (315, 317, 325), Kuppel über schachtförmig erhöhtem Tambour (316 und 317), übereinandergesetzte Kuppeln (318 und 319), Zeltdächer (320), aufgewölbte Kielbogentonnen (321), Gußdecke über verlorener Schalung (324 und 326) in späteren islamischen Wohn- und Kultstätten des Dekkhan.

Tafel 56–60
Klostergewölbe über dem Teil einer Kirche (327); kassettiertes Tonnengewölbe über dem maṇḍapa eines Hindu-Tempels (328), übereinandergesetzte Gewölbe aus Rippenzwickelnetzen und Turmdachkonstruktionen (329 und 330), aufgewölbte Kielbogentonne (331), Marmorplatten an metallenen T-Trägern (332), Steinplatten an steinernen T-Trägern (333), Muldengewölbe (334 rechts), Trompengewölbe innerhalb eines Kuppelgrabes (334 links und 335, 339 und 340), Trompengewölbe innerhalb eines śikhara-Turmes (336 rechts und 337), Gußdecke über Rippenzwickelnetz (338), Ringschichtendecke (341) und Kuppel über dem Kreis (342 und 343) an hinduistischen und islamischen Nutz- und Kultbauten vom Beginn des 18. bis zur Mitte des 19. Jh.

Tafel 61–64
Flacher Deckstein (344), waagerechter Sturz (344, 345, 350), Kragebau (345 und 346, 352), Ringschichtendecke (346, 354), Tonnengewölbe (347), Walmdach (348), Kegeldach (349), Muldengewölbe (350), Kreuzgewölbe (351), Spiegeldecke (353), Verbindung von Trompe und Pendentif (355) in neueren Kult- und Wohnstätten einheimischer Religionsgemeinschaften.

Karte der Kunststätten auf Bild 1 - 355

Bild 122
Takht-i Bahi, buddhistisches Kloster, 1.–3. Jh., Kultzellen im Hof

Bild 123
Qunduz, Tepe Ahingaram, buddhistisches Kloster, 2.–4. Jh.

Bild 124
Shahr-i Zohak, Ruine einer Kuppel auf der Burgterrasse, 4.–5. Jh.

Bild 125
Bäzäklik, buddhistische Kulträume, teils aus den Lößklippen gehöhlt, teils in Lehmziegel erbaut, Mitte 1. Jahrtausend

Bild 126
Iliköl, Tempelgruppe a, Tempel II B, Mitte 1. Jahrtausend

Bild 127
Payar, Śiva-Tempel, Ende 8. Jh., Blick in den ausgehöhlten Steinblock über dem garbhagṛha

Bild 128

Bild 129

Bild 128–130
Bilot, Hindu-Tempel, 8.–10. Jh., Vorhalle und śikhara der Kultstätte B (128), Terrasse mit den Kultstätten A und B (129), Kuppel über dem garbhagṛha der Kultstätte A (130)

Bild 131
Malot, Hindu-Tempel, 8.–10. Jh., Kuppel über dem garbhagṛha

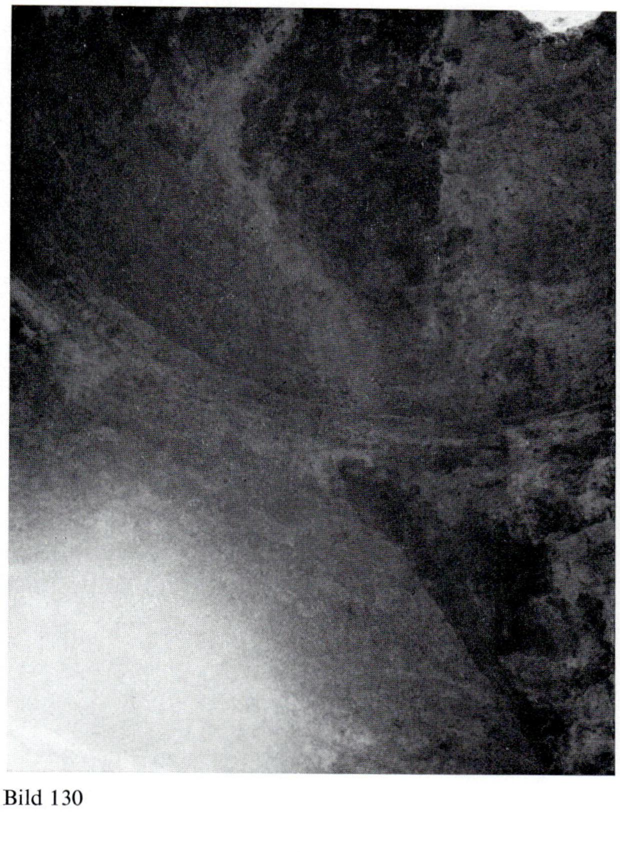

Bild 130

Bild 131

Bild 132
Aihole, Jaina-Tempel 39, 6. Jh.

Bild 133
Tanjore, Bṛhadīśvara-Tempel, um 1000, Gesamtansicht von Ost

Bild 134
Naganatha, Śiva-Tempel, 6. Jh.

Bild 135
Conjeeveram, Vaikuṇṭha-Perumāḷ, 8. Jh., Korridore im Vorhof

Bild 136 und 137
Chidambaram, Śiva-Tempel, Ost-gorupa, 11. Jh., 2. Geschoß (137) und 5. Geschoß (136), vgl. spätere Bauten Bild 292, 293, 347

Bild 138

Bild 139

Bild 140

Bild 141

Bild 142

Bild 143
Balagamve, Śiva-Tempel, Mitte 12. Jh., Decke eines maṇḍapa

Bild 144
Harahalli, Viṣṇu-Tempel, um 1200, Decke eines maṇḍapa

Bild 145
Somnathpur, Keśava-Tempel-Bezirk, 1268, Decke eines maṇḍapa

Bild 146 und 147
Somnathpur, Keśava-Tempel-Bezirk, 1268, Decken im maṇḍapa

Bild 138
Belur, Cenna Keśava, 1117, Hauptheiligtum inmitten des Hofes

Bild 139
Halebid, Hoysaleśvara, 1235 begonnen, Decke eines maṇḍapa

Bild 140
Halebid, Jaina-Tempel, um 1200, Decke über der Eingangshalle

Bild 141
Humcha, Jaina-Tempel, 897 gegr., Kassettendecke über einem maṇḍapa

Bild 142
Narasamangalam, Hindu-Tempel, 9.–10. Jh., Steindecke über maṇḍapa

Bild 148
Alampur, Pāpanātha, 12. Jh., Korridor

Bild 149
Kulpak, Someśvara Gudi, 13. Jh. mehrgeschossiges maṇḍapa

Bild 150
Patancheru, Ruine eines maṇḍapa des 12. Jhs. mit Laternendecke, jetzt im Museum Hyderabad, A.P., wiederaufgebaut, vgl. Bild 110

Bild 151
Ter, Uttareśvara, 12. Jh., Ruine des garbhagṛha

Bild 152
Mukhalingam, Someśvara, um 900, Blick aus dem garbhagṛha in das Innere des śikhara

Bild 153
Bhuvaneshvar, Paraśurāmeśvara, um 750, Ostseite

Bild 154
Konarak, Sonnentempel des Königs Narasiṅha Deva (1238–1264), Kammer an der Nordmauer des Ruinenfelds

Bild 155
Gyaraspur, Viṣṇu-Tempel, um 1000, Ruine eines maṇḍapa, flacher Deckstein mit reichem Reliefschmuck auf einem Stützenbau über sogen. „Fliegendem Bogen"

Bild 156
Gyaraspur, Maladevi Mandir, 10. Jh., Ruine des Hauptmaṇḍapa

Bild 157
Khajuraho, Caturbhuja oder Jatkāri, um 1100, maṇḍapa

Bild 158
Khajuraho, Dūlādeo, 1. H. 12. Jh., Laternendecke über ardhamaṇḍapa

Bild 159
Khajuraho, Kandarīya Mahādeva, 1. H. 11. Jh., Haupt-maṇḍapa

Bild 160
Sanchi, Tempel 45, um 1000, Laternendecke über dem garbhagṛha, indem sich ein Kultbild des Buddha befindet

Bild 161
Abu, Vimala Vasahī, 1032. Folge von maṇḍapas, vorn ein maṇḍala aus Quadrat und Kuppel, rückwärts eine Ringschichtendecke

Bild 162
Girnar, Jaina-Tempel des 13. Jhs., rückw. Neminātha, Vordergrund die Stiftung der Brüder Tejahpāla und Vastupāla

Bild 163
Girnar, Kulthalle E im Tempel der Brüder Tejahpāla und Vastupāla, vgl. Bild 23

Bild 164
Gop, Hindu-Tempel, un 600, Kragekonstruktion über garbhagṛha

Bild 165
Somnath, Pārśvanātha, 13.–14. Jh., maṇḍapa

Bild 166
Osia, Hindu-Tempel des 9. Jhs., Vorhallen und maṇḍapa

Bild 167
Grab des Īltutmiš, Detail der Ruine

Bild 168
Delhi-Lalkot. Vorn: Moschee aus Spolien von Tempeln; links: Grab des Īltutmiš, gest. 1236

Bild 169
Delhi-Lalkot, Spolien von Tempeln d. 12. Jhs. in islamischer Kultstätte

Bild 170
Delhi-Lalkot, Grab des Balban, um 1280, Detail der Ruine

Bild 171
Delhi-Lalkot, Madrasa des ʿAlā ud-dīn (1296–1316)

Bild 172
Ajmer, Moschee Arhai-din-kā-jhomprā, um 1200, Halle aus Spolien mittelalterlicher Tempel

Bild 173 und 174
Larwand, aufgegebene Moschee, um 1200 aus Spolien nordwestindischer Tempel erbaut, Ansicht von Südwest (173), Detail der Kuppel (174)

Bild 175

Bild 176

Bild 177

Bild 175 und 176
Delhi-Nizamuddin, Ǧamā'at Ḫāna masǧid, vor 1325, Tor zum Moschee-Bezirk (176), Hauptkuppel (175)

Bild 177
Delhi-Lalkot, 'Alā-i Darwāza, 1296–1316, Kuppel in der Torhalle

Bild 178
Multan, Grab des Rukn-i ʿAlām, vor 1325

Bild 179
Delhi-Nizamuddin, Moschee des Ḫān-i Ǧahān, n. Inschr. 1370/71, Hof

Bild 180
Daulatabad, Muldengewölbe über einem Heiligengrab aus der Zeit des Muḥammad b. Tuġluq (1325–1351)

Bild 181
Delhi-Nizamuddin, Moschee des Ḫān-i Ǧahān, n. Inschr. 1370/71, Kammer

Bild 182 und 183
Delhi-Firuzabad, Burg des Fīrūz Tuġluq Šāh (1352–1388), Brunnenhaus, Äußeres (183) und Klostergewölbe in Bruchstein (182)

Bild 184
Cambay, Freitagsmoschee, um 1325, Korridor aus Spolien

Bild 185
Cambay, Freitagsmoschee, um 1325, Decken über dem Korridor

Bild 186
Broach, Freitagsmoschee, um 1300, Decken im Korridor aus Spolien

Bild 187
Ahmedabad, Siddi-Sayyid-Moschee, 1515, Korridor

Bild 188
Ahmedabad, Freitagsmoschee, beendet 1423, Decke über der Hauptversammlungshalle

Bild 189
Ahmedabad, Grab des Darya Ḫān, 1453, Blick in die Kuppeln

Bild 190
Ahmedabad, Moschee des Aḥmad Šāh in der Alten Burg, 1411, Vorhalle (links) und Hauptversammlungsraum (rechts)

Bild 191
Chaukhandi, Ringschichtendecke über einem Grab, 15.–16. Jh.

Bild 192
Champanir, Freitagsmoschee, erbaut unter Sulṭān Māḥmūd Begarhā (1485–1507), Blick in die Hauptkuppel, vgl. Bild 42

Bild 193
Tatta, Makli Hill, Grab des Ǧām Niẓām ud-dīn Samā', gest. 1508

Bild 194
Uch, Grab der Bībī Ǧawandī, erbaut im 15. Jh.

Bild 195
Chanderi, Kušk Maḥall, 1445, drittes Obergeschoß, Satteldach aus Steinplatten über Kielbögen

Bild 196
Chanderi, Šāhzādi kā Rauża, Ruine eines Kuppelgrabes, 15. Jh.

Bild 197
Jaunpur, Freitagsmoschee, begonnen 1438, Blick in das obere Zenana-Geschoß

Bild 198
Jaunpur, Lal-Darwāza-Moschee, M. 15. Jh., nach Inschrift errichtet von dem hinduistischen Baumeister Kamau

Bild 199
Benares, Arhai-din-kā-jhomprā-Moschee, Mitte 15. Jh., Blick in die Hauptkuppel mit eisernem Zuganker

200–205 Islamische Residenz Mandu

Bild 200
Moschee des Dilāwar Ḫān, 1401–1405

Bild 201
Moschee des Malik Muġīṯ, 1432

Bild 202
Grab des Hōšang Šāh, vollendet unter seinem Nachfolger um 1440

Bild 203
Hindolā Maḥall, Audienzhalle des Hōšang Šāh oder Ġiyāṯ ud-dīn (zwischen 1440 und 1500)

Bild 204
Ǧahāz Maḥall, Wasserschloß des Ġiyāṯ ud-dīn (1469–1500)

Bild 205
Palast der Rupmatī, 1555–1561

Bild 206
Gulbarga, Freitagsmoschee, 1367, Bauherr ʿAlā ud-dīn Bahmanī, Baumeister Rafīʿ aus Qazwīn in Iran, Mittelkuppel, vgl. Bild 70

Bild 207
Firozabad, Residenz des Tāğ ud-dīn Fīrūz Šāh Bahmanī (1397–1422) Darbār-Halle

Bild 208 und 209
Firozabad, Bahmanī-Residenz, Ruine des Türkischen Bades, Stalaktiten-Gewölbe (208) unter Zeltdach (209 links), überkuppelter quadratischer Mittelbau (209 rechts)

Bild 210

Bild 211

Bild 210–212
Bidar, Residenz der Bahmanī und Barīdi
Grab des Sulṭān Humāyūn Bahmanī, Mitte 15. Jh. (210)
Madrasa des Maḥmūd Gāwān, 1472 (211)
Grab des ʿAlī Barīd, 1576–1578 (212)

Bild 213
Shahpur, Ruine einer Geländefestung des 15. Jh.

Bild 212

Bild 213

Bild 214
Chhota Panduah, Grabruine bei der Moschee mit der Inschrift v. 1477

Bild 215
Hazrat Panduah, Hof der Ādīna-Moschee des Sikander Šāh (1364–1374)

Bild 216
Panipat, Moschee im Kabuli Bagh, gestiftet 1526 von Bābur

Bild 217
Panipat, Moschee im Kabuli Bagh, gestiftet 1526 von Bābur

Bild 218
Delhi-Humayunpur, Grab des Humāyūn, vollendet 1564 durch seine Frau

Bild 219
Sasaram, Grab des Šāh-Sūr, errichtet um 1540 durch Aliwāl Ḫān

Bild 220
Delhi, Purāṇa Qalʿa, Moschee, 1542, Mittelkuppel

Bild 221
Delhi, Purāṇa Qalʿa, Moschee, 1542, Seitenkuppel

Tafel 28

222–227 Fatehpur Sikri, von Akbar als Residenz gegründet 1569, bald danach aufgegeben

Bild 222
Wächterhaus in Jodhbais Palast

Bild 223
Decke in diesem Wächterhaus, vgl. Bild 112

Bild 224
Rāja Birbals Haus, Decke im Erdgeschoß, vgl. Bild 44

Bild 225
Buland Darwāza, Decke über der Einfahrt

Bild 226
Freitagsmoschee, Nebenkuppel im Südflügel, vgl. Bild 65

Bild 227
Dīwān-i ḫāṣṣ, Decke über dem Obergeschoß, vgl. Bild 99 Nr. 4

Bild 228
Tatta, Ruine der Dabgir-Moschee, 1588

Bild 229
Mandu, Gada Šāhs Haus, Ende des 16. Jhs.

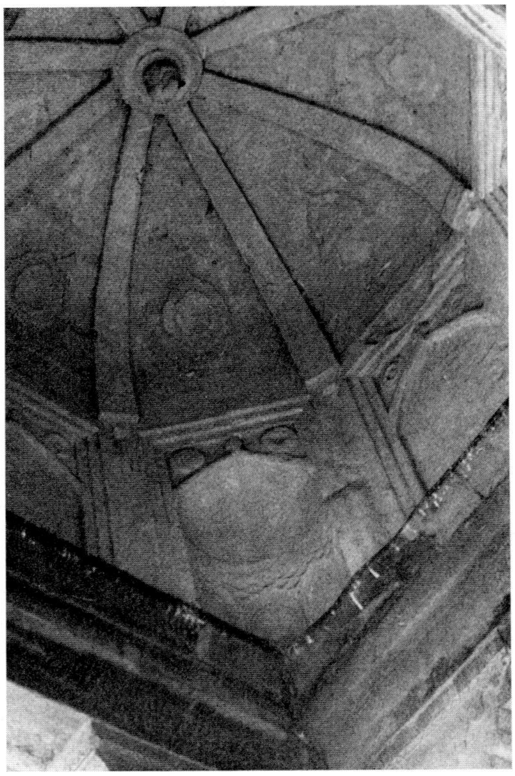

Bild 230 und 231
Sikandarah, Grab des Akbar, vollendet 1613, Untergeschoß (230) und Kuppel eines Pavillons (231) vgl. Bild 79 und 80

Bild 232
Agra, Grab des I'timād ud-Daula, 1626

Bild 233
Dehli, Chausath Khumba, die „Vierundsechzig Pfeiler", Anf. 17. Jh.

Bild 234
Lahore, Moschee der Mariam Zamānī, 1614

Bild 235 und 236
Delhi, Freitags-Moschee, 1644–1658, Hauptraum, untere Kuppel (Bild 235) und Kalotte dieses Gewölbes (Bild 236 unten) mit oberer Kuppel (Bild 236 oben), vgl. Bild 95

Bild 238
Agra, Burg, Perl-Moschee, 1654

Bild 237
Agra, Burg, Anguri Bāġ mit Bengali Maḥall, Mitte 17. Jh.

Bild 239

Bild 239 und 240
Agra, Burg, Ḫāṣṣ Maḥall, Gesamtansicht gegen Jamuna-Fluß (239) und Eingangshalle (240)

Bild 240

Bild 241
Agra, Tāğ Maḥall, obere Kuppel, 1634, vgl. Bild 99 Nr. 3

Bild 242
Tatta, Freitagsmoschee, 1644 begonnen, 1659 erweitert, Kuppel im Hauptraum der ursprünglichen Anlage

Bild 241

Bild 242

Bild 243
Chitorgarh, Palast des Rāna Kumbha (1418–1468)

Bild 244
Gwalior, Burg, Palast des Rāja Mān Singh (1486–1516)

A B C D

Bild 245–249
Ranakpur, Ādinātha-Tempel, 1439, Gesamtansicht in der Waldgebirgslandschaft (245) und Einzelheiten der Konstruktion (246–249)

Bild 246
Umriß von śikhara-Türmen (D) über Kultbild-Zellen und von Ringschichtendecken über maṇḍapas (A–C)

Bild 247
Laternendecke über einer Zelle mit Kultbild

Bild 248
Ringschichtendecke des maṇḍapa B (vgl. Bild 245 und 246)

Bild 249
Waagerechter Sturz und Decke aus Steinplatten über einem Korridor

Bild 250

Bild 252

Bild 250–252
Brindaban, Govind Deo (1592–1625),
Gesamtansicht aus Südwest (250, vgl. Bild 45),
Kreuzarm (251) und Vierung (252)

Bild 251

Bild 254

Bild 253

Bild 253 und 254
Gobardhan, Harideva-Tempel, erbaut von Rāja Bhagavan Das (1573–1589), Gesamtansicht aus Südwest mit śikhara (253 rechts) und Inneres des śikhara- Oberteils (254)

Bild 255
Brindaban, Jugal Kishore, 1627, Blick in die Decke des garbhagṛha

Bild 257

Bild 256

Bild 256 und 257
Ratanpur, Turmtempel des Śiva Mahādeo, Ansicht auf einem künstlichen Hügel von Süden (257) und Inneres des Turm-Oberteils (256)

Bild 258 und 259
Amber, Jagat Siromanji-ka Mandir, um 1600, Haupt-maṇḍapa (258) und Eingangsraum (259)

Bild 260

Bild 261

Bild 260–263
Bansberia. Backstein-Tempel des Ananta Vāsudeva, 1679, Gesamtansicht von Südost (260, vgl. Bild 56), unter dem achteckigen Turm gelegene Hauptkuppel über dem garbhagṛha mit dem Kultbild (261), Blick aus der östlichen Vorhalle (263, vgl. Bild 113) in den nordöstlichen Eckraum mit einer der vier Nebenkuppeln (262)

Bild 262

Bild 263

Bild 264
Kalna, Gopalji-Tempel, Anf. 18. Jhs., Mauer, Tor, Wohnbauten, Hauptkultstätte

Bild 265
Burdwan, Zwillings-Tempel Jor Baṅgla in einem Ruinenfeld am Damodar-Fluß

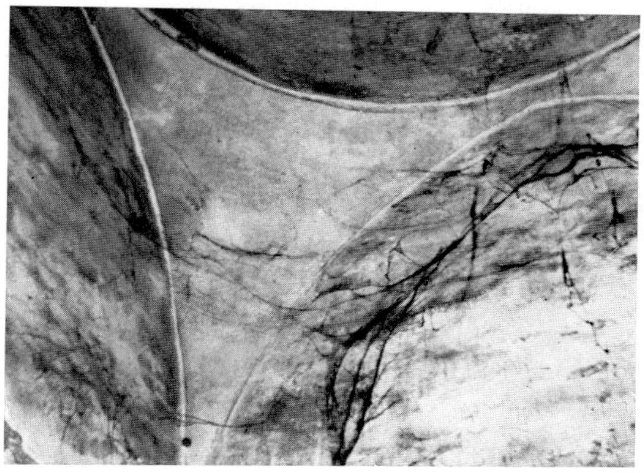

Bild 266
Konnagar, Śivatempel von 1667, Blick in die Kuppel über dem garbhagṛha

Bild 267
Maluti, Gruppe von „108“ Hindu-Tempeln

Bild 268
Burdwan, Plantage Kanchannagore am Damodar-Fluß, Tor mit Inschrift des Jahres 1737, errichtet von Kirti Cand Rāja

Bild 269
Maluti, Raum über dem garbhagṛha in dem Turmtempel am rechten Bildrand von Bild 267

270–283 Ruinen der Hindu-Residenz Vijayanagar, bewohnt 1336–1565

Bild 270
Acyutarāya-Tempel, 1539, links: kalyāṇa-maṇḍapa

Bild 271

Bild 272

Bild 271 und 272
Pampāpati-Svāmin-Tempel, gopura, Granit-Untergeschoß (271) und Backstein-Aufbau (272)

Bild 273

Bild 274

Bild 273 und 274
Ragunātha-Tempel, kalyāṇa-maṇḍapa, Decke von oben (273) und von unten (274)
Bild 275 und 276
Viṭhoba-Tempel, 1513 beg., Eingangshalle (275) und Decke im kalyāṇa-maṇḍapa (276)

Bild 275

Bild 276

Bild 277

Bild 278

Bild 277
Garbhagṛha des Candraśekhara-Tempels
Bild 278
Ruine eines Jaina-Tempels
Bild 279 und 280
Zenana-Gelände, Wächterhaus (279) und Pavillon (280)

Bild 279

Bild 280

Bild 281–283
Lotus-Maḥall, Gesamtansicht von Südwest (281), Inneres des Zentralturms (282), Decke über einem Nebenraum im Erdgeschoß (283)

Bild 281

Bild 282

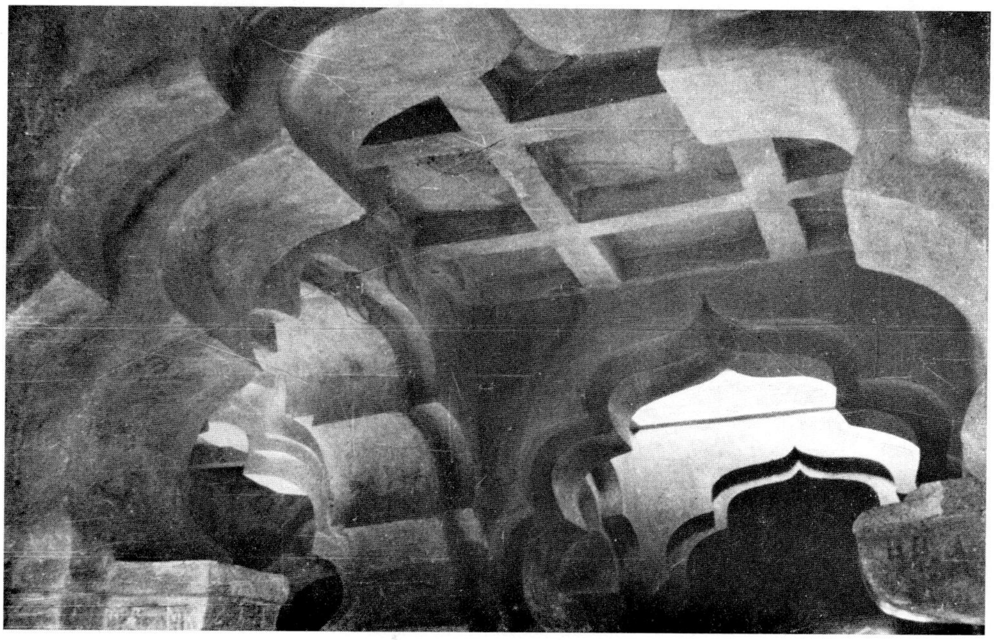

Bild 283

Bild 284
Avadayarkovil, Decke über dem Haupt-maṇḍapa

Bild 285
Cape Comorin, Korridore des Tempelbezirks

Bild 286
Madura, Palast des Tirumala Nāyyak (1623–1659), Thronhalle

Bild 287
Mudabidri, Halle im jinistischen Candranātha-Tempel, 14.–16. Jh.

Bild 289

Bild 290

Bild 288
Mulki-Bappanada, spätmittelalterlicher Jaina-Tempel, maṇḍapa

Bild 291

Bild 289–291
Bhatkal, Ketapi Nārāyaṇa Devasthāna, um 1600, Südseite (289), Querschnitt (290), Ansicht und Schnitt der Decke über dem maṇḍapa (291)

Bild 292 und 293

Chidambaram, Erweiterungs- und Neubauten eines gopura (292 rückwärts) und des sahasra-stambha-maṇḍapa = „Tausend-Pfeiler-Halle" (292 vorn rechts) mit Muldengewölbe über dem Mittelraum (293)

Bild 294–296

Tanjore, Palast des Raghunātha Nāyyak (1600–1634), Hof und ,,Arsenal-Turm'' (294) mit Innenräumen des ersten (295) und dritten (296) Geschosses

297–310 Ruinen der islamischen Residenz Bijapur, 16.–17. Jh.

Bild 297

Bild 297
Freitagsmoschee, begonnen Ende d. 16. Jahrhunderts, Hauptgebetsraum

Bild 298 und 299
Sogen. Ibrāhīm Rauża (vgl. Bild 84), 1626, Decke über dem Erdgeschoß (298, vgl. auch Bild 117) und Unterteil der Kuppel (299)

Bild 298

Bild 299

Bild 300

Bild 301

Bild 300 und 301
Grab des Ḥāǧǧī Ḥasan, um 1600, Gesamtansicht aus Nordost (300) und Kuppelraum (301)

Bild 302 und 303
Nau Gumbaz, um 1600, Gesamtansicht von Nordwest (302) und Zentralkuppel (303) des Neun-Raum-Quadrats

Bild 302

Bild 303

Bild 304
Grab d. Muḥammad ʿĀdil Šāh (1626–1656), sog. Gol Gumbaz, vgl. Bild 99 Nr. 2

Bild 305

Bild 306

Bild 305 und 306
Grab (305 rechts) und Moschee (305 links) des Šāh Nawaz Ḫān, 1647, und Kuppelraum des Grabes (306)

Bild 307

Bild 308

Bild 307
Kuppel in der Moschee des Ḥazrat Sayyid ʿAlī Šahīd Pīr, 2. H. 17. Jh.

Bild 308
Sogen. Jod Gumbaz, Kuppelraum, vgl. Bild 92 und 121

Bild 309 und 310
Grabruine Nr. 40 am südlichen Stadtrand, Ende des 17. Jhs., Ansicht von Südwest (309) und Kuppelraum (310, vgl. Bild 120)

Bild 309

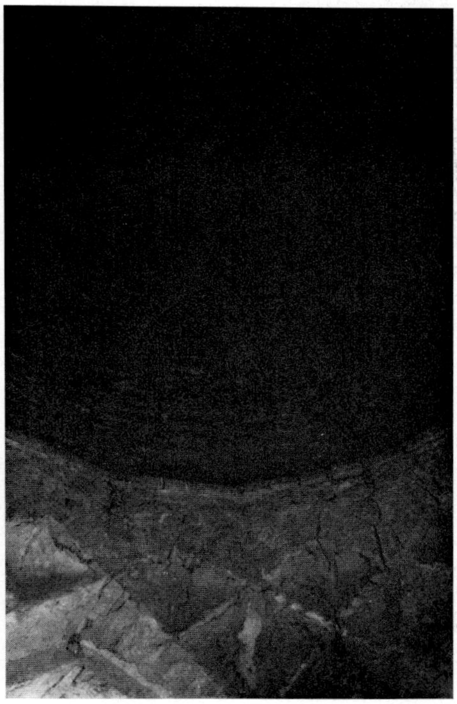

Bild 310

Bild 311
Afzalpur bei Bijapur, Kuppel in Afżal Ḫăns Grab, 1653

Bild 312
Golkonda, Festung, 17. Jh., unterirdisches Magazin, vgl. Bild 116

Bild 313
Hyderabad/A.P., Čār Minār, 1591, Decke der Torhalle

Bild 314

Bild 314 und 315
Hyderabad / A. P., Mekka-Moschee, vollendet 1693, Gesamtansicht aus Südwest (314) und Blick in den Haupt-Kuppelraum (315 rechts) und eine Nebenhalle (315 links)

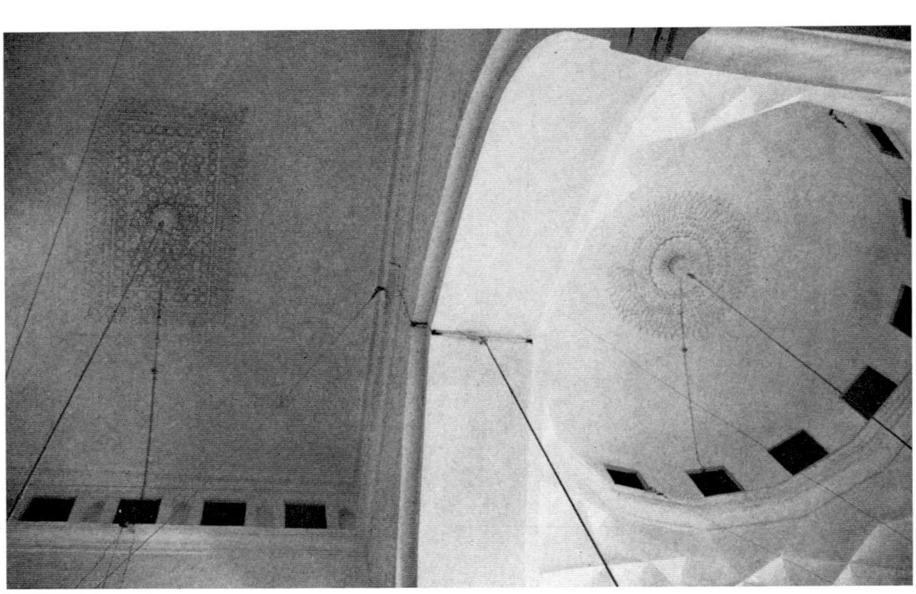

Bild 315

Bild 316 und 317
Golkonda, Grab des Muḥammad Qulī Quṭb Šāh (1580–1611), Gesamtansicht aus Süd (316) und Blick in den Kuppelraum (317)

Bild 318 und 319
Golkonda, Grab der Hayāt Bakšī Begum, gest. 1666, Gesamtansicht aus West (318 Kuppelgrab in der Bildmitte) und Blick von der Kalotte der unteren Kuppel (Bild 319 unterer Bildrand) in die obere Kuppelschale (Bild 319 oben)

Bild 320

Bild 321

Bild 320
Daulatabad, Ruine eines Niẓām-Palastes, 17. Jh.
Bild 321
Aurangabad, Grabruine auf dem Friedhof am Südrand der Stadt
Bild 322 und 323
Arcot, Grab (323 rechts) und Moschee (323 links) des Saʿādatallāh H̱ān, 1733, und Blick in den Kuppelraum des Grabes (322)
Bild 324–326
Kurnool, Grab des ʿAbdul-Wahhāb (324 Kuppelbau in Bildmitte), Ansicht von West, Gewölbe über dem nördlichen Umgang (325), Decke über dem Mittelraum (326, vgl. Bild 115), Ende 17. Jh.

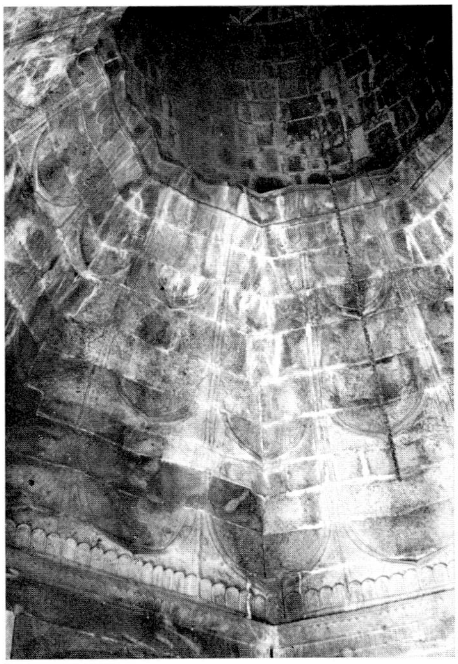

Bild 322

Bild 323

Bild 324

Bild 325

Bild 326

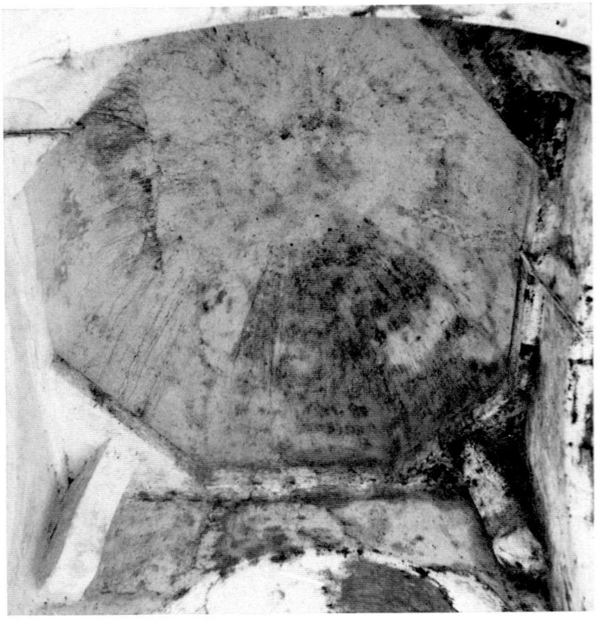

Bild 327

Bild 328

Bild 327
Thana, Kapelle an der Südseite der St.-Johannes-Kirche, gegr. 1582, restauriert Anf. des 19. Jhs.
Bild 328
Narve, Nārāyaṇa-Tempel, Anf. d. 19. Jhs., maṇḍapa

Bild 329

Bild 330

Bild 329 und 330
Delhi, Grab des Safdar Jung (1739–1753), Kuppelräume (vgl. Bild 105), Zentralkuppelraum über dem Erdgeschoß (329) und obere Schale der Hauptkuppel (330)

Bild 331

Bild 332

Bild 333

Bild 331–333
Dig, Palast d. Mahārāja Surāj Mall, Mitte des 18. Jhs., Wasserpavillons (331), Decke über dem Gopal Bhavan (332, vgl. Bild 13), Decke über dem Mittelraum eines Pavillons (333)

Bild 334

Bild 334 und 335
Hyderabad/Sind, Grab des Ġulām Šāh Kalhōra, gest. 1772, Ansicht von Süden (334 links) und Blick in die Ruine des Kuppelraums (335)

Bild 335

Bild 336

Bild 337

Bild 336 und 337
Jammu, Raghunātha Mandira, 1. H. 19. Jh., Ansicht von Süden (336) und Blick in die Kuppel über dem garbhagṛha (337)

Bild 338
Lucknow, Großer Imāmbāṛa, um 1784, Gewölbe über der Mittelhalle, vgl. Bild 50

Bild 339

Bild 340

Lucknow, Grab des Ġazi ud-dīn Haidar (1814–1827), gesamter Bezirk, sogen. Šāh Nağaf (339) und Blick in den Kuppelraum (340)

Bild 341
Mandor, maṇḍapa in einem Grabtempel der Herrscher von Jodhpur, Mitte 18. Jh.

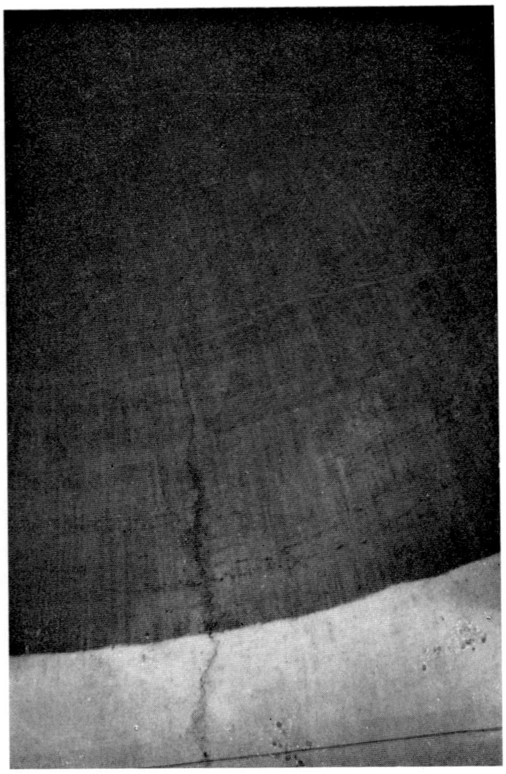

Bild 342
Patna, Kuppel des Speichers „Gola“

Bild 343
Patna, Getreidespeicher, sogen. „Gola“, 1786 von John Garstin erbaut

Bild 344
Betlada, Hindu-Kultstättte in den Nilgiri-Plantagen, um 1950

Bild 345
P. O. Sompurā, Baumeister aus Gujarat, bei einem Referat über alten und neuen Tempelbau in Benares 1967, vgl. Bild 30

Bild 346
Somnath, 1954 begonnener Wiederaufbau eines mittelalterlichen Hindutempels, vgl. Bild 25, durch den Baumeister P. O. Sompurā

Bild 347
Chidambaram, Kultstätte der Coḷa- und Näyyak-Zeit, vgl. Bild 136, 137, 292, 293, etwa 1900 um ein maṇḍapa erweitert

Bild 348
Padmanabhapuram, Palast bei der gleichnamigen Siedlung nahe Trivandrum, Fürstensitz im 20. Jh. erweitert

Bild 349
Ernakulam-Mattancheri, Śiva-Tempel in einem Palast des 18. Jhs., Mitte des 20. Jhs. gestiftet

Bild 350

Bild 350 und 351
Peralam, Śiva-Tempel, um 1930 um ein maṇḍapa (350) mit gewölbten Räumen (351) erweitert

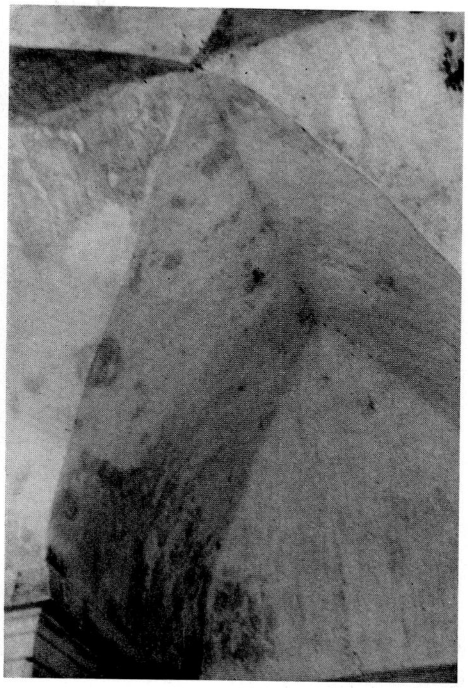

Bild 351

Bild 352

Bild 352
Jajpur, um 1930 neu errichteter Dorftempel für die frühmittelalterlichen Kultbilder der Sapta Mātṛkās = „Sieben Mütter"

Bild 353
Majira Mandira, modernes Sikh-Heiligtum mit historischen und mythologischen Darstellungen auf den Vouten einer Spiegeldecke

Bild 354
Patan, 1953 gestifteter Jaina-Tempel, Konstruktion der Ringschichtendecke

Bild 355
Rajgir, Trompenkuppel in einem Jaina-Tempel aus der Mitte des 20. Jh.